中国多民族文化凝聚与国家认同协同创新中心资助

中国符号学丛书 ○ 丛书主编 陆正兰 胡易容

符号与传媒
Semiotics & Media

符号学不只是一种方法论
符号学探讨人如何在追索意义中生存
这种追索又如何构成意义世界
而意义又如何累积为经验，集合成文化

哲学符号学：
意义世界的形成

Philosophical Semiotics:
The Coming into Being of the
World of Meaning

赵毅衡 著

四川大学出版社

责任编辑:吴近宇
责任校对:陈　蓉
封面设计:米迦设计工作室
责任印制:王　炜

图书在版编目(CIP)数据

哲学符号学:意义世界的形成 / 赵毅衡著. —成都:四川大学出版社,2017.4
(中国符号学丛书)
ISBN 978-7-5690-0536-3

Ⅰ.①哲… Ⅱ.①赵… Ⅲ.①符号学-研究 Ⅳ.①H0

中国版本图书馆 CIP 数据核字（2017）第 088682 号

书　名	哲学符号学:意义世界的形成
	Zhexue Fuhaoxue: Yiyi Shijie de Xingcheng
著　者	赵毅衡
出　版	四川大学出版社
地　址	成都市一环路南一段 24 号（610065）
发　行	四川大学出版社
书　号	ISBN 978-7-5690-0536-3
印　刷	郫县犀浦印刷厂
成品尺寸	170 mm×240 mm
印　张	21.5
字　数	384 千字
版　次	2017 年 5 月第 1 版
印　次	2021 年 5 月第 2 次印刷
定　价	66.00 元

◆读者邮购本书,请与本社发行科联系。
电话:(028)85408408/(028)85401670/
(028)85408023　邮政编码:610065

◆本社图书如有印装质量问题,请
寄回出版社调换。

◆网址:http://press.scu.edu.cn

版权所有◆侵权必究

目 录

题解　意义理论，符号现象学，哲学符号学 …………………………（1）

导论　意义世界 ……………………………………………………………（1）
 第一节　意义世界的复数性与复合性 ……………………………（1）
 第二节　物世界与实践意义世界：认知、理解、取效 …………（16）
 第三节　思维世界：范畴与筹划 …………………………………（27）
 第四节　游戏与艺术在意义世界中的地位 ………………………（36）

上编　意义的产生

第一章　意识与意义 ………………………………………………………（45）
 第一节　《意义的意义》之意义 …………………………………（45）
 第二节　形式直观 …………………………………………………（62）
 第三节　意义对象的"非匀质化" ………………………………（75）
 第四节　统觉与共现：意义的最低形式完整度 …………………（86）
 第五节　指示性作为符号的第一性 ………………………………（99）

第二章　文　本 …………………………………………………………（111）
 第一节　区隔：意义活动的前提 ………………………………（111）
 第二节　"全文本"与普遍隐含作者 …………………………（119）
 第三节　文本如何引导解释 ……………………………………（129）

中编　意义的经验化

第三章　先验与经验 ……………………………………………………（139）
 第一节　"思维-符号"与"心语假说" ………………………（139）

第二节　重复：经验的构成方式⋯⋯⋯⋯⋯⋯⋯⋯⋯⋯⋯⋯⋯⋯（151）
　　第三节　想象力：先验的与经验的⋯⋯⋯⋯⋯⋯⋯⋯⋯⋯⋯⋯⋯（161）
　　第四节　想象必有"象"吗？⋯⋯⋯⋯⋯⋯⋯⋯⋯⋯⋯⋯⋯⋯⋯⋯（170）
　　第五节　人类意义共相⋯⋯⋯⋯⋯⋯⋯⋯⋯⋯⋯⋯⋯⋯⋯⋯⋯⋯（178）
第四章　解释与交流⋯⋯⋯⋯⋯⋯⋯⋯⋯⋯⋯⋯⋯⋯⋯⋯⋯⋯⋯⋯（188）
　　第一节　认知差：意义活动的基本动力⋯⋯⋯⋯⋯⋯⋯⋯⋯⋯⋯（188）
　　第二节　所有的理解都是解释⋯⋯⋯⋯⋯⋯⋯⋯⋯⋯⋯⋯⋯⋯⋯（199）
　　第三节　双义合解的四种方式：取舍，协同，反讽，漩涡⋯⋯⋯（205）
　　第四节　意义的未来品质⋯⋯⋯⋯⋯⋯⋯⋯⋯⋯⋯⋯⋯⋯⋯⋯⋯（214）

下编　意义的社会化

第五章　真知与社群⋯⋯⋯⋯⋯⋯⋯⋯⋯⋯⋯⋯⋯⋯⋯⋯⋯⋯⋯⋯（225）
　　第一节　展示：文化范畴对意义解释的作用⋯⋯⋯⋯⋯⋯⋯⋯⋯（225）
　　第二节　真知与探究社群⋯⋯⋯⋯⋯⋯⋯⋯⋯⋯⋯⋯⋯⋯⋯⋯⋯（235）
　　第三节　解释社群观念重估⋯⋯⋯⋯⋯⋯⋯⋯⋯⋯⋯⋯⋯⋯⋯⋯（249）
　　第四节　文本内的"横向真知"⋯⋯⋯⋯⋯⋯⋯⋯⋯⋯⋯⋯⋯⋯（262）
第六章　符号与文化⋯⋯⋯⋯⋯⋯⋯⋯⋯⋯⋯⋯⋯⋯⋯⋯⋯⋯⋯⋯（270）
　　第一节　元符号⋯⋯⋯⋯⋯⋯⋯⋯⋯⋯⋯⋯⋯⋯⋯⋯⋯⋯⋯⋯⋯（270）
　　第二节　文化：社会的符号活动集合⋯⋯⋯⋯⋯⋯⋯⋯⋯⋯⋯⋯（285）
　　第三节　文化中的错位、畸变与转码⋯⋯⋯⋯⋯⋯⋯⋯⋯⋯⋯⋯（297）
　　第四节　意识形态：文化的元语言⋯⋯⋯⋯⋯⋯⋯⋯⋯⋯⋯⋯⋯（309）
　　第五节　"超接触性"：文本主导更替与文化变迁⋯⋯⋯⋯⋯⋯（323）

后　记⋯⋯⋯⋯⋯⋯⋯⋯⋯⋯⋯⋯⋯⋯⋯⋯⋯⋯⋯⋯⋯⋯⋯⋯⋯⋯⋯（335）

题解　意义理论，符号现象学，哲学符号学

本书副标题是"意义世界的形成"。何为"意义"？何为"世界"？何为"意义世界"？笔者将用整整一本书的篇幅，从描述意义世界构造的"导论"，到上编"意义的产生"，中编"意义的经验化"，下编"意义的社会化"，共覆盖近 30 个大致属于哲学（包括认识论与文化研究）范围的课题，一步步解释，此处不赘。此处要说明的是标题"哲学符号学"，笔者也曾考虑使用另一些书题。最后选定此题，在此简单地说明原因，涉及几个相关术语，即可以用而决定不用的标题。

其一，意义理论。现代思想界有一系列学科，以意义为核心课题：分析哲学、心理学、认识论、认知学等。符号学则是其中最集中地处理意义产生、传送、解释、反馈各环节与各种形态的学科。不过，"意义理论"（The Theory of Meaning）这个术语，一直是分析哲学的专门领域。风靡英美一个多世纪的语言分析哲学，集中处理的是语言与逻辑问题，"意义理论"在分析哲学中实际上就是研究语句（proposition）的意义问题。而本书讨论的是广义的符号意义，用"意义理论"为标题就容易产生误会。本书从非语言哲学角度讨论"意义理论"，只是偶然引用语言哲学，当代符号学已经离语句模式很远。

其二，符号现象学。这个思路是皮尔斯奠定的，称之为"现象学"也是皮尔斯的用语。皮尔斯有时自称"显象学"（paneroscopy），目的是避开"黑格尔用语"，但在皮尔斯大部分手稿中，依然用"现象学"（phenomenology）一词。皮尔斯的现象学，是符号学的哲学基础，他在符号学范围内思考现象学问

题，因此他的现象学体系相当特殊①。皮尔斯明确声明："就我所提出的现象学这门科学而言，它所研究的是现象的形式因素。"② 因此，皮尔斯的现象学是一种意义的形式理论。

皮尔斯不知道的是，与他基本同时代的胡塞尔发展了一个体系更完备的现象学，而他到晚年才听说胡塞尔其人，在笔记中仅仅提到胡塞尔的名字③。皮尔斯的现象学，是他的符号学体系的基础，与胡塞尔的现象学没有互相借鉴之处，两人的重点完全不同。本书关于意义理论的讨论，主要沿着皮尔斯思想的方向展开。

自皮尔斯之后，许多学者致力建立结合皮尔斯与胡塞尔的"符号现象学"，开其先河的是第二次世界大战后梅洛－庞蒂的"生存符号学"④；海德格尔的存在主义在现象学传统中独开一系，他强调讨论了意义问题；德里达的著作《声音与现象：胡塞尔现象学中的符号问题》对胡塞尔的符号理论提出了质疑；近年努力建立符号现象学学科的学者，有美国的拉尼根（Richard L. Lanigan）⑤、瑞典的索内松（Goran Sonesson）⑥、意大利的西尼（Carlo Sini）⑦等。但是至今学界并没有形成一个清晰的符号现象学论辩体系。

笔者认为，符号现象学应当如皮尔斯所考虑的那样，是符号学的奠基理论。而我们关心这个问题，是从符号学（而不是现象学）运动的已有成果出发，回顾并丰富皮尔斯的符号现象学，没有任何重写现象学的企图，也没有任何"反驳"胡塞尔的想法。在个别问题上，本书似乎与胡塞尔现象学有所分歧，实际上只是论域不同。

其三，哲学符号学。本书考虑再三，用了"哲学符号学"这样一个主标

---

① 参见纳桑·豪塞：《皮尔斯、现象学和符号学》，《劳特利奇符号学指南》，周劲松、赵毅衡译，南京：南京大学出版社，2013年，第98~110页。

② Charles Sanders Peirce, *Collected Papers*, Cambridge, Mass: Harvard Univ. Press, 1931－1958, Vol. 1, p. 284.

③ 施皮格伯格说皮尔斯"很熟悉胡塞尔的逻辑学"（见施皮格伯格《现象学运动》，王炳文、张金言译，商务印书馆，1995年，第52页），却没有提出文献根据。在皮尔斯晚年的笔记中，可以查到两次提到胡塞尔的名字，对胡塞尔的学说没有任何引用。见 Charles Sanders Peirce, *Collected Papers*, Cambridge, Mass: Harvard Univ. Press, 1931－1958, Vol. 4, p. 7; Vol. 8, p. 189。

④ 莫里斯·梅洛－庞蒂：《符号》，姜志辉译，北京：商务印书馆，2003年，第55页。

⑤ Richard L. Lanigan, "The Self in Semiotic Phenomenology", *The American Journal of Semiotics*, Issue 1/4, 2000, pp. 91－111.

⑥ Goran Sonesson, "From the Meaning of Embodiment to the Embodiment of Meaning: A Study in Phenomenological Semiotics", in (eds) Tom Ziemke & Jordan Zlatev, *Body, Language and Mind*, Berlin: Mouton de Guyter, 2007, pp. 85－127.

⑦ Carlo Sini, *Ethics of Writing*, Albany, NY: State University of New York Press, 2009.

题，而不用"符号现象学"。这样做有几个原因：第一个原因上面已经提到了，即避免与主流现象学产生过多的争论。哲学符号学并没有把自身置于现象学的对立面，只是某些思辨方法和术语与现象学类似。本书也引用了某些现象学者的观点。但论证路线不同，关心的重点不同，例如在事物与符号的区分上，二者在出发点上就不同。哲学符号学关心意义的生成，而现象学关注的重点在意识。本书的目标不是建立一种现象学理论，因此标题不混淆为佳。

第二个原因可能更重要，本书的目的是找出符号学的哲学基础。符号学一直被当作一种方法论，它的绰号为"文科的数学"就是因为它强大的可操作性。人类文化是符号意义的集合，符号学则是意义之学，不奇怪符号学成为研究人类文化的总方法论。艾柯早就说过："(应用符号学于某学科)有的时候效果好，有的时候效果差，成功程度不一。"[①] 这态度很有自知之明。其实现象学也被应用于文科的各种学科，效果有时也差强人意，这是因为现象学不如符号学聚焦于形式规律，而任何意义活动都无法逃脱形式问题。

本书贯穿始终的问题是：符号学能不能处理"形而上"的哲学课题？能否区分先验与经验，直观与理解？笔者个人认为符号学的根基奠定在一系列哲学问题上。在《符号学：原理与推演》（南京大学出版社 2015 年第三版）一书中，笔者有意加入了一些哲学问题的讨论，例如文化标出性，主体与自我，历史演进的动力与制动等。而本书想做更系统的处理。符号学作为意义活动的学说，必须回答一些重要的（当然不是所有的）哲学根本问题。

作为一个中国学者，或许我们可以对哲学符号学发表一些独特的见解。先秦时中国就产生了极其丰富的哲学符号学思想[②]，从《易》，到先秦名墨之学，到汉代五行术数；从别名"佛心宗"的禅宗，到陆王"心学"。这条宏大深邃的思想脉络，紧扣着意识面对世界生发意义的诸种根本问题。

如果至今哲学符号学论著不多[③]，只是因为符号学运动在这方面的努力，不如符号学的方法论给人印象深刻。幸好，符号学与哲学的历史并不在我们这里终止。我们没有做到的，不等于后来者做不到。

在全书开始前，笔者先说明一个根本性问题——意识面对的"事物"，可以粗略地分成三种：

第一种经常被称为"物"，它们不只是物体，而且包括事件，即物的变化；

---

① Umberto Eco, *A Theory of Semiotics*, Bloomington: Indiana Univ. Press, 1976, p.27.
② 祝东：《先秦符号思想研究》，成都：四川大学出版社，2014 年。
③ 约翰·迪利：《符号学对哲学的冲击》，周劲松译，成都：四川教育出版社，2011 年，第 3 页。

第二种是再现的、媒介化的符号文本；

第三种是别的意识，即其他人（或其他生物或人工智能）的意识，包括对象化的自我意识。

这三种"事物"形成了世界上各种意义对象范畴，但是各种学派对如何处理它们的意义，立场很不一样。一般的现象学的讨论，只把上面说的第二种（再现）视为符号。一般符号学的讨论，只承认物质媒介化的符号，对无物质形体的"心像"颇为犹疑。至于第三种中的"其他生物或人工智能"的意识，近年讨论得十分紧迫。动物是可能的意识载体，对它们的意识之研究至今太零碎，但是如果动物在某种程度上分享人的某些意义能力，那就可以明确证明人的这些意义能力是先天具有的，而不是经验学习所得；人工智能是正在发展的意识之源，对此课题的前景我们兴奋地等待，但是无法知其详情。为了不让讨论漫无边际，本书只能讨论人的意识与世界的关系，在大部分章节中，不得不把研究的"意识"明确限定为"人类意识"，其他生物与人工智能意识，只是在某些可能情况下引作对比。

哲学符号学把意识面对的上述三种事物都看成符号，因为它们都符合"携带意义的感知"这条定义①。在本书的详细讨论中，可以看到上述这三种"对象"，边界并不清晰：在形式直观中，物与符号无法区分；在经验与社群经验的分析中，文本与他人意识很难区分；在意义世界的复杂构成中，事物、文本、经验、社群综合成主体意识存在的条件。因此，哲学符号学既是意义形式的方法论，更是意义的本体论。

说一句非常粗略的总结：现象学的关注中心是意识；符号学的关注中心是意义；而哲学符号学，关注意识与意义的关系，或者说，意识中的意义及意义中的意识。在某些讨论中，"哲学符号学"可被视为与"符号现象学"同义。因此，为了说明与主流现象学的关系，本书偶尔会使用"符号现象学"这个术语。至于本书称为《哲学符号学》(*Philosophical Semiotics*) 而不称为《符号哲学》(*Semiotic Philosophy*)，是因为本书并无野心对哲学涉及的许多问题来个大包大揽，只是探索符号学的某个至今未讨论的方面。

不过，无论讨论什么问题，意义与意识，是本书须臾不离的两个核心概念，先验与经验，个体与社群，是本书的两个坐标。本书是围绕人的"意义世界"各个方位展开的符号学。

---

① 赵毅衡：《符号学：原理与推演》，南京：南京大学出版社，2015年第3版，第1页。

导论　意义世界

第一节　意义世界的复数性与复合性

本节概要：

物世界是唯一的，这并不等于说意识中的世界是单一的。很多理论家提出过世界的复数性：有人认为是各人有不同的意义世界，有人认为各物种有不同的意义世界，而本节认为不同的文化社群各有不同的意义世界，因此，意义世界是复数的。而每个意义世界的构成又是复合的：物世界与意义世界的不同关联方式，构成三重的复合世界。它们重叠的部分，即实践意义世界；没有受到意识覆盖的物世界，是自在的物世界；而与实践意义保持距离的意义世界，则是思索世界。个人化的意义世界，由于文化社群共同的解释元语言，而变成社群共享意义世界。

1. 世界的复数性

"意义世界"这个术语，据称最早是康德提出的[①]，康德的"Sinnenwelt"实际上指与理性世界相对的"感觉世界"，他没有详细讨论这个问题。后世有不少论者讨论过复数的意义世界，但至今学界对此缺乏足够的重视。现代思想界提出了很多"XX世界"，以此说明人的意识在世界构成中的作用，很多与本书说的"意义世界"相近，虽不完全同义。

本书用中文写成，避免了为西方学界整理术语，这是大幸。但是不得不承

---

① 李广昌：《康德关于"意义世界"的目的论诠释》，《浙江学刊》2006年第6期，第32页。

认,"意义"这个词在西语中的歧出多义,给意义理论的发展平添很大的困难①。在西语中讨论这个问题,有难处:"意义"这个最关键的术语,没有确切的西文对译。"meaning"在英文中有"目的"的意图含义,"significance"则有"重要性"的评价含义,而"sense"这个词则有"感觉"的本能含义;法语中没有与英文"meaning"相当的词,但法语"sens"与"signification"的界限更为模糊,德文中的"Sinn"与"Bedeutung"二词歧义也相当严重。弗雷格(Gottlob Frege)的核心术语"Bedeutung"应当与英文什么词相当,引发了一个多世纪的争论,因为这是分析哲学的核心概念。1970 年,英国著名学术出版社,牛津的布莱克威尔出版公司(Blackwell Publishing)为如何翻译此词召集英语世界的德国哲学研究者召开了一次专门的学术会议,争论激烈却议而未决,最后竟然采取投票方式,决定在英文中妥协地共同译为"meaning"②。

所有这些词与中文中的现代词"意义"不完全同义③,应当说,现代汉语"意义"此词的歧解还少一些。最大众化的《互动百科》定义"意义"为:"意义是人对自然或社会事务的认识,是人给对象事物赋予的含义,是人类以符号形式传递和交流的精神内容。"④ 此定义不够学术,但是在意义的产生("人给对象事物赋予的含义")、意义与符号的相互依存(人类以符号形式传递和交流的精神内容)以及意义的本质("精神内容")这三个关键点上,倒是说得出乎意料地接近到位。

本书定义意义为"意识与各种事物的关联方式"。海德格尔认为:"意义就其本质而言是相交共生的,是主客体的契合。"本书"题解"中已经说过:"事物"是所有提供感知的对象,包括物体,也包括媒介化的符号文本(例如语言、文字、图像),也包括各种生命体(生物、他人以及意识观照下的本人)承载的意识,以及意识中的心理形态(心像、梦、幻觉)。以上这三种"事物"经常不一定能顺利区分:旅游点的景色是物还是符号文本?看完小说心中的"人物形象"是符号还是意识?甚至用胡塞尔提出的例子,我们看到的是蜡像

---

① 1923 年,奥格登与瑞恰慈列出 22 种意义的定义,见 C. K. Ogden & I. A. Richards, *The Meaning of Meaning*, New York: Harcourt, Grace Janovich, reprinted 1989.

② Michael Beaney (ed), *The Frege Reader*, Oxfod: Blackwell, 1997, pp.36—46. 又参见"迈克尔·比内:《关于弗雷格 Bedeutung 一词的翻译》,《世界哲学》2008 年第 2 期。

③ 可以把"意义世界"译为"Meaning World",或"World of Meaning",英文学界这两种说法都有。

④ http://www.baike.com/wiki/意义,2016 年 3 月 20 日查询。

（符号文本）还是真人（事物）？在本章，在哲学符号学讨论的"形式直观"起点，对这几种"事物"作为意义源头暂时无法区分。

简单地说，意义就是主客观的关联。事物之间的关联也是意义，但只是在意识把这种物-物关联当作一个事物，加以对象化后才能形成意义。超越意识之外的物-物关联，与意识之外的物一样，无法形成意义。因此，意义是意识与对象各自得以形成，并得以存在于世的理由。

本书尽量只讨论"意识"（consciousness），而不用"心灵"（mind），"头脑"（brains），或"心智"（intellect）。"心灵"过分局限于人，"头脑"通用于动物界，"心智"似乎更通用。但是我们无法断定动物完全没有意识能力，无法断定本书的讨论完全不适合于动物界。动物的认知能力有时会有惊人的表现，却难以被稳定地观察到。人工智能有朝一日会达到类近人类意识的高度，哪怕有这样的一天，它也是人类意识的仿制品或改进版。必须先理解人的意识，才有可能设计出人工智能。本书讨论的某些内容，某种程度上也可能适用于动物或机器的特殊"意识"，不过这超出笔者的知识范围，只能存而不论。这样做的原因，是笔者避免进入正在猛烈发展的领域，只能等待更有资格的同仁来讨论这些问题。

我和你生活在同一个意义世界中吗？常识上说这不成问题：我生活于其中的意义世界，就是你生活于其中的意义世界，我们共享这个意义世界，不然我们俩如何交流？而且能共下一盘棋，我赢就意味着你输？从理论上深究，这个问题非常复杂：我和你能共享一个世界，是因为这个世界有让我们共享的意义，这一点不是"自然而然"的，而是需要证明的。当我和你下的不是同一盘棋时，我们无法对垒；当我和你的解释很不相同时，我们也并不共享一个意义世界，共同的世界必定是共享意义的世界。

所以戴维森说："成功的交流证明存在着一种关于世界的共有的看法，它在很大程度上是真的。"[①] 海德格尔认为共有世界源于人的存在的本质："世界向来已经总是我和他人共同分有的世界。此在的世界是共同世界。'在之中'就是与他人共同存在。他人的在世界之内的自在存在就是共同此在。此在本质上是共在。"[②] 主体之间的关系不只是两个孤立主体抵达对方的努力，主体之间发生联系，是以他们共有世界为前提的，因此，意义世界的同一性是有条件

[①] 唐纳德·赫伯特·戴维森：《真理、意义、行动与事件》，牟博译，北京：商务印书馆，1993年，第132页。

[②] 马丁·海德格尔：《存在与时间》，陈嘉映、王节庆译，熊伟校，北京：生活·读书·新知三联书店，1987年，第146~152页。

的，取决于不同主体之间意义的可交流性，对此本书第四章第一节讨论"认知差"时会详论。

共同的意义世界，不同于我们面对的物世界，物世界对不同主体是同一的。虽然当代物理学热衷于讨论"平行世界"，但是我们无法感知，至今也无法证实（虽然从数学上能推理）另一个平行世界的存在。一旦我们能证实甚至感知另一个平行世界，它也就成为"我们的世界"的一部分，一如我们借助望远镜新发现一个星座，它就成了我们世界的一部分。我们面对的"新星"是共有的，只要观察工具类似，它就向我们呈现同样的感知。不管我们的意义观有多大差异，我们面对的物世界是唯一的、共有的，这是讨论的前提。

但是这个"世界的唯一性"，却不是以上的常识想当然能让人信服的。"我"不能肯定你的世界就是"我"的世界，只有当"我"得到的意义与你的一致，而且表达意义的符号相通，我们才知道同处一个世界："我"能理解并接受你对你观察到的新星的描述方式，"我"才能承认与你面对同一物。我们对动物的世界很不了解，狗是色盲，无法与它谈红花绿叶；狗无语言，我们与之交流大多靠猜测。从根本上说，"我"是否与他人或他种生物共享一个意义世界是不得不存疑的，是有待证明的。

可能最早是威廉·詹姆斯提出"复数世界"的问题。存在着多重世界，决定的因素是个人的意识：不同的兴趣，决定了因人而异的经验结构。詹姆斯的解释非常生动："我们可以把世界反推为漆黑的空间，乱飞的原子云，这是科学家告诉我们的唯一真实的世界。但同时，我们与我们的祖先感知的，并生活于其间的世界，是从中抽取的，就像雕塑家剔除石头不需要的部分……同一块石头，不同的雕塑家，雕像不同，从同一个混沌中，不同的意识产生不同的世界。"① 按詹姆斯的说法，每个人有单独的一个世界，他对世界的定义是"感知的，并生活于其间的世界"。这个原则非常有挑战性。他实际上就是说：宇宙混沌不可知，只有对我个人的意识有意义的部分，组成个人世界。

20世纪20年代，生活在爱沙尼亚的德国哲学家于克斯库尔（Jakob von Uexküll）提出"Umwelt"观念。于克斯库尔说每个物种一个世界，因为每个物种有不同的感知与意义理解方式，构成不同的意义世界。"Umwelt"这个术语对当代思想影响巨大，我们不得不讨论一下中文如何译较合适。该词被今日的生态主义运动译为"环境界"，但是实际上此词没有"环境"含意。"Um-"的常用意义，是"在……四周""围绕……"。海德格尔用过此词，在他的著作

---

① William James, *Essays in Psychology*, Cambridge, MA: Harvard Univ. Press, 1983, pp. 51–52.

导论　意义世界

中、译本中，此词一般被译为"周围世界"①，即生物体感知到并且作为主体存在于其中的世界。

1921年，于克斯库尔出版名作《动物的周围世界与内心世界》②，他在书中提出："周围世界"的一边是"内心世界"（Innenwelt），另一边是物质世界（Umgebung），因此周围世界依赖意识而存在，而又独立于意识而存在，两种关系相互交织，周围世界是主观世界与客观世界在意义中的融合。这个观点对笔者启发很大。

于克斯库尔认为：所有物种都生活在从其自身的符号中建构出来的"世界"之中，周围世界是这种动物制造和接受符号的能力所产生的，不仅与它们的感觉器官有关，更与它们的意义能力有关。于克斯库尔认为周围世界因物种而异（species-specific），因为每个物种的意义方式很不一样。在此物种的符号能力之外，可能还存在某种"真实世界"，但是如果它在生物的感知与理解之外，它就是对此生物而言不可知也不可触及的世界。

或可问：生物（例如蝙蝠）的周围世界是"真实"的吗？如果是，何以与人的周围世界天差地别？我们只能说，生物的进化，使蝙蝠对周围世界的把握不可能完全错误。蝙蝠视力太弱，依靠超声波的回声感知世界，它们的周围世界与人的相比，肯定差别极大。但是没有一种生物（包括人）能完全把握世界，我们只能说，该物种的幸存能力，取决于它掌握各自的周围世界的能力。既然该物种幸存，它的周围世界就在某种意义上是"真实"的。

于克斯库尔的周围世界，定义上就有意排除物质环境。客观的物世界对所有生物都是唯一的，却不是任何物种都同样感受并生活于其中的周围世界。每种生物形式，由于其独特的感官与头脑，只与物世界特定方面产生意义联系。进化调制了各种生物的意义网，使意义相关的这部分物世界"对象化"，也就是说该生物的意识，得到了意义给予性，这部分物就变成了承载意义的符号。于克斯库尔把周围世界比喻为物种生活于其间的气泡。这个气泡不可见，因为它并非具体物，而是由意义关系编织成的。不同物种与世界有不同的意义关系，就有不同的周围世界气泡③。而事物的客观意义，与其说取决于它们自身的物质性存在，不如说取决于它们如何作为对象安置在这个气泡中。

---

① 马丁·海德格尔：《存在与时间》，陈嘉映、王节庆译，熊伟校，北京：生活·读书·新知三联书店，1987年，第71页。
② Jakob von Uexkull, *Umwelt und Innenwelt der Tiere*, Berlin: Springer, 1921.
③ John Deely, *The Impact on Philosophy of Semiotics*, South Bend: St. Augustin's Press, 2003, p.29.

对象（object）不同于事物（thing），对象与意识相对，是意义关联的对象，是事物的主观转化。很多论者把"object"译为"客体"。"客体"与"主体"相对，而"对象"与"意识"相对。"客体"就有比较强烈的"物理性物体"暗示，而正如上文说到的，意识观照并获得意义的对象，可以有各种形态。在意义哲学中最好用"对象"，下文对此会有许多讨论。符号学家迪利指出："作为一事物，它仅仅存在而已，是物理的关系和作用的网络的一个结点；作为一个对象，它是某个人的经验的一个成分，而且确定地划定一个与其作为环境成分之一的存在相关的知觉域。"物一旦进入主体意向性之中，它的某方面（而不是全部）特性便被主体片面化地感知。因此迪利说："物之归为物，对象之归为对象，二者不是一码事，各有独立的变化；前者直接地决定于物理作用，后者通过指号过程的符号作用的媒介而间接地形成。"[1]

詹姆斯和于克斯库尔都认为世界的区别，不是物的不同，而是意义关系不同。既然意义就是"意识与对象的联系方式"，对于意识而言，世界就是意义的世界，因此凡是有一个意识（或是动物的"类意识"）就有一个世界，这一点很符合本书的世界的复数性论点。只是詹姆斯认为每人有一个意义世界，失诸过于原子化；于克斯库尔认为每个物种有一个周围世界，每种生物的确有某种意义世界，但是与人的强大思维力量极其不同，生物与人的意义世界无法放在一道分析。生物的意义世界中究竟有没有下文将说到的"筹划""艺术"或"幻想"等领域？这只能让生物学家去慢慢测试破解。笔者囿于所见，只限于讨论人的意义世界。

世界是复数的，但不必是詹姆斯那样个人化的复数（那就太原子化），也不必是于克斯库尔说的各物种的复数（那对于人类这个有庞大"精密思维"的物种，合一个"周围世界"过于粗放）。本书提出另一种复数意义世界方式，即"文化社群的意义世界"：虽然每个人意识不同形成不同的周围世界，每个文化社群的人却共享意识的某种核心要素，因为文化是意义和意义规范的总集合，同一个文化的每个个人，虽然各自的意义世界有很大的个人化成分，却在更大的规模上共享一个属于这个文化社群的意义世界。因此，有多少可称为文化社群的单位（或文化的融合体），就有多少意义世界。为什么要以文化社群为单位分解意义世界？这问题太重要，本书下编"意义的社会化"会详细讨论。

---

[1] 约翰·迪利：《符号学基础》，张祖建译，北京：中国人民大学出版社，2012年，第28页。

2. 世界的复合性

上一节讨论了意义世界可以有许多个，但是每个世界的构成都是复合式构成，这是两个不同问题，不能混为一谈。

也有不少思想家讨论过意义世界的复合构成。当代塔尔图学派的符号学家库尔（Kalevi Kull）提议：人类周围世界中有"多重自然"，可以视为四度世界的复合："外在于周围世界的自然，可以被称为零度自然（zero nature），零度自然是自然本身（例如绝对的荒野）；一度自然（first nature）是我们所看到、认出、描述和解释的自然；二度自然（second nature）是我们从物质上解释的自然，是被改变、被生产出来的自然；三度自然（third nature）是头脑中的自然，存在于艺术和科学中。"[①]

库尔承认，他的看法是从于克斯库尔的"周围世界"概念发展出来的理论，这是一种非常清晰的世界复合性理论[②]。笔者认为此说不妥的地方是："荒野"之类的自然状态，已经是被人类所认知并且命名的自然，既然已经意义化，就是意义世界的一部分。因此，真正的"零度自然"，应当是尚未知的自在物世界；"一度自然"应当是被认知的实践世界；"二度自然"就是被改造取效的实践世界；而"三度自然"，应当就是本书将讨论的"思维意义世界"，但是它比库尔说的"艺术和科学"宽阔得多，包括范畴化与筹划，也包括幻想与梦。本导论第三节会谈到思维世界之复杂性。

符号学家关于意义世界分区的看法，与现象学家舒茨遥相呼应。舒茨认为："存在着几种或无数种实在，每一种实在都具有特殊的和独立的存在风格，这个世界可分为各种自然事物的世界、科学的世界、各种理想关系的世界、宗教的世界、艺术的世界、幻想的世界，以及梦的世界等，实在仅仅意味着与我们的感情生活和主动生活的关系。"[③] 舒茨的划分未免太零碎了一些，但是舒茨认为世界是多重复合的，这点很明确。

近年来，戴维森、辛提加等逻辑学家，多勒采尔、瑞恩等叙述学家，复活了另一种多重世界理论，即莱布尼茨首先提出的"可能世界论"。莱布尼茨试

[①] Kalevi Kull, "Semiotic ecology: different natures in the semiosphere", *Sign Systems Studies* 1998, No. 26, p. 355.

[②] 彭佳：《新塔尔图研究：继承、融合与推进：卡莱维·库尔教授访谈录》，《符号与传媒》，2013年第6辑，第145页。

[③] Alfred Schutz, "The Problem of Social Reality", *Collected Papers* Vol. I, The Hague : Martinus Nijhoff. 1973, p. 207.

图为上帝作为造物主的至善辩护。我们的这个世界罪恶与灾难太多，但是造物主既然至善，肯定给了人类一个比较起来最好的世界。而可能世界，就是"可以替代这个实在世界，却没有替代的任何世界"，因此这是一种多重世界理论。

到20世纪中叶，学界发现，可能世界理论可解决许多学科的难题，但可能更适用于文艺学。哲学和逻辑学讨论的是命题，称一个语句的指称为一个"世界"，可能过于夸张。文学艺术、思维想象，它们具有相当紧密的思索，内在因素足够连贯；相当篇幅的叙述（长篇小说、电视剧），细节量足够大。它们至少局部地逼近了一个逻辑整体。叙述学家瑞恩说："一个语言的或心智的描述，总是不完整的。当我们思考某实体，我们只能指定一个其潜在特征的子集，只有造物主的心灵才能总括所有可能的特征，把对象处理成一个'逻辑整体'。"[1] 叙述创造的世界，能够甚至必须跨越实在世界与可能世界，甚至通达不可能世界。这种"三界通达"[2] 形成了一种复合的"文本世界"，可能世界理论可以引向一种意义世界复合构造方式：在实在世界之外，人的思维有可能创造与之并列的世界。这种理论好像只是在讨论虚构的世界，但是本书下文会不断提到虚构意义世界的问题。

总结以上多种关于意义世界复合性的看法，本书对世界的复合构造提出一种看法，或许可以用下面简单的图示示意：

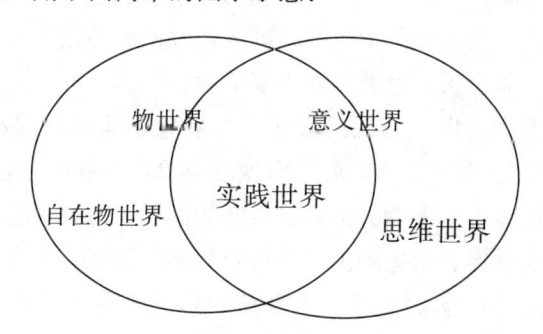

此图太简单，需要一点解释：物世界与意义世界，是相对独立的，但是物世界的相当部分，与意义世界叠合，这就是物与意识共同起作用的"实践意义世界"（在上图中简称"实践世界"），这也就是库尔的"一度自然"（感觉认知）加上他的"二度自然"（改造取效）。在这个世界中，物与符号构成二联

---

[1] Marie-Laure Ryan, *Possible Worlds, Artificial Intelligence, and Narrative Theory*, Bloomington: Indiana Univ. Press, 1991, p.21.

[2] 赵毅衡：《三界通达：用可能世界理论解释虚构与现实的关系》，《兰州大学学报》2013年第2期，第1~7页。

体。也就是说，这个世界所有的事物都有可能给予意识以意义，这是意识与物世界共同产生意义的世界①。

而与实践意义保持一定距离的意义世界部分，可以称为思维意义世界（在上图中简称"思维世界"），哪怕思维活动或多或少总需要实践而得的经验积累，因此不可能"脱离"实践，它与实践世界还是有本质上的区别。意识不一定需要实际对象在场才能进行意义活动：意识产生意义，可以凭设计与筹划，甚至凭幻想与梦，凭艺术再现等"纯思维"活动，此时的对象实为心像，"经验现实"被比喻性借用作为一部分内容。本书中编"意义的经验化"将仔细讨论想象产生的各种在场方式。

因此，本书用上面的图示粗略显示世界的复合性，来自物世界与符号意义世界的相对独立以及部分重叠。这样一来，世界分成三大块：处于意义世界之外的"自在物世界"，物世界与意识互动形成的"实践意义世界"，以及纯粹意识活动的"思维意义世界"。除"自在物世界"之外的世界，都是意义世界。

注意，上面的图示中，重叠部分边界都是虚线，三重世界的分界不断变动，而且永远在互相渗透，任何意义活动，无法绝对说只限于哪一块意义世界。但是有一点是分明的：诸种实践意义活动，包括感觉认知、辨识理解、改造取效，都"透明地"面对事物，明确地有指称；而思维世界的意义活动，不指向对象，反而创造对象。作为其中一部分的幻想和艺术，不透明地面对对象；另一部分范畴与筹划，是半透明地面对对象。这就使思维意义世界，比上文库尔说的存在于人头脑中的"第三自然"复杂得多。笔者非常怀疑：其他生物的周围世界可能只有较小的实践意义世界，而只有一小点，甚至可能完全没有思维意义世界。

意义世界只能把尚未知、或许不可知的那部分物世界排除在外。因为这部分物世界尚未与意识互相交集，以形成意义。意识必须承认这样一个世界的存在：人的知识范围能够不断扩大，而且今后永远不会停止扩大，就证明了自在物世界的永远存在。实践意义世界是意识可及并组织的世界，实际上是意识"悬搁"（即存而不论）非意识可知的物世界之后的"还原残余物"。

意识所能够及的，只是局部的世界，这是各派哲学家的基本上一致的看法：维特根斯坦认为世界是"事实世界"："世界是所有事实的总体，而不是事物的总体"②；卡西尔认为人的世界是"符号世界"；皮尔斯则认为符号世界就

---

① 唐小林：《符号媒介论》，《符号与传媒》，2015年第11辑，第151页。
② 路德维希·维特根斯坦《逻辑哲学论》，贺绍申译，北京：商务印书馆，1985年，第22页。

是事实世界:"符号的目的就在于表达'事实'"①;胡塞尔和伽达默尔称人的世界为"生活世界":"生活世界这一概念是与一切客观主义相对立的……生活世界意味着我们在其中作为历史存在物生存着的整体"②;海德格尔称之为"存在世界",因为"一命题是真的,这意味着:它就存在者本身揭示存在者"③。而本书称之为"意义世界",因为意识存在于其中的世界,必须对意识有意义可能。

在这一点上,卡西尔的解释可能最为清晰:"人不再仅仅生活在一个物质宇宙中,人生活在一个符号的宇宙之内。语言、神话、艺术和宗教是这个世界的部分。它们是不同的丝线,编织了一幅符号之网,人类经验的纠结之网。人类在思想和经验方面的一切进步,改良和加强了这一张网。人不再能当下面临实在,他不能够与之面面相觑。物质实在,似乎成比例地随人的符号活动的前进而后退了。"④卡西尔的"成比例"一词很容易导致误会,实际上人的认识世界之扩大只能证明物自在世界之无限。

他认为人不可能直接面对"物质实在",但是意义世界迫使物质实在"后退",这个描写很生动。他也相当明确地把世界描述成三元世界复合构成:人生活于其中的意义世界称为"符号宇宙":"在语言中,在宗教中,在科学中,人所能做的只是确立起自己的宇宙——一个符号的宇宙。"这个宇宙只是让人这个"使用符号的动物"居住于其中的"气泡"⑤。

3. 共享意义世界

意识是意义世界构成的普遍基础,而意识只属于具有主体性的个人。以上的讨论没有涉及人类心智的成熟程度。因为各种原因不够成熟的心智,例如儿童的心智,会离实践世界更远,甚至他们目的清楚的实践,也可能比别人的幻想更"不切实际"。但是本书只能讨论"正常"意识,不谈过于特殊化的个人意识,否则本书的讨论会散落一地无从收拾。

这里就出现一个大难题:对于意义世界之探讨,个人的意义活动,是如何

---

① C. S. 皮尔斯:《皮尔斯:论符号》,赵星植译,成都:四川大学出版社,2014年,第56页。
② 伽达穆尔:《真理与方法》,洪汉鼎译,上卷,上海:上海译文出版社,1999年,318页。
③ 马丁·海德格尔:《存在与时间》,陈嘉映、王庆节合译,熊伟校,北京:生活·读书·新知三联书店,1999年,第251~252页。
④ 恩斯特·卡西尔:《人论》,甘阳译,上海:上海译文出版社,2004年,第33页。
⑤ Ernst Cassirer, *The Philosophy of Symbolic Form*, Vol. Ⅲ, *The Phenomenology of Knowledge*, New Haven CT: Yale Univ. Press, 1957, pp. 57—60.

变成人的社群意义活动的？更精确地说，为什么似乎纯粹个人的意义世界，会成为一个社群共享的意义世界？这个问题不容易解答，胡塞尔后期提出的"共同主体性"理论，就一直被认为不如他早期关于个人主体性论述得清楚。本书试图用符号学的元语言理论补充现象学的讨论，看是否能给出一个比较令人信服的论说。

正如本书《题解》中所说，意识获取意义的对象，包括他人的意识活动。而任何事物都有不可解的方面，他人之心不可测，则更为严重。"人同此心，心同此理"只能在一定范围内实现。"我"能大致上理解他人的意义活动，只是在参照"我"自己的行为、经验、符号使用方式等来推断："我"对他人意义活动的解释，依据的是"我"自己的经验；既然"我"也用对他人心灵的理解，来说明"我"的经验进行的意义活动是有理的，反过来，"我"也能猜测他人能理解"我"的"有理的"意义活动。胡塞尔指出："我是在我之中经验并认识其他人的，他在我之中构造出来。"[①]

因此，人与人之间的理解，指的就是符号的解释元语言的分享。二者之间的桥梁，就是我与同一文化社群的人大致相同的实践意义世界。由此可以推论：意义活动者的内在意识状态相当部分一致。由这样的方式得出的所谓"客观意义"，实为被这意义社群假定为普遍的意义，也就是假定社群中的其他人已经或也会得出的意义。

共享意义经常被认为是一种"社会学想象"[②]，人际交流中必然存在大量信息空缺与言外之意，需要一种想象的关联网络来补足这些空缺，把社会联结起来。舒茨提出的"社会现象学"，详细解释了他所谓的"我们关系"："我"和别人的各种接触被组织进多重的意义脉络，"我"与你的联系本身就是意义活动，因此"我"注意"我"对你的意义活动，也注意你对"我"和对世界的意义活动。当"我"注视你时，"我"看到你也注意"我"；当"我"听你的言谈，你也在找寻"我"的言谈，理解"我"的行动，试图猜透"我"的想法。"我"和你这种视线的交错，正是让"我"的思维摆脱孤立状态的关键所在。"我"和你共享一种活生生的现在。而这种面对面的"我你关系"，可以推而广之，成为"我"与他人的关系的模式。舒茨的描写相当生动："我的日常生活世界绝不是我个人的世界，而且从一开始就是一个主体间性的世界，是一个我

[①]《胡塞尔选集》下卷，倪梁康选编，上海：上海三联书店，1997年，第916页。
[②] W. C. 米尔斯：《社会学的想象》，陈强、张永强译，北京：生活·读书·新知三联书店，2005年，第7页。

与我的同伴共享的世界，也是一个由其他人经验和解释的世界，简言之，它对于我们所有人来说是一个共同的世界……我发现我自己总是处于一个历史性的给定的世界之中，它作为一个自然世界，同样也作为一个社会文化世界，在我出生以前就存在，在我死后仍将继续存在。"

意义共享构成社群，例如看演出的时候，某些场面"我"与全体观众会一道不由自主地鼓掌，或是对互联网某些事件的报道，大家共同吐槽或点赞。通过对比和移情，将"他人之心"置于"我心"之中，文化社群意义关系才得以建立。我们经常认为是"真"的意义，经常就是这样一种假定整个社群都承认的意义，如果这样的意义社群很大，意义很稳固，此种意义就常被称为"客观真理"。

胡塞尔详细描述了意义经由符号而"普遍化"的过程："各种记号、符号，不仅指使用这些记号、符号的人当时表达的主观经验，而且指这些符号本身，还指这些符号代表的事物，这些符号代表的事物是一些不变的、客观存在的观念。"[①] 所谓"客观存在"只是一种集体认可的意义解释[②]。"世界不仅仅为孤立的人而存在，而且也为人的社群存在。"[③]

本书承认意义世界是复数的，但是到底有多少意义世界？如果每个人有一个独立的意义世界，其相对主义会走向极端而无法分析。詹姆斯的个人意义世界，于克斯库尔的物种周围世界，对描述人类的意义世界不甚适用，原因在于人是文化的产物，人的意义世界，实为文化社群中的个人与他人共享的"我们世界"。社会现象学认为意义世界属于社会。舒茨指出我们每个人"出生于一个经过预先组织，并在我死后仍将继续存在的社会世界之中，这是一个从一开始就由我和那些被组织成群体的同伴共享的世界，是一个在时间方面、空间方面，在社会学家称之为社会距离的方面，都具有特殊的开放视域的世界"[④]。

瑞恰慈从另一个角度讨论意义社群问题，他强调人类生活构筑交流世界："我们精神的根本构造主要决定于下述情况：人类置身于交流之中已有千秋万代，交流贯穿于人类发展的过程，甚至更早。精神的大部分显著特征是由于它

---

① 埃德蒙德·胡塞尔：《逻辑研究》，倪梁康译，第2卷，上海：上海译文出版社，2006年，第113～114页。

② Alfred Schutz, *Collected Papers Vol. I, The Problem of Social Reality*, The Hague: Martinus Nijhoff. 1973, p.143.

③ Edmund Husserl, *The Crisis of European Sciences and Transcendental Phenomenology: An Introduction to Phenomenological Philosophy*, Evanston: Northwestern Univ. Press, 1970, p.163.

④ Edmund Husserl, *The Crisis of European Sciences and Transcendental Phenomenology: An Introduction to Phenomenological Philosophy*, Evanston: Northwestern Univ. Press, 1970, p.257.

是交流工具而形成的。一个经验非得形成之后才能进行交流，这毫无疑问；可是它采取现有的形式主要是因为它可能非得进行交流不可。自然选择所强调的交流能力是压倒一切的。"① 他的看法是：人的社群交流是人性之必然，交流创造意义共享世界。

而开创"互动符号学"的米德，则反过来认为交流的前提是意义共享的世界："当个体通过交流发现他的经验为他人所共有，即他的经验和他人的经验属于同一共相时，他便超越了只赋予他个人的东西。当这一共相的殊相或实例适合于不同的经验视界时，普遍性便呈现了社会性。"② 他认为只有在意义共享的世界中，人才能进行交流。

因此，从哲学符号学来看，这种"共享意义世界"更重要的基础，还不完全是社会现象学的"将心比心"那么简单，而是表达与解释意义所需的符号，其意义最终必定是社群所约定俗成的。这就是为什么艾柯认为像似符号实际上依然是必须靠文化规约起作用："像似性并不存在于形象与其对象之间，而存在于形象与先前文化化的内容之间。"③ 因此，似乎是人所共享的图像，实际上依然要依靠社群规约。哪怕像似符号与指示符号，最后都要落到社群规约上，以保证意义分享。

维特根斯坦进一步认为，意义社群之所以能成立，是因为语言、范畴等符号体系不可能是个人的，必然是群体的，因为"私人语言"不可能有意义，语言的群体性反过来模塑意义世界。意义共享就是社群建立语言与各种其他符号体系的目的所在，维特根斯坦用了一个生动的例子："假定每个人都有一个装着某种东西的盒子：我们把这种东西称之为'甲虫'。谁也不能窥视其他任何一个人的盒子，而且每个人都说他只是通过看到他的甲虫才知道甲虫是什么。——此时完全可能每个人盒子里都装着一些不同的东西……对象就会由于不相干而不被考虑。"④ 只有用在符号指称的事物相同时，才能交流可类比的意义。把维特根斯坦的例子倒过来，如果符号不同，哪怕对象相同也无法交流。只知道"甲虫"，与只知道"beetle"的两个人，无法共享这个认知。实际上我们各自的意识，也是这样一个盖起来的盒子，也只有靠相似解释的相通符号，才能交流盒子里藏着的意义。

因此，意义能够共享的更重要的原因，是社群共同使用的符号体系，以及

---

① I. A. 瑞恰慈：《文学批评原理》，杨自伍译，南昌：百花洲文艺出版社，1997年，第19页。
② 乔治·H. 米德：《心灵、自我与社会》，赵月瑟译，上海：上海译文出版社，1992年，第23页。
③ Umberto Eco, *A Theory of Semiotics*, Bloomington: Univ of Indiana Press, 1976, pp. 216–217.
④ 维特根斯坦：《哲学研究》，高步楼译，北京：商务印书馆，1996年，。

对这套符号采用相同的解释规范元语言。至少在一定的社群范围内，他人之心类似我心，他人的意义方式类似我的意义方式。注意，这个社群是意义性的，不需要生活在同一个地区也能构成。犹太人散居各国两千年，依然构成同一个"文化社群"；"文化中国"团聚全世界的华人；马克思呼吁"全世界无产者"联合，因为他们分享阶级意识；陆九渊敢于说"宇宙便是吾心，吾心即是宇宙"，正是基于对众人之心类似的信念："心只是一个心。某之心，吾友之心，上而千百载圣贤之心，下而千百载复有一圣贤，其心亦只如此。"由此，他有一段十分生动的描述："东海有圣人出焉，此心同也，此理同也；西海有圣人出焉，此心同也，此理同也；南海北海有圣人出焉，此心同也，此理同也。"钱锺书先生的名言"东海西海，心理攸同；南学北学，道术未裂"[①]，想必改写自陆九渊这段话。

他们似乎说的是普适之同，实际上都对意义共享添加了很严格的社群范围限制。陆九渊把他的社群规定为"圣贤"，而钱锺书规定实际上是共享"道术"的学术界。没有社群范围的限定，把意义世界普适化是很冒险的：任何人都难以把"心同此理"扩展到全世界所有的人，除了本书中编将讨论称作"人类共相"的极少数意义方式。

由此，我们可以更清楚地理解本书开头所说的意义世界的复数性，本书讨论的世界复数性与复合性，是对文化社群的意义共享而言的：物世界尚未可知或不可知，我们依然承认它是唯一的，但是人类不同的文化社群的意义世界是不同的。本书提出的第二个图示，应当是一连串的同心椭圆，有的意义世界可能相去甚远，只有很少一些共同部分。

说意义世界应当理解为社群意义世界，并不是完全否认个人获取意义的意愿与能力。无论如何，每个个人意识中，有一部分意义是与众不同的，属于个人独特的意义不可否认地大量存在。只是，我们经常把这部分个人意义的重要性夸大了，忘记了个人是社会文化的产物。

---

① 钱锺书：《谈艺录》，北京：生活·读书·新知三联书店，2007年，第5页。

导论　意义世界

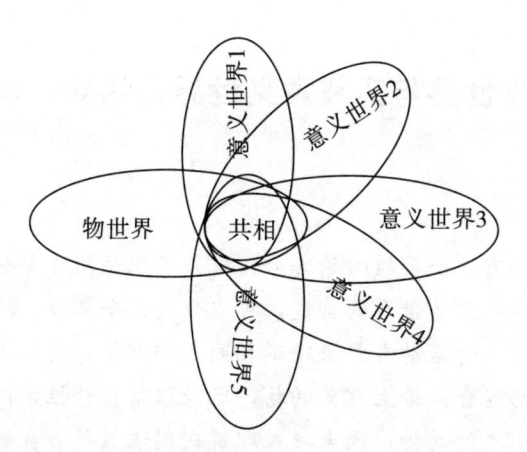

意义世界的复数性，或可以此图示意。此处写明"意义世界"的"气泡"是各种文化社群的意义世界，所谓"文明冲突"或"文化战争"，经常是意义世界距离太远造成的：某些社群共同的意义世界太小，最后只能靠冲突这样极端的"意义交流"。詹姆斯的每个人一个意义世界的观点，示意图形也可以是这样的，只是意义世界太多太杂乱；于克斯库尔的每个物种一个意义世界的观点，示意图形也类似，只是人类的椭圆特别巨大，而其他物种的相比之下过于微小，完全不成比例。

第二节　物世界与实践意义世界：认知、理解、取效

本节概要：

人的意义世界有一个最核心的部分，就是意识作用于部分物世界而形成的实践意义世界。实践意义世界的构成，可以分成三个部分：感觉认知，理解判断，使用取效。这三种活动看起来很不相同，却都是意义的实践化。实践意义世界是符号与物的混合：带上意义的物，已经取得符号性，因而其意义能被我们理解；而在意识之外的物，尚未被人理解，则依然是自在的物世界。

1. 物世界与意义世界的关系

对于世界的复合组成，我们的了解至今很粗疏。哪怕人类对物世界的了解在飞速增长，依然存在更大的至今尚未被人感知与理解的物世界，自在于我们的意识之外：人类的历史是对物世界的知识不断扩大的历史。上文说过，我们对物世界的理解扩大的趋势不会终止，反过来证明这个物世界是自在的，因为它终究有未知部分，独立于人类的意识而存在。

而物世界中为我们的意识所能及的部分，可以称为"实践意义世界"，它包含了意识对物的认知、经验的积累以及知识对物的加工与使用。而一旦人的理解参与进来，这部分世界就不再是自在的世界，而是人化的世界。其组成单元是符号与物的化合物，即所谓"符号－物"二联体，意义世界的一切都在符号性与物性这两个极端之间滑动。

所谓人化的世界，不再是自在的物世界，而是充满了意义的世界，也就是符号世界。符号是意义活动的必然的无可另选的方式：不用符号无法表达任何意义，任何意义必须用符号才能携带，既没有不用符号的意义，也没有缺乏意义的符号。这样，实践意义世界是符号与物的混合：带上意义的物，已经符号化，因而我们能从中获得某种意义；而在意识所及范围之外的物，尚未被人感知，依然是浑然自在的物世界。

人的意义世界由符号组成，而物世界是混沌而无意义的。索绪尔认为整个非符号世界，"在语言出现之前一切都是不清晰的……只是混沌不分的星

云"①。卡西尔认为:"(文化的)人不再生活在一个单纯的物理宇宙中,而是生活在一个符号宇宙中。"② 某些理论家则进一步认为意识之外的世界也由符号组成:皮尔斯认为"整个宇宙……哪怕不完全是由符号构成,也是充满了符号"③。霍夫迈尔把从大爆炸开始的整个宇宙史,描写成充满符号意义的历史④。但是他们实际上只是就人类的理解潜力而言的,例如说"整个宇宙"是已经被人类符号意义化的宇宙,只是就可以观察到的"大爆炸"遗迹(例如"红移""辐射背景"等等)在讨论,而这些"符号"已经成为人类实践世界的一部分。因此,自在的物世界,不仅是混沌,而且是无法给予符号化意义化的未知世界。

本导论第一节中已经说明过,意识面对的"事物",包括物、生命、文本、心理形态。它们都可以是意识观照的对象,意义世界就是事物被"对象化"(objectified)的总体。例如,我检查我自己的血压、考查我的 IQ,是把我自己当作认知对象。在本书的论述中,物在意向性的压力下转化为意识的对象,对象就是意义化的物。此词有时被译为"物化",往往指的是符号完全脱离意识,而"对象化"是物的意义化即符号化,因此,"对象化"与"物化"(reified),应当是两个相反的概念⑤。

对象和事物之间,有重大区别:事物是独立于人的意识的,有可能被人"理解",也有可能本质上不可知(量子物理学所说的"测不准原理"是不可知的方式之一)。而对象则是向意向性反馈意义的物的观相。对象就是意识由此获得意义的物,是被意识认为已经"把握"的物,虽然意识把握住的只是物的部分贡献意义的观相。意识是否能把握事物的"真相",则是另一回事。也就是说,事物成为对象,是因为同获求意义的意识发生了关联。在这种关系中,并通过这种关系,被认知的对象才会存在。我要认知此物是一个苹果,只需要苹果的一部分观相,苹果作为物的全部品质远远没有被我们掌握;"此处即将地震"的预报,可能并不确切,甚至最后被证实为误报,但是,此警告谈到的

---

① Ferdinand de Saussure, *Course in General Linguistics*, New York: McGraw-Hill, 1969, pp. 111—112.
② 恩斯特·卡西尔:《人论》,上海:上海译文出版社,1985年,第43页。
③ The Essential Peirce, Bloomington: Univ of Indiana Press, 1992—1998, Vol. 2, p. 394.
④ Jesper Hoffmeyer, *Signs of Meaning in the Universe*, Bloomington: Univ. of Indiana Press, 1996.
⑤ 关于"物化"与"符号-物二联体滑动",请参见赵毅衡:《符号学:原理与推演》,南京大学出版社,第3版,2015年,第27页。

地壳运动,已经成为观察对象,而不再是自在之物①。

"实践意义世界"只是人的意义世界的一部分,在意义世界的构成中占有核心地位(虽然并非全部),意义世界意识把物世界的一部分意义化。实践这一部分在人的进化史上,在人的社会性形成上,更为重要。生物的周围世界主要是实践意义世界,而人尚有很大一块非实践的思维世界。但应当承认,人的意识之形成,是从实践性地掌握世界中发展起来的,因此实践世界具有意义活动的原初性:人与动物一样,首先必须生存于物世界。

实践意义世界的形成,可以说由三种意义活动推动:认知识别、理解判断、使用取效。这三种活动看起来很不相同,却都是人的意识与世界交会的产物。例如,石器时代的人需要认知并命名石头,理解判断其硬度光泽,然后加工转换成武器工具:一旦认知黑曜石之坚硬与光泽,就能做成刀斧,或辟邪宝石,这是人的意识的最基本活动。

人类的智慧不可能完全了解物世界,哪怕在未来也不可能:宇宙万物,不论在微观上,还是在宏观上,永远有人不可知的部分。量子力学甚至认为世界的某些方面可能根本不具有"可理解性"。哪怕我们能把握的"实践世界"部分,我们也只是"自以为"理解。于克斯库尔说,关于周围世界的理解能"帮助物种生存",这种"有效性"不能作为"真知"的标准(关于"真知"的详细讨论,请见本书下编《意义的社会化》)。所以我们自以为已经把握了意义的物世界部分,也是应当存疑的。

虽然建立实践意义世界,是人类历史上最成功的努力,人类的"周围世界"实际上也很有限,只是比动物的大得多。人类的"周围世界"的有限性,来自一个巨大的悖论:我们对自己的意识,所知可能更有限,而且对心灵的理解,远远晚于也少于我们对"实践世界"的自以为是的把握。因此,对于心物关系的理解,虽然贯穿了思想史和科学史,却是人类的新课题。本书如此急切地讨论意义世界,也就是因为感到了认识"我心"这种压力。

卡西尔指出:"在对宇宙的最早的神话学解释中,我们总是可以发现一个原始的人类学与一个原始的宇宙学比肩而立:世界的起源问题与人的起源问题难分难解地交织在一起。"② 从孟子"万物皆备于我",到陆九渊"发明本心",到朱熹"性即理",到王阳明"心即理",经过两千年的思索,哲学家们逐渐接

---

① John Deely, *The Impact on Philosophy of Semiotics*, South Bend: St. Augustin's Press, 2003, p. 28.

② 恩斯特·卡西尔:《人论》,甘阳译,上海:上海译文出版社,1986年,第8页。

近一个看法：意识考察的重点不是被认识的对象，而是认识本身，也就是人的意义世界中的"思维世界"部分。认识自我，始终是哲学探究的最高目标。

近代哲学经历了一场深刻的认识论转向，康德是其中的关键人物，他以理性批判精神，对人的认识能力进行了深入彻底的解析，从而完成了理解意识的"哥白尼式革命"。人性不再是一种实体性的本质，而是一种结构功能。在知识生成中，主体对世界并非被动接受，而是具有主导地位，不是自然为人立法，而是人为自然立法。康德认为意识的秘密，就是绝对自我澄明的先验意识，对人的意识的理解开始成为思想的核心课题。20世纪初涌现出来的批评理论，无论是现象学、符号学、心理分析，都是围绕着意识的构造而建立的。

胡塞尔指出："经验自我不是真正纯粹的自我，因为感觉经验材料是由外在的'物自体'刺激引起的，并非纯粹自我本质。"他又指出："现象学的对象并不设定在一个自我之中……而是被设定在纯粹自在直观中被把握的绝对被给予性。"[①] 也就是说哲学的主要问题，不是心，不是物，而是心物关系，是意识世界如何成为构成意义世界的跳板。

周围世界是所有的物种所具有的，但是动物的意义世界可能只有一个相当小的实践意义世界，其改造取效部分更小，而它们的思维世界可能只有一点微痕。因此，意识与实践世界的联系方式，成为整个现代哲学的中心问题。卡西尔认为："和其他动物比较，人不仅生活在一个较广的实在之中，他可说生活在实在的一个新向度之内。在有机物的反应和人类的反应之间，有着一种无误的差别存在。在前者的情形中，对应于一个外来的刺激，立刻有一个直接和当下的反应，而在后者的情形反应被耽搁了，它被一个缓慢和复杂的思想历程所阻碍和延缓了。"[②] 在他看来，动物面对物，只有"直接和当下的反应"，这是动物的实践世界有限的边缘。

意识与物世界的符号关系，应当比卡西尔设想的更进一步。各种动物都有一些符号活动能力，却只有人类这种动物能理解符号意义活动本身的形成方式。因此，人不仅是卡西尔说的"符号动物"，而且是"符号学动物"（semiotic animal），或"元符号动物"（animal metasymbolicum），因为人是具有符号学自觉性的动物。人对意识运用符号对世界进行意义化可以有充分自觉。通过这种自觉，把人同世界其他部分区别开来的最重要分野，是"我"意

---

① 埃德蒙德·胡塞尔：《现象学的观念》，倪梁康译，北京：人民出版社，1988年，第41页。
② 恩斯特·卡西尔：《人论》，甘阳译，上海：上海译文出版社，1986年，第36页。

识到"我"具有意识①。本书将在第六章《符号与文化》中讨论"元符号"时深入阐述这一点。

2. 认知识别

各种物都是被人的认知实践所揭示出来的物,即用某种方式向意识呈现的对象,越是通过复杂精密的仪器才能观察到的物的观相,越能说明物需要"被呈现"。对物的认知是意义世界的基础,但是对意识呈现的永远不可能是物本身,只能是物的一部分观相,也就是说,物把自己变成了一个符号载体。

在初次认知过程中,一个符号文本与一件事物,没有根本的区别(认知活动重复累积成判断与经验,情况就不同,详见本书中编《意义的经验化》)。在意义活动的第一步,即形式直观阶段,如果事物与符号形式相同,我们就无法加以区分,因为感知是相同的,它们携带的意义也是相同的。胡塞尔讨论过一个著名的例子:乍一看,蜡像馆中蜡像(符号)与真人(事物)难以区别,他说:"一旦我们认识到这是一个错觉,情况就会相反。"② 但是只有累加符号意义行为,做进一步探究时(例如触摸真人与蜡像,或观察到动作),我们才会意识到错觉。

贡布里希也举过一个类似例子来"区别物与符号":"植物课上使用的花卉标本不是图像,而一朵用于例证的假花则应该算是图像。"③ 这位植物课老师手里拿的是假花(符号),而"标本"是真花(事物)。但是对于课堂上的学生而言,假花(符号)与真花(事物)会有什么区别呢?除非学生看出二者形式不同,那样观者就已经看出它们是不同的对象,给予意识完全不同的意义。除非解释者看出不同形式,不然二者的意义没有区别。

意义世界是意识用符号再现的世界,意义并非实证科学能完美解决的问题。"几乎所有的人都承认意识的存在,但大多数怀疑意义是否有可能存在。意识可以从进化论角度讨论,但是从纯粹科学(心理学)的解答,不是解答,而是问题本身。"④ 科学可以观察到认知过程的细节,但是无法解决意识如何

---

① John Deely, *The Impact on Philosophy of Semiotics*, South Bend: St. Augustin's Press, 2003, p. 124.

② 埃德蒙德·胡塞尔:《逻辑研究》第二卷上编,倪梁康译,上海:上海译文出版社,1998年,第491页。

③ E. H. 贡布里希:《视觉图像在信息交流中的地位》,范景中选编:《贡布里希论设计》,长沙:湖南科技出版社,2001年,第111页。

④ Owen Flanagan, *The Really Hard Problem: Meaning in the Materialist World*, Cambridge, MASS: MIT Press, 2007, p. 43.

产生意义,因为科学作为心物关系正是我们要探讨的问题。

李广昌教授认为:"人关于意义的创造和追问,生发出一种哲学图景,这种图景被称为'意义世界'。"① 这个描述相当精确。符号学揭示人类认识伸展这种符号活动中的统一性,因而成为一种原则上包括实践和共识两方面的知识,即便在其特性中仍然主要是共识性的(如果愿意,也可称之为"哲学性的")。"思辨和实际这双重方式认识下的符号学"……符号学作为后现代特色的发展,同时包括了实际认识和思辨认识②。

杨国荣教授也仔细讨论过"意义世界"的物与意识复合问题,但是他强调物世界的奠基作用③。而笔者认为心灵与物世界对意义世界共同起奠基作用,物世界在任何情况下都是绝对存在的,不是为人获取意义的目的而存在的。在意义活动中,尤其在下面两节讨论筹划、概念、想象、幻想等思维世界时,物世界被意义活动置于一定距离之外,我们不得不考虑意识与物对意义世界的"共同奠基"作用。这是笔者与杨国荣教授对意义世界看法的不同之处。注意:本书说的不是意识对世界起奠基作用,而是对意义世界(人类的周围世界)起奠基作用,这里没有任何误会的可能。

杨国荣对胡塞尔现象学提出批评:"现象学在某些方面已注意到意义的呈现与意义的赋予在意向活动中的相关性……现象学在总体上似乎更多地突出了意义的赋予,而对事物的呈现则未能给予充分的定位;就此而言,显然很难说它已真正把握了意义生成过程中二者的互动和统一。"④ 他的意思是胡塞尔没有足够重视意义的物性方面,笔者同意这批评有理,但是笔者认为:意义是意识与世界的交会,因此缺一不可。

王阳明的论说是比胡塞尔更明确的"唯意识论"。他认为:"心外无物,心外无事,心外无理,心外无义,心外无善。"他又说:"圣人之道,吾性自足,问之求理于事物之误也。"在他看来,思维兼为认识主体与宇宙本体,是意义世界的基础,原因很清楚:"离却我的灵明,便没有天地鬼神万物了……今看死的人,他这些精灵游散了,他的天地鬼神万物尚在何处?"⑤ 他的说法,可能忽视了意识与物世界关系的复杂性。我们的祖先生前面对的"天地鬼神万

---

① 李广昌:《康德关于"意义世界"的目的论诠释》,《浙江学刊》2006 年第 6 期,第 32 页。

② John Deely, *The Impact on Philosophy of Semiotics*, South Bend: St. Augustin's Press, 2003, p. 83.

③ 杨国荣:《论意义世界》,《中国社会科学》2009 年第 4 期,第 15～16 页。

④ 杨国荣:《论意义世界》,《中国社会科学》2009 年第 4 期,注 7。

⑤ 王阳明:《传习录》,南京:江苏古籍出版社,2001 年,第 342 页。

物",与我们作为几百年后的子孙所意识到的物世界,已经大不一样,而通过文化世代承继并演变的意义方式,也发生了巨大变化,意义世界必定是经验化、社会化的,这就是人类意义世界本质上的历史性。

就自在物世界之外的意义世界而言,它的形成是心物双源的,但绝不是唯心论或唯我论的,因为没有事物就没有意义的可能。首先提出"符号学"这个学科的休谟不主张纠缠终极问题,而力主考察人的理解能力[①];罗素的立场有点相似,他说:"我的信念是,精神的东西和物质的东西之间的区别,并不在于其中之一的内在性质,而在于我们获得关于其知识的方式。"[②] 一旦集中讨论意义的获得,我们面对的就是一个认识论问题,是包括在认识论中的本体论。这并不是逃避难题,符号学本来就是意义学,符号哲学本来就是认识论。我们自以为了解的只是物世界与意识世界叠合的部分,即实践世界。既然物世界永远有沿未认识的大片晦暗,意义世界不得不以意识为基地,才能取得与物世界的实践交会。认为物世界可以单独为意义世界奠基,是夸大物在意义活动中的作用,实际上是严重缩小了物世界。

意义实践第一步是认知,人类的意识认知各种物,从了解它们的最基本性质,到了解它们非常复杂的物理化学构成。我们可以把这些都称作"事物(面对意识)的呈现",显然,夜空中可感知的光点,在我们的意识中成为星空。哪怕物呈现相关品质,需要通过复杂的仪器,或改变正常条件,物依然在意识的意向性压力下才能给予意义。存在物变得部分可知,其最基本条件是意识需要获取意义。物在形式直观中给予意识的意向性以意义,形式直观是意义自我澄明的出发点。

对象的意义给予性,是意识与对象双方共同起作用的结果。在这个范围内,物不再是物,而成为意识的对象。但是人不会满足于认知的这个形式直观最初阶段。认知的叠加与深化,就会引向对事物的理解判断,以及进一步的改造取效。甚至宇宙夜空繁星,其意义也取决于人类获取意义的意识,以及从古至今各种文化社群的理解方法,从划分星座,到今日的宇宙物理。

3. 理解判断与改造取效

既然只有在意识的意向性投射下,物才呈现为对象,关于事物的认知,恰

[①] 休谟:《人性论》,北京:商务印书馆,2002年,第45页。
[②] Bertrant · Russell, *Wisdom of the West a Historical Survey of Western Philosophy in its Social and Political Setting*, London: Crescent, 1959, p. 254.

恰并非指向"事实层面的规定"。意义不仅取决于我们的观察工具，更是取决于意识究竟需要什么意义：取决于我们究竟是需要知道"客星犯紫微"预示宫廷变故，还是知道多少光年外某星座可能形成了黑洞。

认知是整个实践意义世界的基础层，人对物的认知，对物的命名，已经包含了对物的性质之理解与描述，是实践世界意义化的出发点。彭佳指出："汉族因为几千年来从事农耕生活，故有二十四节气。而长期生活在高原和海洋地带的民族，他们对节气和日历的能指划分，也往往和生活习惯相关，如台湾达悟族的时节划分中就有'飞鱼季'，而藏历则根据杜鹃鸟、戴胜、野鸭等的活动来进行划分。"[1] 这种对物世界的理解，不能狭窄地理解来源为"物"，人际关系之类的似乎抽象的对象，也是实践意义的领域。赵星植指出："礼物交换从本质上说是一种符号表意实践活动……礼物就是馈赠者向受赠者传递'关系意义'而采用的符号载体。"[2]

有意义的实践活动，并不是脱离人类思维的纯粹实践，因为没有这样的纯粹实践。所有的实践都携带意义。因此被认知的事物，在绝大部分情况下，都是"符号-物"二联体，也就是说，同时具有使用功能和携带意义的功能，一切取决于事物感知的接收者的解释意向性。一双筷子可以有实践取效功能，用来取食，它也可以是符号，例如表示"中国风格""中国习俗"甚至"中国性"，而所有这些意义，筷子这个"物-符号"关联倾向哪一边，要看接收者如何解释。外国人拿起筷子，很可能有强烈的欣赏中国文化的意义；中国人用筷子，可能只剩取食工具这个实践意义。但如果把筷子陈列在风俗博物馆，或工艺美术商店的橱窗里，筷子就表达一种文化或美学意义。唐小林指出："符号媒介是行为的方式，传播具有'施为性'。"[3] 人的实践始终具有作为意义活动的品格。

理解判断可以进一步引向改造取效。这一步往往不被人认为是意义行为，而认为是实际工作行为。实际上人的工作本质上是一种意义活动，而且往往与理解判别很难区分。理解的目的是取效，所以本书把二者放在一节内讨论。这两步都属于取效的目的论或价值论的范畴，而不是认识论范畴。该对象对我意味着什么，也就是辨别对我有什么用，都是在回应我的目的，即通过某种努力能期待使它具有什么实践意义。因此，理解与取效这二者中的"意义"，都是

---

[1] 彭佳：《文化对自然的模塑：一个生态符号学模式的提出》，《哲学与文化》2015年第8期，第153页。
[2] 赵星植：《论礼物的普遍分类：一个符号学分析》，《符号与传媒》，2014年第8辑，第96页。
[3] 唐小林：《符号媒介论》，《符号与传媒》，2015年第11辑，第141页。

有一定目的的某种"用途式的意义"(meaning as purpose)①。我们可以说某种生活是"无意义的生活"(meaningless life),大致等于说此种生活对个人或社群的利益来说,没有目的,也就是没有价值。

人对世界不仅仅具有理论的兴趣,而且需要对世界的意义进行实际的"支配"。在现象学家舒茨看来,日常生活的"工作世界"在各种意义分区中最为重要。在工作世界中,人精明成熟,意识充满张力,是最高的现世存在:"它是我的各种运动和各种身体操作的领域,它提供要求我努力去克服的各种抵抗,它把各种任务摆在我面前,允许我把计划进行到底,我试图达到我的目的,导致成功或者失败。在工作中,我们总是运用自己的身体参与它、接触它、改变它。世界首先不是一种我们思想的客体,而是一个我们支配的领域。"②

取效中的目的与价值,的确是人类实践之最重要的意义,是人与物关系的终极。它们与认知的不同,在于人类的意义评价主导了意义的生成。这时候的"意义",并非人对事物的获义意向性,而是要求事物转换,以符合意识的价值观。不同社群价值标准不同:《小时代》描述的公司办公室生活对白领小资"有意义",《后会无期》的上路冒险生活对于追求个性的小知识分子"有意义",两批粉丝观众互相瞧不上对方的"意义",但是无法否认这些方式都是文化社群的利益的意义实践。

目的论虽然不是自然运行的规律,却渗透在人的实践中。个人的人生最高意义,是理想意识以及对社群的义务使命。但是过分要求"以天下为己任",如张载提出的"为天地立心,为生民立道,为先圣继绝学,为万世开太平"③,作为理想人格是很令人钦佩的,作为对人的要求,可能是把个人的意志和能力看得过高了,至少不应当是人类实践的唯一标准。

4. 世界在实践中的变形

正是由于实践取效的重大意义作用,意义世界就不可能完全是意识臆造的主观图景。固然思维所得的意义有自我设置的部分,有满足心灵的某种隐秘需要的部分,但是意义既然是社群在实践中共享的,就证实了人类的改造取效,

---

① Benjamin Wiker, Jonathan Witt, *A Meaningful World: How the Arts and Sciences Reveal the Genius of Nature*, Downers Grove, IL: InterVarsity Press, 2006, p. 8.

② Alfred Schutz, *Collected Papers Vol. I, the Problem of Social Reality*, The Hague: Martinus Nijhoff, 1973, p. 67.

③ 张载:《近思录拾遗》,《张载集》,章锡琛点校,北京:中华书局,1978年,第376页。

导论　意义世界

至少有部分是真知。例如托勒密地心说体系是古代社群共享的,在古代历法需要的实践意义上是真知;托勒密体系被哥白尼体系所取代,相当原因也是社群实践意义的需要:以地心说编订的历法已经谬误太多,修正太多,迫使"日心说"成为"真知"。

既然意识是世界的构成物,对意识的批判性审视就是意义理论应有的出发点。对意义世界构成的批判分析,常常必须从对意识的批判认识出发。弗洛伊德的精神分析理论,让人看到人的意识实际上是分裂的,被欲望驱动而无法完全自主。胡塞尔认为笛卡尔已经迫近现象学,只是未能进一步对"我思"的实体性进行悬置和分析①。而胡塞尔的主体观则受到德里达的批判,德里达用主体不在场代替胡塞尔式的主体意向性论辩,用差异性取代现象学的意识整体同一性。从文化社群的集合意识来说,更是如此。祝东详细分析了儒家的仪礼理论如何影响中国社会,指出这是一个普遍规律:"人类社会活动其实就是一个不断制造意义,规范意义,而又受意义规范的过程。"②

可以争论说,不一定是人类才有这种把部分物世界对象化、意义化的能力,凡是生命之物,都有类似的能力,这就是于克斯库尔的生物周围世界理论。诚然,动物,甚至植物,都能把某种物(例如另一个动物)变成认知识别对象(是否可食),理解并判别目的(有无追杀可能),并且使用取效(追杀食之),这个动物用的标准是这个物种本能的意义能力。但是我们可以说,与人的实践意义世界相比,动物的实践意义世界,不仅非常窄小,而且缺乏根据语境改变意义理解方式的能力。这就是为什么当条件变得严酷时,例如到了冰河期,动植物种群会整体灭绝,而人却能改变实践方式,缝皮为衣,取火煮食,滚木运输,甚至培植驯养动植物改造自然。

前文说过,本书说的"意识",是指人类"社群的"意识,并不是指完全个人化的意识。所以孟子说"万物皆备于我矣",但是"我"不能自认为是世界的主人或创造者,必须"反身而诚",明确而坦白地看到自身的有限作用,才是"乐莫大矣"③。《道德经》中的"道可道非常道",人的认识与再现,不可能不扭曲真知,这是人的意义世界具有有限性的根本原因。明白了这一点,我们对意识的能力必须保持警惕。这并不是否认意识构造意义世界的重大作用,而是说这种作用没有达到笛卡尔那样绝对的地步。

---

①　埃德蒙德·胡塞尔:《纯粹现象学通论》,1988年,第41页。
②　祝东:《仪俗、政治与伦理:儒家伦理符号思想的发展及反思》,《符号与传媒》,2014年第9辑,第80页。
③　《孟子·尽心上》。

正是因为领会了休谟等人对理性的怀疑态度，康德提出了"先验范畴体系"：经验的各种范畴是内在的主观逻辑，而不是客观世界固有逻辑的体验总结，因此它们才成为超越事物特殊性的一种普遍有效性。凡是谈及对象的地方就已经有一种主动性了，对象化总是一种自我的主动作用。胡塞尔对这个问题的描述相当准确："一切从背景中发出刺激作用的东西从一开始就是在某种'对象性的理解'中被意识到的……作为知识取向的可能基底而被理解的……未知性在任何时候都同时是一种已知性模态。"[①] 既然"未知性在任何时候都是一种已知性模态"，为了了解实践世界的潜力，我们要在实践意义世界进行有效的活动，首先要了解的是"已知性"，就是意识自身是如何构成的。

由于意识对意义世界的共同奠基作用，物世界原有的基本特征，在意义世界中转化成新的品格：

物世界的唯一性，被不同的意识转化为意义世界的复数性；

物本质上的超理解性，因为意识把部分观相变成符号而获得意义性，符号对意义世界的模塑，形成周围世界的可理解性；

物的细节无限性，因为意识的有限能力，变成意义世界的有限性。

这三个转变，造成人的意义化的实践世界，与自在的物世界之根本不同。哪怕个人意识与群体的周围世界融合起来，最后形成文化社群共享的意义世界，它依然是意识构筑出来的。因此，本书一再强调，对意识中心观念的有限性，无论个人主体还是社群主体，必须有必要的谦卑。哪怕是就社群心灵能力与意义丰富的社会性而言，人心并不是万物之主，意义世界也绝不是唯一的世界。但是意识构成的意义能力有限，不可能完全穿透自在的物世界，这一点对人和动物来说，只是程度不同。

[①] 埃德蒙德·胡塞尔：《经验与判断：逻辑谱系学研究》，邓晓芒译，北京：生活·读书·新知三联书店，1999年，第54页。

第三节　思维世界：范畴与筹划

本节概要：

意识构造符号意义世界能力，是人类意义活动的关键。人的意义世界可以分成两大部分：实践意义部分，思维意义部分。意识构筑思维世界有几种方式，从与它们与实践意义世界的距离很不相同。幻想部分，包括幻想、错觉、梦境、艺术与游戏，它们对于实践是不透明的。另一部分，即筹划部分，包括形而上的范畴化与模塑能力，以及对实践活动的筹划，它们可以直接转换成实践意义，因此它们对于经验实践是半透明的，有直接指导实践意义的作用。整个思维意义中的符号，不完全依赖先在的对象，反而创造对象。

1. 意义世界与幻想

前面两节讨论过，意义是意识与对象的联系，事物只有在意识发出的意向性压力之下，才变成意义对象，因此，虽然意义需要对象给予，但意识却是意义活动的起点。

不仅如此，思维可以与物世界保持一定的距离，相对独立地进行意义活动，此时意识依然面对事物，但却是"意义中"的事物（而不是实践世界中的"意义化"的事物），也就是意识创造的事物。意义世界的这个部分，明显以意识为主导，上一节讨论的物世界的意义"共同"奠基作用依然存在，但是物世界被意识置于一定的距离之外。

意识的这种思维的创造性是多层次、多类别的。人的诸种实践意义，包括认知、理解、取效，是透明地面对对象，是明确地有指称的；而思维意义世界可以不透明或半透明：其中的幻想和艺术部分，是不透明地面对对象，不直接指向指称；而范畴与筹划部分，是半透明的。整个思维意义活动，不完全指向对象反而创造对象。

休谟曾经指出："根据经验而来的一切推论，都是习惯的结果，而不是理性的结果。"意义是意识与世界上各种对象的联系，但是意义首先是一种自我感觉中的联系，此种"意义感觉"是否为真实的心物联系，即所谓"真知"，除非加上足够的文本间关系考察，实际上很难确证，无法说它一定是真实的联系。而且在我们思维中储存的大量知识中，能够被大家公认为已经得到"科学性确证"的,只是极少数。因此,必须先解决普遍的意义活动方式问题,才能进一步探讨意义真伪这个特殊问题。

应当说明,任何符号再现永远只是对象不完整的"简写式",因为意识获取意义只需要对象的片面观相。符号再现留下的大量空档,靠想象来帮助填补。胡塞尔坚持认为:与其说世界是客观的,不如说世界是"主体间"的,所以"表述并不需要真实的词语,而只需要表象就够了,在想象中,一个被说出或被印出的词语文字浮现在我们面前,实际上它们根本不存在"①。获义所需的形式材料其实无需多,因为意识与经验的补足能力极强(本书第一章第四节《共现》将详细讨论)。

可以把思维构筑意义世界的方式划出以下几步,这种划分虽然不精确,但是符合本书的大致需要。有论者认为人类实践的意义有三大类:依靠想象力的叙述理解,是命名描述,用细节来安排构成;依靠组织力的理解,则是用文本来设计展示,用媒介来安排再现;或依靠逻辑力的哲学理解,则进行系统化、概括化、数量化,以构成更大的整体②。这个总结可能失之粗疏,混淆了思维的各层面:描述和再现是实践的层面,而"系统化、概括化、数量化,以构成更大的整体"则是一种意识行为。

本书建议,从与实践意义世界的距离来考察,思维活动可以作以下两大块:幻想部分与筹划部分。幻想部分将在下一节处理,筹划部分包括:形而上的思考部分(范畴、真值、价值、伦理),这部分统摄评价实践世界的意义活动;也包括筹划思维部分(设计、发明、科技),这些活动直接"影击"实践世界的改造取效。

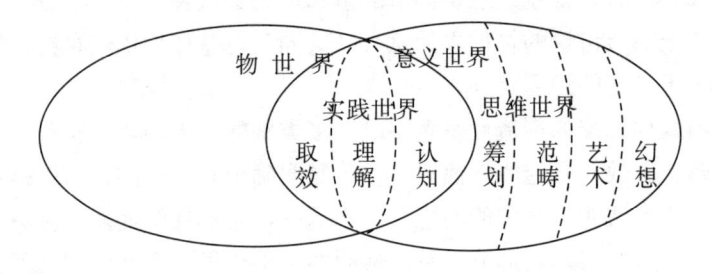

2. 范畴

在意义世界中,思维的想象力有一项更重大的功能,那就是在进行认知

---

① 埃德蒙德·胡塞尔:《现象学的观念》,倪梁康译,北京:人民出版社,2007年,第25页。
② K Egan, *The Educated Mind*:*How Cognitive Tools Shape Our Understanding*, Chicago: Univ. of Chicago Press, 1997, pp. 4—6.

前，预先假设范畴，只有事先有了范畴，人才能对事物对象进行认知实践。

这个问题在哲学史上是一个关键性的课题，从柏拉图的理念说开始，一直到康德的先验理性论、胡塞尔的本质直观说等，都是这个关键一步的变体。索绪尔认为：符号的所指，是社会性的"集体概念"，而不是一件件的实物。皮尔斯强调符号意义的类型，"每一张画不论其方法是如何约定的，在本质上都是种类的表象"[1]。艾柯坚持符号指的是"两个命题之间的蕴涵关系"。而符号意义卷入的命题就是范畴："不仅解释是范畴，符号载体也是范畴，意义产生于两个范畴之间。"[2] 特定事物，只是该"范畴"存在物的特例。在这段话中，解释是范畴，是继承柏拉图的理念说；而"符号载体也是范畴"是他的论述关键：此地此刻的事物是"个体"，也是"原型"身份（即"一种物"）的一个型例。

近年一些符号学家依然认为意义必是范畴："视像与语象，都必须能描写事物的基型（prototype）或'原型'（archetype）；正因为与基型有这样的联系，他们才能够互相替代。"[3] 这些理论家大都认为，范畴本质并不在呈现中直接显示为范畴，但是思维主体是先验的，思维的范畴化能力将使所有的意义理解归入范畴。有学者认为"模仿"这概念本身就是模仿类型范畴。意义解释是否必然归结到范畴。笔者在《符号学：原理与推演》一书中，提出的看法与西方各论家不同，认为不能一概而论。儿童到了一定年龄，才能认出照片上的人是母亲，而不是"一个女人"[4]。但是本书讨论的是认知感觉的出发点，而不是解释活动的终点：在认知的前理解构造中，范畴化的"先见"是必然的，虽然认知的结果可能是个别的。

范畴的功能远远不止意义解释的具体步骤，许多学者认为：一切所谓道理，包括世界运行规律，道德伦理价值，都来自意识中先验的部分。陆王心学与程朱理学，在这一点上只是强调点不同而已。王阳明强调"圣人之道，吾性自足，向之求理于事物者误也"[5]。我对这段话的理解是，王阳明强调范畴不在事物中，而是在心灵中先验地存在。而朱熹更强调范畴观念向实践世界的跨

---

[1] Charles Sanders Peirce, *Collected Papers*, Cambridge Mass: Harvard Univ Press, 1931—1958, Vol. 2, p. 228.

[2] Umberto Eco, *Semiotics and the Philosophy of Language*, Bloomington: Indiana Univ. Press, 1984, p. 223.

[3] Valerii Lepakhim, "Basic Types of Correlation Between Text and Icon, Between Verbal and Visual Icons", *Literature and Theology*, March 2006, p. 28.

[4] 赵毅衡：《符号学：原理与推演》南京：南京大学出版社，2015年第3版，第117页。

[5] 《王阳明全集》文录一，上海：上海古籍出版社，1992年。

越。他主张："理在人心，是之为性……性即理也，在心唤作性，在事唤作理。"① 因此，事物之理来自人心中的"性"，"不能析心、理为二"。"心有体用。未发之前是心之体，已发之际乃心之用。如何指定说得。盖主宰运用底便是心，性便是会恁地做底理。性则一定在这里，到主宰运用却在心。"② 他进一步具体分析道德概念的先验性："仁者，天之所以命我，而不可不为之理也。"道德范畴是天放到"我"心里的，"我"据此判断实践世界的意义活动，因此实践世界之理必须尊崇"天之所以命我"的性。这与康德讨论道德时坚持的"自律"作为"他律"之基础，所论相通。人的个别善是绝对至善的体现，因此"意志的准则任何时候都能同时被看作一个普遍立法的准则"③。

用形而上的方式进行抽象，给予个别的事物以统一的内在本质，或许源自人类本性对超越性的向往，即追求超越直观的概念范畴式把握。这就是为什么科学认知本质上是先验把握，科学要求用数学与逻辑方式把握意义，实际上是要求能用实验重复控制意义生成。这并不是科学本身决定的，而是人的"科学式"意义诉求决定的，是近现代出现的思维方式。范畴与概念对于实践意义世界是半透明的，因为必须在实践中行之有效，才是"适用"的范畴。

没有某个系列的符号，就没有这个系列的概念和实践。例如，西方叙述学界争论叙述是否必须用过去时，争论戏剧是不是叙述，常常令中国叙述学研究者觉得他们在刻舟求剑。甚至像"symbol"这样极其常用的词，中文参照上下文，翻译成"符号"或"象征"，分割非常清楚；而西方人则两词不分，很多符号学家把这两个基本意义弄混。符号学因为西方符号术语的错误影响，而弄混了最基本区分（符号不同于象征），这真是一个讽刺。应当说，在汉语中，"象征"与"符号"本来不会混淆。一旦西方人混用，受翻译影响，中国学者自己的书，也会弄混了本来一清二楚的汉语概念，让西语之乱波及汉语。例如有一本国内新出的学术书，说是"symbol"此词，"用于逻辑、语言及符号学心理学范畴时，多译作'符号'；而用于艺术，宗教等范畴时，则译为'象征'"④。意思是说汉语中只是在艺术学和宗教学之中有"象征"，其他学科只

---

① 《朱子语类》卷五。
② 《朱子语类》卷四。
③ 康德：《实践理性批判》，邓晓芒译，北京：人民出版社，2003年，第39页。
④ 贺昌盛：《象征：符号与隐喻》，南京：南京大学出版社，2007年，第5页。该书同一页上又说："西语语境中的'象征'偏重以形象指涉理性思辨的对象，但当这一'形象'日渐脱离其具体的形态状貌而被单一的'语言符号'所替代时，'象征'就成了一种纯粹的语言现象。"此解释更让人不明白。

有符号。显然这是越弄越糊涂，真是令人遗憾的"中西交流"。

3. 筹划与意义世界跨越

筹划是思维意义世界更重要的部分，它在头脑中设计出改造取效的方案，因此直接指导实践意义世界。这是思维意义世界最接近实践的区域，实际上一条腿已经跨进了实践意义世界，可以说筹划是意义世界两大部分的衔接之处。

马克思在《资本论》中曾生动地描写了人与动物在意义活动上的重大区别，就是实践之前，人在意识中预先筹划："我们要考察的是专属于人的劳动……最蹩脚的建筑师从一开始起就比最灵巧的蜜蜂高明的地方，是他在用蜂蜡建筑蜂房以前，已经在自己的头脑中把它建成了。劳动过程结束时得到的结果，在这个过程开始时就已经在劳动者的想象中存在着，即已经观念地存在着。"[①] 马克思这段名言非常清楚地指出：思维的"想象"对实践活动预先进行筹划设计，是人类意义活动的一个重大特点。

原先只是在头脑中进行的筹划，有能力让符号意义先行于对物世界的实践，因为筹划符号可以事后创造对象，而不需要对象先于符号存在，等着符号来表现。在实践的认知活动中，对象原则上是先在的，例如月亮升起在天，观者认知并对之进行（从神话到天文学的）各种解释甚至改造（例如计划把月球变成航天中转站），但是并非人的全部意义活动都沿着这条路线行进，相当多的意义活动是符号创造对象，而不是对象创造符号。

我们可以把对象创造符号而映出的意义活动，称为"对象先行"的意义活动，而把符号创造对象的意义活动，称为"符号先行"的意义活动。任何符号之出现，是以解释意义尚未出现为前提的[②]。此处说的符号与对象何者先行，说的是另外一个问题，指的是符号不仅创造解释意义，而且塑造对象。"龙""蛇"二词都会引发解释，只是"蛇"以现有生物为对象，对象在符号之先；"龙"，则是创造对象，对象需要根据解释塑造。可以看到，思维世界产生的符号，有许多是符号创造对象：思维造出符号及其意义，实践据此造出对象。"对象先行"与"符号先行"这两种意义活动，是在思维世界与实践世界这两边出现的跨界活动，只是它们的方向相反。

同属于思维世界的艺术与梦－错觉，绝对不可能用来作实际意义活动的筹

---

① 卡尔·马克思：《资本论》第一卷，见《马克思恩格斯选集》第二卷，北京：人民出版社，1995年，第178页。

② 赵毅衡：《符号学：原理与推演》，南京：南京大学出版社，2015年第3版，第45页。

划，除非是军师之类的人物把梦"再符号化"为异象，才可能作为上天代为做的军政谋略筹划。幻想与艺术的文本意图，就是不跨界进入实践意义世界，因此它们是"无目的"的意义活动（这一课题在本导论的下一节讨论）。而筹划却是目标就在于跨界创造而进入实践世界，因此，筹划的目的是创造"符号先行的跨界意义"。阿奎那斯认为"思辨性知识通过扩张而变为实践"，指的主要是思辨的筹划能力。思维和实践是意义世界的两个不同的领域，但都落在人类意识范围之中，二者的分野不会完全消失，但是二者靠范畴与筹划相通：一方面是实践经验成为思维活动的材料，成为幻想、艺术、游戏的"比喻性"内容，另一方面，思维的范畴活动与筹划，直接指挥实践的意义活动。这种互相渗透，是意义世界两个部分能够分立又能够结合的关键。

思维意义世界与实践意义世界，最重要的区分是意义对象的地位不同：对于实践性的意义活动，对象终究要在场化，因为对象的观相成为携带意义的符号。例如，火星这颗离地球最近的行星，极为迷人，故称"荧惑"，理应作为特殊的意义观照对象。火星本身从古至今自然而客观地存在于那里，人类至今所知极少。它理所当然地成为认知实践的对象，人类用各种手段观察到火星的各种地表特征，认识它是否适合生命；火星的宜居改造可以成为筹划的对象，此种筹划能否实现取决于未来的实践，但筹划目标对准了这种实践，例如对火星进行"创建仿地球生存环境计划"（Teraform）的宏大设计，准备人类有一天迁居于此；火星也经常成为幻想的对象，例如各种关于火星的小说，火星人入侵地球，或人类进攻火星。在艺术想象中，火星只是比喻性内容，模糊地影射这个对象，实际上不一定需要火星作为具体对象，艺术靠不同程度虚构化此对象，才能创造丰富的意义。在艺术想象中，与以实践为目标的筹划中，同以火星为对象，几乎没有任何相同点。

筹划是现象学系统的哲学家思索中最关键的问题之一，因为此时意识的作用最为明显。海德格尔直接把意义看成是筹划（"Entwurt"，经常被英译为"designing"或"project"）的产物。他一再强调"意义的问题，亦即筹划领域的问题"[1]"意义就是筹划的何所向"[2]。原因是筹划本身就是意义的出发点："因为领会于它本身就具有我们称之为筹划的那种生存论结构……领会的筹划

---

[1] 马丁·海德格尔：《存在与时间》，陈嘉映、王节庆译，熊伟校，北京：生活·读书·新知三联书店，1987年，第151页。

[2] 马丁·海德格尔：《存在与时间》，陈嘉映、王节庆译，熊伟校，北京：生活·读书·新知三联书店，1987年，第177页。

性质实际组建着在世的存在。"① 他甚至认为，人的领会与解释，并不是针对物本身，而是针对我们在筹划中得出的预期"可能性"，原因是："解释植根于领会……解释并非要对被领会的东西有所认知，而是把领会中所筹划的可能性整理出来。"② 而伽达穆尔把筹划的作用说得更加清楚："理解的经常任务就是做出正确的符合事情的筹划，这种筹划作为筹划，就是预期，而预期应当是'由事情本身'才得到证明。"③ 筹划就是对将会在实践活动中得到的认识或取效的预判。

筹划是意义活动中一个非常具体的类型。海德格尔指出，现代科学与古代科学的一个重大差别在于其对物的"数学筹划"，这种数学筹划标志着现代科学的形而上本质。海德格尔认为伽利略与牛顿把科学数学化，让"纯粹理性成为形而上学的引线和法庭，成为对存在者之存在，物之物性的规定性的法庭"④。他悲叹现代科学的"数学式筹划"过于机械，取消了科学中的敏悟。的确，现代科学发现新的行星、新的粒子，发现彗星的轨道，预判结构的稳定，都是从数学上先行筹划，然后进行实验操作。

但符号的筹划作用并不一定是对人的意义活动有利的，人代替上帝，部分原因是用科学来解释原本需要上帝概念来解释的万物通性。现代之前，以神的品格塑造人的意义世界，被科学万能的范畴模塑所替代，一切无法进行科学式验证（数字化、实验化）的方式，都被认为不符合意义"真值"的标准，从实证主义到泛科学主义对科学的模塑能过度夸张，反而使人类的精神世界趋于贫乏。

从根本上说，无论是范畴化还是筹划，都是"生产性"的，具有把片段感知或经验（感知残留）完整化的能力。它把部分在场的感知综合成对象，甚至在事物完全不在场时直接创造事物（例如人造某种元素）。康德认为："我们有一种作为人类心灵基本能力的纯粹想象力，这种能力为一切先天知识奠定了基础。"⑤ 思维必然用人类天生的想象能力梳理感知和经验，并加以"有序化"，从而把事物转换成意义对象。思维的综合能力，必然是先于任何感知与实践

---

① 马丁·海德格尔：《存在与时间》，陈嘉映、王节庆译，熊伟校，北京：生活·读书·新知三联书店，1987年，第169页。
② 马丁·海德格尔：《存在与时间》，陈嘉映、王节庆译，熊伟校，北京：生活·读书·新知三联书店，1987年，第173页。
③ 伽达穆尔：《真理与方法》上卷，上海：上海译文出版社，1999年，第272页。
④ 《海德格尔选集》，孙周兴编，上海：上海三联书店，1996年，第870页。
⑤ 康德：《纯粹理性批判》，邓晓芒译，北京：人民出版社，2004年，A124节。

的。只有当感知被思维的想象力综合之后，才成为认知；因此，只有意识的综合，才是知识的起源，知识靠思维成为跨越到现世的桥梁（关于想象力，本书中编《意义的经验化》将详细讨论）。

人的生活再庸常，也必定是在意义世界之中的活动，也必定建立在范畴化与筹划基础上。只有靠思维，才能包容和融通复杂纷乱且互相矛盾的世界，从混乱无序的感官信息出发，组织对世界的有序理解与筹划。依靠筹划，人能发现解决问题的办法，能把一系列选择性决策根据一个目的组织起来。这种筹划，哪怕非常精确地数学化，依然需要认知实践予以证实："对于思想，人们经常忘记它是一种艺术，即精确性和不精确性、模糊性和严密性相结合的一种游戏。"① 人最常规的生活，就是依靠筹划把混乱无序的感知、模糊的经验，组织成一个可实践的意义筹划。

筹划的一个大特点，就是风险预判，"用形式方式"估计实践取效的可能性：意识在筹划中尽量扩大可能性的领域，而不必拘泥于细节的必然性。这个问题说起来抽象，其实非常具体：我筹划明天早晨赶飞机，我把一切能估计到的因素都尽可能估计在内，虽然我只是大致了解明晨的天气情况、打车难度、机场忙碌程度，但我不可能把一切可能性转化成筹划形式，那样就只有到机场过夜才能防止意外。因此，筹划预判与实践取效之间，必然允许某种失算的可能，不可能万无一失。对其他各种认知或改造时间的筹划，小到选读某本书，才能对解决某问题有所得益；大到如何进行某个实验，才能证实某个理论，都是如此。如果因为各种原因，筹划不够周密，风险过大，如诸葛亮"空城计"，或是体操选择高难度动作，失算的可能性很大，所谓"出险招"，实践中的张力就会非常戏剧化。

每个人的日常生活实际上每时每刻都要靠思维来筹划，生活中的一切都需要社会性意义来调节设计。用思维来筹划，必须把经验中的个人因素和文化社群中的公众经验相联系，人们很希望看到实践在自己熟悉的程式中展开，因此，人们倾向于循规办事，以减少一件件事单独筹划的不确定性。而最稳定的筹划程式，莫过于遵循社群的已有规范。例如，关于自己或子女的教育，究竟学什么，如何学，这种筹划过于复杂，人们情愿遵循社会的教育制度以及社群的"风气"。例如参加奥数补习班，出国留学班，个人不一定能做出自主的筹划。

社群化的筹划在我们的生活中扮演了重要角色，个人必须把自己的经验储

---

① 埃德加·莫兰：《迷失的范式：人性研究》，北京：北京大学出版社，1999年，第104页。

备与社群经验融合，才能明了他的筹划冒了多少风险。他的尽心筹划，大部分情况下只是与社群习俗之间的微调，他甚至对自己在遵从社会习俗并不自觉。只有当他身处某种全新的环境（例如到异国生活），他才会非常自觉地明白，他必须在自己的筹划与异社群的习俗之间找到一种平衡，从而设计出适当的实践方案。

第四节　游戏与艺术在意义世界中的地位

本节概要：

思维世界的组成系列（范畴、筹划、艺术、游戏、幻想、梦境等）虽然没有任何一部分能脱离人的实践世界，却一步步离实践世界渐行渐远。这种距离造成几种重要的结果：艺术和游戏的内容只是比喻性地、或多或少地借用实践经验，它们在意义上对现实不透明，在符用上没有实践用途。但是，艺术和游戏在人类文化中不断被"次生实践化"：崇高化、商品化、学理化，由此构成一个符号修辞的四体演进序列。学术讨论是对艺术与游戏的反思，是一种反讽式思维，并走向了艺术与游戏精神的反面。

1. 游戏与体育的共同特点：不透明性与无用性

游戏与艺术并不是没有意义，只是说它们的意义并不以实践世界意义那种透明性为前提。哪怕游戏与艺术文本不得不包含大量经验材料，哪怕材料与实践世界有明显对应，它们依然必须有脱离指称的趋势。游戏研究的先驱者赫伊津哈（Johan Huizinga）在他的名著《游戏的人》中一言以蔽之，游戏有意地"不同于日常生活"，因为"游戏以自身为目的"[①]。

艺术与游戏具有极其相同的品格，在人的意义世界中占有几乎相同的位置。艺术本身可以说是一种游戏，伽达默尔用游戏模式来说明艺术，称之为"艺术游戏"。反过来说，游戏实质上也是一种艺术。在当今的"行为艺术"中，游戏与艺术已经很难区别。从意义学说来看，它们共有以下两大特点：（对实践的）意义上的不透明性，和目的论上的无用性。

在研究游戏与艺术时，索绪尔提出的符号构造两分法暴露出非常不适用的一面，例如有不少理论家认为艺术意义的本质是"没有所指，只有能指"。巴尔特说，文学是"在比赛中击败所指，击败规律，击败父亲"；科尔迪说，艺术是"有预谋地杀害所指"。难道它们都没有意义？前两节我们已经讨论过，人不会做没意义的事，意义世界中也没有无意义的符号，说艺术与游戏不是符

[①] 约翰·赫伊津哈：《游戏的人》，杭州：中国美术学院出版社，1996年，第14页。

号，这违反符号的基本定义①。

这些"取消所指"论者没有看到，艺术和游戏意义非常明显，意义之丰富超过人的一般实践，它们只是多少跳过了意义的指称部分。艺术电影中的灾难场面，飓风、地震、城市毁灭、火山爆发、血腥格斗残杀、色情或性偏离，不能出现于新闻影片。因为艺术"跳过对象"，拒绝实践，所以让人恐惧，但不惊慌，让人可以保持距离欣赏，但不采用实践意义的解释。一旦类似的场面在新闻联播或纪录片这样的实践意义文本中出现，就有了具体的实践性的认知与再现意义，一旦透明化了，就会引发群体恐慌，而艺术由于"实践距离"获得自由度。

讨论游戏和艺术的符号学特征，必须用皮尔斯的三分式。一旦三分，我们就可以看到，艺术表意的特点是对象指称被忽视，而专注于解释项；外延尽量少，才能让内涵丰富。用诗人艾略特的名言来说，"诗的'意义'的主要用途……可能是满足读者的一种习惯，把他的注意力引开去，使他安静，这时诗就可以对他发生作用，就像故事中的窃贼总是背着一片好肉对付看家狗"②。艾略特的说法与传统的观念认为艺术等于"有用的思想＋吸引人的形式"的看法正好相反。兰色姆的比喻可能更清晰：诗的"构架"（structure）即"逻辑上连贯的意义"能起的作用，只是对诗本质性的"肌质"（texture）挡路，诗之美就在于跳过构架意义，进行障碍赛跑③。艺术与游戏符号的特点，就是用各种手段跳过"指称障碍"，让跳跃本身显示出艺术文本具有的特殊魅力。

关于游戏与艺术的"无目的性"，自从康德和席勒起学界已经讨论了很多，康德说的是艺术，而席勒扩展到游戏。席勒说："只有当人是完全意义上的人，他才游戏，只有当人游戏时，他才完全是人。"④ 此后这个问题被一连串的思想家一再重复，应当说已经是常识。游戏和艺术一样是不透明的文本，它们可以采用某些经验材料，指称着人类的实践意义活动，本质上却是推开实践。游戏与艺术一样，是认真地从事一项本来就无法认真的意义活动。

游戏的争斗或团队的竞争，可能来自对战斗的模仿；标枪、铁饼、铅球等可能来自战斗动作。这正如绘画和电影中的战斗场面，再逼真也不过是经验材

---

① 参见赵毅衡：《符号学：原理与推演》，南京：南京大学出版社，2015年第3版，第47页。
② T. S. Eliot, *Selected Essays 1917—1935*, London: Faber & Baber, 1932, p. 125.
③ John Crowe Ransom, "Criticism as Pure Speculation", (ed) Morton D Zabel: *Literary Opinions in America*, New York: Harper, 1951, p. 194.
④ 弗里德里希·席勒：《审美教育书简》，冯至、范大灿译，北京：北京大学出版社，1984年，第90页。

料的借用。据说丘吉尔曾有戏言,说意大利人"打仗像踢足球,踢足球像打仗"。此话很幽默,并点出了这两项活动虽然都是人的意义活动,却有根本性的区别:战争是一种实践的意义活动,游戏却是一项非实践的意义活动。

艺术不一定是没有用的物品,但它们的艺术价值,存在于超出使用性与实用意义价值的部分之中。艺术品表达的意义中,只有一部分是艺术意义。一首诗、一首歌、一幅画,都属于文化体制规定的艺术体裁,它们也可以有实用表意价值,只是不同于它们的艺术价值。

由此可以得出看来奇怪的结论:一件衣服是真正的名牌,还是假冒名牌,在艺术中是一样的。价格差别来自混合在其中的实践符号表意(即品牌与时尚样式)。艺术本身无法标价,一场足球,无所谓甲级豪门对决与业余俱乐部之分,踢得精彩就是一场好游戏,赏心悦目是唯一的目的。因此,艺术和游戏,无所谓真伪高低。如果画看不出区别的话,就没有原作与赝品之分;如果游戏过程一样精彩的话,也就没有明星与草根之分。艺术品展出与拍卖,无目的性被取消,艺术变成了艺术商品,游戏与艺术的无用性变成有用,服务于某种实践目的。这就是本书下面要重点说的"次生实践化"。

2. 次生实践化

"次生实践化"(建议英译"Secondary Practicality"),指的是游戏与艺术被拉出它们原本的"不透明"与"无目的"出发点,在意义世界中重新定位到实践意义世界中。这个问题很重要,从古至今大部分有关这个题目的论说,实际上是在讨论"次生实践化"后的游戏与艺术,尤其是把艺术与艺术品,把游戏与体育混为一谈。

人类的思想史,是从实践意义开始的,因此关于游戏与艺术的早期论说,常常把它们当作实践意义活动。体育与游戏的最大不同,是体育已经有个目的,在某些时候(例如在顾拜旦恢复奥林匹克运动会时的宣言,或是夺金牌为国争光的情感)还有超出健身的更崇高的目的。体育这种文化活动本身,就是游戏的"次生实践化"。关于游戏与艺术的非实践本质,反而在思想史上一直并不彰显,要到康德和席勒之后,有关论述才渐渐出现,但是始终没有在理论界占上风。所以宗争认为:"游戏是被理论世界悬搁和遗忘的最重要的文化现象之一。"[1]

本书导论第一节就讨论过:实践意义世界,是意识世界与物世界的叠合。

---

[1] 宗争:《游戏学:符号叙述学研究》,成都:四川大学出版社,2014年,第11页。

实践意义活动，包含了意识对物的认知、经验的积累以及知识对自然物的改造与使用。实践世界的一切都在符号性与物性这两个极端之间滑动。这是个"人化"的世界，带上意义的物，已经取得符号性，其意义能被我们理解。而艺术与游戏显然不是如此，它们无实质意义，无法应用于实践世界。

康德把艺术分成两种："自由的艺术"是非功利性的，这样的艺术"只能作为游戏"。只是他承认人的大量"艺术"活动，实际上不是艺术活动，而是类似工艺的"雇佣的艺术"，"其过程并不令人快适，只是其结果（如报酬）吸引人，因而强制性地加于人"[①]。艺术与艺术品的最大区别是：艺术没有实践价值，实践化的艺术往往是脱离其本质的次生产品。同样的情况也发生在游戏中，实践化的是不再具有游戏精神的"游戏文化产品"。

次生实践化的路径有许多种，粗略地说可以有三种：崇高化、商品化、学理化。我们可以看到：原先的、本性状态的艺术与游戏，和人类历史同样久远，这三种次生实践化都随着人类文化的"成熟"，一个个有次序地出现，学理化最晚出现。

崇高化在人类思想史上很早就出现，多半出于好心，想让艺术与游戏发挥更大的社会功能，但它虚化了艺术和游戏的非目的性本质。《论语·阳货》："子曰：'小子，何莫学夫《诗》？《诗》可以兴，可以观，可以群，可以怨；迩之事父，远之事君；多识于鸟兽草木之名'。"《集解》引郑玄注："观风俗之盛衰。"朱熹注："考见得失。"是实践认知意义，这个部分不是艺术意义。白居易《新乐府序》说："其事核而实，是采之者传信也。"又说："篇篇无空文，句句比尽规……唯歌生民病，愿得天子知。"[②] 不仅他的"艺术"文本对实践是透明的，而且可以用作调查报告。

在精神上拔得最高的，可能是司马光对投壶游戏"仪礼化"的赞美，把游戏上升到家国政治的高度："投壶可以治心，可以修身，可以为国，可以观人。何以言之？夫投壶者不使之过，亦不使之不及，所以为中也。不使之偏波流散，所以为正也。中正，道之根底也。"[③] 这种夸大其词，今天听起来似乎狂悖可笑，但也许是因为我们不是"投壶"迷。

诗歌在实践化之后，只产生了某些次体裁。游戏却在人类文化中"实践化"为一个全新的领域，即体育。它的目的性看起来非常明确而自然：强健身

[①] 康德：《判断力批判》，邓晓芒译，北京：人民出版社，2002年，第147页。
[②] 《白居易集》卷三，北京：中华书局，1979年。
[③] 司马光：《投壶新格》，《司马光集》，成都：四川大学出版社，2010年。

体,但是身体本身是物世界的一部分,健身体育本身就是一种实践意义活动。进一步崇高化的人说体育促进人的良好性格,甚至"提高文化情操",实现人的自由和精神升华。

体育"完善自身"的崇高化已经到达如此地步,它要求把思辨游戏如棋牌、麻将、电子游戏,把"非教育"的钓鱼、斗鸡、斗牛,把"无益于健康"的杂技、拳击,都开除出体育[①]。对于本书所说的"体育非游戏",这种用开除划清界限,是一个很明确的证据。多年来奥林匹克运动会在棋类是否"进奥"上犹豫不定,就证明了体育是一种对自然"改造取效"的实践意义活动,它在强健身体的指向上是透明的。而被开除出体育的游戏,的确在这个指向上不够透明,这才保留了游戏的原有特色。

第二种"次生实践化"是艺术与游戏的商品化,在当代世界更为成功。商品化大致上可以说是随着资本主义的出现与兴盛而出现的:当艺术脱离了宫廷、贵族、教会的保护,一定程度上也就摆脱了政权的束缚。市场的自由化,使美术、音乐、戏剧、小说商品化,以至于后来的艺术,如电影、电视、流行歌曲等,一开始就商品化。作品成功与否,以艺术品的出售价格为评定标准。因此,商品化是一种对自然的"改造取效"意义活动。

而游戏的商品化,比艺术稍晚一些出现,1863 年英国足球俱乐部联合会的成立,可以说是商品化的标志性实践。1984 年,洛杉矶奥林匹克运动会开始了体育的普遍性商业操作,大部分游戏在政治崇高化后,逐渐走向市场化。可以看到,被商品体制化的游戏,多半是能够吸引观众买票的,奥组委以"缺乏观赏价值"拒绝某些新项目,说白了就是商品化标准。实际上,只要能商品化,就有存在价值,是否纳入体育体制是比较次要的事。例如赌博,自古有之,只要赌博不把输赢当作目的,依然是一种游戏;但是一旦现代赌场、网上赌场向大众开放,可以从群众性的赌彩中获利,它就成功地把自己商品化。各种彩票名堂奇多,有的加上一些崇高化,赌博的游戏本质就不复存在。赌博是很少几种从来没有被崇高化,而一步到位成功地商品化的游戏体裁之一。

本节说的第三种"次生实践化"方式,可能会引起争议。学理化与学院化,实际上加强了艺术和游戏的目的性。美学即艺术理论的学理化,发生在艺术商品化大致类似的时期,只是稍晚一些,而体育学,包括韦伯、米德、涂尔干的体育社会学,福柯、布迪厄等人的体育文化研究,实际上也都是在体育商

---

① http://baike.baidu.com/link? url = om4mv4Gmwbf6 _ fXV9y8ZFXJwYYD1uV8XbN3f _ TWgNNTn35u0arhduaZd8usARre2H5GzfDItYDuMw9452GMMyK。

品化的大潮之后出现的。大学里的艺术研究与体育研究系科与专门学院，把艺术与游戏变成了学理，培养了一代又一代的学者，成为一种师范事业，使它们以另外一种方式获得了实践意义，一种新的透明化。

本书并不是说高尚化、商业化是错的，而是说它们的意义方式发生了变异。本书更不是说学理化是错误的，这是本书此刻正在一本正经做的事。下一节想说的，就是学理化可能是让艺术与游戏返回本质的希望所在。

3. 艺术与游戏的四体演进

我们可以看到，艺术与游戏的这种历史性变化，实际上是沿着符号修辞学的"四体演进"之路在演变，从隐喻开始，通过提喻、转喻进入反讽，符号文本意义关系逐步分解，展开一个逐步否定的过程。符号修辞的这四步否定关联，在某些思想家手中发展成规模巨大的历史演进模式。卡勒在《追寻符号》中提出四体演进不仅是"人类掌握世界的方式之一"，而且是"唯一的体系"（THE system）[1]，詹姆逊把修辞四格置于一个体系之内，认为四体推进是"历史规律"，是人类文化大规模的"概念基型"。

游戏与艺术，其原始形态是隐喻式地仿照经验的幻想，一旦开始崇高化，它们的某些部分某些可能的功能被人为地拔高了。孔子把"射""御"作为"六艺"的两种，明显是把游戏仪礼化，是部分代替整体的提喻式改造。而商品化的进程，则是把艺术与游戏"转喻化"，用观众的观赏代替游戏本身，将此中的收益视为游戏的目的，以竞赛的输赢作为体育或其他游戏的根本目的。无怪乎艾柯讽刺道："作为锻炼和身体活动的体育早已不复存在。"因为赛事体育迷只看表演，自己可以不再锻炼。

学理化的一个重要特点是反讽：学理化或学院化固然有加强"再度次生商品化"的嫌疑，也就是让已经异化的艺术与游戏，通过学术研究更进一步脱离本来面目，变成一种"师范事业"，成为一代代教师自我延续的职业实践，与艺术与游戏应有的意义位置渐行渐远。但是学理化的审视，也可以引向反躬自省和自我批评，本书就是一例。

这种反讽性正在出现，当代"游戏学"就体现了这种精神。从1938年胡意津哈（Johan Huizinga）的《游戏的人》，到1958年卡约瓦（Roger Caillois）的《人，玩乐与游戏》；从1999年弗拉斯卡（Gonzalo Fransca）开始的电子游戏研究，到中国学者宗争2014年出版的《游戏学：符号叙述学研

---

[1] Jonathan Culler, *The Pursuit of Signs*, Ithaca: Cornell Univ Press, 1981, p. 65.

究》提出的"游戏符号学",这门学问至今进展并不快,但是自我批判精神一步步加强。

当然,想通过学理化回到艺术与游戏的本来状态,恐怕是一种反历史的幻想,不可能实现。但是反躬自省的学理,的确提醒了我们艺术与游戏被遗忘的本来面目,让我们回到它们原先在人类意义世界中的出发点。在这一点上,学理化扮演了宗争书中再三强调的"扫兴的人"(killjoy)所起的建设性作用[1]。扫兴的人参与到游戏之中,却拒绝承认游戏规则的权威,拒绝认可规则划出的世界边界,这样就毁坏了游戏的"有机整体"幻觉。

笔者很赞同宗争在他的全书最后说的这句话:"只要参与游戏仍然处于自愿,退出游戏仍然具有自由",一切都还有希望[2],而学理化给了我们进出这个场地的钥匙。

---

[1] 宗争:《游戏学:符号叙述学研究》成都,四川大学出版社,2014年,第126页。
[2] 宗争:《游戏学:符号叙述学研究》成都,四川大学出版社,2014年,第220页。

上编　意义的产生

第一章　意识与意义

第一节　《意义的意义》之意义

本节概要：

奥格登（C. K. Ogden）与瑞恰慈（I. A. Richards）合著的《意义的意义》一书，是20世纪思想史上论辩意义问题的最早著作之一，对意义这个极端复杂的问题作了详细辨明，对世界和中国现代批评理论作了重要的推动。回顾此书，可以设法理清20世纪初各家意义理论的立场，辨明它们之间的差异，尤其是最具关注意义的符号学与现象学。无论是索绪尔的或皮尔斯的符号学，无论是瑞恰慈自己的符号理论、胡塞尔的现象学，还是不久后海德格尔提出的存在主义，意义问题都是各自不同的体系的核心概念。从此书出发，回顾一个世纪的意义问题论辩，能帮助我们得出一个比较合用的意义的定义。

1.《意义的意义》的历史

本节标题，似乎是个有意把读者头脑转晕的文字游戏，却是瑞恰慈（I. A. Richards）1930年在清华大学的演讲标题，他的演讲回顾了《意义的意义》这本书的成因[①]。本节借用标题于此，并且向这位理论大师致敬，不仅是因为瑞恰慈的学术贡献，而且是因为瑞恰慈是在中国大学较长期任教的第一位西方一流学者。1929年瑞恰慈第一次到清华大学任教，后来又到中国六次之多，他对中国知识界的巨大影响，至今没有得到中国学界较为完整的总结。

据瑞恰慈此演说中介绍，为写作《意义的意义》这本薄书，奥格登与他两

[①] I. A. Richards, "The Meaning of 'Meaning of Meaning'",《清华学报·文哲学版》第六卷第一期（1930年6月），第11~16页。

人，从 1918 年就开始讨论酝酿，1920 年开始在《剑桥学刊》连载章节，1923 年出版，持续写作长达 5 年[①]。瑞恰慈本人在 20 世纪 20 年代中后期出版的几本书，使他成为新批评派的奠基者，但是这本《意义的意义》却应当被视为现代符号学运动开场之作之一。此书副标题为《论语言对思维的影响，兼论符号科学》，明确地打出了"符号科学"（Science of Symbolism）的旗号。此书在 2000 年终于有了一个中译本[②]，可惜删去了原作整整一百多页，包括 6 篇"附录"与 2 篇"补文"，篇幅达原书的三分之一，包括二位作者对胡塞尔、皮尔斯、罗素、弗雷格等"同代人"意义理论的评价。这些"附录"至关重要，故本书的讨论，只能直接引用原作。

奥格登与瑞恰慈此书提出了一个相当系统的符号学理论，作者声称："意义，这个所有的语言理论的核心术语，如果没有一个令人满意的符号理论（theory of signs），是无法处理的。"因为，"我们的一生几乎从生到死一直把事物当作符号。我们所有的经验（在经验这个词的最宽的意义上），不是在使用符号，就是在解释符号"[③]。今日的符号学运动，一直在索绪尔和皮尔斯之间寻找脉系，只有为数不多的学者讨论过奥格登与瑞恰慈在符号学发展史上的地位，艾柯指出："学界多少年后才认真处理的一些问题，瑞恰慈此书提前大半个世纪已经触及。"[④]

由于瑞恰慈与中国学界的特殊关系，中国现代学术界很早就开始关心《意义的意义》。20 世纪 30 年代中国现代学界一些重要的著作，直接受到瑞恰慈语义分析理论的影响[⑤]。当时任助教的燕京大学社会学系学生李安宅[⑥]，于 1934 年出版了《意义学》一书，主要总结瑞恰慈的意义理论，并用皮亚杰心

[①] 见李安宅《意义学》所附瑞恰慈 1930 年在北京的演讲《意义的意义的意义》。《意义学》，上海：商务印书馆，1934 年，第 97～103 页。

[②] 奥格登·理查兹：《意义之意义》，白人立、国庆祝译，北京：北京师范大学出版社，2000 年。

[③] C. K. Ogden & I. A. Richards, *The Meaning of Meaning*, New York: Harcourt, Grace Janovich, 1989, p. 50.

[④] Umberto Eco, "Introduction" to C. K. Ogden & I. A. Richards, *The Meaning of Meaning*, New York: Harcourt, Grace Jovanivich, 1989, p. v.

[⑤] 可以随手举出当年一些译著例子：李安宅《意义学》（1934）、《美学》（1934）；曹葆华《科学与诗》（叶公超序，1934）；吴世昌论文《诗与语音》，《新诗与旧诗》（1934）；朱自清《诗多义举例》（1935）、《语文学常谈》（1936）；刘西渭（李健吾）《咀华集》（1936）；朱光潜"谈晦涩"（1936）；曹葆华《诗的四种意义》（1937）。这个单子不全，但是已经可以看出 30 年代中期几年中国学术界形式论思想的繁荣。与瑞恰慈演讲发表在《清华学报》同一期的冯友兰《论公孙龙》，可以说是中国哲学界对瑞恰慈意义理论的回应。

[⑥] 李安宅本人从清华大学毕业后留学美国，成为中国现代社会人类学和藏学的开拓者之一。

理学中的儿童意义能力成长研究作为支持。皮亚杰的理论对几十年后结构主义符号学兴起起了重大作用，可见李安宅敏感地抓住了符号学的要点。

瑞恰慈在此演讲中清楚指出，是英国的维尔比夫人再三向当时的哲学家、心理学家和语言学家强调意义研究这个问题，"因为她坚信需要一门新的科学，一门称为'意义学'（Significs）或'符号学'（Symbolism）的科学"①。李安宅的书名《意义学》明显是来自瑞恰慈的这段话，而瑞恰慈的说法非常正确。目前国际学界对符号学的定义，即"符号学是对符号的研究"（Semiotics is the study of signs）来自索绪尔，中国学界一直在沿用。其实此定义不通，笔者早就提出，符号学的确切定义应当是"意义学"②。

《意义的意义》一书的写作方式，用的是瑞恰慈提出的语义学原则，即所谓"语境论"（contextualism）：一个词的意义，不在于词本身，而在于此词使用在何种语用"语境"中。由于语境复杂多变，任何术语必然需要"复合定义"（multiple definition）。此书列出了各种语境中"meaning"的定义，因此，看起来折中杂糅，兼容并蓄（eclectic），没有专为某一学派作辩护。但是实际上一直在强调以"符号科学"解释"意义"。

为测试"语境论"，任何概念都可以。例如此书花了整整一章讨论"美"（beauty）的定义，尽管此书主旨并不讨论美学，只是在拿"美"这个定义极端复杂的词来测试。瑞恰慈此后几年继续做"多语境中的复合定义分析"，他在北京与黄子通、李安宅等"合作"解读《孟子》，1932年在英国出版了《孟子论心：复合定义实验》（Mencius on Mind: Experiments in Multiple Definition）一书，就《孟子》的主要章节，逐句翻译并讨论"心""性"等在西语中更难说清楚的术语究竟是什么意义③。在《意义的意义》一书1936年第四版序言中，作者自认说：奥格登后来的《边沁关于虚构的理论》（Bentham's Theory of Fiction, 1932），瑞恰慈后来的《柯勒律治论想象》（Coleridge on Imagination, 1934），都是测试各种疑难术语如何"在语境中形成复合定义"。

就这个目的而言，拈出"意义"来考察意义问题，至少有三重用意：首先是这二位英国理论家的幽默感——围绕"意义"这词讨论意义，看看意义分析

---

① I. A. Richards, "The Meaning of 'Meaning of Meaning'",《清华学报·文哲学版》第六卷第一期（1930年6月），第11页。

② 见赵毅衡：《重新定义符号与符号学》，《国际新闻界》2013年6月，第6~7页。

③ "Preface to the Fourth Edition", C. K. Ogden & I. A. Richards, The Meaning of Meaning, New York: Harcourt Grace Janovich, 1989, p. 8.

能否处理意义自己,应当最富于挑战性;二是因为从古代起,思想家使用"意义"的意义极端不同,意义问题是任何哲学家必须考虑的中心问题,要想建立一门"符号科学",就无法躲过对意义下定义。"意义"这个词的确是意义最复杂的术语,是对任何意义分析法的最大挑战。

在20世纪初,意义问题突然又成了学界最关心的问题:思想界经历了一个激动人心的时段,半个世纪后多勒采尔回顾时,称之为形成现代理论大潮的"星座效应"(Constellation)时代[1]。这种群星璀璨的思想活跃情景,集中在意义理论上爆发。《意义的意义》虽是1923年首版的,至今却不断重印,因为此书非常切近当时的学界前沿。虽然意义问题在欧洲哲学传统中相关文献丰富,此书大部分讨论的却是一些当时刚出现的、"名不见经传"的同代人。我们今天读来依然惊奇的是:二位作者慧眼识英雄,他们仔细介绍的,今天大多被认为是现代意义哲学的奠基人。

20世纪初的各国理论界比较隔膜,尚未形成全球性的高等教育,出版与翻译介绍评论不像今天这样及时。奥格登与瑞恰慈极端博学,罗素、摩尔、维特根斯坦,语言哲学的几位开拓者,是他们剑桥同事,熟悉是应该的。但是他们讨论了当时默默无闻、论著刚出版的索绪尔,更讨论了尚未有任何哲学书籍出版的皮尔斯。他们熟悉皮尔斯的复杂术语,特地用十多页附录介绍皮尔斯的体系。他们也仔细讨论至今尚鲜为人知的维尔比夫人。维尔比的《什么是意义:涵义研究》(*What Is Meaning: A Study of Significance*)一书出版于1903年,此后维尔比与奥格登曾经通信多年,维尔比夫人应当说是"意义的意义"问题的最早提出者。有人认为在该书中,奥格登对他的前辈维尔比夫人评价不够高,是对女性学者不够尊重[2]。而瑞恰慈在清华的演讲,用整整一长段介绍"聪明的妇人"维尔比夫人的"意义学",而且把书名都交给了他的中国青年朋友李安宅写成专著[3],应当说瑞恰慈对维尔比夫人非常尊重。

从此书透露出来的欧洲学术界气氛来看,这是一个思想沸腾的时代。可能正因为靠得太近,缺乏历史距离,他们在区分思想史的超一流大师(例如胡塞尔和皮尔斯)与当时的一般思想家时,可能遇到了一些困难。他们对某些复杂学说的领会,也有差强人意不够到位之处,但是他们对同代学者的理论之广为涉猎,却是无可怀疑的。此书的"附章D",花很大篇幅专章详论胡塞尔、罗

---

[1] Lubomír Doležel. *Possible Worlds of Fiction and History: The Postmodern Stage*, Baltimore: Johns Hopkins Univ. Press, 2010, p. 134.
[2] http://en.wikipedia.org/wiki/Victoria,_Lady_Welby, 2014年2月11日读取。
[3] 李安宅:《意义学》,上海:商务印书馆,1934年。

素、弗雷格、皮尔斯等人。英美学界当时尚不熟悉的胡塞尔,被他们称为"研究符号问题最有名的现代思想家";已经去世的测量局职员皮尔斯,也被称为"最复杂最坚决地处理符号及其意义问题"的学者;他们也承认索绪尔在法国的影响正在扩大,而且他们对索绪尔有所批评,这种远见卓识尤为超越时代。

20世纪思想史的成果重大,流派众多,被称为"理论世纪"①。流派众多,笔者一直认为都起端于四个支柱思潮:马克思主义文化理论、精神分析、现象学、形式论,许多学派是这四个支柱理论的融合②。奥格登与瑞恰慈超前几乎一个世纪,找到了现象学(及其流变存在主义与解释学)与形式论(尤其是其集大成的学派符号学)的结合部。这也就是本书欲采用的角度,即检查20世纪思想的这两个支柱流派,如何在"意义"这个问题上融合成符号现象学。

2. 意义的定义

《意义的意义》有三个突出的内容:一是所谓"符号三角"(又称"奥格登三角"),把意义分解成三个元素;二是所谓"符号学六准则"(Six Canons of Symbolism);三是"意义"的"十六条"定义。关于意义三元素,尤其是其中指称与"指称思想"的区分,给当时在清华听瑞恰慈讲课的钱锺书先生留下很深的印象,后来他在《管锥编》中,结合皮尔斯符号学理论,有绝妙的发挥,笔者曾有专文论述③。而"符号学六准则",实际上提出了后来格赖斯(Grice)著名的"合作原理"(principle of cooperation)。本节只讨论他们的意义的"十六条"定义。作者们强调的是第三组"符号科学"的诸定义,看他们如何步步收拢,引向"只有符号学才能细密分析意义问题"的结论。

第一组:1. 一种内在品质;
   2. 一种与其他事物之间无法分析的关联;
第二组:3. 词典中该词条下列出的词;
   4. 该词的内涵;
   5. 一种本质;
   6. 投射到对象上的一种活动;

---

① Martin Kreiswirth, *Constructive Criticism: The Human Sciences in the Age of Theory*, Univ. of Toronto Press, 1995.
② 关于20世纪批评的四个支柱理论,请参阅赵毅衡:《建立一个世界批评理论》,《文学理论前沿》,2011年第八辑,第39~67页。
③ 赵毅衡:《论艺术"虚而非伪"》,《中国比较文学》纪念钱锺书先生专号,2010年第2期,第3~11页。

7. a. 一个意向中的事件；

　　/b. 一种意向；

8. 系统中任何事物所占的地位；

9. 一个事物在我们未来经验中的实际后果；

10. 一个声言卷入或隐含的理论后果；

11. 任何事物引发的感情；

第三组：12. 一个符号由于某种被选择好的关系而实际上联系着的东西；

13. a 一个刺激引发的记忆，获得的联想；

　　/b. 任何事件的记忆启动（appropriate）的其他事件；

　　/c. 一个符号被解释为即是的某种东西；

　　/d. 任何事物提示的东西；

（如果是符号，则是）

14. 符号使用者应当在指称的东西；

15. 符号使用者相信自己在指称的东西；

16. a. 或是符号解释者所指称的东西；

　　/b. 符号解释者相信他在指称的东西；

　　/c. 符号解释者相信符号使用者在指称的东西。

说是16条定义，其中3条有分定义，因此总共有22种定义。二位作者没有说任何一条不可能成立，只是说在特定种语境中某条更说得通。他们列出如此多的定义，无非是想用令人信服的方式来说明，不能用一条定义来确定任何概念，哪怕是"意义"这个不得不精确的概念。但是哪几条最适合"符号科学"，在他们讨论的过程中显示出来。

奥格登与瑞恰慈要求的"符号学第一准则"，是意指的"单一性"（Canon of Singularity）。那么如何解释符号和词语的多义呢？他们认为"当一个符号看来在替代两个指称物，我们必须把它们视为可以区分开的两个符号"[1]，也就是看成两个同形的符号，例如词典上的多义词，实际上指向不同指称。这也就是说，没有"多对象的符号"这回事，只有分享同一形式的多个符号。表面

---

[1] C. K. Ogden & I. A. Richards, The Meaning of Meaning, New York: Harcourt, Grace & World, 1946, p. 91.

的"多义",是因为这个意义落在"一组外在的,或心理的语境之中"①。符号的指称意义没有变,变的是具体使用的情况,这就是瑞恰慈"语境论"的核心。后期维特根斯坦的名言"一个词的意义就是它在语言中的使用"(The meaning of a word is its use in the language)②,《意义的意义》中提前几乎半个世纪已经为此播下种子③。在1923年奥格登与瑞恰慈已经用"意义"这个词本身意义的无穷变化证明:符号的真正意义只能是具体场合的使用意义。

二位作者强调,不需要解决这22条定义之间的冲突,因为语境使它们各有各的道理。他们说第一组两条根本不值得评论,因为它们只是"语言构筑的幻像"(phantoms);第二组也不必过多地讨论,虽然拥护者不乏大家,例如第5条来自批判实在论,第6条得到席勒与克罗齐信徒们的拥护,第9条来自实用主义的创始人威廉·詹姆斯(William James),但二位作者认为它们都是"偶然正确的"(occasional),"无固定路线的"(erratic),意思是它们都没有系统论述支持。相比之下,第三组的10条全部是对"符号情景"(sign-situation)的分析,这组定义拉出了一个系统的符号理论应当讨论的课题全域,这才是二位作者心目中能够解决"意义"这个难题的关键切入点。在他们看来,"符号科学"这个学科尚未能建立,至少意见之杂乱证明尚未能回答其核心命题"意义",所以值得花工夫做一个全面的考察。而在仔细检查了索绪尔、胡塞尔、皮尔斯、维尔比等人的符号理论之后,二位作者的结论是都"不能令人满意",一门"符号科学"应当在质疑这些定义的基础上建立。

正因为如此,在全书接近结尾时,二位作者踌躇满志地声称:"符号学作为一门科学,其发展第一阶段由此完成,这应当被看成所有其他科学必要的开端。"④ 他们的意思是说,讨论意义,必须以建立"符号科学"为出发点。这是一个非常有决断力的观点,唯一可惜的是,对这门学科的名称,他们没有接受索绪尔的"semiology",没有接受皮尔斯的"semiotics",也没有接受维尔比的"significs",而是和卡西尔一样延用了一个在欧洲语言中历史悠久,但是意义混乱的术语"symbolism"。他们的论辩力图廓清"意义"这个术语意义

---

① C. K. Ogden & I. A. Richards, *The Meaning of Meaning*, New York: Harcourt, Grace & World, 1946, p. 88.

② Ludwig Wittgenstein, *Philosophical Investigations*, New York: Blackwell, 1997, p. 29;又见 Garth Hallet, *Wittgenstein's Definition of Meaning as Use*, New York: Fodham Univ. Press, 1967.

③ 参见 M. H. 艾布拉姆斯:《关于维特根斯坦与文学批评的一点说明》《如何以文行事》二文,见《以文行事》,赵毅衡、周劲松译,南京:译林出版社,2010年,第76~96页,251~274页。

④ C. K. Ogden & I. A. Richards, *The Meaning of Meaning*, New York: Harcourt, Grace & World, 1989, p. 249.

上的纷争，却用了一个更混乱的词作为清理工具①。其结果是《意义的意义》这本书力求条理清晰反而术语混乱，这是术语混乱造成的反讽。今天的符号学运动没有把《意义的意义》作为奠基著作之一，很大原因是他们使用的这个学科名称与今日符号学运动不对接。20 世纪 30 年代卡西尔与朗格的符号学研究，也是因为坚持使用"symbolism"这个词，导致学科边界不清，而此学派后继无人。艾柯认为，奥格登与瑞恰慈吃亏在"没有料到后来会出现逻辑实证主义、分析哲学、结构语言学、符号学、解释学、日常语言的逻辑模式应用、语用学、社会语言学、心理语言学以及意义理论在人工智能中的核心作用"②，意思是他们被后人超越了。艾柯这段话对于索绪尔与皮尔斯也是一样，历史早晚，并不是关键，概念的清晰度决定学术的命运。

在《意义的意义》出版之时，符号学与现象学这两个学科都尚未在学界立足，但是二位作者已经在重点讨论皮尔斯与胡塞尔了。如果我们仔细审视他们的"十六条"中列出来的"符号学式的定义"，我们可以看到有三个方向，很明确地指出了此后近一个世纪的意义理论的一系列展开方式，也预示了意义问题讨论的关键点。

第一种见第 12 条："一个符号由于某种被选择好的关系而实际上联系着的东西"。符号的意义是"已被选择的"（chosen），也就是说，符号的意义是被决定了的，他们提出这种已被选择的关系，虽然是符号文本本身所携带的，却并不由符号文本本身的品格（例如语言的词汇发音或书写方式）所决定，也不由使用符号的主体（发出者与解释者）意志所决定。这非常符合索绪尔"任意武断"（arbitrariness）观念，符号发出者实际上没有改变符号意义的能力，符号文本只能表达社会规定这些符号"应当表达"的东西。

卷入发出者主体性的是第 15 条（"符号使用者相信自己在指称的东西"）。如此产生的意义，与上面引述的两条正好对立。尤其是在英语中，"意义"（meaning）是动词"意为"（to mean）的动名词，更容易引起"发出者主动决定的意义"的解释。但是二位作者非常明智地指出，即使这样的意义，也只是"使用者相信"他是在使用何种"意义"。符号文本一旦发出，究竟表示什么意义，不是使用者能决定的，他的主体意志，只是指明他自己觉得在表达某种东西。

---

① 关于西语"sign"与"symbol"的混乱，"semiotics"与"symbolism"的混用，以及理清可能，请参见拙作《重新定义符号与符号学》，《国际新闻界》2013 年 6 月，第 6~14 页。

② Umberto Eco, "Introduction" to C. K. Ogden & I. A. Richards, *The Meaning of Meaning*, New York: Harcourt, Grace Jovanivich, 1989, p. vi.

那么谁的意志最能够决定意义的走向？是解释者。由此出现《意义的意义》的最后一组，也是最复杂最重要的一组三条。先看前两条：

16. a. 符号解释者所指称的东西；
   /b. 符号解释者相信他在指称的东西；

这两条其实难以区分：如果意义是解释者的主观意向，那么客观上"指称的东西"就难以成立，他主观上"相信他在指称的东西"才是他的解释，除非这个指称关系是"已经被选择好"的，那就与第12条没有太多的不同。如果他对自己想要指称的某种东西，他自己都不能相信，那就不是他的意向。

"十六条"的垫底定义16/c.："符号解释者相信符号使用者在指称的东西"，让我们遇到了折磨整个20世纪学界的一个难题：解释者的释义是否必须追寻"使用者"（符号发出者）的意向意义？解释者是否至少心里相信他的解释接近发出者的原意？

这就是符号学的"三意义"问题——符号发出者的意向意义，符号文本的意义，解释者得出的意义[①]——三意义本身不难理解，难的是如何理解三者之间的关系：三者是否必须对应？如果不能，那么以何者为准？循此可以有三种代表性立场：以"符号发出者的意向意义"为准的，是"现象学式的"解释学及其支持者；以"符号文本的意义"为准的，是新批评式的文本中心主义；以"解释者得出的意义"为准的，是海德格尔-伽德默尔式的解释学，及由此发展出来的接受美学和读者反应论。以上当然是力求简单的说法，博学者谅之，但是这正好也是此书排列意义定义的顺序。

上述第二种立场，即"文本中心"论，比较容易说清：瑞恰慈本人紧接着此书出版的重要著作，如1928年的《文学批评原理》，1929年的《实用批评》等，开创了新批评把"文本意义"作为基础的立场，认为获得有效解释的途径是细读文本。后来的新批评派如兰色姆等人，把这种立场称为"（文本）本体论批评"[②]。意义似乎安坐在文本中等待解释，一切皆备于文本，无关发送者和解释者的主体意向。早期的形式论（新批评、俄国形式主义、索绪尔系符号学）更偏重文本意义；现象学系与解释学学者更接近发送者意义；皮尔斯系符号哲学，重点则在最后一种，即解释意义。

[①] 赵毅衡：《符号学：原理与推演》，南京：南京大学出版社，2015年第3版，第45页。

[②] 约翰·克娄·兰色姆：《诗歌：本体论札记》（1932），《新批评文集》，赵毅衡编，北京：中国社科出版社，1988年，第46~72页。

3. 现象学与意义

二位作者在书中对胡塞尔现象学关于意义的论述表现出强烈兴趣。"十六条"的最后一条"符号解释者相信符号使用者在指称的东西",可以追溯到胡塞尔的有关讨论。《意义的意义》附录,给了胡塞尔的意义理论整整一章。

1922年6月,胡塞尔访问英国,在伦敦大学作了四次讲座,总题为"现象学方法与现象学哲学"。演讲后他又到剑桥,会见了摩尔(G. E. Moore)等分析哲学家,由此剑桥哲学家们开始熟悉胡塞尔理论。我们不知道奥格登与瑞恰慈是否在伦敦大学演讲现场,但是二位作者详细引用了胡塞尔为这次讲课而准备的讲课提纲(Syllabus),也仔细评论了胡塞尔为现象学奠基的两本著作——1901年的《逻辑研究》与1913年的《纯粹现象学和现象学哲学的观念》,他们对胡塞尔的总结,抓住了胡塞尔理论与意义问题的联系。

奥格登与瑞恰慈指出:胡塞尔意义理论的关键是区分"意向的意义"(Bedeutungsintentionen)与"实现的意义"(erfluellte Bedeutungen),前者是意义的赋予,后者是意义的实现。这个总结抓住了胡塞尔意义理论的关键:意向性,是胡塞尔理论的关键词,在意义问题上也是如此。胡塞尔强调意义本身并不存在于"获义意向对象"(noema)之中,相反,意义总是与"获义意向行为"(noesis)联系在一起,也就是说,意向行为保证了意义的产生[1]。

这里需要一点小小的说明:胡塞尔的现象学把意义的生成称为"Auffassung",中文一般翻译为"立义"(或许是想到《礼记·儒行》旧词)。胡塞尔解释说:"意识活动之所以能够构造出意识对象,是因为意识活动具有赋予一堆杂多的感觉材料(立义内容)以一个意义,从而把它们统摄成为一个意识对象的功能。"[2] 而笔者认为,意识及其意向性目标是"获得"意义,意向性从对象得到反馈就是意义。因此,称之为"获义"意向性可能比较合适。尤其当意识面对的对象是一个符号文本,一个可能有意识的生物,一个必然有意识的他人,说意识"立义",有点自我中心之嫌。开个玩笑,看到红绿灯,我们立即要做的,是立义,还是获义?

既然意义并不是在对象之中,那么是在哪里呢?在胡塞尔的现象学奠基之作《逻辑研究》第二卷,有相当长的一章,题目为《符号与表达》,对意义的来源有非常明确的表述:"只有当他(说话者)在某些心理行为中赋予这组声

---

[1] R. 马格欧纳:《文艺现象学》,王岳川译,北京:文化艺术出版社,1992年,第113页。
[2] 倪梁康:《胡塞尔现象学概念通释》,北京:生活·读书·新知三联书店,2007年,第61页。

音以一个他想告知与听者的意义时，被发出的这组声音才成为被说出的语句，成为被告知的话语。但是，只有当听者也理解说话者的意向时，这种告知才成为可能。并且听者之所以能理解说话者，是因为他把说话者看作是一个人，这个人不是在发出声音，而是在和他说话，因而这个人同时在进行着某种赋予意义的活动。"[1]

胡塞尔的论证常常艰涩难懂，但是这段话说得非常简明清晰：发出者的意向赋予符号文本以意义，而"听者"必须理解这种意向，不然，符号文本就只是无意义的"声音"。因此，意义是在符号的发出者的意向中，是发出主体所赋予的。

这样就把我们引向《意义的意义》中的这一条定义：

6. 投射到对象上的一种活动；

主体精神所投射的，是主体的获义意向性。它可以揭示对象的本质，也就是这种意向活动的本质，这是胡塞尔现象学关于意义的最重要论点。

既然意义是意向活动的一种功能，因此胡塞尔有一个听起来不容易懂的结论："每个符号都是某种东西的符号，然而并不是每个符号都具有一个'含义'（Bedeutung），以及一个借助于符号而表述出来的意义（Sinn）。"[2] 注意，这两个词的中译甚至英译，都一直处在争议之中。符号文本的意义称为"含义"，表达的意义称为"意义"，这样的理解，不一定为各家所接受[3]。胡塞尔的意思是：符号必然有指称（"某种东西的符号"），但是不一定有"含义"。也就是说，意义源自说话者的"意向"活动，含义才是借助符号表述出来的意义[4]。

奥格登与瑞恰慈的"十六条"中：

7/a. 一个意向中的事件；

指出了这个方向。在现象学看来，获义意向活动催生意向对象的纯本质观念性存在，是获义意向对象对主体意向性的反馈，从而让对象反馈给主体的意向——

---

[1] 埃德蒙德·胡塞尔：《逻辑研究·第二卷·上编》，倪梁康译，上海：上海译文出版社，1998年，第35页。

[2] 埃德蒙德·胡塞尔：《逻辑研究·第二卷·上编》，倪梁康译，上海：上海译文出版社，1998年，第26页。

[3] 倪梁康对此二词的译法并没有成为定译。参见本书导论第一节元语英译的讨论，又参见下文关于赫施书中的翻译法。

[4] 这个看法本身不一定对。有的符号（例如指示符号）有指称对象，不一定有"含义"；相反，有的符号（如艺术符号）有"含义"却失去（或减弱）指称对象。参见陆正兰：《论体裁的指称距离》，《文学评论》2012年第2期，第133~138页。

种"给定性"(givenness)。用胡塞尔生动的比喻来说,就是"这棵树本身可以烧光,可分解为其化学成分,如此等等,但此意义——此知觉的意义,即必然属于其本质的东西——不可能被烧掉"①。意义并不在树上,而是在主体的意向性中,因此不可能随着事物被摧毁或改变。当主观意识"面对事物本身"时,意识直觉到意义形式,此时获义意向就成为意义的构造行为。

胡塞尔对意义的看法,重视符号发出者的主观意向,把符号过程"三意义"的文本意义以及解释者得出的意义放在比较次要的地位。这个观点直接影响了20世纪60年代E. D. 赫施提出的著名的"阐释有效性"理论,即认为作者意图意义是解释的准则,是解释者必须回顾的。

赫施的理论,让我们回到奥格登与瑞恰慈《意义的意义》诸定义中的最后一条:

16/c. 符号解释者相信符号使用者在指称的东西;

在二位作者看来,这条是关于"意义"的"复合定义"中无可奈何的押尾之论,他们并没有说这是最后的结论。但是胡塞尔与赫施把这个最后的无可奈何上升到最高标准。

赫施重新区分"意思"(Sinn)与"意义"(Bedeutung),目的是为过于散乱无标准的释义找一个"有效解释"的立足点:"意思"是文本固有内在的,只与作者意图有关,不随时代、文化、解释者变化;而"意义"则是外在的,是解释行为的产物,是随语境变化的开放的产物②。赫施在《解释的有效性》中明确提出,要"保卫作者"。为了达到这个目标,他提出:文本的"意思"来自作者,即符号发出者:"它始终未发生变化,发生变化的只是这些含义的'意义'。"这句话中,含义指的是"作者用一系列符号所要表达的事物中"存在的那种东西,而意义则是指"含义与某个人,某个系统,某个情境或某个完全任意事物之中的关系"③。因此,解释的根本方向,就是追索这个发出者的意向活动产生的"意思",是否能成功是另一回事;解释活动的本质,就是在

---

① 埃德蒙德·胡塞尔:《纯粹现象学通论》,北京:商务印书馆,1992年,第226页。
② E. D. 赫施:《解释的有效性》,北京:生活·读书·新知三联书店,1991年,第34~39页。弗雷格提出区分这两个术语,但是在弗雷格那里,这两个德文术语意义很不相同。他的用法接近"奥格登符号三角"对"指称物"(referent)与"指称思想"(thought of reference)的区分,也接近皮尔斯对"对象"(object)与"解释项"(interpretant)的区分。赫施对这两个词的用法,与胡塞尔都不完全相同。
③ E. D. 赫施:《解释的有效性》,北京:生活·读书·新知三联书店,1991年,第23页,第268页。

文本中努力读出文本发出者的意向意义。

赫施再三强调,他只是把胡塞尔的意见往前推了一步。笔者认为赫施是歪曲了胡塞尔的原意①。从《逻辑研究》中的原话来看,胡塞尔的确认为发出者的意向赋予符号文本以意义,而且接收者必须回溯这种意向,赫施理论的这个关键点,的确是胡塞尔自己再三强调论证过的,只不过赫施把它推进为意义解释的根本原则。

4. 解释与意义

胡塞尔-赫施的这个"作者意图决定论"遇到了严重挑战,许多论者提出作者的"意思"难以确认,更难作为解释"有效性"的标准,解释的路径也不是努力寻找原作者的意向。1982年芝加哥大学为"阐释标准问题"专门召开了一次重要的讨论会,并出版了重要文集《解释的政治学》②。赫施的理论受到各种立场理论家的驳难,赫施本人也反复自辩③。很多论者指出:解释者面对的只能是符号文本,固然发出者的意向性会在符号文本中留下痕迹,文本却不可能充分地体现这种意向。实际上符号文本所能提供的知觉材料(例如一首诗,或是一串手势),能传达的作者意向经常是单薄而模糊的。

这场论辩表明,更多的理论家倾向于把意义标准放到解释意义上,认为只有解释者获得的意义才是实现了的意义,这就是海德格尔与伽德默尔发展出来的新解释学的立场。而新解释学最后导向20世纪70年代的德国的"接受美学"和80年代美国的"读者反应论"。而在重视解释这一点上,符号学与解释学的近年发展方向越走越近。

诚然,奥格登与瑞恰慈《意义的意义》出版之后,20世纪关于意义问题出现了太多的学派,非作者们所能知,但是二位作者"对后来发生的事,给出了很多预感"④,而其中最具有创建性的,是二位作者对皮尔斯符号学的总结,哪怕皮尔斯大部分手稿尚未出版。他们拨出皮尔斯符号学的精粹在于:"描述解释过程是理解符号情景的关键,也是智慧的开端。"⑤ 他们已经敏感地看到

---

① R. 马格欧纳:《文艺现象学》,王岳川译,北京:文化艺术出版社,1992年,第113页。
② T. J. Mitchel (ed), *The Politics of Interpretation*, Chicago: Univ of Chicago Press, 1983.
③ E. D. Hirsch, "The Politics of Theories of Interpretation", in T. J. Mitchel (ed), *The Politics of Interpretation*, Chicago: Univ of Chicago Press, 1983, pp. 321–334.
④ Umberto Eco, "Introduction" to C. K. Ogden & I. A. Richards, *The Meaning of Meaning*, New York: Harcourt, Grace Jovanivich, 1989, p. vi.
⑤ Umberto Eco, "Introduction" to C. K. Ogden & I. A. Richards, *The Meaning of Meaning*, New York: Harcourt, Grace Jovanivich, 1989, p. xi.

了这个方向，因此他们的最后一组定义，把意义产生的源头置于解释之中：

  16/a. 符号解释者所指称的东西；
   /b. 符号解释者相信他在指称的东西；

  这两条实际上是同一条原则的不同表述：一旦我们从解释者出发讨论意义问题，解释者所指称的东西，也就只能是他相信他主观上在指称的东西。意义也就是解释者的意向活动，他面对符号这个对象所获得的意义。在这种解释活动之中，发出者的意图如果没有留下足够的痕迹，也就只能被悬搁，即承认有其事但存而不论。解释自身的各种元语言组合，完成理解意义所必需的工作。因此《意义的意义》定义中下面这一条最击中要害。意义即

  13/c：一个符号被解释为即是的某种东西；

  关键的问题，不是关于意义的本质，而是意义的解释过程，这看法极为精到。如此一来，上一节所引的胡塞尔的意义原理就被颠倒过来：是解释者而不是发出者"必须在某种思想活动中，赋予它（符号）一种意义"。解释者的意向活动，使符号成为意向对象，从中产生了意义。由此，接收者的解释才成为意义的真正实例化。

  《意义的意义》的二位作者没有任何可能了解两年后出版的海德格尔的《存在与时间》。海德格尔对意义问题的理解，与胡塞尔-赫施很不相同，而这种理解最后导致了海德格尔-伽达默尔式的解释学的理论出发点。这两组论者根本的不同在于两点．胡塞尔-赫施认为意义产生于符号发出者针对对象的意向活动，是意向活动的一种功能；而海德格尔-伽达默尔却回到本体论，认为意义是主客体之间的关系。意义问题一直是海德格尔哲学核心所在，他的《存在与时间》第31与32章，以及《现象学的基本问题》§20a，b两部分，对意义问题做了非常透彻的讨论。

  尤其是海德格尔提出的"前理解"这个关键问题，即意识对理解的控制方式，极为接近符号学的元语言理论（此说卷入的问题，留待本书第三章《先验与经验》详细讨论）。海德格尔的意义论重点显然移向了阐释方面，他称作"可领悟性"。他认为他的意义论是一种"原则性的存在论生存论解释"[1]。因此，"意义是某某东西的可领悟性的栖身之所。在领会着的展开活动中可以加

---

  [1] 马丁·海德格尔：《存在与时间》，陈嘉映、王节庆译，熊伟校，北京：生活·读书·新知三联书店，1987年，第186页。

以勾连的东西，我们称之为意义"①。海德格尔不会同意（虽然他没有做出直接的辩驳）胡塞尔说的"意义是意向活动的一种功能"，因为他认为意义是此在的本质条件："严格地说，我们领会的不是意义，而是存在者和存在。"② 落到意识中并给予意义，是存在被认知（符号化）并获得理解从而成为"存在者"的原因。这样，意义的定义，从胡塞尔式的认识论回到本体论，意义的表现和理解又被放到了本源的地位上。这就是为什么本书导论第二节说，哲学符号学的意义论研究的是认识论包裹的本体论。

解释学理论，就是沿着海德格尔这条思路发展起来的。对解释学做出最大贡献的伽德默尔，强调海德格尔的名言"被理解的存在就是语言"。人并不是产生语言的主体，语言才是本源，人之所以说话，是因为语言在说他。意义是由符号文本传递的，符号文本不是自在自为的对象，而是解释者的主观意向构筑形成的。在符号感知中，解释者挑选出来与意义有关的感知。这部分感知可能是非常有限而表面的。但是为了获得意义，这部分感知足够形成文本，只有这部分感知才与解释者有关。

这就导致了笔者称为符号的"片面性原则"的现象：被感知的不是事物本身，而是它的某些品质。事物不需要被全面认识才携带意义：让事物的过多品质参与携带意义，反而成为表意的累赘：再多的"被感知"并不能使意义复原事物自身，恰恰相反，符号因为要携带意义，迫使接收者对事物的感受片面化，迫使事物成为意义的"简写式"③，因为真知并非一次获义活动能完成。

意义是主客观的关联方式，但是并不是二者全面的交流。只要交流的感知被解释构成符号文本，意义就必然出现。这就是海德格尔所说的：意义只有在对象与主体发生关联时才存在，也只在"解释"这个关联点上存在。对象只有在这一点上才具有"给予性"，其他部分被符号的接收者加上括号"悬搁"了，没有对本次解释得出的意义做出贡献，其相关性只能存而不论。

符号学更进一步认为，在符号出现的场合，意义是不在场的，事物本身是被理解主体"悬搁"的因素之一。一个人感知到有汽车飞驰而来，汽车作为相关感知的来源可以携带无穷意义，却只有解释者的意向性才能够抓出此事物的

---

① 马丁·海德格尔：《存在与时间》，陈嘉映、王节庆译，熊伟校，北京：生活·读书·新知三联书店，1987年，第185页。

② 马丁·海德格尔：《存在与时间》，陈嘉映、王节庆译，熊伟校，北京：生活·读书·新知三联书店，1987年，第185页。

③ 关于"片面化"，参见赵毅衡：《符号学：原理与推演》，南京：南京大学出版社，2015年第3版，第45页。

何种观相（例如重量速度）与他关联，并从中得出"危险"这个意义。因此，意义并不在对象之中，"危险"这个意义并不在汽车本身之中，而是在主体的意向性与对象的交会之中，需要主体的意向性去领会它，才能把"可领悟性"从事物这个栖身之处释放出来。在理解时，"危险"这个意义没有在场，而且，正是由于"危险"这个意义并未即刻在场，对俗话称作"反应较慢"的人，意义在场化过程（解释）过于拖延，后果就不太妙。

5. 结论的尝试

讨论到此，本书希望得出一条比较恰当的"意义"的定义：意识之所以必要，就是因为意识的意向性在与世界碰撞时，从事物相关的"可领悟性"中释放出意义。意义是事物为我的意识存在做的贡献，我之所以能栖居在这世界上，正是因为对象受我的意向性激发从而我的意向性产生意义之流。但是意义并不是现存在于对象中，一个仅接收外来刺激的感觉器，如果背后没有意识，就无法形成意义。例如没有人监控的闭路电视，没有意义，就不成其为符号。因此，必须要有"获义"意识的意向性去接受这种感知，才会有意义。

解释主体的意向性与事物的相遇是意义的唯一源泉；反过来看，意义是解释主体在世界上的存在方式。笛卡尔式凭空出现的"我思"，并不能引向"我在"，"我面对世界而思并得出意义"才形成"我在"。意义活动并不是主体与世界之间可有可无的中间环节，而是主体与世界互相激发出存在性的奠基环节。

海德格尔说："意义就其本质而言是相交共生的，是主客体的契合，世界万物只有为我所用才有意义。"[①] 就我们上文讨论的结果，意义定义可以理解为这样一个双向的往复构成：意义是意识的获义活动从对象中得到的符号，它需要意识用另一个符号去解释，因此，本书对意义的基本定义是：使意识与对象各自得以形成的关联方式。

意义是主体的意向性活动，把事物"作为"某种意义之源审视的产物。只有拥有主体性的存在者，才有这种意向活动。主体对事物的意向活动，被对象所给予而形成意义。符号就是事物"有关意义"的方面，而且意义必须通过另一个符号才能解释。因此，意义的获得、发送、解释，都处于主体与事物的符号交会之中。

或许经过这样的扫描，我们能把《意义的意义》所总结的胡塞尔的现象学

---

① 参见赵毅衡：《符号学：原理与推演》，南京：南京大学出版社，2015年第3版，第186页。

的意义观(意义源自"意向性"与"认识过程"观念),与海德格尔的存在主义解释学意义观("此在"本体论和理解的"作为"理论),与皮尔斯符号学的意义观结合起来,找出符号学与现象学互补的可能。《意义的意义》出版已经90年,但是此书的整理方式依然显得清晰有条理,并且自然而然地引向符合哲学符号学的结论。意义理论目前已经发展得眼花缭乱,或许能循此理出一个比较清晰的路线,同时也为意义理论的推进找出一条很可能富于成果的方向,而本书下面各节,实际上是对本节各种细节的详尽展开。

哲学符号学：意义世界的形成

第二节　形式直观

本节概要：

　　意义是当代思想各学派共同关心的问题，而符号学集中探研意义的形式规律，因为意义的普遍形式突出表现在起始阶段，即意义的直观生成阶段。符号哲学与现象学有相当大的结合部，它们在一系列要点上类似，例如意向性、对象与观相、意义对意识的作用等，都相当一致；但也在一些问题上出现分歧，尤其在这个阶段显示出来，由此导致它们对符号与事物的不同看法。符号哲学试图回应这两个学派主要理论家的观点，解剖产生意义的初始获义过程，也就是形式直观过程。

1. 何为"形式直观"？

　　意义与符号的关系，是20世纪初以来的各种学派（尤其是分析哲学、现象学、符号学等）共同关心的课题，可以说是当代思想的核心问题，符号不仅是意义传播的方式，更是意义产生的途径。符号学作为意义学，更关注意义的形式问题。意义必用符号才能承载（产生、传达、理解），符号只能用来承载意义。德里达说："从本质上讲，不可能有无意义的符号，也不可能有无所指的能指。"[①] 没有不承载意义的符号，也没有无须符号承载的意义。

　　因此，符号哲学的第一步，就必须回答，在意识遇到事物的初始阶段，意义与符号是如何出现的：意义是如何产生的？意识面对的"事物"如何变成对象，又如何进一步变成意义载体？也就是说，意向性是如何把对象变成符号的。本书称这个过程为"形式直观"，它直接卷入了意识、意向性、事物、对象这几个意义活动中的基本要素，它们的关系如何形成，是哲学符号学首先要解决的问题。

　　意识遇到事物，最关键的连接就是意识发出的意向性。意向性是意识寻找并获取意义的倾向，是意识的主要功能，也是意识的存在方式。意识的"形式直观"是意识获得意义的最基础活动，这也就是说，形式直观的动力，是意识

[①] 雅克·德里达：《声音与现象：胡塞尔现象学中的符号问题导论》，杜小真译，北京：商务印书馆，1999年，第20页。

追求意义的意向性。意识把"获义意向活动"（noesis）投向事物，把事物转化成"获义意向对象"（noema），这转化过程产生了意义。

这一对术语源自希腊文，其希腊词根"nous"，指的既是"心灵"（mind），又指"认识"（intellect），译法的分歧，来自此对概念本来就有的多义性。有"意识活动-意识对象""意向活动-意向对象""意向性活动-意向性对象"等。对"noema"的翻译，又有"对象"与"相关项"之分，"对象"并不等于"意义"，二者应当区别。所谓"相关项"，却是"意义"的另一种说法。

事物面对意识的意向性压力，呈现为承载意义的形式，即对象，并回应意向，意义就是意识与事物由此形成的相互关联。本书把"noesis"称为"意识的获义意向活动"，而把"noema"称为"意识的获义意向对象"（为行文简洁，本书经常会称作"获义活动"和"获义对象"）：本书强调，只是由于意识本质性的对意义的获求追寻，才出现这一对关键范畴。

本书把获得意义的初始过程，称为"形式直观"（建议英译"formal intuition"）。所谓"初始"，就是意识与事物发生关联的第一步。皮尔斯认为符号意义活动必有三个阶段：符号的"第一性"（firstness）即"显现性"，是"首先的，短暂的"，例如汽笛的尖叫；当它要求接收者解释感知，就获得了"第二性"（secondness）；然后出现的是"第三性"（thirdness），"我们会对于我们所看到的事物形成一个判断"[①]。意义活动不会停留在初始阶段，意义的积累叠加和深化理解，可以构成经验。

本节只讨论意义活动的初始发生。符号哲学讨论的形式直观也是一种直观，但与胡塞尔现象学的"本质直观"出发点不同，它只追问如何获得意义。二者相似的地方只在于对"意向性"和"直观自明性"的理解，胡塞尔对"直观"的解释是："在直观中原初给予我们的东西，只应如其被给予的那样，而且也只在它在此被给予的限度内被理解。"[②] "形式直观"之所以成为意义活动的根本性出发点，原因有二。第一，"直观"的动因是自明的，意识的"追求意义"本性是获义意向活动之源；第二，作为直观对象的"形式"，如皮尔斯的描述，是"任何事物如其所是的状态"[③]，即对象的无可遮蔽的观相显现。

胡塞尔现象学讨论的起点是"本质直观"（essential intuition），也称作

[①] 科尼利斯·瓦尔：《皮尔士》，郝长墀译，北京：中华书局，2003年，第25~27页。
[②] 埃德蒙德·胡塞尔：《纯粹现象学通论》，李幼蒸译，北京：商务印书馆，1992年，第84页。
[③] Form is "that by virtue of which anything is such as it is". *The Writings of Charles Sanders Peirce*, (ed) Max Fisch, Bloomington: Indiana Univ. Press, 1981—1993, Vol. 1, p. 371.

"观念直观"（ideation）。本质直观中被对象给予的，不仅是感性个体，还有现象学的本质观念。究竟直观是否能通过观念化抓住事物本质？笔者认为符号哲学关心的是意义的生成和解释，由此获得的意义是否为事物本质，或许不必在讨论初始获义活动中解决。皮尔斯建议把现象学直观的范围，缩小到对象初步的形式显现："关于现象学的范畴和心理事实（脑或其他事件）之间的关系，它又极其严格地戒绝一切思辨。它小心翼翼地躲避进行任何假定性解释。"[1]皮尔斯建议：对事物的深入理解，应当推迟给形式直观之后的经验认识累积去解决。

意识的这种初始获义活动是一种直观，是因为意识的存在本身就是寻求意义。寻找意义是意识存在于世之本质特征，皮尔斯称之为心灵与真知"天生的亲近"[2]。意识不可能不追求意义，因为人必须生存于一个由意义构成的世界之中，只要意识功能尚在，就一刻不可能停止这种追寻。意识定义上就是"关于某物的意识"[3]：追寻意义的活动本身，是意识存在于世的方式（至于获义活动能否获得"真知"，则是另一回事，将在本书第五章讨论）。

因此，形式直观作为意识的活动，是自我澄明的，无须辩护，甚至无须证实。也就是说，意识必然产生获取意义的意向性，这个需要以及这种能力，是自我的内在明证性的立足点，也是哲学符号学的起点根据：获取意义的意向活动，无须他物作为其根据。与之正成对比的是：对象给出意义回应，不是自发的，而是意识的获义意向施加压力的结果。

因此，只有追寻意义的意识，才是意义活动不变的出发点。一旦人的意识不追寻意义，意识就中断，因为意识就是追寻意义的精神存在。《孟子·告子上》"心之官则思，思则得之，不思则不得也，此天之所与我者"[4]，这句话意思清楚：感觉并不是意义的首要条件，意识（"心"）的意向性功能（"思"）才是，意识存在的理由就是"思"，也就是提供获义意向性。"思而得之"的，是意义，对象是"思"的产物，而意识对意义的这种追求是"天所与我"的直观本能，无须证明。

并非所有的心理活动都是意识的体现，失去知觉者，一旦他们的意识不再持续地追寻意义，他们就不具有意识。在这个意义上，精神病、错觉幻觉以及

---

[1] Charles Sanders Peirce, *Collected Papers*, Cambridge, Mass: Harvard Univ. Press, 1931 – 1958, Vol.1, p.287.
[2] C. S. 皮尔斯：《皮尔斯：论符号》，赵星植译，成都：四川大学出版社，2014年，第15页。
[3] 倪梁康：《胡塞尔现象学概念通释》，北京：生活·读书·新知三联书店，2007年，第251页。
[4] 焦循：《孟子正义》，北京：中华书局，1987年，第796页。

睡眠，的确可以被看作死亡的预演，意识依然在延续意义的追寻，只是意识只有部分在扭曲地起作用，朦胧模糊地、断续挣扎地维持对意义的追求，得到的意义文本甚至自身不能融贯（关于符号文本的内部融贯要求，参见本书第五章第四节"文本内的'横向真知'"）。

形式直观不可能取得对对象的全面理解，任何深入一步的理解，就必须超出形式直观的范围。无论什么事物，都拥有无穷无尽的观相，"一花一菩提，一沙一世界"，并非比喻夸张。在特定的初始获义活动中，只有一部分观相落在意向的关联域之内。例如，我们看到某人一个愤怒的表情，这个感知让我们直观到愤怒这个意义，但是有关此人愤怒的成因，此人如此愤怒的生理、心理、性格机制，却远远不是一次形式直观能解决的，需要许多次获义活动的积累，才能融会贯通理解，也很可能永远无法"正确地"理解。皮尔斯指出：认识累积成经验，才有可能"把自己与其他符号相连接，竭尽所能，使解释项能够接近真相"①。认识理解，必然需要进一步的符号意义活动。但所有进一步的理解，首先要第一步的形式直观来启动。

形式直观是意识与事物的最初碰撞产生的火花，没有这个获义反应，就不会有此后的链式延伸意义活动，就没有符号学的所谓"无限衍义"（unlimited semiosis），不可能进入属于认知过程第二性的理解，更没有属于第三性的范畴分辨与价值判断。皮尔斯认为："真知，是每个符号的最终解释项。""真知"只是吸引我们持续认知努力的不可能的目标。对事物的认识，可以逐渐积累，甚至深入事物的各种"本质"，但这些不是形式直观所能做到的。

那么，究竟什么是"意义"？胡塞尔一再强调：意义并不是意向对象，相反，意义总是意向性活动。自称继承胡塞尔意义理论的赫施却说"一切意向性对象的一般属性就是意义"②，有论者认为是违背了胡塞尔的原意③。因为赫施说意义是对象的品质。笔者认为，意义是一个双向的构成物：意义是意识的获义活动从对象中得到的反馈，它能反过来让意识主体存在于世，因此，意义就是主客观的关联。

进一步说，意义也是主客观互相构成的方式：不仅是意识构成对象，而且意识由于构成意向对象从而被意义所构成。梅洛－庞蒂说："景象用我来思考

---

① C. S. 皮尔斯：《皮尔斯：论符号》，赵星植译，成都：四川大学出版社，2014年，第15页。
② E. D. Hirsch, *Validity in Interpretation*, New Haven: Yale Univ. Press, 1967, p.218.
③ R. 马格欧纳：《文艺现象学》，王岳川、兰菲译，北京：文化艺术出版社，1992年，第113页。

它自己,我是他的思维。"① 这句绝妙的话,点明了意义中的相互建构原则:对象必然是意识的对象,而意识也必然是对象的意识。

王阳明《传习录》有名言:"身之主宰便是心,心之所发便是意,意之本体便是知,意之所在便是物。"② 把意识追求意义的关键层次说得相当清楚:"身之主宰便是心",自我的主体存在就是自我的意识;"心之所发便是意",意识的主要功能就是发出意向性;"意之本体便是知",这种意向性的根本目的就是获得意义;"意之所在便是物",获义意向性的压力让事物变成对象。这个"物—知—意—心—身"的序列展开,与本书提出的意义理论非常贴合。

很多学者注意到王阳明这段话与现象学遥相呼应,二者异同之处,也有不少辩论③。笔者认为,这段话更适合于哲学符号学的形式直观论:王阳明所说的"意"不是纯主观的"心",而是意识发出的"意向性";而"物"可以被理解成"对象"。王阳明还有一段话,支持本书文这种理解:"凡意之所用无有无物者,有是意即有是物,无是意即无是物矣。"④ 如果没有获义意向性的压力,事物可能存在,不会成为对象,而一旦有"意之所用",即"有是物",一切事物在意向性压力下才能变成获义对象。

但是形式直观的意义定义还有个回应过程,我们可以沿着王阳明的话再加一句,"物之应意便是心",因为王阳明也清楚地了解,意识靠对象的意义回应才得以构成:"目无体,以万物之色为体;耳无体,以万物之声为体;鼻无体,以万物之臭为体;口无体,以万物之味为体;心无体,以天地万物之是非为体。"⑤ 对象给予获义意向性的意义回应,反过来构成意识。它们的关系形成(心灵)意识——(获义)意向——(对象事物给予)意义——(心灵)意识,完成了一个意义构成的主客观循环。

2. 获义对象是事物还是符号?

获义意向活动的对象,究竟是事物,还是符号?这是哲学符号学不得不清

---

① Maurice Merleau-Ponty, "Cesanne's Doubt", (ed & tr) Galen Johnson & Michael B Smith, *The Merleau-Ponty Aesthetics Reader:Philosophy and Painting*, Evanston, IL: Northwestern Univ. Press, 1993, p.59.
② 王守仁:《王阳明全集》,上海:上海古籍出版社,2014年,第6页。
③ 参见林丹:《境域之中的'心'与'物'——王阳明心物关系说的现象学分析》,《江苏社会科学》,2010年第2期。
④ 王守仁:《王阳明全集》,上海:上海古籍出版社,2014年,第8页。
⑤ 王守仁:《王阳明全集》,上海:上海古籍出版社,2014年,第108页。

晰回答的一个大问题。笔者多年前提出，符号的定义是"被认为携带意义的感知"①。既然意义必须通过符号才能表现，形式直观创造的"对象"就应当既是符号，亦是事物，更明白地说，是"以符号方式呈现的事物"。事物在形式直观中呈现为对象，就是因为它提供携带意义的观相。

事物呈现为对象，对象提供感知作为符号，这过程中的两个因素（事物与符号）是意向对象的两个不同的存在的方式，在形式直观中，二者结合为同一物。一旦越出形式直观范围，二者明显不同：事物能够持续地为意识提供观相，因而意识可以进一步深入理解事物，而符号则只为本次获义活动提供感知，要进一步理解事物，就必须如皮尔斯说的"与（有关类似意义的）其他符号结合"。

皮尔斯非常明确地说："品质的观念是现象的观念，是单子的部分现象。它与其他部分或构成成分无关，不涉及其他东西。我们绝不考虑它是否存在……经验是生活的过程。世界是经验的反复灌输。品质是世界的单子成分。"②他的意思是说，事物是持久的意义活动中的存在，事物有回应意向活动的持续性。但是，如果我们只局限于讨论特定的、一次性的初始获义活动，那么事物给出的对象观相即符号，事物在形式直观中成为符号，因为它符合笔者给符号下的定义："被认为携带意义的感知。"③

有不少讨论符号的学者强调区分事物与符号，主要是因为他们把符号看作得到意义后，传送此意义所用的工具。胡塞尔在这个问题上的表述非常典型："每个符号都是某种东西的符号。然而，并不是每个符号都具有一个含义，一个借助于符号而表达出来的意义。"④根据"是否具有含义"，胡塞尔将"符号"分为两类：指号和表达。前者没有含义，"在指号意义上的符号不表达任何东西，如果它表达了什么，那么它便在完成指示作用的同时还完成了意指作用"⑤。后者则是"作为有含义的符号"⑥的"表达"。

---

① 赵毅衡：《符号学：原理与推演》，南京：南京大学出版社，2012年，第1页。
② Charles Sanders Peirce, *Collected Papers*, Cambridge, Mass: Harvard Univ. Press, 1931－1958, Vol. 1, pp. 310－311.
③ 赵毅衡：《重新定义符号与符号学》，《国际新闻界》2013年6月，第6～7页。
④ 埃德蒙德·胡塞尔：《逻辑研究》第二卷上编，倪梁康译，上海：上海译文出版社，1998年，第二卷第一部分，第31页。
⑤ 埃德蒙德·胡塞尔：《逻辑研究》第二卷上编，倪梁康译，上海：上海译文出版社，1998年，第二卷第一部分，第31页。
⑥ 埃德蒙德·胡塞尔：《逻辑研究》第二卷上编，倪梁康译，上海：上海译文出版社，1998年，第二卷第一部分，第39页。

胡塞尔认为符号是直观之后需要表达出来时才出现的，并非初始的，并不是意识获得的感知必然携带的，因为他认为"直观行为"与"符号行为"是两种不同的表象，取决于"对象究竟是单纯符号地，还是直观地，还是以混合的方式被表象"①。正因如此，现象学家舍勒反对卡西尔把人定义为"使用符号的动物"，而要求"从符号返回事物，从概念的科学和满足于符号的文明返回到直观地经验到的生活"②。而笔者对符号的定义是"被认为携带着意义的感知"，在意识的直观中，事物转化为对象，就是因为它们携带了意义，因此，被感知到的对象的观相就是符号，而不再是自在的物，用皮尔斯的话来说，"我们所有的思想和知识，都是通过符号而得到的"③。

应当说，笔者的立场并不是孤立的，也有论者认为，事物与符号这二者在意义生成上并没有本质上的不同。例如文化哲学家霍尔提出：人类面对的是两套"再现体系"："一是所有种类的物、人、事都被联系于我们头脑中拥有的一套概念或心理表象"；而第二个再现系统是符号，即"我们用于表述带有意义的语词、声音或形象中的术语"④。霍尔实际上承认：既然"事物的概念与心理表象"与各种符号一样，都是用来"再现"意义的，那么它们在初始意义活动中很难区分，或者说，如胡塞尔建议的那样，先作区分然后再进行获义活动，恐怕不是每次都能做到。

事物与符号，上面已经谈到，它们的意义持续性的确有本质区别，只是在意识的初始获义活动中二者无法区分，因为此时事物呈现为符号。对象提供观相以构成意义，这种观相来自事物还是另一个符号文本，在形式直观阶段并不一定能区分，也并不一定要区分。一个苹果的鲜红，一个蜡像或一幅画面上的苹果的鲜红，同样可以引向"新鲜""可食用""可观赏"等意义；一个笑容，在人脸上，在照片上，在视屏上，都可以引向"和蔼""可亲近"等意义。一个人醒来时听到清晨农村一天开始时的声音，究竟他是身处农舍听到的自然声音，还是有人在放录音，给他的初始直观意义并无二致。这不是说事物与图像这样的人工符号之间难以区别，而是说在直观中这二者无从区别。

---

① 埃德蒙德·胡塞尔：《逻辑研究》第二卷上编，倪梁康译，上海：上海译文出版社，1998年，第二卷第一部分，第52页。

② 赫伯特·施皮格伯格：《现象学运动》，王炳文、张金言译，北京：商务印书馆，1998年，第400页。

③ Charles Sanders Peirse: "Letter to Lady Welby", *Collected Papers*, Cambridge, MA: Harvard Univ. Press, 1931—1958, Vol. 8, p. 332.

④ 斯图亚特·霍尔：《表征：文化表征与一直实践》，徐亮、陆兴华译，北京：商务印书馆，2013年，第22~23页。

符号哲学与现象学的这种分歧，起源在于对符号本质的理解。主张事物不同于符号的学者，可能心底里认为符号是靠"一物代一物"（Aliquid stat pro aliquo）来替代意义：有了意义，需要传送，才需要符号作为意义传送工具。意义并不出现在符号之前，凡有意义时，就必然已经有符号承载这个意义。苹果"新鲜"的意义，并不一定在用另外的媒介（例如图像或视屏）来传送时才需要符号，苹果自身成为意识对象，就是其鲜红的观相成为符号的结果。当意识感知到事物的某个观相，就把事物变成了认识对象，任何认知不得不靠"共现"（appresentation），此时，片面的观相就已经成为事物的符号，这两者之间已经出现了部分指向整体的符号表意关系（这问题在本章第 4 节"统觉与共现"中会详谈）。

甚至，符号文本与"事物"观相的明显差异在实践的意义活动中，也会因各种原因而暂时悬搁，条件是主观上忽视差异点：花卉画能让鸟弄糊涂；美人画能让柳梦梅堕入情网（这是感情引发的超常识认同）；听到曹操说"梅子"，见到梅子的画，闻到梅子的味道，与看到梅子，尝到梅子，意义效果也会很相似；在现场看足球，与看电视现场转播甚至看重播（只要不事先知道比分），所获得的意义是相同的。有人可以说二者很不同，电视上感觉不到现场的气氛，但是电视也给我们现场看不到的细节，现场与转播如果提供的观相相同（例如在我这种"伪球迷"眼中），形式意义就相同。

前文说过，胡塞尔的立场不同，他仔细地区分"事物"与"符号"：事物的意义是前符号的意义，理解或解释的意义可以是媒介化之前的事物的意义。胡塞尔把人的认识过程分为四步：（对事物的）感知，（对事物的本质）直观，非直观表象行为（或称对象化行为），非对象化行为（价值性）。符号在第三步才出现。因此胡塞尔认为符号是直观之后的"非直接"意义，并非第一性的，第二步的"直观行为"与第三步的"符号行为"是两种不同的活动，他认为直观表象是"本真的"，而符号表象是"非本真的"。所谓"对象化行为"，也就是把对象的意义用符号媒介化、文本化地"表达"出来[①]。

这两者之间的确有区别，媒介化的"再现"，无论是用什么样的媒介，无论是说出来，写出来，画出来，用姿势表现出来，都已经经过了一道解释。洛特曼与乌斯宾斯基有一段解释比较清楚："非文本的现实进入文化，必须经过一个翻译过程被转化为文本，这就不可避免地伴有选择，也就是说，可供转化

[①] 埃德蒙德·胡塞尔：《逻辑研究·第二卷·上编》，倪梁康译，上海：上海译文出版社，1998年，第 52 页。

的现实以文本形式被固定下来,而其他的则被遗忘。"[1] 他们的意思是说,一旦符号文本化(例如一个苹果被称为"苹果",被画成苹果,被雕塑成苹果),就是被解释了一次,就是事物的片面再现,而不再是原事物。因此,对再现的解释,就是解释的解释,是二次解释。

那样的话,我们理解事物,我们解释文本,互不相干,各得其所。但是,从本节下面的讨论中可以看出,这只是一个为了方便讨论做的区分。人的认识并没有那么整齐的划分。在伽达默尔的体系中,解释学讨论的对象不仅是文学或哲学文本,也包括事物。"所有交流和理解的目标,是为了在眼下的事情中达成一致……直接注视'事情本身'。"他在此特地加了个括弧强调说明:"(这在语文学家那里,就是充满意义的文本,而文本涉及事物)。"[2] 解释的对象,是事物,也可以是文本,而本书"解题"中说过,文本也是一种事物。

这个问题(事物与符号难以区分)其实很多哲学家谈过。前面引过奥格登与瑞恰慈的声言:"我们的一生几乎从头到尾,一直把事物当作符号。我们所有的经验,在这个词最宽的意义上,不是在使用符号,就是在解释符号。"[3] 胡塞尔其实也清楚事物与符号在意义活动中潜在的同一性:"最终所有被感知之物,被虚构之物,符号性地被想象之物和荒谬,都是明证地被给予的。"[4] 德里达在批评胡塞尔的符号理论时,也指出:"如果把符号看作一种意向运动的结构,那符号不就落入一般意义上的物的范畴?"[5] 巴赫金说:"文本是直接的现实(思维和经验的现实),在文本中,思维与规律可以独立地构成。没有文本,就既无探询的对象亦无思想。"[6] 在巴赫金看来,哪怕思维或经验的现实,也是符号文本。而德勒兹的声明更为明确:"事物本身与事物被感知其实是一回事,呈现同一个形象,只是各自被归为(事物与文本)两种不同的参考系统。"[7] 这种"归为",须待形式直观后的进一步认识。既然"呈现同一形

---

[1] Yuri Lotman & B A Uspensky, "On the Semiotic Mechanism of Culture", *New Literary History: Soviet Semiotics and Criticism: An Anthology*, 1978, Vol. 9, No. 2, p. 216.

[2] 汉斯-乔治·伽达默尔:《论理解的循环》,《徐州师范学院学报》,1996 年第 3 期,第 50~51 页。

[3] C. K. Ogden & I. A. Richards, *The Meaning of Meaning*, New York: Harcourt, Grace & World, 1946, pp. 50—51.

[4] 埃德蒙德·胡塞尔:《纯粹现象学通论》,李幼蒸译,北京:商务印书馆,1992 年,第 53 页。

[5] 雅克·德里达:《声音与现象:胡塞尔现象学中的符号问题》,杜小真译,北京:商务印书馆,1999 年,第 30 页。

[6] Quoted in Tzvetan Todorov, *Mikhail Bakhtin: The Dialogical Principle*, Minneapolis: Univ of Minnesota Press, 1981, p. 17.

[7] 吉尔·德勒兹:《电影 I:影像运动》,黄建宏译,香港:远流出版公司,2003 年,第 126 页。

象",获义对象就一样。认知符号学家维奥利认为:"意识总是包括符号功能,没有符号化就没有意识。在意识充分发展前,符号化已经存在。"① 所谓"在意识充分发展前",也就是在意识作初始的本能直观时。

以上引用的许多思想家都认为,事物与符号在意义活动中实际上无法区分。为什么本书要一再强调说明这一点?为什么要与胡塞尔的符号定义划清界限?因为这不是一个纯理论问题,而是关系到意义活动的出发点,例如本书中编关于"理解"与"解释"的辨析,如果没有事物与符号的这种同一关系,将无法讨论。因此,本节的结论是:意义必然是符号的意义,符号不仅是表达意义的工具或载体,符号也是解释出意义的条件:有符号才能出现意义活动,没有不需要符号来承载的意义。面对事物时,意识的形式直观,让有关观相呈现为符号。

3. 形式还原

所谓"还原"(reduction),就是简化成最基本的要素。意识要获得意义,意向活动必须排除所有与获义活动无直接关联的因素。形式还原的第一步就是"悬搁"(epoché)与本次解释无关的观相,上面已经说过,事物在获义意向性的压力下,被还原为提供意义的观相所组成的对象。获义意向活动把事物的某些要素"放进括弧",存而不论。这就解释了上面说的观点:事物与符号在形式还原中无从区别。因为形式直观首先悬搁的,正是对象的"事物性"(thingness)。

在意义产生过程中,事物失去事物性。皮尔斯对此的解释比较清楚:"现象学与它所研究的现象,在多大程度上和实在相符合这个问题没有关系。"② 他在另一处进一步说明:"红色的品质取决于任何人实际上都看到了它,因此在黑暗中红色就不再是红色。"③ 鲜红的颜色和形状说明苹果的存在,而在黑暗中,红色消失,我们知道苹果的颜色也只是在记忆中。此时形式直观只能依赖于别的观相,例如触摸圆润,嗅闻香甜。因此,在初始获义意向活动中,对象失去事物性,被形式还原成符号感知。

---

① Patrizia Violi, "Semiosis without Consciousness? An Ontogenetic Perspective", *Cognitive Semiotics*, Issue 1, Fall 2007, pp. 65−68.

② Charles Sanders Peirce, *Collected Papers*, Cambridge, Mass: Harvard Univ. Press, 1931−1958, Vol.1, p. 287.

③ Charles Sanders Peirce, *Collected Papers*, Cambridge, Mass: Harvard Univ. Press, 1931−1958, Vol.1, p. 418.

在所有的获义意向活动中，事物必须靠形式还原才能具有意义给予能力。意识中最初呈现的一切都是感知表象，皮尔斯在讨论第一性的"现象的性质"时，称之为"显象素"（phaneron），即"此时此刻在心灵里的显现"。"显象素"既是事物又是符号，因为"显现"的只是部分观相。经过这种形式还原，主体意识面对的事物，就还原成携带意义的符号感知，即符号。获义意向活动的对象，本来就是意向性的构造物。意识要获得意义，第一步是面向事物的形式本身，获义意向划出事物被感知的范围，这是获得意义必要的前提。

在意识追求意义的过程中，每个对象都有可能呈现有关观相，而成为意义的符号载体；反过来，每一个符号载体，也可以因为所携带意义消失，而降解为不携带意义的事物。由此，每一个事物，每一个符号，都是表意性与物性复合的"符号-物"二联体。哪怕是人工制造的最彻底的"纯符号"，例如言语、文字、图画、标记、纸币等等，都有物的成分。既然任何物都是一个"物-符号"二联体，它就可以向纯然之物一端靠拢，完全成为物，与意义活动无关；它也可以向纯然符号载体一端靠拢，不作为物存在，纯为表达意义，或更确切地说，纯为本次意义活动提供符号载体。人在付钱时，使用事物的观相携带的符号意义，纸币的物品质，例如纸币的硬度，或纸币的物理特性，不参与付钱这个具体的意义活动，除非纸币的质地异常使其意义可疑。任何符号-物都在这两个极端之间滑动，因此，绝大部分物都是偏移程度不一的物-符号，其使用部分与表达意义部分的"成分分配"，取决于特定的获义意向[①]。

从这个基本理解出发，可以看出，被形式还原成获意活动对象的物-符号，可以有三类：

第一类是自然事物（例如雷电、岩石），它们原本不是为了"携带意义"而出现的，它们"落到"人的意识中，被意识符号化，才携带意义：雷电被认为显示天帝之怒，或预示暴雨将至；岩石可以被看作矿脉标记，或自然界鬼斧神工。

第二类是人造物：人工制造的器物（例如石斧、碗筷、食品），原本也不是用来携带意义的，而是使用物。这些事物，当它们显示"被认为携带意义"的观相时，也就是被"符号化"时，就成为符号：石斧在博物馆成为文明的证据，食品放在橱窗里引发我们的食欲；完全为了表达意义而制造出来的"纯符号"，例如语言、表情、姿势、图案、烟火、货币、游行、徽章、旗子、棋子、

[①] 关于"物-符号"二联体，参见赵毅衡：《符号学：原理与推演》，南京：南京大学出版社，2015年第3版，第27页。

游戏、体育、艺术等等，它们不需要"符号化"才成为符号，因为他们本来就是作为意义载体被制造出来的。上文已经说过，它们在一定场合，也可以降解为物。

第三类是无物性的"纯感知"（例如心像、错觉、梦境等），"应有感知而阙如"造成的"空符号"（如沉默、无表情等），它们作为符号存在，是因为它们也是"被认为携带意义的感知"。梦中的家乡让人情可以堪，音乐中的休止、绘画中的留白，都是携带意义的符号感知，甚至空符号也会显示出物性，例如音乐乐章之间的静默，应有物而无物，使人反而感觉到有物[①]。可以说这类感知过于虚幻，但是形象的接收者并不一定认为所见为虚。《道德经》第二十一章说："恍兮惚兮，其中有象；恍兮惚兮，其中有物。窈兮冥兮，其中有精，其精甚真，其中有信。"为什么呢？因为"道之为物，惟恍惟惚"，意义本来存身于感知之中。

既然任何"符号-物"，都不外乎这三类，而这三类都可以变成符号来表达意义，而它们表达意义的部分都只是符号，而不是事物，那么在表达意义的时候，胡塞尔所说的"原先的"事物，与"原先的"符号没有本质差别。

在形式还原时，悬搁事物的事物性，也需要悬搁符号-物与本次的意向活动不相干的诸种观相。因此，被获义活动选择出来构成对象的，不是事物本身，而是事物的特定观相。事物不需要全面被感知才携带意义，让事物的过多观相参与对象之形成，反而成为获意的累赘，因为噪音过多。形式还原并不使符号回归事物自身，恰恰相反，符号因为要携带意义，迫使对象"片面化"，成为意义的简写式。

所以符号载体不仅不是物，甚至不是物的感知集合，而只是与获义意向活动相关的某个或某些观相的显现。也正因为这个原因，同一事物，可以承载完全不同的符号。例如一个苹果，可以携带有关美味、有关水分、有关外形美、有关杂交培植等意义：同一个苹果，在被不同意向性激活后，显现的观相不同，产生的意义不同。

这就是为什么本书一再强调，事物与符号感知在形式直观中，对意识而言是等值的。只不过事物是可供进一步认识的无穷观相的寄宿地，可以持续地回应需要意义累加才能形成的理解活动。继续沿用上面举过的乡间鸡鸣晨音的例子，如果"我"听到此"天籁"后起身，看一看、嗅一嗅、摸一摸，事物的其

[①] Zofia Lissa, "Aesthetic Functions of Silence and Rests in Music", *The Journal of Aesthetics and Art Criticism*, Vol. 22, No. 4 (Summer, 1964), pp. 443–454.

他观相就成为新的符号，回应"我"的新的获义意向活动，此时事物不同于符号的"意义持续性"就显示出来了，意义也就渐渐接近"真知"。意义一旦累加，"我"就可以进一步理解农村田园生活，或是进一步理解 CD 所录音乐，到这个时候，前者被称为事物，后者被称为符号，或许才有道理。

第三节 意义对象的"非匀质化"

本节概要：

在哲学符号学看来，人的意识最大的特征，是用意向性与事物连接，不断追求意义。意向性"激活"事物，使之成为意识的对象，对象对意向性的给予形成意义，并且使意识存在于世。但是在获义活动中，对象的各种可能给予意义的观相被激活的程度不一样，形成对象的非匀质性。此种非匀质性把对象的无穷观相划成三个区域：被悬搁区、噪音区、意义关联区。而在意义关联区中形成三个分区：背景区、衬托区、焦点区。这是意识活动中，获义意向性与对象关系中固有的"片面化"表现。

1. 意向性造成对象"非匀质"

上几节已经讨论过，意义是意识的获义活动在对象中构筑的，并能反过来让意识主体存在于世，因此意义既不在主体意识中，也不在对象世界里，而是在两者之间：意义即意识与事物的关联。

如此定义意义，会引发一连串的后果。意向性是意义活动的动力，但是意向性本身并不是意义的来源。既然意义是意识用意向性"激活"对象的结果，那么可以想象：事物在被意向性"激活"之前，是一片晦暗的无意义，一片没有秩序的混沌，被意向性照亮，才有了意义和秩序。讨论意义的学说，先秦称为"名学"。《说文解字》说"名"："从口，从夕。夕者，冥也。"没有符号携带意义，世界是一片混沌冥暗。但是事物一旦被"意义秩序化"，就不再是纯粹的、自在的，而成为意识的对象。

意识选择事物的某一部分，让这部分被意识投射的意向性激活，让它们给予意识以意义。落在此种意义流动中的事物，就不再是自然状态的自在的事物。因为意向性有两个特点：方向性（directedness）与"有关性"（aboutness），意向的方向性施压于事物，使事物变成"给予性"密度不匀质的对象（某些部分

"意义性"强一些)。而"有关性"使参与的观相都与本次意义活动有关①。

我们面临的问题是：事物在产生意义时转化成的"对象"究竟是以什么方式呈现的？意向性的秩序化效果，使事物的无数观相不再是原先自然存在的状态，出现三种"片面性"变化，呈现一种顺序排列。

第一是"悬搁"区：事物与获义意向的特定关联域无关的部分，被意向性置入括弧，存而不论，事物的这些部分依然存在，但是不构成对象的一部分。事物在关联域外的品质要素，甚至被认为是"本质存在"的特征，都可能与本次获义活动无关，不进入本次主客观交流产生意义的过程。"悬搁"划出了意向性在本次获义活动中"照亮"的边界，边界之内的才是对象，边界外是事物的"与本次意义活动不相关"的部分。

第二是"噪音"：如果对象的若干观相与本次获义活动无关，却进入了意识活动，它们既不可能被完全忽视，因为没有被意识"悬搁"，但是又不能对本次获义活动的意向性给予意义，这样就形成既无法删除，又不参与意义建构的部分，这些感知即为"噪音"。噪音对于意义的产生究竟有没有作用，起什么作用，是一个具有争议性的问题，下文将会仔细讨论。

第三，意义关联分区：即使是对象被意向性"照亮"的部分观相，也就是对意义获取做出贡献的部分，对意义的产生的贡献也很不平均。某些部分因为与意义关联更为紧密，比其他部分得到更多更明确而紧张的关注。按它们的重要性，可以大致上分成三层：背景区、衬托区、焦点区。虽然称为"区"，却不能被理解为空间划分。实际上对于听觉、触觉、味觉等感知，意向集焦并不造成区域性。

悬搁、噪音、分区这三种非匀质化，情况很不相同，必须分别讨论。但是它们是同一个获义活动的产物，事物的诸观相被"对象化"的程度不一致。意向性与对象的这种关系，可以比诸黑暗中手电筒照亮事物，照得最亮的点与完全照不到光依然留在黑暗中的大片区域，中间形成多个层次。

2. "悬搁"与噪音

"悬搁"(epoche)是古希腊哲学术语，指的是哲学思辨对某些现象存而不论。胡塞尔复活此术语，为现象学的思辨指出一条出发途径，即"从所有关于

---

① Martin Davies, "Consciousness and the Varieties of Aboutness", in C. Macdonald and G. Macdonald (eds), *Philosophy of Psychology: Debates on Psychological Explanation*. Oxford: Blackwell Publishers, pp. 356—392.

'外部世界'的存在和自然的问题中脱离出来",以取得"本质直观",也就是对外部世界是否"自然存在"这个问题存而不论,只讨论事物与意识的关系。而在哲学符号学中,为了取得"形式直观",意识必须悬搁事物超越形式感知之外的观相。

在意义形式直观中,究竟对象的什么部分会被悬搁?这并不是盲目的,因为获义活动是主体发出的意向性活动,选择与意义有关的观相。这种有意向的悬搁,首先划定意向性"激活"的范围,尽量排除不应当进入关联域的事物观相。意向活动并不能完全把与这次解释活动无关联的观相排除在感知之外,由此造成了问题的复杂性。

关联范围之外的观相经常也会被感知到。某些观相偶然地"抓住了注意力",形成对这次解释的噪音。例如过街时我注意观察朝我这方向驰来的车的速度距离,会马上解释出"危险"意义,并且立即闪避。解释者此时并不需要对汽车有整体认知,也不需要曾有被汽车压倒的经验。此时汽车的其他品质,例如色彩、样式、品牌,只要与重量和速度无关,就应当被忽视,若这些与本次意义解释无关的品质被感受到了,就成为噪音。

如果理解活动延续重复,那么对象的所有品质和观相,就都会与理解该事物发生关联,例如这辆疾驰而来的车是否是名牌豪车,驾者之傲慢甚至他的醉酒程度,"我"可以有意识地进一步积累认识,形成一定深度的理解。从这点上说,或许在彻底的理解中不存在噪音,但这种彻底认识,只是理想的假定而已,深入的理解是一系列成功的意义活动的累积在头脑中形成的综合。

在每次意义活动中,意向性会尽可能控制关联域不超过必要范围,因为特定的获义意向能激活的广度和深度都是有限的。但是初始获义活动却必须只捕捉关联域内的观相。一旦决定了形式直观的关联域范围,就能够控制意向性,只投向对象的那些观相,悬搁那些另外的观相。假定获义意向活动的对象是一个苹果:

一个购买者,想挑拣苹果是否新鲜,意向活动会首先获取视觉的光泽鲜亮程度;

一个想买苹果作为礼物的人,或一个艺术家需要写生,意向活动会获取苹果的外观;

一个取食者则会设法获取味觉、嗅觉踪迹,以知道苹果滋味如何。

苹果作为意向对象,可以提供无限观相,对意向的给予性也是无限的,而且正由于这种无限性,苹果作为物,不是一个符号,而是可供符号感知寄身的事物。但是对于特定的获义活动,除相关域以外的观相,都可以而且必须悬搁，苹果的大部分观相，不在一次意义活动关联域中。想获得对这个苹果全面而且"本质"的理解，需要一步步叠合多次的、不同方向的获义活动所得到的意义，形成综合，形成判断。

噪音就是可以被感知，但不能为意义做贡献的事物观相：我们读书时，会尽量忽视书页上别人的乱涂；我们看电影时，会尽量不顾及起身遮住视线的邻座。在意向活动中，为了获得意义目的而排除噪音，实际上是把经验世界的丰富性抽干了。解释有意排除感知"噪音"，目的化的意义对象并不是整体的事物。

假如关联域之外的观相进入了感知（例如"我"作为画家只需要苹果的外观，但是闻到了香味），也只会被当作不具有提供意义品质的噪音。因此，噪音就是应当，但是未能被本次意义活动成功悬搁的非关联感知。对意义活动而言，噪音不可避免，因为事物的对象性并不是由意识用目的论构成的，要把"非意义观相"排除在关联域之外，也不可能绝对有效。

关于"噪音"问题，符号学界一直有争论。巴尔特在《符号学原理》一书中声称："艺术无噪音。"① 意思是艺术作品作为人造的表达意义的符号，是一个完整的文本，作品中任何元素都是构成系统的单元，不存在应当被获义活动排除的组分。巴尔特又在《流行体系》中声言，"（对时装的）描述是一种无噪音的言语"，因为"任何东西都不能干扰它所传递的单纯意义：它完全是意义上的"②。那样"无噪音文本"的范围就扩大了。但是说艺术符号文本无噪音，是把文本看作一个完全自组自造的系统。侬兰姆在《戏剧符号学》中也坚持说："戏剧信息无赘余……每个信号都具有（或被认为具有）其美学理据。删除这些信号会剧烈地改变被表演的信息或文本的价值。"③ 无噪音论，在符号学的结构主义阶段特别兴盛，因为与结构主义的"有机论"倾向比较相符。

实际上文本与任何事物一样，不可能全部观相被意向性摄取。面对自然事物，意向性对噪音的排除这点容易理解：我们无法思及自然事物（例如一块石头）的整体存在，我们只能攫取关联域内的观相（例如硬度、色彩）。难题出在面对人造的"纯符号"时，尤其是面对艺术品时：既然是有目的地人造的符号，尤其是艺术文本这样精心制作的符号，为什么文本还会有噪音？既然噪音是不携带意义的干扰因素，艺术文本岂不是完全可以预先就删除这些干扰？

---

① Roland Barthes, *Elements of Semiology*, London: Cape, 1967, p. 58.
② 罗兰·巴尔特：《流行体系》，敖军译，上海：上海人民出版社，2000年，第18页。
③ Keir Elam, *Semiotics of Theatre and Drama*, London: Methuen, 1980, p. 4.

噪音不可避免的原因，是因为哪怕面对艺术符号文本（例如一幅画），意识的获义意向活动也不断在变化着焦点，意义的主观因素造成艺术品事物的"非匀质化"。我们不可能靠获义活动就抓住这幅画的"整体"。意向的方向性必然会有一个感知框架，哪怕艺术品的"整体"也不可能被人的意识所掌握。解释多元，就决定了噪音几乎不可避免。况且，很多艺术品以噪音为美。就像用画笔把优化的笔触刷得平滑，"噪音"似乎减少了，但艺术美就大打折扣。

同样是在20世纪60年代，格雷马斯的观点与巴尔特等人的上述看法不同，他认为噪音与体系的开放程度有关："在一个封闭文本中，一切冗余（redundancy）皆有意义——与开放文本相反，那里的冗余是'噪音'——特别是当这些冗余在自然语言中显现为相同或相近的语句时，其意义更为昭然。"[1] 格雷马斯看出，是否有噪音取决于如何解释，取决于文本是封闭还是开放。只要跳出封闭系统，符号文本中的冗余就不可避免。事物的任何观相都可以携带意义，但是与单次获义活动的意向有关的观相必定有限。王阳明《传习录》说："子欲观花，则以花为善，以草为恶。如欲用草时，复以草为善矣。"王阳明认为这样的善恶观是大错，因为善恶不应由心生。而且噪音取决于解释这一点上，此言非常精到：如果"观花"，是意向性激活花朵，使其成为观照对象，那么草的各种观相成为噪音。

这一点，巴尔特最后也理解到了，他在一生最后一本书《明室》中说："社会希望有意义，但它同时希望这意义周围伴有杂音，以使意义变得不那么尖锐。"[2] 意识在对象中获求意义，但是意向的关联域不可能边界清晰，周围免不了伴有杂音，这是意义活动的题中应有之义。

巴尔特在此讨论的是噪音不可避免的社会文化原因，哪怕是在纯技术层面，一个信息不可能全部由有意义的关联成分组成。绝对没有无关因素的信息，它们实际上无法传递，甚至"信噪比"（Signal-to-Noise-Ratio）太高，也会使意义信息几乎无法传送。例如一个立柱图对比表，如果精简到只有信息，就只能画成无宽度的线。

3. 激活分区

在获义活动中，意向性不仅决定了悬搁范围，不仅划出了关联区外的噪

---

[1] 格雷马斯：《论意义：符号学论文集》，吴泓缈、冯学俊译，天津：百花文艺出版社，下册，第148页。

[2] 罗兰·巴尔特：《明室：摄影札记》，赵克非译，北京：中国人民大学出版社，2011年，第47页。

音,意向性的强度是非匀质的,把事物构筑成对象,同时也造成了对象的意义关联程度非平均化。这话听起来神秘,实际上却是我们的意识无时无刻不在做的事。我们的意识不仅造成意义世界万物的千姿百态,而且造成看来是"同一个"的对象在意义关联域中的千变万化。这就是为什么同一个事物,经过不同的对象化,可以形成携带不同意义的符号。

关于意义的非匀质化及其后果,近年来不少学者有所讨论。中国学者中最早注意这个问题的是叙述学家傅修延[1]。西方学者最早的成果是 1993 年沙弗尔的开拓性著作《声境:我们的声音环境与世界的调音》[2]。他用来描述这一过程的是音乐术语"调音"(tuning),外部世界的诸种声音,是用某种方式安排过的,调成轻重缓急。无论声音是来自自然界,还是来自人类社会,来自家庭或工作场所,甚至来自音乐会之类的音响设计,我们获得的音响感觉都不是自然状态的"原声",而是经过人的意识重新安排选择过的非匀质化"声境"。

正因为声音感知也是一种现象学的获义过程,因此声音感知的意义给予显示出一种明显的非匀质化。沙弗尔建议分为三层,他分别称之为"信号"(signal)、音调(keynote)、声标(soundmark),前两个术语容易引起误会,最后这个术语"声标"相当精彩,显然是我们最熟悉的词"地标"(landmark)的戏仿,即最关键的识别标识。三个术语,其实就是本书上一节说的背景区、衬托区、焦点区三区划分。听到汽车喇叭声:城区的市嚣是环境背景,街上汽车噪杂是衬托,在这个基础上出现焦点,即驰到近旁的汽车喇叭声。焦点声音的出现,并不完全是由于这个声音特别响亮,而是由于这样的大背景已经被我们的意识"调音",意向性选择集中激活正在接近的汽车喇叭声的意义。因此,对象的非匀质化,是意识获得意义的前提。

显然,这种状况并不局限于听觉。人的感知都有这样的非匀质情况。恩根(Trygg Engen)在 20 世纪 60 年代就开始研究嗅觉,他区分类似的嗅觉三区,即"直接嗅"(immediate)、"周遭嗅"(ambient)、"事件嗅"(episodic)[3]。最后这一区是意义的集中发生区,是获义活动产生后果的嗅觉感知部分,是"能说出一个名堂"(某食物"腐烂",或"芳香清新")的部分。

2004 年,马尔那与佛德瓦尔卡对所有的感官非匀质分区问题做了一个出色的总结,归结成一张"可辨性范式表"(Legibility Schematic Gauge),又叫

---

[1] 傅修延:《听觉叙事初探》《江西社会科学》,2013 年第 2 期,第 220~231 页。
[2] R. Murray Shafer, *The Soundscape: Our Sonic Environment and the Tuning of the World*, 1993.
[3] Trygg Engen, *Odor Sensation and Memory*, New York: Greenwood Press, 1991.

作"感知游标尺"(sensory slide)①。他列出了视觉、听觉、嗅觉、触觉,所有这些感知都有三区之分。只是没有列味觉,味觉认知的确过于紧窄,要分辨出三区不容易,理论上却无法否认也存在三区。就视觉而言,这二位学者把背景区称为"图样"(figure),衬托区称为"底样"(ground),而焦点区则是让意识获得明确意义的"像似符号"(icon)。这些术语都是旧的,但是在三分表中得到了新的意义。

在他们的总结中,添上了一个出乎意料的新的感知领域,即"方向感"(orientation)②。方向感的三区相当特殊,背景区是"自我"(self),也就是自己的身体感觉,整个人感觉的综合;衬托区是"空间"(space),也就是人在周围环境中的位置;焦点区则是"行为"(activity),行为与人的方向感紧密结合,方向感是人行动的起码意义条件。方向感之所以特别有意思,是因为意义的获得本来就不应当限制在一种感官中,而是综合各种感官,以获得意识统摄的意义。

每次获义意向活动将事物对象化的方式是不同的,其核心机制是选择:事物必须有(对本次获义意向)"无意义"的部分,才会构成意义对象;对象必须有弱意义的部分,才会有焦点的意义生成。以足球赛中引出纠纷的犯规场面之判断为例,每个人要获得意义必然经过以下"片面化"集焦:首先,"悬搁"事物的不关联观相(例如"我"不注意球场高空的云);其次,把进入感知的不关联观相(例如"我"偶然地看到空中摄像机移动)视为噪音;然后,在进入关联域的观相中,某些部分被选择为背景(例如"我"看到整个球场),某些部分是衬托(例如"我"注意到两支球队22人之间的位置关系),某些部分则是获义关键的符号(例如"我"看到对方后卫隐蔽地拉倒前锋,形成禁区犯规)。但是每个人——裁判、教练、老板、赌球者、球迷、对方球迷、伪球迷——看到的情况可以不同,不仅是犯规动作这个焦点不同,上述的五个区分(悬搁、噪音、背景、衬托、焦点)都不相同。对于每个人的主体意识而言,分区关系构成一个独特的意义格局,每个人在同一个场面中获得的意义可以很不相同,于是产生了"争议罚球"之类的意义分歧。

实际上,主体意识之所以存在于世,也正是因为获得的意义各不相同;如果意义相同,就只剩一个主体。正因为主体存在于歧义之中,事物看起来是客

---

① Joy Monice Malnar and rank Vodvarka, *Sensory Design*, Madison: Univ. of Minnesota Press, 2004, p.244.

② Joy Monice Malnar and rank Vodvarka, *Sensory Design*, Madison: Univ. of Minnesota Press, 2004, p.248.

观存在的，是中立的，是等着被"观察"的，实际上每个主体意识把事物变成对象的方式都不同。借用教育学和广告学的术语：主体意识并不是被动地从环境中获得意义，而是"参与意义的生成，因为意识把信息（informational）的感知，转换成了变形（transformational）的感知"①。

4. 心理主义与反心理主义

意向性本身是有"方向性"的，是意识为自己的存在寻找立足点的方式。这就出现一个问题，意向性是不是心理行为？意识是否就是人的心理结构？上一节所说的各种感官的"意义非匀质性"例子，的确是心理学家在做具体测定。注意，心理学的成果不等于心理主义。符号学作为一种跨学科的思索，不应当排除任何学科的成就与发现的问题。哲学符号学与心理学都讨论意向性，那么这两种意向性有什么不同？如果没有不同，那么主体意识的存在，不就是一种心理事实？为什么我们要坚持意义哲学的意向性不同于心理学的意向性？

首先应当说明，以邻为壑没有学理上的必要。上一小节就引用了心理学的一些成果，没有必要严格区分心理学与哲学。然而，意义问题上的心理主义与反心理主义，成为争辩的题目已经有一百多年。意向性问题是现象学、分析哲学、符号学共同关心的问题，如何与心理学讨论的意向性相区分，却一直是个大难题。

我们说的"心理主义"不是一种学科，而是一种学说，即把意义问题归结于心理问题。对于任何意义课题的探索，这是一条捷径，由此就可以不需要分析意义的本质原因。

在19世纪下半期的逻辑学界，心理主义是占上风的：心理主义把逻辑看成是心理学的一部分，把逻辑定律看成是经验的自然规律。现代学界最早提出意向性概念的奥地利学者布伦塔诺（Franz Brentano），把意向性看作一种与"物理现象"相对立的"心理现象"。针对此说，分析哲学的开创者弗雷格（Gustav Frege）认为逻辑学不在主观的心理学范围内，因为逻辑学追求的是推理的有效性。逻辑讨论的问题是客观的、必然的，而心理学则是主观的、或然的。胡塞尔1891年出版的第一本著作《算术基础》，被弗雷格尖锐地批评为心理主义，胡塞尔自己立即明白了问题之所在，他在1900至1901年出版的为

---

① Ezequiel Di Paolo et al, "Horizons for the Enactive Mind: Values, Social Interaction, and Cognition to Free Will", in (ed) Mark Rowlands, *The New Science of Mind : From the Extended Mind to Embodied Phenomenology*, MIT Press, 2010, p. 70.

现象学奠基的著作《逻辑研究》中，就对心理主义做了非常充分的批判，并且把现象学建立在反心理主义的基础上。他说："从客观的角度看，任何一门理论的可能性条件所涉及的不是作为认识的主观统一的理论，而是作为一种客观的、由因果关系连接的真理，或者说，定律之统一的理论。"①

上面的重点号是胡塞尔自己加的，他强调现象学与心理学有本质差别：现象学是客观的，是有因果连接的真理，是定律，而心理学是主观的、个体的认识；现象学是一种对人的实践方式的"形而上学的考察"，是一种哲学探究，而不是心理学着重的测试数据；现象学是一种人文哲学的探究，心理学是一种实证的科学。胡塞尔的《逻辑研究》与梅洛－庞蒂的《知觉现象学》都再三强调，现代科学过分物化了世界，哲学应当回到人文上来。

皮尔斯在逻辑学基础上发展出符号现象学，他承认哲学符号学与心理学有相通之处："第一位、第二位、第三位并不是感觉。只有诸种事物显现来标记有第一位、第二位、第三位时，它们才会在感觉中被给予。因此，它们应当具有心理学的起源。"②但是在前后长达半个世纪的符号学探索中，皮尔斯一贯地强调逻辑的非心理主义本质。明确提出符号学应当避开心理主义陷阱："我对逻辑所持有的非心理主义观念，实际上早已普遍存在，尽管没有被广泛认可。"③他对心理学的排拒极其严格："现象学严格地拒绝就其范畴与生理事实（physiological fact）、头脑事实或其他事实之间的关系展开任何的思辨。"④而且皮尔斯毫不含糊地声明："应当明白我不是在谈心理学，而是在讨论心灵活动的逻辑。"⑤

但是心理学依然经常会在哲学符号学的讨论中冒出来，哪怕这个学科的领袖学者，依然会用心理学来解释形式与现象问题。符号学创始人之一索绪尔，把构筑符号文本的双轴之一聚合轴（paradigmatic axis）称为"联想轴"（axis of association），实际上是把符号意义看成心理的产物。这个称呼被后来的符号学发展抛弃，雅柯布森很恰当地把"联想轴"改称为"选择轴"（axis of

---

① 埃德蒙德·胡塞尔：《胡塞尔选集》，倪梁康编，上海：上海三联书店，1996，第194页。
② Charles Sanders Peirce, *Collected Papers*, Cambridge Mass: Harvard Univ. Press, 1931-1958, Vol.1, p.347.
③ *Annotated Catalogue of the Paper of Charles S. Peirce*, Amherst, MA: Univ. of Massachusetts Press, 1967, p.364.
④ Charles Sanders Peirce, *Collected Papers*, Cambridge Mass: Harvard Univ. Press, 1931-1958, Vol.1, p.287.
⑤ Charles Sanders Peirce, *Collected Papers*, Cambridge Mass: Harvard Univ. Press, 1931-1958, Vol.4, p.539.

selection），把符号文本的建构过程看成一种意义的操作方式。

现代意义理论的奠基者之一瑞恰慈（I. A. Richards），曾把"诗的语言"定义为"情感性使用语言"的"准陈述"（pseudo-statement）①，也就是说把艺术看作语言的情感性使用。瑞恰慈甚至声称"神经生理学的未来发展，将解决一切诗学问题"。他的这种立场被新批评派视作"心理主义"而不留情面地批判，因为新批评沿着文本"本体论"方向发展。

这不是说心理学已经完全被排除出哲学与符号学的讨论了。分析哲学在20世纪下半期的重要支派"日常语言哲学"的最重要理论家塞尔（John R. Searle），经常把心理学与语言哲学合在一道讨论。他说："意识与意向性的基本形式，是由神经元的行为引起的，并实现于大脑系统中。"② 近年认知学的发展，使认知符号学与认知心理学的界限再次模糊起来③。

因此，这个似乎早已解决的问题依然必须讲清楚，因为意向性是造成意义非匀质的关键。究竟心理学的意向性研究，与哲学符号学理解的意向性，有什么不同呢？笔者认为有以下几个基本原则的不同，而这些原则决定了它们虽然有不少相通之处，虽然经常被论者混为一谈，却有本质的不同。

首先，是目的论问题。意向与"意图"，在西语中来自同一个词"intention"，因此西方学者反而容易混淆哲学符号学的"意向性"与心理的"意图性"。意图当然来自人的心理，是欲望、意志、注意力等心理行为的产物。意图性，正如这个词的中译表明的，是心理的，而且是有目的的心理行为。而哲学符号学讨论的意向性，它的"方向"是意识与对象的关联所构成的，并不是由愿望所决定的。因此，心理学的意义非匀质性，是意识有目的的产物，如果这个目的阙如（例如心不在焉时），那么非匀质就不明显，一片混沌都可以是背景性的感知。而哲学符号学的意向性是本质性的，只要有意识，对象必然非匀质，也就是说，没有意义活动上匀质的对象，这个规律并不因为心理状态而变化。

理学的观察只讨论实证，心理学当然也在研究认知的规律，但是提出者可能只会对心灵或头脑的能力加以量化的测定，其结果常以统计数字方式呈现。而哲学符号学讨论意向性，是强调意向性的本质特征构成意识存在。用皮尔斯的话来说："这是形而上学思想所特有的一种现象，它并不涉及感觉本身，因

---

① I. A. Richards, *The Principles of Literary Criticism*, London: Kegan Paul, 1924, p. 282.
② 约翰·塞尔：《心灵、语言与社会：实在界中的哲学》上海：上海译文出版社，2001年。
③ 参见赵毅衡：《关于认知符号学的思考：人文还是科学？》，《符号与传媒》，2015年第11期，第105~115页。

此它也没有包含在感觉的品质之中。"① 心理学是实证科学,而哲学符号学关于意义的讨论则是哲理的思考:意义既不在头脑中,也不在个体意识中,意义是存在的能被描述(文本化)并获得理解(得到解释)的本质。

最后,必须看到,心理学探索意向性与意义活动是个别化的,即使是讨论人类共有的特点,也只是在统计的意义上。而哲学符号学的讨论,再三强调的,是这个课题的人文意义,皮尔斯理论念兹在兹的主导问题,是符号意义的解释。他认为人一旦追求意义的解释,就不可能仅仅是个人行为,而必然进入人际社会关系。符号意义必然是一种交往关系,因为人类"没有不用符号思维的能力"②。追求意义并不是个人行为,皮尔斯解释说:"逻辑性……不可能在我们的命运面前停步,它们必须拥抱整个社群。同样,这种社群也不可能有限制,它必须延伸至人类的所有种族,而我们与他们形成了直接或间接的知性关系。"③ 追求意义,是人类的生存价值所在。

因此,本书关于"意义非匀质性"的哲学符号学讨论,并不是心理学的探讨,而是关于意识与世界之间的根本关系的讨论。获义意向性永远是非匀质的,因此意义的非匀质是意义对象的本质。意义非匀质性,证明意识并不能随意"创造客观世界",相反,人的意义能力是相当有限的,从这种片面性的感知中得到对对象的整体把握,中间需要一个重要环节,即统觉-共现,对此笔者将在下一节细论。哪怕人对于事物的理解,能日积月累综合提升,成为具有深度和覆盖面的知识;哪怕人的社群合作,能使人类在相当程度上用自己的意义方式改造世界,人的意识获得意义的本质上的非匀质性,意义活动不可避免地片面化,证明个人的意识本质的局限性。

---

① Charles Sanders Peirce, *Collected Papers*, Cambridge Mass: Harvard Univ. Press, 1931 – 1958, Vol. 1, p. 420.

② Charles Sanders Peirce, *Collected Papers*, Cambridge Mass: Harvard Univ. Press, 1931 – 1958, Vol. 5, p. 265.

③ Charles Sanders Peirce, *Collected Papers*, Cambridge Mass: Harvard Univ. Press, 1931 – 1958, Vol. 2, p. 654.

第四节　统觉与共现：意义的最低形式完整度

本节概要：

既然意识所能直接感知的是对象零散而片面的呈现，因此它只有通过统觉与共现，才能对对象有个最基本的意义掌握。统觉－共现是有关意义与知识的各种学派都讨论的老问题，但是从符号学的意义理论讨论共现，共现的本质可能更为清晰：意识靠意向性中的统觉压力，迫使对象的给予从呈现转向共现。从符号学的意义观来分析，共现可以有四种，即整体共现、流程共现、认知共现、类型共现。它们并非经验性的，而是意识的本能。虽然共现并没有超出形式直观的范围，但是此种基础性的指示符号，能满足意识要求的意义"最低形式完整度"，因此能迫使对象以共现方式将意义实例化。

1. 从呈现到共现

既然获义意向必然使对象片面化，那么意识如何能获得一个合意的意义呢？这就是统觉与共现所起的至关重要的作用，它把片面观相的感知变成对对象比较完整的把握。统觉与共现的基本动力，是意识对意义的"最低形式完整要求"。本节讨论将要卷入的一系列概念，包括"意识""意向性""事物""对象""意义"，以及把它们连接起来的"形式直观"，都已经在前文中详细讨论过。

在形式直观中，意识的获义意向性只能激活对象的一部分观相。知觉中所能得到的，只是一切起点感知，它们是意义活动的基础。哪怕在形式直观这个意义活动的第一步上，纯粹的感知也是远远不够的，因为纯粹的感知必定是非常有限的——零散、杂多、浅表、片面、受限于此刻——远远无法形成能关联并构成主客观的意义。那么，意识是如何做到从零散的感知，跃入对对象比较完整的把握（虽然不可能整体把握，也并非深入的把握）？这就是本节要回答的问题。

对象的被给予方式可以分为两步，第一步是直观的、本源的、接近当下存在的，对象以个别的零星的观相面向意识的直观。获义意向性激活事物，以呈现（presentation）对象的观相。呈现，就是事物直接而原本地给出对象观相。同时，意识又依靠意向性中先验的统觉（apperception）能力，使呈现引出共现（appresentation）。统觉是共现的直接原因，共现是意识的统觉能力的结果。有统觉才有共现，有共现统觉才有了结果，这是一对同时发生在主客体上的不可分的概念。最简单的例子：我们看到的苹果总是半个，我们理解的苹果总是整个。看到的半个是呈现，整个苹果是意识共现的产物。

如果意识只能获取呈现的、本真地被感知的观相，那么它就不可能认知任何对象。因为能实例化的对象的观相，永远是片面的、局部的，而意识中对象的存在方式，必须有最起码的完整性。符号的感知永远是片面的，符号的解释意义在任何情况下都不是片面的。胡塞尔指出："感知是一种真实的展示（它使被展示之物在原本展示的基础上直观化）与空泛的指示（它指明可能的新感知）之间的混合。"[①] 因为"共现的东西从来不可能成为真正的在场，因而也从来不可能成为自身的感知"[②]。

获义意向性必须获得满足最起码要求的意义，不然它只是一种"未实现的意向性"（unfulfilled intention），而对象如果停留于片面，就不可能是有意义的存在。呈现是非确定的、或多或少无内容的表象，不能满足意识的获义意向性要求，进一步"实现"获义意向性。对象如何可能给予较完整的意义，意识如何能强迫对象用超越感知的方式给予意义？

要回答这些问题，笔者认为，意识的获义意向性会对事物施加压力，以获得一个具有"最低形式完整度"（建议英译"minimal formal intergrity"）的意义，只有在这种获义要求实现之后，意向性才达到最起码的实现程度。为什么意识指向对象的意向性，不可分割地包含着对意义"最低形式完整度"的要求？因为只有满足这种完整度要求，意识才能获得可以让自身得到起码满足的意义。康德说："统觉的本源的统一是一切知识的可能性的根据。"[③] 注意康德说的是"一切知识"，因此，意识起码把握的对象，必须面对呈现与未呈现的结合：意识必须通过统觉，感知一些未呈现的但必要的观相。只有到此时，意识才能完成形式直观的整个过程。诚然，如此得到的依然只是"最起码意义"，尚非所谓"理解"。共现的对象，依然只是在形式直观中：意义不可能完全靠感知，因为感知过于零碎片面；意义，哪怕最初始形式直观的意义，也不全是由感知组成，而需要感知与共现携手组成。

如果分析得更细一些，可以说共现产生的并不是未被感知的观相真正的实

---

① 埃德蒙德·胡塞尔：《胡塞尔选集》，倪梁康编，上海：上海三联书店，1997年，下册，第699页。

② 埃德蒙德·胡塞尔：《笛卡尔的沉思·第五沉思》，《胡塞尔选集》，上海：上海三联书店，1997年，下册，第898页。

③ 康德：《纯粹理性批判》，邓晓芒译，北京：人民出版社，2004年，第118页。

例化，而是它们想象的"准实例化"（quasi-instantialization）。这种准实例化，是感性呈现的当下化引发的，二者结合，使对象的整体得以"共当下化"（com-instantialization），此时的对象，被呈现与共现合作"代现"（representation）出来。只有在"代现"出现了以后，才能让事物不再只是呈现局部的观相，而是显现为对象。

因此，意向性的直观所激活的对象，必然由两个部分结合而成：一个部分的被给予性是直接的，另一些部分虽然没有直接被感知，却通过共现间接地被给予。意识的获义意向性，不可能满足于形式片面直观，而是要求对对象做一个具有意义的最低形式完整度的把握。对象的直接观相的纯粹呈现，不可能满足意识的把握对象的要求。只有当共现填补了感知留下的缝隙与空白，对象才被补充成一个对象，而意识才获得了关于对象的最起码的意义完整度。

2. 先验性统觉、经验性统觉

本章不得不回答一个关键问题：共现的基础动力是什么？为什么这种能力能够把形式直观的意义推到一个能接受的圆满地步，即意识能被对象给予较完整形态的意义，主客观双方取得一个初步的互构？简单地回答，是意识的统觉本能，统觉使对象以共现方式被给予意识。统觉有两种，一种是经验的统觉：经验是意识先前对此事物，或此类事物进行意义活动所积累的认识痕迹，理解则是基于在重复基础上形成的认知能力；更基础的统觉是意识的先验构成，即无需依靠经验的先天得之的本能。对于意义哲学来说，先验统觉能力是基础性的。

哲学家们一直在讨论，意识究竟如何把事物零散的观相关联起来。从笛卡尔、莱布尼茨、康德，到胡塞尔、舒茨，许多学者讨论过这个问题，各家之说层层推进，已经相当严密。但是其中的某些关节问题，各家说法很不相同，至今还有许多需要推敲的地方。

笛卡尔没有用统觉-共现这一对概念，他的理论不需要共现。在他的"我思"体系中，主观能力创造事物世界的一切，因此从事物之呈现到事物"真相"之把握：一切出于"我思"，主观能产生客观，也就可以从片面感知创造对客体的圆满掌握。笛卡尔式的唯理论，认为自明的、天赋的理性是确定无疑的，是我们建立知识大厦的基础。这一理论遭到以洛克和休谟为代表的经验论者的强有力的攻击，休谟对一些公认的真理如因果性规律的怀疑性思考，认为意识所能得到的，只是难以视为真相的感知。他摧毁了理性论者对知识确定性的信念，指出了感知与事物之间有巨大鸿沟。

莱布尼茨最早提出并仔细讨论探究"统觉"概念，他点名批判笛卡尔的唯理论，用统觉来解释客体如何与自我产生联系。莱布尼茨指出主观与客观无法绝对区分，意识的能力最重要的表现，就是能感知到事物并未被知觉的部分。因此，统觉是意识最重要的功能[①]。莱布尼茨认为，统觉主要依赖于心灵中已有内容的影响，通过统觉，人们理解、记忆和思考相互联合的观念，从而使高级的思维活动得以完成。因此，莱布尼茨说的是统觉，基本上是经验性的，不是先验性的。

康德在他的哲学体系奠基之作《纯粹理性批判》中，明确提出统觉可以是先验的，也是本源的、纯粹的，是重新确定人类知识必然性的根据。康德哲学对意识的构成做出了重大的推进，把统觉推进为先验性的：经验是杂多的、分离的、有限的。意识必然用先验的范畴，对感知经验进行逻辑与内在时间的梳理与有序化。我们必须以想象力的纯粹先验的综合能力，为任何经验之根据，因此这种想象力的综合必是先于任何经验的（关于这问题，本书将在下编"想象与'象'"专章详细讨论）。

康德认为：意识处理的是表象，不是笛卡尔所说的"观念"，也不局限于休谟所坚持的"感知"。他认为统觉能力是先天的想象力产生的悟性，这是一种纯粹的、"生产性"的想象力，有别于后天的经验给予我们的"再生性"想象力。由此他提出一个著名的论断："无感性则不会有对象给予我们，无知性则没有对象被思维。"[②] 他认为先验统觉完成三种综合：一是把直观中的杂多连接在一个单一的表象中；二是用想象力对此进行再生的综合；三是把这种表象连接在对象之中。因此，知性式的想象力综合加工感知后，才构成对象：虽然感知是被给予的，但只有先验的纯粹综合才是知识的起源。

对康德的先验统觉与共现理论推动最多的，是胡塞尔。胡塞尔把他的现象学称为先验哲学，把统觉与共现看成意义构造功能。康德着重分析的是时空、整体性等的共现，而胡塞尔更注重范畴的综合：对象存在，是因为它属于存在之物的一定种或属，而这种范畴类别是在意识构造中才得以成立的。本质结构通过"本质还原"的方法而被认识，借助于这种方法我们可以抛开事物而关注它们的普遍规定。因为意识所感知到的对事物的把握，并非"对事物的本质把握"，只有通过共现得到的才是事物的本质。胡塞尔指出，意识对事物的感知，

---

① Gittfried Leibniz, The Principles of Philosophy Known as Monadology, tr. Jonathan Bennett, p. 3, par14, http://www.earlymoderntexts.com/pdfs/leibniz1714b.pdf。
② 康德：《纯粹理性批判》，邓晓芒译，北京：人民出版社，2004年，第132页。

"是一种真实的展示（它使被展示之物在原本展示的基础上直观化）与空泛的指示（它指明可能的新感知）之间的混合"①，因为"共现的东西从来不可能成为真正的在场，因而也从来不可能成为自身的感知"②。

在胡塞尔看来，一个完整的对象是意识填补了直观感知给予的间隙而建构出来的。因此，任何充分的对象，必定渗透了主体意识。"对我们来说，统觉就是在体验本身之中，在它的描述内容之中相对于感觉的粗糙的此在而多出来的部分。它是这样一个行为特征，这个行为特征可以说是赋予感觉以灵魂，并且是根据其本质来赋予灵魂，从而使我们可以感知到这个或那个对象之物。"③统觉给感知以灵魂，这是一个很生动的说法。

由此，胡塞尔提出两种统觉模式："立义内容－立义"模式和"动感－图像"的模式。第一种统觉模式坚持了无意向性的立义内容（感觉内容）和有意向性的立义活动之间的区分，"立义"的前提是感觉材料并没有意向性，共现过程即赋予感觉内容以意义的过程；第二种统觉模式认为意识本身具有特殊的意向性，能构造动感和感觉图像的关联，通过此关联，意识从本身不具有任何意向性的感性材料中产生④。"动感－图像"把两种不同的状态联结起来：前者即运动感觉在时间上的流动状态，后者即感觉内容。就视觉领域而言，即视觉材料的延展状态，每一个动感在任意一个时间相位上都相应于一个感觉图像。就此而言，"如果我们注意到属于动感之流动和属于显现之流动之间的关联的话，那么同时我们也将更好地理解动感和感觉材料或显现之间的动机引发联结"⑤。

以上的讨论听起来十分抽象，实际上共现却是一个常识问题。有一个嘲弄迂腐哲学家的英国老笑话，生动地说明了共现是人日常的生活之一部分。某个哲学家坐着马车上路，周围是典型的英格兰牧场，草地上有一群绵羊。邻座的乘客随口说："这群羊刚被剪了羊毛。"哲学家仔细观察了一下说："只能说：这群羊朝着我们的一侧剪了毛。"如果我们坚持只有被意识当下化的观相才是真实的，就会落入这位哲学家的呆傻境地。

---

① 埃德蒙德·胡塞尔：《胡塞尔选集》，倪梁康编，上海：上海三联书店，1997年，下册，第699页。
② 埃德蒙德·胡塞尔：《胡塞尔选集》，倪梁康编，上海：上海三联书店，1997年，下册，898页。
③ 埃德蒙德·胡塞尔：《逻辑研究》第一卷，倪梁康译，上海：上海译文出版社，1994年，第451页。
④ 埃德蒙德·胡塞尔：《纯粹现象学通论》，北京：商务印书馆，1996年，第214页。
⑤ Rodolf Bernet, Iso Kern, & Eduard Marbach, *An Introduction to Husserlian Phenomenology*, Evanston, Illinois: Northwestern Univ. Press, 1993 p.136.

那么，统觉-共现的动力究竟是什么呢？无论康德还是胡塞尔，都没有指出这种先天能力的背后是有直接动因的，那就是意识为了自身的存在，必须追寻到符合起码条件的意义，那就不得不借助统觉-共现。这样一来，形式直观就不仅是感觉器官直接接收的感知，而是意识的"心观"，是超出知觉的认知，是意识通过形式直观形成的意义。而只有这样的意义，才是意识能够接受的意义，因为它才具有作为意义所必须的"最低形式完整度"，低于这个完整度的意义，就像只有侧面的绵羊群，过于碎片化，不能成为意义给予的对象。

3. 四种共现

共现有多种可能。为求简明而具体，本书在康德的三种综合与胡塞尔的两种统觉模式基础上，总结出以下四种共现：

第一种是空间性的"整体共现"。对象可感知的观相总是片面的，空间共现主要完成对象的最低整体要求。我坐在椅子上写作，感知到椅子有坐垫靠背，没有感知到椅子的整体。但是我的意识知道这张椅子由椅腿或其他方式撑立在地上。虽然我没有看到或触摸到椅子的支撑部分，但是椅子的其他必要部分必然整体共现给我。这种共现不需要对椅子的经验，意识的统觉知道某种支撑方式必然存在。

"整体共现"，是所有共现中最基本的一种：一部分的呈现引向对象整体的共现。梅洛-庞蒂曾经在《知觉现象学》中讨论过这问题，认为"整体知觉"是一种先验期待："如果没有整体知觉，我们不会想到要注意整体的各个部分的相似性和邻近性……物体的统一性解决只是以含糊期待的形式提出的问题。"[①]

第二种是时间性的"流程共现"。对象所呈现的感性观相，很可能是运动的，或处于变化之中，哪怕感知的即刻只有某个瞬间状态的或某个时段的呈现，它的共现是动态的，并不局限于"已时间化"的过去。此时的先验统觉，会把动态的感知呈现，或是与感知体（例如眼睛或耳朵）的相对动态位置，共现为某种时间中的运动。

在获义活动中最为明显而急迫的，是对运动方向的预判。即时感知到的，是此刻的对象状态，意识要获得的意义却不会局限于此刻，而是事物此刻状态会带来的后果。看到对象的下坠流程，会直觉地明白对象将在下一刻落下；听到急促的轰鸣声，就明白有某个重物（汽车或其他物）飞驰而来，轰鸣指向了

---

① 莫里斯·梅洛-庞蒂：《知觉现象学》，姜志辉译，北京：商务印书馆，2001年，第39~40页。

汽车这个整体物，更指向了汽车朝"我"这个方向运动过来的时间关系。这种共现，实际上都是对将要出现的对象状态和位置的预判（protention）。时间性的流程共现，似乎比第一种空间整体共现少见，实际上可能更加重要。喂过来的某个东西能否吃到嘴里，扔过来的某个东西能否接到手里，身体动作固然需要技巧，意识的预判却是首要条件。由于流程共现，对象才能运动，成为在时空中延展的意义世界的一部分。

对于时间客体，比如对一段声音的知觉，起始于一个"原印象"的刺激，以及这个印象的"滞留"（retention）[1]与后面声音的连接，这才能形成一个曲调，或一声汽车喇叭声。滞留是对于当下接受的原印象的保持，也就是说，当这个原印象发生的物理时刻已经过去，因此变得"不在场"，人的先验想象会自动地将它保留住（让它的感知残留依然在场），因此"滞留"是先验想象的中间环节。由于人的本能想象之无所不在，滞留在直觉中会一再进行，"它从一个滞留转变为另一个滞留，从不间断，因而就形成一个滞留的不断连续，以至于每个以后的点对于以前的点来说都是滞留，而每个滞留都已经是连续统"[2]。钱锺书对这种"滞留"因想象而变成"连续统"的现象，举过一个很妙的例子。他引《优婆塞戒经》中的例子："有智之人，若遇恶骂，当作是念：是骂詈字，不一时生；初字生时，后字未生，后字生已，初字复灭。若不一时，云何是骂？"钱锺书认为这种态度，可以"以资轩渠"[3]。

第三种是认知性的"指代共现"。这个问题比较复杂，意识所感知的并不一定是对象的一部分，而是对象的这个观相用某种方式与意义连接，而且很可能是跨越媒介的连接。我们看到的是指点的手指，共现出来的是方向感；我们感知到的是一种色调，共现出来的是温暖或寒冷；我们感知到的是打在窗上的雨珠，共现的是外面的滂沱大雨；我们感知到的是事物的物理性特征，共现的往往是心理意义，例如见到的是一个人的表情，共现的是"愤怒"；我们感觉到的是一个微笑，共现出来的是"可亲"。这最后一个例子，很容易与经验相混淆，实际上它是先验的：人类学家早就发现有六种表情——快乐、悲伤、愤怒、恶心、惊讶、恐惧——是全世界所有的人，不管什么文化背景或文明程度

---

[1] Dong Minglai, "Interpretation as Protension: The Temporal Mechanism of the Process of Interpreting",《符号与传媒》, 2014年第8辑，第54页。
[2] 埃德蒙德·胡塞尔：《内时间意识现象学》，倪梁康译，北京：商务印书馆，2007，第390页。
[3] 钱锺书：《管锥编》，《老子王弼注》，北京：生活·读书·新知三联书店，2007年，第一卷，第685页。

甚至不管年龄，所普遍共有的，也就是说与生活经验无关的[1]（关于这种先验的意义方式，请参看本书中编"人类共相"一节）。

第四种，"类别共现"，在西方思想史上极为重要，从柏拉图到胡塞尔都把这一问题看作人类理解最基本的出发点。它也可能是哲学符号学最有争议的问题，因为它牵涉先验与经验之间，个人意识与社群观点之间最敏感的维系方式[2]。"类别共现"是指对个别物的感知，可以导向对象的类型。例如看到、闻到一个苹果，或者看到其图像，在该苹果的其他品质尚未能顾及之前，解释者已经得到一个类型化的理解：这是一个水果。其余暂时不相关的"事物性"依旧可以被悬搁，甚至这是何种苹果都可以暂时被忽视，但是对一团艳红、一缕香味的感知，可以直觉地引出"水果"这个范畴。"类型共现"是一种最复杂的共现，这是个别的感知可以被理解的原因，即现象学的"本质还原"。

但是哲学符号学不一定必须把范畴共现视为本质直观。人有强烈类别化的能力，它起到了把对象有效地归结到意义世界之中去的效果。这种类别化不一定完全排除先验，但是也不能排除经验的作用：例如看到一个红艳的果子，一个幼儿不一定要有尝过苹果的经验，也能让这个苹果共现"或许可食"的意义，所以他才会伸手取来想咬一口。尽管类型共现保证了认知的普遍必然性，但类型只是共现的一个可能成分，它保证意识获得的知识，在一个很有限的程度上具有普遍性。这句话似乎是悖论，但是先验统觉引发的类型共现只能在一个悖论的意义上存在：它只是一种满足起码意义形式要求的类型化（本书中编讨论"区隔""展示"，会更充分地讨论类型中的先验与经验之混合）。

上面列举的各种共现可以分成两个集合，即具体的共现、抽象的共现。第一种"整体共现"，第二种"流程共现"，是具体的共现。它们虽然是人类意识的重要能力，却很可能在动物的意识中已经具有它们的萌芽状态，动物在环境中生存（例如觅食捕猎求偶）必然需要这两种本能；而第三种"指代共现"，第四种"类型共现"，虽然依然是先于经验的本能，高等动物也可能有一些，却只有完整的人类心智才可能拥有高效的共现意义能力。

应当强调，这里列举的共现经常会有经验参与，其最基本形态都只需要靠意识的先验统觉，可以与经验无关，不需要经验积累，也不需要从社群中学习获得。证据是：不仅幼儿会有，甚至动物都会在一定程度上具备。比较低级的

---

[1] Paul Ekman, "Universal Facial Expressions of Emotions", *California Mental Health Research Digest*, Autumn 1970, No. 4, pp. 151—158.

[2] Michael Ranta, *Mimesis as the Representation of Types: The Historical and Psychological Basis of an Aesthetic Idea*, Stockholm University, 2000, p. 6.

动物，例如青蛙，见飞蚊的影子闪过，立即决定闪扑方向，闻气味而知异性发情，其捕食与求偶活动需要的最简单的意义活动，显然依靠的是先验能力，而不是经验习得能力。这几种共现所能给予的意义非常有限，却是生存的基本关联所在。人类极强的经验学习能力，能在以上的四个方面统觉能力之上，补充以极强大的认知能力，但是人类认识能力的先验基础，是这四种统觉引发共现的方式。

关于共现的讨论，似乎不容易理解，其实无时无刻不在我们的意识之中。《大学》有一段很有意思的论述："所谓诚其意者，毋自欺也。如恶恶臭，如好好色，此之谓自慊。"一般经学家的解释，都是说善恶来自内心本有。王阳明《传习录》却说这一段讨论的是人心的最基本认知与判断的来源，他说："故《大学》指个真知行与人看，说'如好好色，如恶恶臭'。见好色属知，好好色属行。只见那好色时已自好了，不是见了后又立个心去好；闻恶臭属知，恶恶臭属行。只闻那恶臭时已自恶了，不是闻了后别立个心去恶。"①

他的意思是"见好色""闻恶臭"是人心本有的认知方式：见到而"好色"是因为人心先验地"自好"了，闻到而"恶臭"是因为人心先验地"自恶"，不是"别立个心"去好去恶。好色与恶臭，二者都不是习得的认知，而是本心所必有的认知方式。王阳明坚持认为认识来自意识的"本体"："圣贤教人知行，正是安复那本体，不是着你只恁的便罢。"② 王阳明用本能来讨论知行关系中的"知"，是因为在他的术语体系中，"一念发动处，便即是行了"③。应当说，"好"与"恶"的认识，尚未落实于一般说的"行"，王阳明是在谈"知"（意义）的获得方式，实际上就是本书前面说到的"指代共现"，与"类型共现"。

王阳明的观点显然来自《孟子》："口之于味也，有同嗜焉；耳之于声，有同听焉；目之于色，有同美焉。人之常情，人情不常远。"孟子只是说人类的感觉有共同之处，而王阳明明确指出，这种感觉是先天的（"自好""自恶"），不是"别立个心"才得到的。实际上，一旦"别立个心"，用经验代替直觉，就会做违反本能的意义解释，不一定会"好好色"，"恶恶臭"。红楼梦里王夫人见到晴雯长得好，就不高兴："去！站在这里，我看不上这浪样儿！"

在具体的知识与意义活动中，我们经常会发现，很难严格区分先验的与经

---

① 王阳明：《传习录注疏》，邓艾民注，上海：上海古籍出版社，2012年，第10页。
② 王阳明：《传习录注疏》，邓艾民注，上海：上海古籍出版社，2012年，第10页。
③ 王阳明：《传习录注疏》，邓艾民注，上海：上海古籍出版社，2012年，第226页。

验的共现，虽然这不能证明人类心灵中的先验共现地位已经被取代。对于几乎没有经验积累的幼儿，先验统觉形成共现，是他的基本意识方式；而对于经验丰富的成人，先验统觉依然是他的意识的基础部分，虽然他在认知过程中会把先验的与经验的相混。

或可问，既然没有感觉到，一个人怎么知道这椅子必然有椅腿或其他支撑物？怎么知道这苹果必然有另外半边？的确，缺腿的椅子，半边的苹果，并非完全不可能，正如一群羊都剪某个半边并把剪过的半边朝向我们，并非完全不可能。经由统觉-共现而得到的认知，都不会是绝对的。

通过统觉-共现而得到的认知往往并不精确，如果进一步观察，苹果未见到的另一半，不一定是红的；向我冲过来的物件，可能最后一刻会刹住；通过表情猜测心情，有可能是被假装的表情所欺骗；而看到的苹果，可能不是一种水果，而是一个蜡像。但是，反过来说，绝对"正确的"理解，并不是形式直观所能取得的，并不是意识的初次获义活动的任务，形式直观的目的是取得满足"最低形式完整度"的意义。共现出来的对象，是否是事物绝对的真相，需要通过进一步的认知活动才能证实或证伪，但那是认识活动的下一步，是符号意义活动叠加的结果，不在本节关于共现的讨论之中。基于经验地理解事物，就不能靠形式直观，而必须靠对同一事物的获义行为累加。

精确的知识需要意义叠加，需要用进一步直观或证据间性互证，多次意义活动叠加的对比，无论如何比本能的先验统觉所能得到的知识更精确，因为意识通过呈现与共现所能得到的，依然只是形式直观的初步认知。康德认为"经验之为经验，必然是以现象的可再生性为前提的"[1]。而皮尔斯指出，认识依靠符号与另一个符号在同一个意识中发生联系："把自己与其他符号相连接，竭尽所能，使解释项能够接近真相。"[2] 这种经验的共现所产生的认识，当然比前经验的共现更"精确"，但它超出了形式直观获义的范围（"真知"问题将留待本书下编"意义的社会化"讨论）。

感觉是描述性的说明，而知识是经验性的解释，这两者必须区分：统觉以及由此引发的共现，依然是在感觉范围中讨论问题，经验则是通过重复，叠合多次相似获义活动才能得到的。由一次获义活动的共现所得到的整体感、跨媒介认知、未来预判甚至范畴，都只是初步的、最简意义水平上的。但是所有四种共现，在人的意义活动中极为重要，因为它导向跨出感知的有限性的事物整

---

[1] 康德：《纯粹理性批判》，邓晓芒译，北京：人民出版社，2010 年，第 146 页。
[2] C. S. 皮尔斯：《皮尔斯：论符号》，赵星植译，成都：四川大学出版社，2014 年，第 15 页。

体,导向跨出媒介有限范围的认知,导向跨出此刻时间限制的对未来的预判,导向超越事物个别性的范畴。

4. 共现作为符号过程

感知导致的对象呈现,与统觉导致的对象"共现",二者之间究竟什么关系呢?在场的是被感知到的观相,共现出来的因素,包括整体、流程、指代、类型等意义,原本不在场,它们的关系符合符号的最基础定义:"被认为携带意义的感知。"[1] 呈现与共现诸因素之间是符号关系,共现本身是一个典型的符号过程。符号表意的第一悖论,是意义不在场才需要符号[2]:在场的部分,与不在场的部分,构成了一种符号意指。在形式直观中,事物呈现的观相造成的感知,指向事物不在场的共现部分,最后联合形成的"代现",携带着满足最低形式完整度要求的意义。

由此,本书可以再次肯定前几节已经讨论过的问题:符号与事物究竟有什么区别?本书认为,既然共现证明了意识获得意义,靠的是感知的呈现部分,导向未感知的共现部分,因此,意识面对事物,获得的也是符号;既然任何意义,包括认知所得的意义,必须用符号才能承载。共现与统觉证明,符号与形式直观同时出现,而不是胡塞尔所说的那样,符号是次生的,传达意义才需要的。

而且,这并不是一种异常的、特殊的符号,意识的这种底线获义活动,实为经常见到的所谓"指示符号"(index)。在场的、被感知的部分,引发了对未感知的不在场部分的认知。例如任何照片,都是一部分感知指向整体意义:教堂的尖顶代替整个教堂,书架一个侧面代替整个书架,人的姿势指向他的动作方向。

皮尔斯对指示符号的定义是:"它指示其对象,是因为它真正地被那个对象所影响。"[3] "它的动力对象,衔接着与他的那种实在联系,从而决定着这一符号。""指示符与它的对象有一种自然的联系,它们成为有机的一对。"[4] 也就是说,被感知的符号与它所指的对象之间,并没有品质上的像似,也没有社会文化的连接规定,它们之间的关系是"实在的""自然的""有机的":几种共现——部分指向整体,瞬间指向过程,邻接指向认知,以及本书存疑的个别

---

[1] C. S. 皮尔斯:《皮尔斯:论符号》,赵星植译,成都:四川大学出版社,2014年,第1页。
[2] 赵毅衡:《符号学:原理与推演》,南京:南京大学出版社,2015年第3版,第46页。
[3] C. S. 皮尔斯:《皮尔斯:论符号》,赵星植译,成都:四川大学出版社,2014年,第55页。
[4] C. S. 皮尔斯:《皮尔斯:论符号》,赵星植译,成都:四川大学出版社,2014年,第57页。

代替类型——都是指示性的符号关系。指示符号的意义活动，实为人的意识构成最基本的方式。既然人的存在是符号意义的存在，因此可以做一个大胆的结论，人的符号意识活动的起点是指示性（indexicality）。

在这一点上，笔者不得不对皮尔斯的一个最基本观点提出商榷。皮尔斯再三指出：人类符号活动的基础部分，也就是第一性部分，是像似性。他明确地声称："像似符是这样一种再现体，它的再现品质是它作为第一位的第一性。也就是说，它作为物所具有的那种品质使它适合成为一种再现体。"[①] "可以用像似符、指示符和规约符的这三种次序来标示一、二、三的这种常规序列。"[②] "作为第一性的符号是他的对象的一个图像。"[③] 而本书认为：如果形式直观的呈现−共现过程是意义活动的基础，那么最基础的符号活动是指示性。像似性是可以分析，应当分析，而且必须分析的，因为它诉诸意识中的经验记忆，一个像似符号指向另一个像似对象，必须依靠某种经验才能比较。像似性必须以经验积累作为基础，因为经验依靠多次的直观，要求解释主体的同一性（不一定是同一个人的意识，例如可以是一个社群的意识）与意向对象的持续同一性（哪怕变化了也可以算作同一个对象）的结合，才能把意义活动累加并排序成经验。经验通过像似性的累积变换，取得相关对象群的基本意义。

而指示性不同：一个部分观相，指向不在场的诸观相，依靠的只是统觉引出的共现。而统觉的基本面，如康德所指出的，是先天自明的，不依靠经验而在人的意识中存在的，是人作为人的本质性意义方式与存在方式。因此，人的最基础意义活动，人的先天意义综合能力，甚至意识对意义的"最低形式完整度"要求，都明确要求呈现与共现之间的指示符号关系。指示性是符号活动的基础性关联，是符号现象学的第一性。

关于指示符号的奠基性质，有的论者接近本书的结论：有些社会符号学家指出：从口音、语气等，指认性别和权力等社会特征的符号，靠的是"前意义"的，最基础的指示性[④]；而这从生物进化的角度来看，动物的意识最早获得的与事物的关联方式，不是像似性的，而是指示性的。动物符号学家马蒂奈利指出："在动物符号学研究中，指示性比人类符号学重要，尤其是因为人类

---

① C. S. 皮尔斯：《皮尔斯：论符号》，赵星植译，成都：四川大学出版社，2014年，第52页。
② C. S. 皮尔斯：《皮尔斯：论符号》，赵星植译，成都：四川大学出版社，2014年，第63页。
③ C. S. 皮尔斯：《皮尔斯：论符号》，赵星植译，成都：四川大学出版社，2014年，第53页。
④ Elinor Ochs, "Indexicality and Socialization", in *Cultural Psychology: Essays on Comparative Human Development*, in (ed) James W. Stigler, Richard, A. Shweder, and Gilbert Herdt, Cambridge: Cambridge Univ. Press, 1990, pp. 287−308.

文化的逻各斯中心本质，对规约符号与像似符号表现了更大的兴趣。从某种意义上说，人造的文化的符号体系之创立，使符号摆脱指示性，而倾向于像似性和规约性。"① 甚至有论者指出机器人的人工智能，其最根本的关联方式也是指示性的②。但是对指示符号的第一性问题，迄今没有符号学家提出一个斩钉截铁的结论。

本书提议：符号的三种基本类型的排列顺序或许应当是：指示性、像似性、规约性，因为生物所使用的符号多为指示符号，人的最本能的意义方式即呈现－共现，延续了这个指示性基础。

皮尔斯是符号学的奠基者，他以像似为第一性，但是在共现的符号本质这个问题上，本书不得不提出不同看法，与古人商榷，也是与今天的世界符号学运动商榷。笔者非好辩，但是思考一旦认真，就难以回避将论证推向一个必然的，哪怕是不受欢迎的结论。

---

① Dario Martinelli, *A Critical Companiont to Zoosemiotics: People, Paths, Ideas*, Berlin: Springer, 2010.

② Yves Lespérance & Hector J. Levesque, "Indexical knowledge and robot action—a logical account", *Artificial Intelligence*, Volume 73, Issues 1−2, February 1995, pp. 69−115.

第五节 指示性作为符号的第一性

本节概要：

在哲学符号学的讨论中，指示符号具有特殊的地位，虽然它在皮尔斯的体系中被列为"第二位"的符号，实际上它却是最基本的、最原初的意义关系，是皮尔斯的三种理据中最先验的，可以不卷入经验就产生意指关系。本节试图从三个方面证明：从与动物的对比中，从与婴儿的意义行为的对照中，从指示词语的作用方式中，证明其原初性。本节对皮尔斯的有关论述进行整理，认为皮尔斯说"第一性"符号关系是像似性，这个论点可以商榷。

1. 指示符号之谜

在皮尔斯的三元符号学基础理论中，最为人所知的，显然是根据它们引向意义的"理据性"（motivatedness）所作的符号三分类，即像似符号（icon）、指示符号（index）、规约符号（symbol）。三种符号的所谓基础（ground）即存在理由，也就是符号与对象的连接原因，也广为人知，即"像似性""指示性""归约性"。这个问题之所以极端重要，值得我们认真讨论，是因为理据性是皮尔斯式符号学脱离符号学原有的索绪尔轨道，向后结构主义打开的出发点。索绪尔主张式"能指-所指关系任意武断"（arbitrariness），从而使符号学依靠有机系统，而皮尔斯的理据性观念，使符号表意摆脱了系统束缚，走向意义解释的开放性。

在这三类符号中，"归约性"（conventionality）似乎最容易理解，因为这就是人类文化社群内部的"约定俗成"；而最令人感兴趣的，后世学者讨论最多的是"像似性"（iconicity），因为这种品格是人类经验和思维活动的基础，是人类思维构筑与客观的物世界平行的意义世界的基本出发点。而被符号学界讨论最少的，可能就是"指示性"（indexicality），此种符号品质似乎简单明白而实在。本节想指出的是：这三种"基础"都不是如此简单勾勒的说明那么简单，要全面讨论所有的意义可能性，就会发现远非看上去那么明白易懂。而恐怕底蕴翻出来后，最为让人惊奇地复杂的，是指示性。

皮尔斯自己对指示符的定义如下："我把指示符定义为这样一种符号，它由于与动力对象存在着一种实在关系而被其所决定。"① 他在另一份笔记中有进一步阐释说:"指示符是这样一种符号或再现,它能够指称它的对象,主要不是因为与其像似或类似,也不是因为它与那个对象偶然拥有的某种一般性特征有联系,而是因为,一方面,它与个别的对象存在着一种动力学(包括空间的)联系;另一方面,它与那些把它当作符号的人的感觉或记忆有联系。"②

这些描写应当说有点不容易理解,尤其是最后一句说指示符与符号使用者的"感觉或记忆有联系",实际上是符号的共同特征,比起其他两种符号,指示符恰恰与记忆(及经验)距离最远。但是皮尔斯在多处举出许多实际例子却极易明白:风向标、感叹词"哦!""喂"、几何图形上的附加字母、图例、专有名词、疾病症状、职业服装、日晷或钟、气压表、水准仪与铅锤、北极星、尺、经纬度、指向的手指等等。他甚至说:"所有自然符号与生理症状(都是指示符号)。"③ 他甚至认为照相不是像似符,而是由物理关系形成的指示符④,看来是对银版光敏材料的化学反应过程印象过深。

皮尔斯为指示符号举的例子,数量远远超出其他两种符号,看来对这这问题举例说明,比讨论规律清楚。总结起来,我们可以看到指示符与其指的对象之间可以有各种的关系:部分与整体,前因与后果,起始点与运动方向,特例与替代,但是符号与对象的联系是"实在"的,不是符号活动本身所创造的,既不需要符号与对象之间的某种相似(这需要接收者的头脑辨析),也不需要文化的规定(这需要接收者调动头脑中关于规定的记忆)。因此,皮尔斯指出:"指示符是这样一种符号,它之所以指称某对象,凭的是受此对象的影响(being affected by)。"⑤ 这是一个言简意赅的总结。

皮尔斯进一步说明指示符的功用:"一个纯指示符并不能传达信息,它仅能促使自己的注意力集中到能够引起其反应的对象之上,并且只能将解释者导向对那个对象的间接反应上。"⑥ 指示符只是促使接收者把注意力引向对象,所以皮尔斯称指示性的效果是一种"间接反应"(mediated reaction),仅仅是

---

① C. S. 皮尔斯:《皮尔斯:论符号》,赵星植译,成都:四川大学出版社,2014年,第53页。
② C. S. 皮尔斯:《皮尔斯:论符号》,赵星植译,成都:四川大学出版社,2014年,第56页。
③ C. S. Peirce, *Collected Papers*, Cambridge Mass: Harvard Univ. Press, 1931-1958, Vol. 13, p. 361.
④ C. S. Peirce, *Collected Papers*, Cambridge Mass: Harvard Univ. Press, 1931-1958, Vol. 2, p. 281.
⑤ C. S. Peirce, *Collected Papers*, Cambridge Mass: Harvard Univ. Press, 1931-1958, Vol. 2, p. 248.
⑥ C. S. 皮尔斯:《皮尔斯:论符号》,赵星植译,成都:四川大学出版社,2014年,第57页。

引导接收者注意力导向对象，并未直接传达意义信息，因为它并不是任何一种再现。

应当说这两个标准都不是很清楚。"吸引注意力"效果，可能所有的符号都能具有，例如危险区域的标识，可以是一个X号（指示符），可以是画一个骷髅（像似符），或是写"危险"（规约符），三者都能起警示作用，而X号如何一定"受此对象影响"？

指示符号的提出，一直到20世纪末，即一个世纪之后，才受到重视，这主要是西比奥克的功劳。1990年西比奥克写出了"指示性"长文，他引用威尔斯之语，指出皮尔斯的三种符号论中，"像似"表意概念，在柏拉图的"模仿说"中已有端倪；"归约性"是皮尔斯新提出的，却没有得到透彻解释，实际上解释不如索绪尔。而皮尔斯提出"指示符"的贡献是双重的：既是新颖的，又是富于成果的[①]。

实际上这个概念本身应当很常见，同义词或近义词在英文中有很多，例如导演的"机位"（cue）、刑侦的"线索"（clue）、侦察兵的"踪迹"（trail）、猎人的"足迹"（track）、医生的"症状"（sympton）等等。

指示符比上面所描绘的情景常见得多，实际上指示性也复杂得多。本节无法回答关于指示性的所有的问题，而将试图在指示符的表意机制与根本品格方面进行一些探讨，以求得更清楚的定义。尤其是与像似性对比，来回答一个关键问题：指示性是先验的还是经验的？是第一性的（最原始的或直观的）还是第二性的（常要借重经验的）？维特根斯坦说："我们所谓的意义，一定与原始的手势语言有关。"[②]

2. 指示符号的发生史

首先本节从符号的发生史来讨论这个问题。对于任何人类意识现象（例如自我意识的产生，即对与他者的身份区别的自觉）学者往往从两个方面讨论其发生过程：一是观察动物的表现，如果动物也具有此种能力，那就证明这是生物进化所得，而不是人类的独特特征；另一个途径是检查儿童的成长过程，看他们什么时候获得此品格，因为儿童的智力成长浓缩地重复了生物进化史。如果年龄很小的婴儿就具有此能力，那就证明此能力并不需要从文化中学习而

[①] Thomas Sebeok,"Indexicality",*Journal of American Semiotics*,1990,Vol.7,Issue 4,pp.7-28.
[②] 转引自：迈克尔·托马塞洛《人类沟通的起源》，蔡雅菁译，北京：商务印书馆，2012年，第1页。

得，而是人生而具有的本能。

早在20世纪80年代初，就有学者提出植物的符号行为不可能有像似符，全部是指示符（例如植物对阳光、重力的反应）[1]。实际上身体里的"内符号"活动（endo-semiosis），例如血糖与胰岛素分泌，食品与胆汁分泌，运动与肾上腺素分泌等等，也都是指示符过程。这说明指示符的运作几乎不需要意识的觉察，因此指示符，尤其是最初级的指示符，实际上与"信号"类似。信号是一种特殊的符号：它不需要接收者的解释努力，信号的特点是它不要求解释，却要求接收者以行动反应。指示符要求解释，对它的感知需要被解释出意义来，因此指示符是符号，但是其原始样态（植物的、身内的）的确与信号相近，接近人类意义符号的门槛。

多年来，灵长类一直是研究人类意义行为的主要对比对象，实验很多，本节只能列出几个。学者研究出猕猴（rhesus）的叫声，有类似几种元音的声道共鸣区分，能指向自身年龄性别等重要生理特征[2]；德尔文总结说猴子有九种叫声，比鲸鱼的歌声、蜜蜂的舞蹈都更为复杂，传送的意义更多，但是这九种叫声"几乎全是指示符"；理文斯做了一个黑猩猩实验，发现黑猩猩能用"主用手的食指"指向要交流者注意的物件。此研究证明皮尔斯说的最简明指示符，即"手指点明"并非只局限于人类，也不源自学习训练[3]。因此指示符是最原始的符号，虽然也是信息量最有限的符号[4]。

在符号性质分辨方面实验做得最扎实的，可能是瑞典隆德大学认知符号学研究所的兹拉特夫（Jordan Zlatev）团队。该团队设计了一个复杂的实验，对象既有猩猩，也有18个月、24个月、30个月大的婴儿与幼童。实验把可口美味奖品放在不同颜色的盒子里，然后用几种符号表明，让对象识别。这几种符号是：第一种手指指明，即有方向感的指示符号；第二种是盒子上加标记［粘贴纸（Post-It）］，即不带方向的指示符号；第三种举牌点出颜色，即再现部分特征的像似符号；第四种是举出同样式样和颜色的盒子，即副本（replica）"绝似符号"。实验分初次与重复等几种。结果的确有超出随机的成功率，只是

---

[1] Martin Krampen, "Phytosemiotics", *Semiotica*, 1981, pp. 195–196.

[2] Asif Ghazanfar et al, "Vocal-tract Rsonances as Indexical Cues in Rhesus Monkeys", *Current Biology*, March 2007, pp. 425–430.

[3] D. A. Leavens, "Indexical and Refrential Poining in Champanzees", *Journal of Comparative Psychology*, 1996, Issue 4.

[4] Rene Dirven ad Marjolin Verspoor, *Conitive Exploration of Language and Linguitics*, Amsterdam: John Benjamins, 2004, p. 12.

成功程度有相当明显的差别：猩猩较婴儿识别能力差，但是对指示符号都能取得一定程度的成功，而对于后两种像似符号的指明方式，就只有幼儿才能成功猜出[1]。

所以，指示符号是最基本的、最原始的，而带矢量（vectorality）指示符号可能更为基本，因为其动势卷入了接收者的身体反应。看来动物除非特殊训练，否则无法使用像似符号，即使习得的知识也只是暂时的，局限于所训练的特殊情景而无法通用，因为像似的识别，需要记忆与经验形成。至于规约符号则完全是经过文化训练的人的特权领域，并非动物或婴儿所能"自然地"掌握。因此该文提出以下一清二楚的关系式：

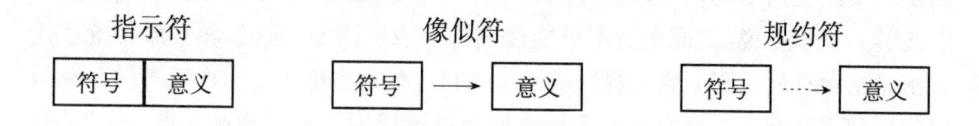

指示符	像似符	规约符
符号 意义	符号 ⟶ 意义	符号 ⋯⟶ 意义

指示符号是直接相连的邻接关系，只要看清符号，意义关系比较容易得到。其他两种符号就需要一定的智力运作。由此，兹拉特夫得出了一个非常有趣的结论：指示符号固然携带意义，因此是符号，但是它并没有与意义有关的对象观相的"再现"（representation），因此不是一种"充分发展的符号"（full-fledged sign）[2]。指示符是皮尔斯提出的三种符号中抽象程度最低的符号，是最原始的（primitive）[3]。笔者愿意称之为"第一级符号"。这个问题值得深究，因为让我们不得不重新考虑皮尔斯符号现象学中著名的符号三性命题。

3. 语言中的指示词

研究指示性不得不追溯到一些更复杂的问题，因为符号经常是三性混合的。皮尔斯自己就指出"风向标"与"风向"有一定的相似之处，既是指示符号（因风而转动），也可以说是一个"像似符"（与风同一个方向）[4]。而指示词语（indexicals）既然是词语，就是文化决定意义的规约符号，它们是存在于语言

---

[1] Jordan Zlatev et al, "Understanding Communicative intention and Semiotic Vehicles by Children and Champanzees", *Cognitive Dvelopment*, Vol. 28, 2013, pp. 312—329.

[2] Jordan Zlatev et al, UnderstandingCommunicative intention and Semiotic Vehicles by Children and Champanzees, *Cognitive Dvelopment*, Vol. 28, 2013, pp. 325.

[3] Rene Dirven ad Marjolin Verspoor, *Conitive Exploration of Language and Linguitics*, Amsterdam: John Benjamins, 2004, p. 4.

[4] C. S. 皮尔斯：《皮尔斯：论符号》，赵星植译，成都：四川大学出版社，2014年，第53页。

这个巨大体系中的指示符号，它们的表意方式结合了二者的特点，相当特殊。

指示词语是语言学中的一个老问题，有不少语言分析哲学家提出过特殊的名称，例如罗素的"自我中心特殊词"（ego-centric particular），耶斯珀森称之为"转移词"（shifter）。古德曼的"指示"（indicator），赖申巴赫的"自反词"（token-reflexive word），卡普兰称为"展示词"（demonsrative）①。学界比较再三，认为还是皮尔斯一个世纪前起用"指示符"一词更全面，因为覆盖了符号与语言②。实际上是皮尔斯首先对此做了详细的探讨，所以本节认为应当与符号学保持一致，也就是把它看作一种语言指示符号。

中国语言学界一般译为"指代词"③，很容易被误认为只是一部分代词的品格，实际上指示词语可以是代词、副词、情态动词、短语甚至语法关系如时态之类。皮尔斯说："词本身不可能做到这一点。诸如'这'和'那'指示代词都是指示符号，因为它们提醒听者运用自己的观察能力，由此听者的心灵与对象之间建立起了一种实在的联系。如果指示代词能够做到这一点——否则，它的意义就不会被理解——那么它就建立了上述这种联系，因而它就是一个指示符。"④ 皮尔斯很准确地点出了指示词语的意义方式，是听者明白言者指的是二人之间的实在关系，靠指示词语建立交流关系，根据上下文才能明白"这"或"那"究竟指的是什么。

皮尔斯列举了三类指示词：首先是与法学家称为不定代词，即"全称选择词"（universal selectives），例如"任一""每一""所有""没有""无""无论什么""无论谁""每人""任何人""无人"等。

第二类是不定量词，语法上称特定选择词（particular selectives）。例如"某个""某物""某人""一个""某者""某一个或另一个""适当的"等。还有如下这些短语："除一个以外"、"一两个""几乎所有的""每隔一个""一些"（a few）以及"第一个""最后一个"等等。归入这一类的还有时间副词、地点副词等等。

第三类指示词，是介词或介词短语，例如"在……左（右）边"。

注意皮尔斯举的是英文词语，笔者这里列出的是相应的中文词语，它们也

---

① David Kaplan, "On the Logic of Demonstratives", *The Journal of Philosophycal Logic*, 1979, Vol. 8, pp. 81—98.
② Richard M Gale, "Indexical Signs", (ed) Paul Edwards, *The Encyclopidia of Philosophy*, New York: Macmillen, Vol. 4, pp. 151—155.
③ 韩东晖：《论指代词》《中国人民大学学报》2015 年第 6 期。
④ C. S. Peirce, *Collected Papers*, Cambridge Mass: Harvard Univ. Press, 1931—1958, Vol. 2, p. 292.

一样是指示词。皮尔斯指出指示词在语言中非常常见,它们的特点是:"当这些介词指示的是说话者的已经被观察到的,或被假定为已知的位置和态度之情况时(这是相对于听话者的位置与态度而言的)","以上这些词意味着听者可以在他能够表达或理解的范围内随意地选择他喜欢的任何实例,而断言的目的就在于可适用于这个实例"[1]。皮尔斯的解释听起来很复杂,实际上是说,这种词或短语究竟指的是什么,要看说话者的具体语境而定。指示词语表面上意义清楚,实际上究竟是在说什么,要看具体的选择,也就是意义在字面上无法确定。究竟"左边这两个"指的是什么,要看交流的具体语境而定。

其实这类词还非常多,远远不止上述举例的这三种。这类词实际上是以听者所理解的言者为指称中心而决定的。包括"现在""过去""今天""明天",因为具体是哪一天,依据说话者指示的对象。因此,普特南曾经认为所有"自然范畴"(natural kind terms)都需要依靠语境,这些词都至少有部分"指示语"成分,例如"大""小""迟""早""高""矮""穷""富"等等,因为"在南方人中是高的,在北方人中就算矮的"。

"随语境而变"的表达方式如此普遍,因此出现了"为什么'水'几乎是一个指示词?"这样几乎是开玩笑的命题,这当然说不通[2]。具有一般性(generality)的词语,例如"苹果""汽车",哪怕其确定的指称也可能要靠语境,却都不是指示词语,因为它们并不靠发送者意图中的邻接与矢量关系来决定实际指称。

卡普兰认为所有的指示词有一个特点,即都有两层意义(而不是多义并列的多义词),一层是"语言学意义",即词典上的意义,例如"我"指符号文本发送者,"你"指此符号文本的接收者,"左边"指的是言者的左边,或其他双方都心照不宣的某物的左边。另一层意义是"实指内容","我"指的是发出此语的某某人,"你"指的是接收此语的某某人,这在辞典上找不到。此刻"我"说"今天",是指"我"写此日期的这一天,过了半夜语义仍旧,指称却已经变了。

因此皮尔斯把这类词语称为"指示词"是有道理的,不仅是因为这概念是皮尔斯在讨论指示符号时提出来的,而且他把问题说得很准:指示词语就是带指示性的词语符号。它们的确指向一个对象,但不是仅靠词语本身的语义,更是靠发送者与接收者之间的交流互动,它们是携带着"语义矢量"的指示符

---

[1] C. S. Peirce, *Collected Papers*, Cambridge Mass: Harvard Univ. Press, 1931—1958, Vol. 2, p. 290.
[2] J. P. Smit, "Why 'Water' Is Nearly an Indexical?" *SATS*, *European Journal of Philosophy*, 2010, January, Vol. 11, Issue 1, pp. 33—51.

号。既然这些词语基本上并没有再现对象,接收者必须明白发送者意图中的方向与邻接关系,才能真正明白这些词语的意义究竟是什么。因此罗素指出指示词语的特点是"自我中心特殊词的系统性含混"(systematic aubiguity)[1],点中了要害:意识以自我为中心发出的指示符号,构成与世界的意义关系网。

4. 指示性与自我意识

对于符号现象学来说,更根本的指示性,见于上一章讨论的初始获义活动中的统觉－共现。感知导致的对象呈现,与统觉导致的对象共现,二者之间究竟是什么关系呢?在场的是被感知到的观相,共现出来的因素,包括整体、流程、指代、类型等意义,原本不在场,在场的部分与不在场的部分,构成了一种符号意指。而且,意识的这种底线获义活动,是指示符号。在场的、被感知的部分,引发了对未感知的不在场部分的认知。部分指向整体,瞬间指向过程,邻接指向认知,个别代替类型,都是带有指示性的符号关系。而整体共现与流程共现主要是指示性。指代共现与类型共现出现了像似符成分,指代共现可能有图像再现,而类型共现可能基于图像与副本的关系,它们即使有指示性,也是部分的。

皮尔斯的总结很有理:"指示符与它的对象有一种自然的联系,它们成为有机的一对。"[2] "自然的""有机的"这两个词用得非常准确。指示符号的意义活动实为意识构成最基本的方式。既然人的存在是符号意义的存在,因此可以做一个大胆的结论:人的符号意识活动的起点,是指示性(indexicality)。

笔者在《符号学:原理与推演》中就指出:"指示符号文本有一个相当重要的功用,就是给对象组合以一定的秩序:它们既然靠因果与邻接与对象联系,符号在表意中的关联,也就使对象有个相对整齐的对比方式,使对象也跟着组合成序列。"[3]

为什么指示性与秩序有关呢?世界本是没有秩序的混沌,但是意识获取的意义必须有秩序,这样意识中才能用重复同类意义活动,把意义痕迹积累为经验,这是人必须的学习过程,也是"掌握世界运行规律"的必经过程。

甚至自我本身的存在,也必须靠掌握自我意识的规律,不然每次获义活动都从头来起,自我感觉永远是一片混沌。"我"这个概念,是意识对自身认识

---

[1] C. J. Koehler, "Studies in Bertrand Russell's Thory of Knowledge", *Revue Internationalede Philosophie*, Vol. 26, No. 102, 1972, pp. 449—512.
[2] C. S. 皮尔斯:《皮尔斯:论符号》,赵星植译,成都:四川大学出版社,2014年,第57页。
[3] 赵毅衡:《符号学:原理与推演》,南京:南京大学出版社,2011年,第83页。

和行为的一种抽象的控制方式。这不是说自我意识能够从内部认识自身,而是说意识能在与世界的互动中得到对自身的某些认识,而演出这个认知魔术的就是指示符号。举个最简单的例子:人际关系,亲属关系,实为指示词语,"上司""邻居""父亲""表哥"都是相对于"我"而存在的,是在"我的"语境中才取得指称对象的,因此实际上它们的意义因"我是谁"而出现,因人而异。没有这些语词符号,我的人际关系就是一团乱麻。指示符号不仅安排事物的秩序,而且安顿好自我的位置:自我意识成为作为认知对象的世界万物的轴心,假途指称万物而指称自身。

这就是为什么转述别人的话叫作引用,写出来可以打上引号,而表述自己的话就不需要引号[1],因为"我"本来就是言者,我似乎站在意义世界的中心,这或许是自我欺骗,却是意识存在的最自然状态。这里说的是最基本获义活动中的指示性秩序,不仅是词语表达中的秩序。所有指示词语,都是以"我"为出发点变化的。因此语言哲学家称这种自我为"指示'我'"(Indexical I)。"我思故我在"是自我中心的夸大,"我指示故我在"却是意义世界的中轴线。指示符号所根据的因果关系,部分-整体关系,矢量方向关系,并不是世界本身具有这些关系,而是我们努力把世界变成我们的意义世界,是我们试图在事物中"寻找"出一些可以把握的秩序。

这种关系最明显的例子,是几乎每个人都有"纪念物"。对于某人有重要的纪念,或对于别的人一钱不值,或只是值钱而不带特殊意义。纪念物是指向个人经历的符号,或某种"自我礼物"(self-gift),只因为个人原因而无法替代。扩大而言之,我们生活中的大部分物与记忆,都有这种只限于对我们个人的价值[2]。这些纪念物是可触摸的身体性的,也可以是存留在"我的"记忆中的事件,因此具有"自我中心"的心理价值。可以说,"我的"一生是一系列的指示符号构成的,至少指示符号构成了"我的"记忆的骨骼,指示性成分往往比事件的其他部分容易被记住,例如某人当时的服装、面容、嗓音,当时日落的云霞等似乎是比较不重要的事,反而更被容易记住[3]。

扩大言之,社群的、文明的历史也是如此。这就是为什么雅柯布森说"抒

---

[1] Ingar Brinck, *The Indexical "I": The Formation in Thoughts and Language*, Berlin: Springer.

[2] Kent Grayson and David Shulman, "Indexical and vaification Functio of Irreplaceable Possessions: A semiotic Analysis", *Journal of Consumer Reseach*, Vol. 27, Issue 1, 2000, pp. 17–30.

[3] Wee Hun Lim and Winston D Goh, "Variability and Reception Memory: Are There Analogous Indexical Effects in Music and Speech?" *Journal of Cognitive Psychology*, 2012, Issue 5, pp. 602–616.

情诗是相似性的，史诗是指示性的"①。在人类社群大规模的文化生活中，指示符号的"秩序"实际上成为一种符号社会学构成。汉语中关于亲属关系的只是词语，比许多欧洲语言复杂得多，就是因为指示词语构成的中国家族伦理意识形态。因此，"指示性价值体系"（indexical valoization）是任何人类文化中必不可少的组成方式，它构成了秩序的基础。秦始皇建立郡县制，代替分封制；梁山好汉聚义也需要"英雄排次坐"，不仅是分工更是等级序列。我们作为"社会人"，说话用语、语气、敬语等词汇风格，衣着发式，座位行走先后都有等级之分，商品的消费方式（生活方式）也给社会排了等级②。这是所谓"符号政治经济学"的一个重要组成方式。

5. 指示性是第二性吗？

仔细观察指示符号的特点，笔者不得不对皮尔斯的一个基本观点提出商榷。皮尔斯的"三性论"，是他的符号现象学基础，是人的意识如何应用符号组织与世界关系的基本方式。皮尔斯分别按三性排序，符号本身三分：再现体－对象－解释项。其中，再现体的三分：质符－单符－型符；对象的三分：像似－指示－规约；解释项的三分：即刻解释项－动态解释项－终结解释项，都是三性推进。皮尔斯还说了其他三性推进，实际上皮尔斯把他的"三分"理论普遍化为符号学的根本规律。这个三性理论的最基本方面，列出来相当整齐：

表意层次	与表现体关系（representatum）	与对象关系（object）	与解释项关系（Interpretant）
第一性（firstness）	质符（qualisign）	像似符号（icon）	呈位（rheme）
第二性（secondness）	单符（sinsign）	指示符号（index）	述位（dicent）
第三性（thirdness）	型符（legisign）	规约符号（symbol）	议位（argument）

皮尔斯说："在现象中，存在着感觉的某种品质，比如品红的颜色、玫瑰油的香味、火车鸣笛的声音、奎宁的味道，思考一个杰出的数学证明时的情感品质，爱情的感觉品质等等。我并不是指那种实际上经历过这些感觉的感官（不管它们是原来就有的，还是出现在想象中或者记忆中的）；也即某种包含了

---

① Roman Jakobson, "The Metaphoric and Metonymic Poles", in Roman Jakobson and Morris Halle, *Fundamentals of Language*, Hague: Mouton Press, pp. 76－82.

② Michael Silverstein, "Indexical Order and the Dialectics of Sociolinguistic Life", *Language & Communication*, Vol. 23, Issue 3-4, 2003, pp. 193－229.

这些品质——而品质又作为它的一个成分——的东西。我是指这些品质本身。"

显然,皮尔斯在此主要写的是"质符"的品格,也就是符号的"感知"阶段的特点。他没有说品质的感知引向意义是下两个阶段的事,这样"第一位"就是所有符号的意义过程的第一个阶段。

但是在另一些地方,他把"第一位"(First)与第一性(Firstness)联系了起来:皮尔斯对第一性的描述相当具体,但是究竟适用于像似性还是指示性却很难说清:"在诸如新鲜、生活、自由这样的观念中,第一位的观念是主导。自由就是指它背后没有其他别的东西来决定它的行为;但只要另一个否定观念进入,那么另一个观念也就进入了。这种否定的观念必须被置于后台,否则我们就不能说第一性是主导。自由只能在无限制的、无拘束的多样性与多重性中显示自身;由此,第一性就在无限的多样性与多重性的观念中占据主导地位。……在存在的观念中,第一位是主导,这并不必然是因为观念的抽象性,而是因为其自足性。第一性之所以占据了最为主导的地位,并不是因为它与品质相分离,而是因为它是某种特殊的、异质的东西。在感觉中,第一性是主导;而感觉则与客观的感知、意志、思想不同的。"①

在另一些地方,他更明确地说:人类符号活动的基础部分,也就是第一性部分,是像似性。他明确地声称:"像似符是这样一种再现体,它的再现品质是它作为第一位的第一性。也就是说,它作为物所具有的那种品质使它适合成为一种再现体。"② "可以用像似符、指示符和规约符的这三种次序来标示一、二、三的这种常规序列。"③

因此,我们可以作出结论:皮尔斯说的"第一位",是品质的感知,是"质符",也就是意义活动的第一步;以此为基础的"第一性",就是符号的像似性,因此像似符号在皮尔斯的符号三分体系中,是首要的、基础的。应当说,这里有部分混乱:符号起始于意识对对象某些观相的感知,这一点是很明显的。但是跟着这一步,指示性首先加入进来,通过统觉-共现,形成意义活动的第一步,本节整篇文章都在试图证明这一点。

上面举出的各种实验或论证,可以形成三个结论:

从生物进化的序列来看,植物与动物最原始的符号活动,都是指示符号;

从儿童成长的过程来看,婴儿的符号活动,从指示符开始,渐渐学会使用

---

① C. S. 皮尔斯:《皮尔斯:论符号》,赵星植译,成都:四川大学出版社,2014年,第55页。
② C. S. 皮尔斯:《皮尔斯:论符号》,赵星植译,成都:四川大学出版社,2014年,第52页。
③ C. S. 皮尔斯:《皮尔斯:论符号》,赵星植译,成都:四川大学出版社,2014年,第63页。

像似符；

从指示词语的序列性来看，人的周围世界，以指示词语构成基本秩序。

这些都已经雄辩地说明，指示性是意义世界基础性的活动，至少指示性的起点是先验的、直觉的。而像似性是以经验为基础的，因为它诉诸意识中先前意义活动残留的记忆。一个像似符号指向另一个像似对象，必须依靠分析某种已有经验才能比较。像似性必须以经验积累作为基础，经验依靠多次的直观，要求解释主体的同一性与意向对象的持续同一性或类似性。只有比较，才能把意义活动累加并排序成经验。经验通过像似性的累积变换，取得相关对象的基本意义。

因此，笔者只能说，指示符的起始形式（感知）可能是"质符"，这与像似符、规约符一样。只是它的意义认知，尤其初级阶段，可以来自与对象的直接联系，来自本能直觉，不需要先前意义活动累积成的经验，也不需要经过文化训练。因此，皮尔斯断言说："作为第一性的符号，是它的对象的一个图像。"（A sign by Firstness is an image of its object）[①] 或许笔者可以斗胆表示一点不同意见：第一性的符号，是把意识导向这个对象的一个指示符。

[①] C. S. Peirce, *Collected Papers*, Cambridge Mass: Harvard Univ. Press, 1931—1958, Vol. 2, p. 276.

第二章 文 本

第一节 区隔：意义活动的前提

本节概要：

区隔，是意义活动得以展开的前提，是意向性的具体操作。靠了区隔，意识才得以认识世界，区隔就是意向性造成的事物"对象变形"，因为意识不可能掌握事物的"整体"。有三种主要的区隔方式，首先是非匀质化，必须与"无意义"的观相隔开，才构成意义对象；第二种是文本化，文本是接受者组织意义的必需；第三种是区隔的形式化，是人处理世界信息的最基础的模板，是建构社会性意义活动必用的策略。但是区隔本身并不是纯粹的形式操作，区隔是有方向性和倾向性的，此时文本对意义解释的诱导作用就会显现出来。

1. 意义是区隔的产物

本书上一章仔细讨论了初始的意义活动是形式直观。人的绝大部分意义活动，却远远超过形式直观而依靠符号组合的文本。文本需要区隔才能出现，符号文本是意识对对象诸观相进行区隔的结果。

区隔是意义活动的根本性特点，是意向性导致的具体操作方式，因此是符号哲学的意义理论之实现。意向性获得意义的压力，将事物分割出所观照的部分以及暂时不予顾及的部分：意义的产生过程，就是区隔的产物。

意义是意识与事物的联系，意识产生意向性，把事物激活成意识的对象，但是对象不可能是整体的事物，要获得意义，意识的意向性必须把事物的一部分观相区隔出来。意向性不可能处理事物的"整体"，因此，区隔是意义活动必不可少的前提。我们经常听到要求认识全面，要求能做到"知人论世""视界融合""整体掌握"之类的整体性认识要求，这些要求都是对的，但它们是

111

多次认识活动的复合积累形成的。单次的意义活动，不可能全面理解对象；片面化是意义认知的本态，而有效的片面化，取决于区隔。

因此，事物在意向性的区隔作用下，才生成"对象的秩序"，此时事物不再是原先似乎自然存在的状态。正由于意向性这种区隔对象的能力，我们可以看到：在意义世界中，既不存在无先见的"童贞"意识，也不存在"自然"的事物。面对事物，意识本来就有倾向性，有获取某种意义的"偏心"，不可能不偏不倚地观照事物本身；而在意向性的压力下，事物也就不再是自在的，被动地参与意义活动。

自然之物在意向性聚焦的压力下"变形"。上一章说过，意义实际上不是"信息性的"，而是"变形性的"，前者是被动地传达的信息，后者是意识主动制造的意义[1]。事物本来没有意义，是昏暗中的混沌，靠意向性给予照亮后才能提供意义，代价就是事物不再是"自在之物"。"区隔"（建议英译"segregation"），就是意向性造成的事物"对象变形"，本书将讨论三种主要的区隔方式，靠了这些区隔，意识才得以面对世界，认识世界。

应当指出，本书所说的"区隔"概念，很多思想家都已意识到：哲学、社会学、文化学、心理学、符号学等完全不同学科领域的许多学者，都讨论过类似观念，他们提出的术语各不相同，应用的语境与实际的定义也很不同，但是多多少少暗示了"意义取决于分割"的概念。此类术语有"框架""窗口""图式""概念地图"等等。提出"框架论"的社会学家戈夫曼（Erving Goffman），在名著《框架分析》的第一章做过一个总结，认为框架概念很接近胡塞尔的"悬搁"观念[2]。也接近舒茨的"典型性"（typicality）观念；吕什（Juergen Ruesch）的"互动传达"，与倍特森（Gregory Bateson）的"框架观"用的更是同一术语[3]。此后，麦克豪尔指出，波普尔的"模式"（paradigm）观念，德里达的"范型"（paragon）与"框架"观念相近[4]。叙述学家莱恩（Marie-Laure Ryan）则提出叙述"窗口"概念："一个窗口就是一个叙述单位，其显

---

[1] Thomas Rosenbrough and Ralph Geist Leverett, *Transformational Teaching in the Informational Age: Making the Why and How We Teach Relevant to Student*, Alexandra, VA: ASCD, 2011.

[2] 戈夫曼的社会表演框架理论，认为在准备表演常规程序的后台，与呈现表演的前台之间，有一些要素构成了框架。它是一种形式上的抽象框架，但却不是一种静态的框架，它们产生的目的是意图在他人面前投射某种情境。

[3] Erving Goffman, *Frame Analysis: An Essay on the Organization of Experience*, Cambridge MA: Harvard Univ. Press, 1974, p. 56.

[4] A. W. McHoul, *Semiotic Investigations: Towards an Effective Semiotics*, Lincoln: Univ. of Nebraska Press, 1996, p. 18.

示范围是叙事记录装置在特定时间内跟踪某物或聚焦某地时,文本世界一次所能'摄入'的内容。"[1] 社会符号学家范鲁恩(Theo Van Leeuwen)则认为人的社会生活中区隔无所不在,座位、车厢、居室、包间,既是社会生活所需的功能区隔,也是社会意义的符号区隔[2]。

所有这些提法,各有自身的理论目的,与本书的"区隔"观念只是相近而已,它们往往都只适用于意义展开的某个阶段。但是,接近观念之多,证明思想者们都感受到了,在意义世界中,存在一种调节并限定主客观关系的机制,对此他们各有自己的看法,各人提出自己的术语。但是他们讨论的大多是社会心理的单元化要求,而本章讨论的"区隔",则是意向性在产生意义过程中的基本操作方式。

意识将对象区隔范畴化,实际上是古老的哲理。先秦哲学中称为"畛",即分开田块的阡陌。《庄子·齐物论》:"夫道未始有封,言未始有常,为是而有畛也。请言其畛:有左,有右,有伦,有义,有分,有辩,有竞,有争,此之谓八德。"《庄子》说得相当清楚:世界的秩序,靠的就是"畛",划出畛域,显示区隔。区隔的范围化、文本化、类型化,都是因为意向性的本性就在于区隔,而不是对事物的理解反应;区隔并不是面对某种特殊对象出现的,而是意向性的原本性质,是意义生成的条件。

区隔明确指出了认识的关键,是在事物各观相中,进行一个排他性的选择过程:有隔进来的,就有隔出去的。只有区隔,才能保证意识的分析认知能力。意义对象,就像海上的冰山,我们在每次特定的认识活动中能加以观照的,永远只是露出海面的尖端。被意识的区隔"割除"的部分有多大,什么形状,可以猜测,但是"整体性"这种自在物的品格,永远在意识的理解能力之外。

2. 区隔作用之一:对象化

获义过程的这一步,在上一章第三节"意义对象的'非匀质化'"中,已经谈过,这里只是略加总结:悬搁是获得意义所必需的区隔之第一步,对与本次获义活动无关的诸事物,或此事物的无关观相,必须区隔在外。在一次性的获义活动中,必须区隔出关联域的范围。悬搁并不能完全把与本次解释活动无

---

[1] 玛丽-劳尔·莱恩:《电脑时代的叙事学:计算机、隐喻和叙事》,《新叙事学》,戴卫·赫尔曼,马海良译,北京:北京大学出版社,2002年,第78页。

[2] Theo Van Leeuwen, *Introducing Social Semiotics: An Introductory Textbook*, London: Routledge, 2004, p. 23.

关联的观相排除在外，万一被感知到的应当被悬搁但未能被悬搁的部分，就只是噪音。如此区隔出来的世界，当然不是经验世界，实际上是把事物的丰富性抽干了，但是世界本身，也不可能靠特定的一次获义活动所能完全理解。意向性在获义活动中，不仅决定了悬搁范围，不仅划出了关联区外的噪音，还造成了对象的意义关联程度非匀质化，使对象在意义上"凹凸不平"。

意义的集中程度能否由人的主观意志控制，体现了意向的目的性。在纯技术层面，一个信息不可能全部由与意义关联的成分组成，绝对没有无关因素噪音的"纯信息"，没有任何所谓无关成分的符号文本，不可能构成，也不可能传送。

对象区隔是获义过程中的必然现象，因为意义的形成是一种符号操作。只要有意识，就不可避免地把关注的事物对象化，寻找意义，以确定自己在世界上的存在。这个过程几乎是不经意的，随时在进行的，其核心机制是区隔与选择：每个人的意识是不同的；同一意识的每次驱动获义活动的意向性是不同的；每次获义意向活动把事物对象化的方式也是不同的。事物必须有（对本次获义意向）"无意义"的部分，才会构成意义对象；对象必须有弱意义的部分，才会出现强意义的焦点区。对于每一次的获义意向活动而言，不同的区隔构成一个独特的意义格局。

事物在区隔中变成意义对象，同一事物在不同的区隔中变成不同的意义对象，笔者曾把这种情况称为"分叉衍义"[①]。即使同一个解释者，在不同时间、不同场合、不同心态下，对同一符号文本读出不同意义，他的意义解释也会朝着不同方向延伸。正因为区隔方式不断变化，对同一事物的意义解释，必然是一个开放的不确定的过程。

"区隔"是我们的意识无时无刻不在做的事：我们的意识不仅造成意义世界的千姿百态，而且造成看来是"同一个"对象在意义突出程度上的千变万化。我们在市场上看到某种中意的苹果，此时市场的楼面景象是环境背景，周围的柜台是衬托，在这个背景上出现焦点，即那一堆苹果。焦点不完全是由于这堆苹果特别鲜亮，而是我们的意识集中激活这一堆苹果的意义。"我"走进一个市场，市场作为对象的各种观相，非匀质化地分布，"我"要买东西的货摊会在意识中凸显，而这正是意向性区隔的产物。

[①] 赵毅衡：《符号学：原理与推演》，南京：南京大学出版社，2015年第3版，第107页。

3. 区隔作用之二：文本化

被区隔出来的各种事物观相，作为一个意义组合呈现，这个组合就具有某种合一品格。因此，我看到的苹果，是市场里诸种货物中被我的意识选出来的一系列意义单元（符号）组合成的。如此的符号组合，一般被称为"文本"。文本是由符号组成的，但是并不一定是文字，也不一定是人造符号组成的。蓝天白云的画固然可以是文本，自然界的蓝天白云也可以是文本，因为意识从这两种对象中都能获得意义。

文本一词的意义可以相差很大。最窄的意义，与中文的"文本"两字原意相近，指的是文字文本。这个译法经常会误导：文本是一个意义组合，不一定指其物质存在，更不一定是文字文本，因此，一本书的不同版本，如果文字意义没有变动（哪怕简体变成繁体），依然是同一"文本"[①]。

上一节已经讨论过，符号不可能单独表意，哪怕一字诗，也必然与标题，与空行，与分行等"副文本"因素，与诗集等"型文本"因素，共同组成所谓"全文本"[②]。任何单独的符号，都有语境因素相随。解释者固然可以把其中的核心符号（例如"一叶"）孤立出来，实际上我们无法从单独符号中解读出意义，我们"知秋"是考虑了许多因素（此落叶的颜色，整个地区的落叶等等）。绝对单独孤零的符号元素，无法满足意义的"最低形式完整度"要求。

因此，任何携带意义等待解释的符号，都与别的因素组合成文本。一片叶子可以是一个文本，整个喜马拉雅山脉的组成可以是一个文本，山脉的演变史也可以是一个文本，这是不是说文本可以摆脱片面性，取得整体性？不是，当我面对喜马拉雅那么大的文本，我依然舍弃（悬搁）了我的意向性无法够及的许多特征。因此，文本的定义可以简化为"文化上有意义的符号组合"。

文本要如何组成，才能有合一的意义？实际上取决于接收者的意义构筑方式。接收者看到的文本，是介于发送者与接收者之间的一个相对独立的存在，它不一定是具体的物质存在，而是意义传达构成的关系：文本使符号表意跨越时间空间的间隔，成为一个表意环节。反过来说，通过表意，此符号组合就获得了"文本性"（textuality）。因此，文本一方面是意义解释的前提，另一方面是意义解释的构筑物，这是一个双向生成的过程。

[①] Alec McHoul, "Text", in *Enclopedia of Semiotics*, (ed) Paul Bouissac, Oxford: Oxford Univ. Press, 1998, p. 609.

[②] 关于"全文本"，参见赵毅衡：《广义叙述学》，成都：四川大学出版社，2014年，第154页。

这不是说一个文本只有一个意义，但文本的多义性并没有取消其合一性，因为多义中的每个意义，依然是这个文本集合起来表达的。如果一个符号组合没有意义的合一性，就不是一个文本。这就是为什么《劳拉快跑》这样明显分成几个故事的文本，不能读成几个文本，而必须读成一个文本。它的意义可以是"生命可以重来"，或是"爱情给人力量"，或"生命贵在坚持"，却都需要把这几条线索合成一个整体文本才能表达。

因此，区隔用来保证意义单位的完整，形成了文本性，文本就是区隔符号组合的结果。"文本性"是对符号集群区隔化的结果，而并不是符号固有的品格。艾柯对文本的构成有个绝妙的定义："文本不只是一个用以判断解释合法性的工具，而是解释在论证自己合法性的过程中逐渐建立起来的一个客体。"也就是说，文本（至少文本的意义）是解释为了自圆其说（论证自己的合法性）而建立起来的，它的意义并不具有充分性。这样一来，要找到解释的有效性，只能通过接收者与文本互动。艾柯承认这是一个逻辑循环："被证明的东西成为证明的前提。"① 有意义，才有意义的追索；有解释，才能区隔出文本的边界。

文本的边界，看起来似乎取决于文本形式本身，其实取决于它的特定解释方式。意义接收者在解释符号组合时，必须考虑发送者的意图（例如画家的画框范围，音乐结束的时刻），也必须考虑文化对体裁的规定性（例如绝句应当只有四句，庭院有固定的布局），但是最后的取舍只需要适合于接收者自己这次特定的解释。例如，某人上路时，区隔出整条线路上的各种信息构成一个"路线"文本；但当他走到某处时，路标与周围的某些路况构成另一个文本，GPS就是不断在做新的文本区隔。

如果某人坚持读到底，一部诗集或一首长诗可以被区隔成一个文本；如果他中止阅读的话，一首诗，甚至半首诗，也构成一个文本。文本作为符号组合，实际上是解释者将文本形态与解释"协调"的结果。正因如此，摄影者面对同一景色的每一次"重拍"（re-take），就是另建一个文本的尝试，而的确每个文本给我们不同的意义可能。

我们还可以进一步推进冰山这个比喻：一座冰山不可能冒两个尖。沃卓斯基与提科威尔（Andy & Lana Wachoski & Tom Tykwer）导演的电影《云图》（Cloud Atlas）是从18世纪的过去，到人类移民别的星球的未来，六个故事完全没有关联，一旦放到同一个文本之中，他们就必须有一个合一的主

---

① 赵毅衡：《广义叙述学》，成都：四川大学出版社，2014年，第78页。

题。因此，解释此部作品时，大部分评论者把这合一主题理解为"生命轮回"，哪怕原作者米切尔本人站出来反对轮回说[1]，也无法"纠正"大多数解释者得出的意义。而在电影中，演员轮流在不同时代的故事中表演不同角色，更加强了合一文本"轮回"说的合理性。

为了保证这种合一意义，文本就必须有边界。文本的区隔偶尔会像书籍封面、美术画框这样明显具有物质性，大部分情况下，它只有一个抽象的界限，例如街头剧的"舞台"、穴居人画的岩画，实际上没有一条明确的边界线，但是观众意识到有个文本边线，隔离出一个不同于观看世界的被演出世界，这区隔的边界线不可见，而是在解释者的意识中。

4. 区隔作用之三：类型化

区隔在人的意义活动中的重要性，至今没有得到足够认真的讨论，原因是论者一般把它视作认识工具。实际上区隔是人的意识得以展开意义活动的最根本保证：它把人的意义活动局限于一定的范围之内，画出特定意义活动的内外。这个问题一般被认为是自然而然的，也没有太大的重要性，实际上是意义活动的最基本保证（后果之一，就是本书的第五章将讨论的"文本的横向真实性"）。

在区隔的三个功能（对象化、文本化、类型化）之中，前两者比较容易理解：对象化主要是对象的观相集合中的选择区隔，排除认识活动所无法达到，也不想达到的部分，以保证意义获取活动的顺利进行；文本化则是组合的区隔，把不需要也不可能纳入理解的符号切割到组合之外，以保证理解的对象有个合一的意义。区隔的类型化作用，则需要作一番想象，因为它不是空间与时间的切割，而是内容的切割。这种区隔提供文化认定的类型解读方式，排除类型之外的过多可能性，以保证意义活动能够高效地服务于意义解释，也更利于解释回应类型中包含的发送者意图意义。例如，对一本珍本书，意识可以区隔出诗文，也可以区隔出装帧版式，也可以区隔出收藏史，进入区隔，才能作进一步探究理解。因此，区隔既是形式性的，更是文化性的，获义意识与理解意识，必须首先就是一个"区隔者"，一个解释框架的构筑者。

本书上一章第四节"统觉与共现"，说到形式直观不一定能解决类型问题，因为识别类型是个相当复杂的意义操作。本节讨论的文本化，却能深入类型问

---

[1] Caroline Edwards, "Utopia, Transmigration and Time in *Ghostwritten* and *Cloud Atlas*", (ed) Sarah Dillon, David Mitchell: *Critical Essays*, Canterbury: Gylphi, 2011, p. 78.

题,解释的一个必然的方面,即决定文本的类型。这个问题在下编"展示"章,会有更进一步的讨论,但区隔是展示的前提。

同时,应当看到,区隔框架是意识的效率的要求,它保证了追索努力的集中,减少了意义模糊的可能。因为区隔框架限制了认知的区域,尤其是调整了焦点的区域:面对夜空繁星,必然需要解释区隔,不管是星象学的区隔,还是天文学的区隔。尤其类型化,携带着展示者明显的意图意义,这种现设的类型,必然有社会规范、组织压力,在专业程序外表下,携带着意识形态倾向。

例如,一篇表面客观的报道,可以因为文本区隔的方向性而意义完全不同,比如可以说"这次灾难性事故死亡人数高达50人",把获救的人放在报道区隔之外;也可以说"从这次巨大的灾难性事故中奋力救下了50人",把死亡人数放在报道区隔之外。前一种是负方向的区隔,后一种是正方向的区隔。这两种区隔都提供了一种认识和理解的捷径,显然这种认知效率是有代价的[①]。

因此,建立区隔以划出意识关联的内外关系,是意义活动的根本前提。区隔框架是个人处理世界信息的最基础的模板,也是理解它是建构社会性意义活动必须用的策略,它是主观与客观,这两个无边无沿的世界相遇时,所必须有的边界划定方式。不然意识无法掌握也无法理解事物的无穷观相,也无法管理处置生活经验的无形无态。意识用一连串的隔离认识对象,使理解成为可能。

[①] 张智庭:《激情符号学》,《符号与传媒》,2011年第3辑,第9页。

第二节 "全文本"与普遍隐含作者

本节概要:

既然文本是解释的构成物,就会有大量伴随文本进入解释,文本的边界就成为一个不得不说清楚的问题。实际上一旦进入多媒介符号文本的讨论,文本的边界就很不明确:某些影响解释的成分分散在四周,其中不少成分成解释活动不可或缺的要素。本书建议把所有进入解释的文本成分之集合,称为"全文本",以区别于文本的传统概念。而文本的边界划定,直接影响到隐含作者的产生:不仅是小说和电影可以有隐含作者,所有体裁的符号文本普遍都有一个隐含作者,体现文本的意义与价值观。

1. 文本概念

文本这概念,在批评理论中使用历史已经很悠久,但是有些基本的问题从来没有被仔细追问过。一旦仔细观察,就会有很多意想不到的问题冒出来。其中最突出的,就是文本的边界问题,以及普遍隐含作者问题。后一个问题原先是叙述学的核心问题,但是从新的角度审视,从文本归纳出隐含作者,不仅远远超出了小说叙述学的边界,而且超出了广义的符号叙述学的边界。

前一节已经讨论过,符号不可能单独表达意义,总是与其他符号组合成文本。如果这样的符号组合形成一个"合一的表意集合",就可以称为"文本"。先前学界常认为文本这个术语等同于"讲述"("discourse",或译"语篇")[1],后面这个术语,无论中文或西文,过于倾向于语言,不适合作为所有符号组合的通称;信息论中则把符号结合起来的整体称为"超符号"(super-sign),意义也不明确,各人用法不同,近年此术语渐渐只用于难以分解的符号组合[2]。而"文本"一词,渐渐作为"符号组合"意义通用。

文本是指任何文化产品,不管是印刷的、写作的还是编辑出来的文化产

---

[1] Janos S Petofi, "Text, Discourse", in (ed) Thomas A Sebeok, *Encyclopedic Dictionary of Semiotics*, Berlin: Mouton de Greyter, 1986, pp. 1180—1187.

[2] "超符号"这个词被许多理论家用作别的意义,例如"超越语言与文化边界的巨大的表意"。或"不能分成内容单元的符号组合",见 Umberto Eco, *A Theory of Semiotics*, Bloomington: Indiana Univ. Press, 1976, p. 232.

品,或者从手稿档案到唱片、绘画、乐谱、电影、化学公式等等人工符号构成的文本。巴赫金说:"文本是直接的现实(思维和经验的现实),在文本中,思维与规律可以独立地构成。没有文本,就既无探询的对象亦无思想。"[1] 乌斯宾斯基提出一个更宽的定义,文本就是"任何可以被解释的东西"(Anything that can be interpreted)[2]。难道绝对单个的符号也是文本?本节下面会谈到,绝对孤立的单个符号无法表达意义。任何携带意义等待解释的符号都是文本组合。的确,文本就是"有整合意义的符号组合"。

笔者在《符号学:原理与推演》一书中建议:只要满足以下两个条件,就是符号文本:

1. 一些符号被组织进一个符号组合中。
2. 此符号组合可以被接收者理解为具有合一的时间和意义向度[3]。

文本具有意义,不仅要依靠自己的组成,更取决于接收者的意义构筑方式。接收者看到的文本,是介于发送者与接收者之间的一个相对独立的存在,它不是物质的存在,而是意义传达构成的关系:文本使符号表意跨越时间空间的间隔到达接收者的解释中,因此它是一个过程。

由于此过程,此符号组合就获得了"文本性"(textuality)。鲍德朗德认为,"文本性"包括以下七种品质:结构的整合性;概念的一贯性;发出的意图性;接收的"可接受性";解释的情境性;文化的文本间性;文本本身的信息性[4]。这个"七性质"说法把符号学所有要处理的问题一网打尽了,无非是说,符号学的研究对象不是单独的符号,而是符号文本。

上述标准的头一条"结构的整合性",是后面六条的保证。但后面的六条是否就能保证第一条呢?艾柯就提出过"伪组合"理论:某些"文本"的组合缺乏"整合性",各部分之间关系不明。艾柯举的例子是蒙德里安的格子画,以及勋伯格的十二音阶音乐。实际上,很多符号组合都让人怀疑是否有"整合性":长轴山水切出一块难道不能形成单独文本?电影剪辑不是可以切割出好几种版本?剪裁后的照片比原幅照片整合性更多还是更少?20世纪60年代一种实验戏剧,所谓"发生"戏剧(Happenings),没有预定情节,演到哪里算

---

[1] Quoted in Tzvetan Todorov, *Mikhail Bakhtin: The Dialogical Principle*, Minneapolis: Univ of Minnesota Press, 1981, p.17.

[2] Boris Uspenskij, "Theses on the Semiotic Study of Culture", in (eds) Jan van der Eng and Mojnir Grygar, *Structure of Texts and Semiotic of Culture*, The Hague: Mouton, 1973, p.6.

[3] 赵毅衡:《符号学:原理与推演》,南京:南京大学出版社,2015年第3版,第40页。

[4] Robert de Bauderande, *Text, Discourse and Process*, Norwood NJ: Ablex, 1980.

哪里，无始无终，就是有意取消文本的"整合性"①。顾恺之的《女史箴图》，长轴画了九个场面，应当是九个文本还是一个文本？

笔者认为，文本的"整合性"，是接收者对符号表意的一种构筑方式：接收者在解释意义组合时，必须考虑发送者意图的各种标识（例如画家的画框范围），也必须考虑文化对体裁的规定性（例如绝句应当只有四句），但是最后他的解释需要一个整体：文本的构成整体，并不在于文本本身，而在于他的接收方式。例如，地理上的一整条线路构成他上路时考虑的文本，某个路标与周围的某些路况构成一个文本；如果"我"坚持读到底，一部百万字的长篇小说是一个文本；如果我中止阅读的话，一个相对独立的章节（例如"林十回""宋十回"，或一出折子戏）也可以构成一个文本。文本作为符号组合，实际上是接收者在文本形态与解释之间"协调"的结果。

钱锺书《管锥编》第一卷《老子王弼注》论卷，对文本问题理解深刻。此书讨论老子"数舆乃无舆"说，认为"即庄之'指马不得马'"，《那先比丘经》："不合聚是诸材木不为车。"钱锺书指出："不持分散訾论，可以得一"；"正持分散訾论，可以破'聚'。"②"分散訾论"，是钱锺书对拉丁文"Fallacia Divisionada"（分解谬见）的翻译：整体并不是部分的聚加，一个个数车辐，看不出车轮；一条条指出马腿，指出的并不是马。

2. 伴随文本

符号文本是接收者进行"文本化"（textualization）的结果，而文本化是符号化的必要方式。文本各单位之间的组合关系是解释出来的：一个交通警察、一个劫贼、一个看风景的行人，会在同一个街景中看出完全不同的文本，因为他们需要寻找不同品格的意义。符号化行为，即在感知中读出意义的行为。接收者不仅挑拣符号的各种可感知方面，而且挑拣感知的成分。一个足球运动员，"眼观六路耳听八方"，看到己方与对方每个队员各种人员的相互位置与运动速度，并且迅速判断这个"文本"的意义。体育界的行话，称此运动员善于"读"比赛，此说法很符合符号学，显然，一个后卫与一个前锋，必须对同一个局面"读出"很不同的意义。

那么，究竟什么地方应当作为文本的边界？哪些因素应当算作文本的一部

---

① Zoltán Szilassy, *American Theater of the 1960s*, Carbondale, IL: Southern Illinois Univ. Press, 1986, pp. 64—68.

② 钱锺书：《管锥编》，《老子王弼注》，第一卷，北京：生活·读书·新知三联书店，2007年，第685页。

分,哪些不算?这个问题似乎非常简单,在文本的边界里,就是文本的一部分。但是我们从前一节"区隔"就明白,符号文本的边界相当复杂:许多看起来在文本里的成分,被解释者有目的地忽视;许多似乎不在文本中的元素,往往必须被"读进"文本里。

首先,有没有不与其他符号形成组合,而是单独表达意义的"独立"符号?乍一看,有些符号表意,似乎没有明显的组合因素:一个交通信号,一个微笑,一个手势,一个命令,"瑞雪兆丰","当头棒喝"。我们略一仔细考查,就会发现完全孤立的符号,不可能表达意义;要表达意义,符号必然有某些其他符号形成组合:一个交通灯必然与其他信号(例如路口的位置,信号灯的架子)组合成交通信号;一个微笑的嘴唇必然与脸容的其他部分组合,才能成为"满脸堆笑"或"皮笑肉不笑";一个手势必然与脸部、身姿、表情相结合为一个决绝的命令或一个临终请求。

"佛祖拈花,迦叶微笑",毕竟只有佛的大弟子才看懂了这个"微笑",因为这是在"佛祖宣法大会"之中,与佛回应的问题等一道读解。"尔时如来坐此宝座,受此莲花,无说无言,但拈莲花,入大会中八万四千人天,时大众皆止默然。于时长老摩诃迦叶见佛拈花,示众佛事,即今廓然,破颜微笑。"[1]八万四千人都无法解读,这成了迦叶解释的文本的一部分。

这就牵涉"伴随文本"的概念:文本有许多附加因素,这些因素严重影响我们对文本的解释,经常不算作文本的一部分,可称之为伴随文本。文本就像一颗彗星,携带了巨大数量的附加因素,或远或近,其中有些因素与文本本身几乎难以分解,有些却相隔遥远。它们之间的分合关系,至今没有得到足够的讨论,伴随文本问题一直是关于意义的各种学科(符号学、解释学、传达学等)没有研究透彻的环节[2]。

任何符号文本,都携带了大量社会约定和文化联系,这些约定和联系不一定显现于文本之中,而是隐藏于文本之后,文本之外,或文本边缘。它们只是被文本顺带着牵连出来,却积极参与文本意义的构成。在解释中,伴随文本甚至可能比文本有更多的意义。因此,所有的符号文本,都是文本与伴随文本的结合体。这种结合,使文本成为一个浸透了社会文化因素的复杂构造。某些论者意识到这个问题,但他们通常在克里斯台娃的"文本间性"理论中讨论这个问题。而"文本间性"这个概念,一直没有落实到符号的文本形态上。

---

[1] 《大梵天王问佛决疑经·拈花品》。
[2] 参见赵毅衡:《论伴随文本》《文艺理论研究》2010年第4期,第2~8页。

首先，伴随文本因素并不一定是"潜在"的、"隐藏"的，伴随文本的第一大类副文本，完全"显露"在文本表现层上，甚至比文本更加醒目。

副文本实际上是文本的"框架因素"，往往落在文本"门槛"上：文字文本的标题、题词、序言、插图等等；艺术作品的裱装、印鉴、签名；电影的片头、片尾、插曲等；歌的词曲作者、标题等。有些副文本经常由另外的渠道（标签、海报、戏单、唱片封套等）来提供。

不管副文本用何种方式显现，都可能对符号文本的接收起重大作用。音乐会海报说是卡拉扬指挥，海报注明"成本过亿大片"，就会让我们觉得非去看一次不可；商品标出的价格便宜，就会被看作"质次"。当然，过于热衷于副文本因素，可能让副文本控制了意义，文本反而落到次要地位，接收者放弃独立的解读评判，例如看到某品牌就认为该商品是精品，值得炫耀。

型文本也是文本显性框架因素的一部分，它指明文化规定的文本"归类"方式，例如与其他一批文本同一派别、同一题材、同一风格、同一时代等等。现代传媒还在不断创造新的型文本集群，例如由同一个公司发行、获同一个奖项等。上一节"展示"已经讨论过类别的重要作用。型文本是文本与义化的主要连接方式，最重要的型文本是体裁，体裁的归属常常以副文本方式指明，例如诗歌的分行，摇滚乐的舞台布置，或以街舞方式伴舞。体裁不仅把媒介固定到模式之中（例如把油彩固定到画布上），而且决定了解释的最基本程式。任何文本都落在一定体裁之内：体裁就是文化程式化分类。接收者得到一个符号感知，例如看到一个人像，必须马上明白它的体裁类别，然后才能解读出这究竟是美术馆珍品、买卖广告，还是结婚照、喜宴标志、通缉犯画像、追悼会画像等等，仅从画像本身无法作这些意义判断。

文本生成过程中各种因素留下的痕迹，也可能成为伴随文本存留在背后。前文本是一个文化中先前的文本对此文本生成产生的影响。这个概念与一般理解的"文本间性"相近，称之为前文本，是因为此种影响的源头出现在这个文本产生之前。狭义的前文本比较明显：文本中的各种引文、典故、戏仿、剽窃、暗示等都指向这种影响；广义的前文本，是文本生成时受到的全部文化语境的网络。一幅画的生成，看来是因艺术家的天才而横空出世，却是受到这幅画产生之前的整部美术史，甚至整部人类文化史的意义影响。

文本生成后，还可以带上新的伴随文本。"评论文本"①，是此文本生成之后，被接收之前，所出现的相关新闻、评论、八卦、传闻、指责、道德或政治标签等等。链文本是接收者在解释文本时，主动或被动地与另外一些文本"链接"起来一同接收，例如延伸文本、参考文本、网络链接等。

先/后文本是多个文本之间的承先继后关系，例如每部电影都有电影剧本作为其先文本，每场比赛有先前记录参照。符号文本受到先出文本影响，比较容易理解；实际上文本经常受制于后出文本，例如行政决定不得不考虑会不会被上级推翻。考察所有的符号文本就可以看到，先后文本几乎无所不在：创作一首歌必须考虑群众如何传唱，而群众唱的总是已经流传的歌。

所谓"山寨""恶搞""戏仿"，最重要的特点就是有明确的，大众都能认出的"先文本"：山寨明星必须与某当红大明星非常相像，一旦放在相同的类文本（例如衣装）、链文本（例如公众场合、会议之前），就具有足够的效果。恶搞则是利用先文本某些特点（例如《无极》中的馒头）加以发挥，重写先文本。

任何符号表意文本，必然携带以上各种伴随文本。反过来，每一个符号文本都必须靠一批伴随文本支撑才成为文本：没有这六类伴随文本的支持，文本就落在真空中，看起来实实在的文本会变成无法理解的幻影。我们不仅生活在符号的包围之中，而且被伴随文本的洪水所淹没。

伴随文本把文本与广阔的文化背景联系起来。它是一个跨越共时/历时分界的存在，它们能对符号表意起作用，因为它们揭示了文本深广的文化背景。笔者二十多年来一直坚持认为，文化的定义，是"社会相关表意行为的总集合"②。我们对符号文本的解读，不得不凭借它与文化的各种联系，而伴随文本，就是文本与文化的联系途径。

反过来，伴随文本也控制着符号：不管我们是否自觉，我们无法不通过伴随文本来理解文本：假定我们能洗尽一个文本携带的所有伴随文本（这是不可能的事），文本就会解体成一堆无社会连，不可解的符号堆集。

3. 全文本

本节要讨论的是与伴随文本相关的一个特殊问题：不同体裁的文本，对伴

---

① 在《符号学：原理与推演》初版本（南京大学出版社 2011 年）中，笔者沿用热奈特的术语，称之为"元文本"。但是"元－"这个前缀意义多于宽泛，热奈特本人的叙述学研究，用了三种带"元－"的术语。

② 赵毅衡：《文学符号学》，北京：中国文联出版公司，1990 年，第 84 页。

随文本的"整合作用"不同。各种伴随文本之间不是平等的,其中一部分核心伴随文本对解释起至关重要的作用。在传统的文本分析中,伴随文本因素往往被排除,似乎比文本因素重要性小得多。实际上,一部分伴随文本与文本结合得很紧,甚至已经融入文本,解释时不再可能不加考虑。

笔者把这种现象称作"全文本"概念:凡是进入解释的伴随文本,都是文本的一部分,与狭义文本中的因素具有相同价值。固然,解释是一个非常个人化的环节,不同的人会考虑许多不同的因素。

本书说的全文本的判定标准,是文化规约按体裁规定的接收准则,也就是"解释社群"(Interpretative Community)对特定体裁的文本解释所用的惯例。这个解释标准当然会历时地变化,但是相对来说是比较稳定的。旧石器时代的岩画画在预先并没有做平的岩面上、岩洞的粗糙墙面上;岩石的不规则表面及旧有图像,透过图像显露出来,原始穴居人对此的解释,包括其"无框画幅"岩面①。类似的全文本出现在当代,涂鸦(graffiti)艺术中,"情境广告"(Ambient Ads):野外路边大招牌上的染发剂广告,头发部位切空,这样,蓝天、晚霞、夜空,都造成头发颜色变换。此时自然环境成为"全文本"的一部分②。

音乐的标题对于解释往往是非常重要的,歌词决定意义走向,是由于语言文字作为媒介的"清晰度"。哪怕有的乐曲模仿"自然声"惟妙惟肖,例如德彪西的交响诗《大海》,霍尔斯特的交响诗组曲《行星》;哪怕有大量意义明确的音乐素材,斯美塔那《我的祖国》用捷克民歌素材,柴可夫斯基的《1918序曲》直接引用《马赛曲》,这些乐曲依然必须靠标题才能让人听懂其"故事"。贝多芬因为拿破仑称帝,愤而把《英雄交响曲》献给拿破仑的题献去掉,这首乐曲的"文本"虽然没有任何变动,内容却不再是赞美拿破仑。

广告文本必须包括商品,不然意义没有着落。一旦改动商品,文本意义就会完全改变。一个乔丹打球的跳跃上篮镜头,如果不打出商品,我们不知道是卖篮球,卖球鞋,还是卖球赛门票,还是体育电视节目预告。商品与服务并不是故事的一部分,却必须是捆在一道解释的全文本的一部分。这是社会性的解释法,不是个别人的特殊解释所能替代的。

可以看到,全文本是核心文本吸纳一部分伴随文本而形成的。到底六种伴

---

① Meyer Shapiro, "On Some Problems in the Semiotics of Visual Art: Field and Vehicle in Image-Signs, *Simiolus: Netherlands Quarterly for the History of Art*, Vol. 6, No. 1 (1972—1973), p. 9.

② 胡易容取名为"情景广告",并指出其定义为"借用周边信息进行媒介创意的广告"。

随文本中哪些会被吸纳到全文本中,却需要就每一个体裁,每一种表现模式,作分别考虑。能否进入全文本,也与伴随文本本身性质有关,例如评论文本,出现在电影或书籍的封皮上,出现在网络评价上,出现在"口碑"中。

不过大致上我们可以看到:直接显露的副文本最容易被吸纳进全文本。正如上文所说,某些副文本(标题、副标题、注解等)几乎无法被排除到文本之外。而注解、参考书目、标题、摘要、关键词等,一向不被当作论文的"文本",如果是论文,就不可能没有这些副文本因素而存在。没有注解和参考书目的论文,被认为绝对"不符合规格",也就是说不能被视为论文。链文本在某些场合起决定性作用:比赛、竞争等文本,一个文本(例如一次跳远,一次考试)本身不起作用,谁能胜出,是合在一道解读的文本相互比较的结果,是对比赛全文本的解读。先/后文本实际上已经远远落在传统文本概念之外,但是在某些情况下,甚至比文本本身还重要。足球欧洲杯赛事,小组赛如果积分相同,就必须以(以前赛事的)"胜负关系"决定何者出线。

而某些伴随文本,则更隐藏地进入全文本。型文本是各种体裁内在的因素,是必然进入文本解释的因素:广告就必须有广告的读法,摇滚就必须有摇滚的欣赏方式,巴尔特在《神话学》中首先讨论的"美式摔跤",必须把表演读成竞技[1]。前文本作为影射、用典、出处、戏仿等的源头,也隐藏在任何文本中,很少让我们直接感知到。

本节一开始定义"文本"为"有整合意义的符号组合",全文本就是进入解释的全部文本元素之集合,并不与这个定义相悖,也没有超越之,只是充分发挥了"整合性"与"组合"这两个条件。

4. 普遍隐含作者

隐含作者,是叙述学家布斯在 20 世纪 50 年代提出的一个重要概念,以前一直局限于叙述学之中[2]。它是一种拟人格,是读者从文本中推导归纳出来的一套意义与价值。而文本范围的划定,直接影响如何从文本中归纳出隐含作者:不同的文本,有不同的隐含作者。

不管哪一种文本,都有意义和价值,因此都有体现这套意义与价值的一个符合文本的拟人格。至今,隐含作者只是(小说或电影的)叙述学研究中的一

---

[1] "The World of Wrestling", *A Barthes Reader*, (ed) Susan Sontag, New York: Hill & Wang, 1981, p. 18.

[2] Wayne C. Booth, *The Rhetoric of Fiction*, Univ. Chicago Press, 1983, p. 71.

个课题，从符号学来说，这个概念不限于叙述，任何文本中，各种文本身份能够集合而成一个"拟主体"。只要表意文本卷入身份问题，而文本身份需要一个拟主体集合，就必须构筑出一个作为价值集合的"隐含发出者拟主体"，即"隐含作者"。笔者建议：这个概念可以扩大到所有的符号文本，这时候可以称作普遍隐含作者。目前只在叙述学中讨论隐含作者的做法应当予以纠正。

显然，首先必须确定文本的范围，才能从文本中推导隐含作者。方小莉研究的美国当代黑人女作家格洛丽娅·内勒（Gloria Naylor）的第一部小说《布鲁斯特街的女人们》(The Women of Brewster Place, 1982)获得了美国图书奖。16年后，她出版了《布鲁斯特街的男人们》(The Men of Brewster Place, 1998)。在前一部小说中，男性几乎都是负面形象，是女性痛苦的根源；在后一部小说中，先前孽债累累的男性，大都成了正面人物[1]。因此，单读第一文本，单读第二文本，与联合读这两个文本，即把它们当作一个全文本，会推导出三个完全不同的隐含作者。同样情况也发生在《水浒传》70回本与120回本之间。70年代最高指示说，"《水浒》这部书，好就好在投降。做反面教材，使人民都知道投降派"，是指的120回《水浒全本》的隐含作者价值观。

如果我们局限于小说，哪怕有上一节说的变体，文本范围的划定相对依然容易；一旦考虑所有的符号文本，文本的边界就模糊了。此时的全文本甚至没有核心文本与吸纳进来的伴随文本的区别，而是一束文本元素被解释者捆扎成的一个文本。例如有个酒商，在门口置一大坛，上贴"商业秘密，请勿窥看"，当然引来路人窥看，闻到酒香者，就动了买酒之心[2]。此处的文本，是那个告示吗？显然不是，而是所有这些设置联合起来的广告全文本。而那个文字告示警告行人勿看，与隐含作者态度（"此处售好酒"）正好相反。此广告的文字，只是一个设计巧妙的标签。

同样，品牌与招牌必须与商品与店铺包装捆绑在一起，作为一个全文本出现，因此品牌与店名可以有相当大的自由度。名称这个文本可以充分拉开语义距离，因为捆扎在一道的商品或服务，必然把意义"矫正"过来。名与实距离越远，实物矫正距离越大，给人的印象就越深刻。例如"写错"或用错成语、现成语：理发店名为"一剪美""发新社"；时装店"一件钟情""棉面俱到"；

---

[1] 方小莉：《"冤家"姊妹篇中的"孪生隐含作者"：《布鲁斯特街的女人们》与《布鲁斯特街的男人们》中声音的权力》，《国外文学》2012年第2期。

[2] 这个例子是2011届学生胡易容在与笔者的通信中提出来的，特此致谢。

化妆品店"眉绯色五";鞋店"心存鞋念";自行车广告"骑乐无穷"。幽默改善亲和力,更重要的是增加店名的"记忆留存潜力"。

隐含作者这个体现隐含意义与价值的拟人格,依靠接收者从符号全文本归纳出来,因此是普遍的,是可以从任何符号表意活动归纳出来的。走进一座豪华楼盘,我们都能感到这样一个隐含主体迎面而来对我们说话:全玻璃面的设计,绿地的开发,环境音乐的布置,物业笔挺的制服等等,合起来成为一个符号全文本。体现其价值集合的"隐含作者",是一位"当代社会的精英分子"的贴心人:楼盘高档但不豪华奢侈,设施现代但不炫富,有游泳池和健身房因而讲究生活质量,关怀家庭,关心生态环境。这个特殊的符号人格,在向适合的男女住户说话。显然,这与一家草根农贸市场的隐含作者完全不同。

楼盘这个全文本构成的隐含作者拟主体,与房产开发商或许有关系,更可能毫无关系。不管如何,隐含作者拟主体与"真实主体"没有必要建立某种联系——只有给房产商写传记的人,才会关注这种联系可能。在文学艺术中,哪怕学者们一再写文章宣布"作者死亡"[①],要隔断作者与隐含作者的联系,是非常困难的事。这是因为文学艺术讲究独创性,艺术家留下的个性痕迹比较清晰。但就一个文化的大部分符号文本而言,隐含作者,与文本的真实发出者隔得很远。

本节讨论的两个问题:全文本,与普遍隐含作者,适用于任何符号文本的分析。有了"全文本"概念,"普遍隐含作者"就有了恰当的立足点,意义与价值归纳就有了范围。我们讨论的隐含作者,就不再是一个叙述学的课题,而是文本符号学(text semiotics)的重要范畴。

---

① 巴尔特:《作者之死》,福柯:《什么是作者?》见赵毅衡编:《文学符号学论文集》天津:百花文艺出版社,2003年,第505~524页。

第三节 文本如何引导解释

本节概要：

符号文本的意义，是由解释者决定的，文本是解释观照的对象，等待被解释。但文本也携带着大量因素，引导或促使接受者提供某种解释。文本中至少有三种形式因素对解释者施加压力：一是文本所属的文化体裁产生的"期待"，它们决定了文本的根本读法；二是文本符号组成中的聚合轴显现，它们透露了文本选择组合的过程；三是文本自携的"元语言"因素，它们直接要求解释者看到文本的某种意义。

1. 文本对解释的压力

符号文本是意义的承载物，是意义的解释者观照的对象。应当说，意义是由解释者接收文本后得出的，文本只能被动地任他评说。但是在现代理论史上，至少有两个派别认为文本有决定意义的力量，甚至文本独立于解释者：一个是20世纪上半期的英美新批评派，另一个是以赫施为首的阐释学"含义"派。

新批评派持极端的"文本中心主义"立场，他们主张文学批评主要是对文本进行细致的阅读分析，因为文本的意义都在文本之中，而不是在其外：如果作者意图没有体现在文本中，那么这些意图与作品无关，不管作者自己如何申说都与文学本身无关；如果意图成功地渗透到作品中，就必然在作品的文本中得到体现，那么文本本身就是意图的最大依据。这个说法，不能说完全没有道理，由此而产生新批评提倡的"细读法"（close reading），成为新批评派对文学批评实践留下的最重要的方法论遗产。

本书第一章第一节已经讨论过赫施的观点，他试图为过于散乱无标准的释义找一个"有效解释"的立足点，所以他建议一种"含义/意义"（Sinn/Bedeutung）两分式。他认为"含义"是文本固有内在的意义，与作者意图有关的，不随时代、文化、解释者变化；而"意义"则是外在的，是解释行为的产物，是随语境变化的开放的产物[①]。这样，解释可以由于各种原因千变万

[①] E. D. 赫施：《解释的有效性》，北京：生活·读书·新知三联书店，1991年，第34~39页。

化，但是万变不离其宗，文本固有的"含义"是不会变化的，因此是飞散的"意义"无法逃避的原点和归宿。

在后结构主义的意义播散理论看来，文本只是意义的起始点，意义如何展开，应当是解释的自由天地，无法也不应当受到任何控制。赫施的意义分割也遇到严重挑战，许多论者提出"文本固有"的"含义"难以封闭固定，更难作为解释"有效性"的标准[①]（本书下编"意义的社会化"将详细讨论社群观念与意义标准问题）。

新批评对文本决定意义的看法，在某个特定方面，可以说又复活了。这个特殊领域，就是文本自身携带着意义的解释压力，本书称之为文本的"解释引导"。这些因素虽然不足以完全决定意义的解释，却是任何解释活动无法忽视的出发点。因为它们本来是文本的一部分，既是解释的对象，又是解释的引导，也就是说，它们是"被解释的解释"。它们比解释者的解释处于更核心的地位，因为它们是任何解释活动无法忽视的文本内因素。

尤其重要的是：这些因素都出现于文本形式之中，而且是在直接与文化相连接的文本形式中，并不是文本所谈的内容，内容的解释可以由解释者的立场而千变万化，而形式因素不可能被主观的读法所忽视。这些因素主要集中在三个方面：一是文本所属的文化体裁产生的"期待"，它们决定了文本的根本读法；二是文本符号组成中的聚合轴显现，它们透露了文本选择组合的过程；三是文本的"自携元语言"因素，它们直接要求解释者看到文本携带的某种意义。

2. 体裁期待

体裁是文化决定的文本归类，它的最大作用是指示接收者应当用何种方式解释眼前的符号文本。体裁本身是个指示符号，引导读者某种相应的"注意类型"或"阅读态度"。体裁看起来是符号文本的形式分类，却是一套控制文本接收方式的规则。决定一个文本应当如何解释，最重要的因素却是该文本所属的体裁：体裁就是文本与文化之间的"写法与读法契约"。

体裁首先规定了文本的形式特征：同样一段故事，如果是历史书，至少不能有太多的对话或场景描写，也不能有太多的小人物命运，那是小说的形式特征。但是文本形式并非决定性的。同样的语句，在不同的体裁中可以产生完全

[①] E. D. Hirsch, "The Politics of Theories of Interpretation", in T. J. Mitchell (ed), *The Politics of Interpretation*, Chicago: Univ of Chicago Press, 1983, pp. 321-334.

不同的意义，因为我们的阅读，有体裁的文化程式的支持与限制。诗句的节奏韵律，并不完全是诗句本身的品格。一首诗分行写，与其说是因为写的是诗而分行，不如说分行形式表示这是一首诗。

故事电影，与纪录片或电视"现场直播"，其中的暴力或色情场面，虽然文本表现一致，不同体裁却要求两种完全不同的解释，纪录片必须打马赛克。实际上每一种体裁对阅读方式各有要求，《水经注》可当作文学书读，可当作地理书读；《诗经》可当作歌词读，可当作儒家经书读，文本依然，但是体裁所规定的解释模式完全不同。这是我们接受的文化训练的结果[1]。

如此理解，就出现一个悖论的循环定义：一本小说之所以为小说，一首诗之所以为一首诗，主要原因就是它强迫读者按照小说或诗的读法来读它。也就是说，如果我们非不按诗的方式来读（这是可能出现的，只是一个文化中大部分读者不会如此做），它就不成其为诗，成了散文。

我再来举一个例子：诗人赵丽华的作品《我爱你爱到一半》

其实，树叶的翻动
只需很小的力
你非要看看白杨叶子的背面
不错
它是银色的

有人认为这是在说爱情的另一半是金钱；有人认为是说男女只有"半生缘"，另半边是银发。总之，"银色"在诗中，不能只解读为字面意义，必须是一个意义深远的象征，这是诗之为诗的要求。

卡勒认为读诗有四种特殊的期待：节律期待，非指称化期待，整体化期待，意义期待[2]。本节重点讨论各种文本的普遍规律。例如广告是与诗完全不同的、非常实用的文本体裁，因此广告的"期待"完全不同。广告之所以为广告，就是因为我们按广告的这些期待来看广告。广告应当满足观者"诚意性""区别性""适合性"三个期待。

广告都是为了劝人购买某种商品或服务。因此，"诚信"是广告的第一期待，"诚信"就是让潜在的顾客觉得广告说的是老实话，没有故意的欺骗意图。

---

[1] Paul Franklin Baum, *Principles of English Versification*, Cambridge: Harvard Univ Press, 1922, p. 6.

[2] 赵毅衡：《文学符号学》，北京：文化艺术出版社，1992年，第131~139页。

广告的符号文本往往夸大无稽,依然让文本接收者觉得发出者"据实而言"[①]。如果广告在可量化的地方撒谎,就无法满足接收者对广告体裁的首要期待。

广告的第二期待是区分。广告劝人购买的商品或服务,必须让顾客看到这家的货与别家的有别,总有值得购买的好处。无区分即无广告可言,区分越大则越有说服力。广告出的各种奇招,目的都是要让接收者一眼就可看出这个区分。

广告的第三个期待是相关性。是否相关与接收者的生活方式有关,与他们的经验积累和生活欲望有连接的可能。因此出售的货品哪怕全球相同,广告却必须根据不同文化作设计,例如选用的明星"代言人",在各个国家不一样。

广告在当今文化中已成为一个重大产业,是应用符号学的研究重点。从符号学角度研究任何体裁,第一要找的特点,就是这种体裁借以立足的"阅读期待"。

3. 双轴共现于文本

任何符号文本,小至一个梦,大至整个文化,必然在两个向度上展开,即组合轴与聚合轴。这个观念首先是索绪尔提出来的,在索绪尔理论的四个二元对立中,有三对(能指/所指,语言/言语,历时/共时)被大部分符号学者视为过时理论,而这个双轴(组合/聚合)观念,在今日符号学中仍然有强大的生命力。

组合关系比较好懂,就是一些符号组合成一个有意义的"文本"的方式;聚合轴比较复杂,索绪尔把这个轴称为"联想关系"(associative relations),他对符号文本的这个关系向度的解释是:"凭记忆而组合的潜藏的系列。"此名称不适用,因为理解似乎完全是靠解释者判断,而不是文本的品质。

此后的符号学家把索绪尔的术语改称为聚合轴(paradigmatic)与组合轴(syntagmatic)。这两个源自希腊文的术语,意义相当晦涩。雅柯布森在 20 世纪 50 年代提出:聚合轴可称为"选择轴"(axis of selection),其功能是比较与选择;组合轴可称为"结合轴"(axis of combination),其功能是邻接粘合。比较与连接是人的意义方式的最基本维度,也是任何文化得以维持并延续的二元[②]。雅柯布森的术语非常清晰易懂,可惜未能在符号学界通用。

[①] Ron Beasley and Marcel Danesi, *Persuasive Signs: The Semiotics of Advertising*, Berlin and New York: Mouton de Gruyter, 2002, p. 18.

[②] Roman Jakobson, "The Metaphoric and Metonymic Poles", in Roman Jakobson and Morris Halle, *Fundamentals of Language*, Hague: Mouton Press, pp. 76—82.

聚合轴的组成，是符号文本的每个成分背后所有可能被选择的（也就是"在结构上"有可能代替该成分的）各种元素。因此，聚合轴上每个可供选择的元素，是作为文本的隐藏部分存在的。它们只是作为一种可能性存在，是否真的在文本组成过程中进入挑选，或在解释过程中进入解释者的联想，无须也无法辨明。因此，聚合轴，并不是接收者的猜测，而是文本组成的隐形方式。希尔佛曼指出："聚合关系中的符号，选择某一个，就是排除了其他符号。"[1]

既然聚合是文本建构的方式，一旦文本构成就退入幕后，因此是隐藏的；而组合是文本构成方式，因此组合是显示的。除了被选中进入文本的成分，其他聚合元素哪怕不可能在文本组合形成后出现，依然对文本投下影子。其投影之浓淡，会转化成文本风格因素，成为影响解释的压力。

雅柯布森把本来属于符号系统的双轴关系，转化成两种文本风格分析。双轴关系可以在文本中同时起作用，但是当某一轴的操作成为主导时，就形成不同的符号处理方式。按照雅柯布森的看法：浪漫主义是隐喻主导，因此是聚合型的，现实主义是转喻主导，因此是组合型的[2]。

某些情况下，双轴可以都在文本组合中显现出来。餐馆的菜单，有汤、主菜、酒、饭后甜点等各项，每项选一，就组成了想点的晚餐。因此菜单既提供了聚合轴的挑选可能，又提供了组合轴的连接可能[3]。菜单这个文本，显示了整个文化的多层次双轴运作：菜单与一桌饭菜是两个不同的组合文本，一桌饭菜端上后，其聚合轴退隐，我们只能在"菜系的多选择性"上看到某些风格特征。而菜单是另一种文本，菜单产生时已经作了选择，经理和大厨能提供的，已经对菜单文本做了选择，但是菜单上依然列出每个范畴的选择可能。因此菜单是聚合与组合的双轴交叉文本，成为"双轴显示"文本。

这种文本例子很多，例如进入全运会的运动员名单已经是省级选拔的结果，全运会最后的优胜者名单则是另一个文本，是在这个名单里选择更高层次的方式。再例如童蒙课学写诗，课本上说明诗词格律规定，这是组合内容；课本上也说明某字可选的平仄，某句可以押的韵，某字对偶的可选择范围，这是聚合内容。几乎任何教科书都同时显示聚合与组合。

菜单、运动会、教科书这样的"双轴显示"文本，是有聚合偏重的文本，

---

[1] David Silverman and Brian Torode, *The Material World: Some Theories of Language and Its Limits* (M), London: Routledge, 1980, p. 225.

[2] Roman Jakobson, "The Metaphoric and Metonymic Poles", *Critical Theory since Plato*, (eds) Hazard Adams and Leory Searle, Univ of Peking Press, p. 1134.

[3] Roland Barthes, *Elements of Semiology*, London: Cape, 1967, p. 89.

因为它们重点讨论比较关系；而做成的一席菜肴，设计好的一栋房子，写好的一首诗，则可能是有组合偏重的符号文本，因为主要表现邻接关系。接收者对两者的解释显然很不相同："双轴显示"文本，是有意暴露选择过程的文本。许多当代小说（例如《法国中尉的女人》）或电影（如《罗拉快跑》），就是暴露选择的"双轴显示"文本，"多选择"已经成为当代表意方式甚至生活方式的象征。

4. 文本自携元语言

1958年，雅柯布森提出了著名的符指过程六因素分析，六因素的分别主导，造成了文本的"情绪性""意动性""指称性""交际性""元语言性""诗性"，这些"文本主导特征"都对文本的解释方式造成压力。

"自携元语言"是雅柯布森对符号学做出的一个重要贡献。当符号侧重于符码时，文本就提供了线索指示应当如何解释这个文本。最明显的地方，即用"明白我的意思吗？""好好听着！"这样的指示来提醒接收者。因此，元语言不一定外在于文本，并且比此文本高一个层次，因为文本往往包括了对自己的解释方法。

就拿比喻来说，比喻的"相似"，经常是文本自我设定的元语言引导的结果。反喻的两边很难找到相似点，其意义是无可奈何的让步：承认系辞的力量，可以克服符义学的困难，在符用层面上得到整合。例如："我是一天的烟头"（我到晚上筋疲力尽只冒余烟）；"杯子是我心脏的直径"（贪杯使我心室肥大）；"时间的柠檬吝惜它的泪水"（浪费生命无人同情，再说也无用）；"沙发是房间里的飞行路线"（此人只会躺在那里无所事事地幻想）。这些句子是笔者从各种现代诗中找来的诗句，括弧里是笔者本人的解释，而笔者解释的根据，只是这些句子中的"是""如"这些词，因为这些词规定了两边必须相似，而解释者必须自己去找到这些相似点。

利科在《为像似性辩护》一文中指出，像似性"不仅是隐喻陈述所建构的东西，而且是指导和产生这种陈述的东西……应当成为谓词的归属特征，而不是名词的替代特征"[①]。他说的"谓词归属"，就是"像"或"是"这样的自携元语言的强制性；而他说的"指导和产生"陈述，就是元语言对解释的作用。

里法泰尔在《诗歌符号学》中引用了法国超现实主义诗人艾吕雅在20世纪50年代写的两句诗，更生动地说明了这个问题："地球蓝得像个橘子。/没

---

① 保罗·利科：《活的隐喻》，上海：上海译文出版社，2004年，第266~267页。

错。词儿从不撒谎。"里法泰尔说这是在空间飞行时代之前写下的诗句，是诗性的前瞻，但据说诗人只是"从天堂回到人间时兴奋地连声呼喊"①。上面诗句中，艾吕雅所说的"不撒谎"的词，其实只有一个，就是"像"，这词标记着文本给解释施加的元语言压力。

由于以上讨论的三点，我们可以说：文本固然是解释的产物，文本同时也是解释的重要规范者。文本是被解释的，文本也部分地决定了自身应当如何被解释。这种文本对解释施加的压力，使文本局部地保持了对解释活动的主动控制能力，就证明了新批评派与赫施的"含义论"至少部分正确。

无论在国内还是国外，无论是在阐释学界还是符号学界，始终没有人讨论过这种"文本引导解释"的现象。而雅柯布森提出的"文本自携元语言"这个问题，本书多处讨论，因为对意义问题极其重要，但是当今符号学界没有重视。本书强调提出这个问题，并探讨几个可能的方向，以期获得专家们的批评指正。

---

① Michael Riffaterre, *Semiotics of Poetry*, Bloomington & London: Indiana Univ Press, 1978, p. 62.

中编　意义的经验化

第三章　先验与经验

第一节　"思维-符号"与"心语假说"

本节概要：

要弄清学习所得的经验，必须先谈先验的意义活动。语言是学习而得的符号，人的思考究竟是否必须在语言中进行？还是可以在一种非语言的符号中展开？或是二者兼用？这个问题，关系到语言与其他各种符号的地位以及关联方式。很久以来人们感觉到思维使用了一种特殊的符号，近半个世纪以来陆续有人提出"心语说"引发了许多争议。本节介绍了这些争议，但重点整理了皮尔斯的"思维-符号"理论，指出皮尔斯的理论在许多方面与"心语说"相近，而且论说得相当充分，可以被看成是"心语说"的前驱，在某些地方讨论得更为精辟，因为它比较符合意义的"翻译论"定义。

1. 人靠什么思考？

关于经验的讨论，不得不从先验与经验的区分开始，这种分野，本书上编"意义的产生"已经有所讨论。本节要处理的是一个更加根本的问题：意识在进行意义活动时，能否不依靠语言，或不完全依靠语言，因为语言是必须经过学习才能得到的。意识在思想时，使用的究竟是什么样的符号？

语言哲学家塞尔曾经在 20 世纪末，讨论过哲学潮流的大规模转向，他说 20 世纪的第一哲学是语言哲学，而 21 世纪的第一哲学将是"心智哲学"（philosophy of mind），他的看法极为精准。20 世纪末的意义理论，已经不得不讨论一系列语言哲学的意义理论不必触及的问题，其中之一就是关于"心语"的争论。很多论者认为：人必定用语言思考。这一观点非常干脆而且解决问题：一旦思维必然在语言中进行，思维方式也就应遵循语言的规律。

但是这就很难回答一系列问题，尤其是在"前语言阶段"（尚未学会语言的儿童），非语言个体（无语言的猿类或其他高智商动物、失语症患者、没有学会社群通用手势语的聋哑人），本能反应（来不及做语言思考时），甚至是艺术家和诗人的"灵感"（无以言表的"神思"），或需要将语言与非语言对照时（"想不起他的原话了，但他不是这意思"），或是语言表达不清，必须用思想符号校正时（"不是这种'美丽'，而是那种'美丽'"）。在所有这些情况中，我们都遇到一个幽灵般的存在，那就是我们头脑中，在语言前，在语言下，至少有一部分不以语言进行的思维。

这些情况到最后都能用语言〔语言学界称为"自然语"（natural language）。本节为强调其公共性，称之为"社群语"，指的是同一个意思，即平常说的所谓"母语"〕在心中或在嘴上或书面呈现出来，但是显然要有意识地转弯抹角之后，才能用语言说清楚。此时问题就出现了：非语言思维用的是什么符号，这些符号、心象、概念，又用何种规律组合成完整的意义？甚至，在对社群语已经熟练的人的头脑中，是否依然有非社群语的符号思维，它与语言性的思维有什么关系？这就是所谓"心语"问题的由来。

很多学者认为人脑中最即刻的反应是心像，图像可以直接构成经验，但是图像依然有一个如何连接，如何筹划或设计的问题。例如心里本能的思维："这事糟了快逃！"这里至少看得出 5 个意义单元，可以命名为"这""事""糟了""快逃""！"。它们都来得及再现为语言吗？来不及，也没有必要，要逃的人头脑只消跳出这个"念头"，就能立即把这意义转化为行动。

它们都呈现为图像吗？第一个概念"这"就无法成像，它是指示与主体的关系远近；"事"可以指向一个抽象的过程；"糟了"是至今的变化；"！"则是模态，可能除了"逃"可以明显成为心像，其他 4 个意义单元很难呈现为图像。哪怕能分开成像，如何形成命题关系是最难象形的，因为这些图像不可能靠自身串结组合成意义，需要"元结构形式"（心中原有的关系组合模式）将它们变成意义，让人迅速应之以行动。因此，某些人所有的时候，所有人某些时候，都会用一种非语言的方式作直觉的思维，这就是"心语说"的根据。

"心语"或许与动物的思维方式相差不远，动物无语言却能够做相当复杂的思考。有不少报告，证明某些动物不仅能欺骗，而且能识破欺骗[①]。这是非语言高级符号意义活动的标志。艾柯再三说过：欺骗是符号行为的一个最基本

---

① Richard W. Byrne, *The Thinking Ape: Evolution Origins of Intelligence*, Amsterdam: Elsevier, 1995.

能力。"每当存在着说谎可能时,就有一种符号功能";"说谎可能性就是符号过程的特征。"① 而维特根斯坦指出撒谎是一种"语言游戏",而且谎言游戏"与其他语言游戏一样,要学习才能会"②。

既然人本能思维的基础组成不是语言,也不完全是图像,那么人究竟如何思考?人每时每刻地思考,使用的究竟是什么?如果这是人脑中的一种"携带意义的感知",也就是说思维必然在符号中进行,那么是什么样的符号?

20世纪70年代开始,就有学者提出:人脑思想用的是一种非语言非心像的特殊的"心语"(Mentalese),这种"心语"非语言。此说否定人类用语言思考,因此中译的"语"字只是比喻。要建立这样一种学说,不得不回答很多问题:"心语"是与生俱来的还是习得的?它是否有词库和句法?它是否有完备的符号再现体系?当我们有意识地思考时,它又是如何被"社群语"(自然语)取代或覆盖的,一如母语也会被掌握得很好的习得语所覆盖?抑或成人的心语只是表面上被"社群语"覆盖,内心实际上还是按心语在操作思维,只是经常自然而迅疾地翻译成"社群语"?如果社会文化交流靠社群共享的语言,个人化的心语能否应用于交流?这一系列问题,至今尚没有一个答案,因为至今关于"心语说"的论辩,还在争论它究竟是否存在这个阶段。

人一旦与他人进行交流,就必须用社群的语言。马克思在这个问题上说得很清楚:"语言本身——这是一定集体的产物。而从另一方面说,语言本身也就是这个集体的现实存在,而且是它不言而喻的存在。"③ 语言哲学界大致都接受的说法是:我们的世界之边界,是我们的语言所决定的。维特根斯坦指出:"私人语言"不可能有意,语言词汇的群体性,反过来模塑人们的意义世界。他说我的"痛"外人不可能理解,除非用社群共同的语言,"如果没有公共语言,我们无法描述这个体验"④。语言学的萨丕尔-沃尔夫假说,把这个问题说得更清楚:"我们依照我们的母语来切割世界。"⑤ 他们的意思是这世界有没有某个范畴,取决于有没有相应的语词,而且是文化认可的语词。这就对心语说提出了一个更重大的挑战:如果世界是语言构成的,心语有"塑造"

---

① Richard W. Byrne, *The Thinking Ape: Evolution Origins of Intelligence*, Amsterdam: Elsevier, 1995, pp. 70—74.

② Jacquette Dale, "Wittgenstein on Lying as a Language Game", in (ed) Daniele Moyal-Sharrock, *The Third Wittgenstein: The Post-Investigations Works*, Aldershot: Ashgate Publishing, 2004, p. 159.

③ 保尔·拉法格:《回忆马克思恩格斯》,马集译,北京:人民出版社,1973年,第44页。

④ Norbert Wiley, *The Semiotic Self*, Chicago: Univ. of Chicago Press, 1994, p. 121.

⑤ J. L. Sapir, *Culture and Personality*, Berkeley: Univ. of California Press, 1949, p. 46.

这个世界的能力吗?

这些问题之复杂,使任何提出或赞同"心语"的提议都会招来无穷的追问;任何构筑出来的"心语"方案,都会遇到无穷的反例,以至于"心语"说举步维艰,至今尚未有一个得到大致赞同的理论假定。但是"心语"问题值得探讨,必须探讨,因为我们必须了解我们的思维的基础是如何构成的,这是意义诸理论的出发点。

2. 心语假说

首先,心语假定是一种非交流的"内部语言"? 亚里士多德就考虑过其存在可能。最早提出思想语言的人是 17 世纪英国哲学家霍布斯与洛克。霍布斯认为言语是心理话语转换而来的①。最早建议"符号学"学科的洛克认为思想是符号,而词汇是思想的符号,因此是符号的符号②。但是他们都没有对此做详细的论证。20 世纪各界学者,如心理学家维果尔斯基、语言学家乔姆斯基、符号学家索绪尔,都认为应当有这样一种思维工具,但是都语焉不详。弗洛伊德说:"梦里的每一个符号都可以被看作是代表另一个符号。"③ 因此,符号组成梦叙述的文本。

最早以一本书的篇幅,明确而系统地提出一个方案并为之详细辩护的,是美国语言学家福多(Jerry Fodor),他于 1975 年提出"思维语言"("Language of Thought",简写为 LOT,因为至今被学界认为只是一个假说,所以加了一个字母 H,即"Hypothesis",称为 LOTH)④。福多的学说在很多年间一直遭到质疑,始终没有得到学界比较普遍的响应。20 年之后,1995 年,他著书阐明"心语语法"⑤。次年平克(Steven Pinker)发表《语言本能》一书⑥,从认知学的心理实测给予此说以更有力的理论支持。最近苏珊·施耐德从神经科学角度给予声援,把这问题变成了一个生理学问题,甚至动物生理问

---

① 转引自 R. Burchfield, *The English Language*, London: Oxford Univ. Press, 1985.
② 转引自 Winfred Noth, *A Handbook of Semiotics*, Bloomington: Indiana Univ. Press, 1995, p. 24.
③ Sigmund Freud, *The Interpretation of Dreams*, New York: Avon, 1965, p. 13.
④ Jerry Fodor, *The Language of Thought*, New York: Cromwell, 1975.
⑤ Jerry Fodor, *The Elm and the Expert: Mentalese and Its Semantics*, Cambridge, MA: Bradford, 1994.
⑥ Steven Pinker, *The Language Instinct: How the Mind Creates Language*, New York: Perennial Press, 2000.

题，以彻底摆脱语言的纠缠[①]。笔者无法进入神经生理学或动物学领域，本书只是把"心语"作为一个意义理论课题，从符号哲学寻找支持。

拥护"心语说"的学者们，其理论与证据各有所差别，但是基本的概念是一致的。他们都认为"心语"是人类的一种本能的语言或符号，是人类甚至某些动物头脑天生就具有的意义方式。"心语"是内省的、非交流的语言，只有当我们与自己说话时才会用。其表意方式可能类似语言，但不会是社群交流语言那样的音节语，也不会完全是图像、意象、模型。除非意识明显感到自己在"思维"，或是当准备与别人交流时，不一定需要把它转化为社群交流语言，也不需要用某种外部媒介予以再现。

概括地说，"心语"是假设一种人天生具有的类似语言的存在，这种语言由某种无法付诸再现的心理符号构成。人的思想首先发生在这种天生的符号系统中，然后才有可能被翻译成后天习得的社群语言。

那么"心语"究竟是什么形态呢？有的学者想象这样一种"心语"，由有限的"语义基元"（semantic primitives）构成，可能是头脑内部的神经冲动。原始语义基元不可能被再现，因此无书面形态的（non orthographical），无语音的（non-phonological），但语义上却依然是有逻辑构造的语言，依从一定的作文构造（compositional structure），由此形成一种类似语言的"起始原型"（protoness）。

"心语"的辩护者举出了一个非常特殊但很有力的例证：某些聋哑人，没有学过社群通行的手势语，被称为"非通用手势人"（home signer）。他们的手势与使用社群语（包括社群通行的聋哑语）的人不同。一旦这样的"非通用手势人"聚到一起，他们不久就会相互交流起来，用的依然是他们自己为交流临时设计的手势。可见人的思想中，哪怕没有与他人交流，也有一定的思维语言，一旦交流就会被某种共同语言覆盖，成为外显的符号语言。如此意符化之后，也就是被姿势、语音、文字等社群交流语言取代后，他们的"心语"就被覆盖。

"心语说"触及一个哲学上更本质的问题：究竟是语言产生思想，还是思想产生语言？心语假说的主要论敌，是20世纪占绝对优势的语言哲学。语言哲学不仅认为社群语言是社会和个人思想之间的必要媒介，而且认为社群语言决定了我们感受理解世界的方式。而按照"心语说"，思想本身是"生成性

[①] Susan Schneider, *The Language of Thought：A New Philosophical Direction*, Boston：MIT Press, 2011.

的",有思想才必然有语言;思想产生语言符号,而不是相反。如果没有说出来与他人交流的压力,也没有学会社群语,思想产生的就只能是个人化的"思维语言"。

可以看到,任何词语很难"贴切地"表达意义,社群语言或其他任何社群性符号体系,经常不整齐,有许多歧义或多义。举几个最简单的例子:"我们四人一桌""请吃菜""他动手术""他们谁也能打败"。此时接收者不得不寻找一个比较清楚的理解,或靠上下文语境,或靠加词来确定关系,或靠"文本内元语言"来回纠正,用"我说的是""这才是我的意思"等短语加以辅助。此时,用社群语言难以说清的"意思"究竟是什么呢?显然只能是前语言或非语言的思维。社群语之所以容易"出错",是相对于思维而言。这不是说思维必然清晰,而是说只有与某种并不歧义的思维作对比,才能看出语言歧义。

但是,正因为社群语言在我们头脑中力量之强大,我们便落入一个陷阱:"你怎么知道你的心语说的是什么?"[①] 的确,心语是非再现的,说不出的,要说出"说的是什么",依然不得不用可再现的语言或符号。社群性语言(或其他符号体系)的再现力量是如此强大,以至于生存于社群中的人已经很难明白感觉到语言底下有"心语"在操作。心语是随时准备被社群语覆盖的某种意义载体,是我们作为原始人创造社群语的基础,或作为婴儿学习社群语的基础,也是我们想说得"更准确"时的基础,因为我们总是需要一种已经掌握的语言(元语言)来学习另一种语言。

心语假说的首要目的是解释思想和心智如何获得意义,而这个问题是困扰哲学和心理科学的根本问题,至今没有一个令人信服的答案。哪怕承认心语假说有太多反例,或者说此假定没有能回答所有的疑问,不证明心语假说不必要,只证明我们对心语的理解尚太欠缺,前文已经提出过:假定没有"心语",也会有很多无法回答的疑问。

以上是对"心语说"的简单介绍。本书的目的不是为"心语说"提出更有力的辩护,而是提出"心语假说"有理论先驱,例如伯格森等极力主张"直觉论"的哲学家,就很接近这种立场[②]。而皮尔斯关于"思维-符号"的论述,与心语说出乎意料地接近,这更证明"心语说"应当是哲学符号学郑重考虑的一个问题。

[①] 丹尼尔·丹尼特:《心灵种种——对意识的探索》上海:上海科学技术出版社,1998年,第112页。

[②] Kristian Bankov, "Intellectual Effort and Linguistic Work: Semiotic and Hermeneutic Aspects of the Philosophy of Bergson", Imatra: International Semiotics Institute, 2000, p. 65.

3. 皮尔斯的"思维-符号"理论

皮尔斯一生曾经多次讨论过"思维-符号"(thought-signs)这个概念,他的理论实际上应当称为"心符说"(mental semiosis),因为他强调论证思维的符号性质。皮尔斯在1868年(即他29岁时)的论文《四种无能的若干结果》("Some Consequences of Four Incapacities")中作了一个比较详细的论述[1]。此后一生中也多次提及,只是散见在留下的笔记中。皮尔斯遗作被按主题整理成合集,或是按年代整理成编年全集,都是卷轶浩繁,却一直没有人仔细研究过埋藏于其间的"思维-符号"问题。

在皮尔斯看来,符号之所以能传达意义,最根本的原因是"人的思想本身就是符号"。这种人与生俱来的符号方式,他称之为"思维-符号"。他说:"根据定义,人类思想自身就是符号;假如所有其他的符号最终都会在思维-符号中得以解释是事实的话,那么这个事实就与逻辑本身无关了……"[2] 他说的"与逻辑无关",意思是这是无需用逻辑证明的思维起点。

那么"思维-符号"是不是非语言的或前语言的?皮尔斯没有做绝对肯定的论述,但是他认为思维-符号可以采取各种形式。例如他说:"注意力,是指向思维-符号应用或其幅度的功能,它在思想中扮演指示符的角色。"[3] 因此,在他看来,注意力是一种思想中的指示符号,但是并不一定明确以"this-that"或"此与彼"这样的语言方式出现,它们只是一种意义的方向感觉。皮尔斯这个观察非常敏锐,实际上所有的连接词、虚词甚至"模态动词"如"必须""应该""可以"等,最不可能立即在思想中显示为语言,甚至不可能是图像,而最可能是以某种心语方式出现。这些虚词的意义,实际上是"心理态度",或"思想姿势"。平克就指出过各种代词(冠词、指示代词、人称代词)在人的智性思维中很特殊,哪怕在熟练掌握社群语言的人心中,也往往依然会以"心语"方式出现[4]。很可能心语不需要代词,重复即可。语言中的代词消除累赘,使表意简洁,而"思维-符号"无篇幅可言,也就没有对行文简洁的追求。

但是"思维-符号"究竟是语言的还是前语言的?皮尔斯提出:"每当我

---

[1] Charles Sanders Peirce, *Collected Papers*, Cambridge MA: Univ. of Harvard Press, 1931–1958, Vol. 5, p. 283.

[2] C. S.《皮尔斯:论符号》,赵星植译,成都:四川大学出版社,2014年,第32页。

[3] Charles Sanders Peirce, *Collected Papers*, Cambridge MA: Univ. of Harvard Press, 1931–1958, Vol. 2, p. 428.

[4] Steven Pinker, *The Language Instinct*, New York: Perennial Classics, 2000, p. 23.

们思考时，我们向意识提交情感、形象、概念，或其他再现作为符号。但是我们的存在（我们屡屡产生的无知与错误就是存在的证明）说明向我们呈现的一切，都是我们自身的现象表现（phenomenal manifestation），正如虹是太阳与雨共同的表现。因此，当我们想到自己，我们自己在那一刹那显示为一个符号。"① 这是一段非常诗意的描述，皮尔斯认为我们的思想符号可以是"情感、形象、概念"，虽然皮尔斯保留说有"或其他再现"的可能，但是如果这种"自己的"思想符号可以由语言构成，他肯定要在此提到，因为语言的表现力远远强过提到的"情感、形象、概念"。

皮尔斯进一步证明这样一些"自我思维符号"拥有符号表意的系列特征。在他看来，符号必须符合三个意义条件："一个符号有三个指称：首先，它是某种能够解释它的思想的符号；第二，它是与这种思想等值的某个对象的符号；第三，它是使它与此对象联系起来的某个方面或某种品质的符号。"这也就是皮尔斯后来更加明确地提出的符号三联构成："再现体""对象""解释项"。

然后，他用这三个严格的条件，来衡量他讨论的"思维－符号"。他论证说："那我们就要问：思维－符号指向的是哪三个相关项呢？首先，当我们思想时，这个就是我们自身的思维－符号，指向什么呢？可能需要充分的内部发展之后，它可以通过向外表现，指向另一个人。"在这里，皮尔斯明确指出了"交流"需要语言，而语言的产生需要先将思维－符号做充分的"内部发展"才能得到。这样，皮尔斯就明确说明了"思维－符号"是"我们自身"，并不用于交流，交流必须用语言或其他可交流的符号，前提是在心中把思维 符号"发展"到一定程度。

那么这种思维－符号自己的（非语法的）构成原则究竟是什么？皮尔斯建议说这里可能有一种"意义的联想延续论"，意思是说其基本语法可能就是一种前后相续关系。他的描述很清晰："这种情况（指与他人交流）不管是否发生，思维－符号只能被我们自己后继的思想来解释。如果在一个思想之后，当前的思维之流依然自由地流淌，它就遵循心灵联想的规律。这样一来，前面的思想提示后面跟随的思想，也即是说，它就是后面跟随的东西的符号。"因此，皮尔斯生动地描写说："可以说这样一条规律是没有例外的，即每个思维－符号都是被后一个所翻译或解释，除非所有的思想一下子全部中断，突然死亡。"②

---

① James Hoopes (ed), *Peirce on Signs*, Chapel Hill: Univ. of North Carolina Press, 1991, p. 8.
② Charles Sanders Peirce, *Collected Papers*, Cambridge MA: Univ. of Harvard Press, 1931-1958, Vol. 5, p. 285.

因此，思维－符号的内在语法，是联想造成思维－符号单元之间的链接，链接的过程主要涉及三个方面："第一是作为感觉的内在品质。第二是影响其他观念的能量……第三是一个观念把其他符号与其融合在一起的那种倾向。"[①] 因此，所有符号都是先前符号的结果，每个符号都携带着意义，思维－符号活动组成前后相续的符号过程。这样的链接过程可能被中断，但思维不可能没有前后相续关系，用"前因后果"的意义链来说明思维，可能是唯一可行的方式，可以不求助于社群语的语法。

由此，皮尔斯如此回答思维－符号如何指向符号的第二个要素，即对象："思维－符号替代的是什么呢？它命名的是什么？它提出的是什么？如果想到的是外界的一个事物，那当然是这个外界事物。但是因为这个思想依然被这个事物之前的思想所决定，它通过之前的思想去指称这个事物。"[②] 皮尔斯的意思是，思维－符号，有可能是以外界事物为对象，那时它就是一个与外界连接的符号，它会遵循社群交流性符号体系的结构原则展开；但是在思维内部，这个思维－符号依然按头脑里的联想延续方式展开。

然后皮尔斯解释思维－符号作为符号最关紧要的第三点，即解释项："这个思维－符号在思想到的方面替代对象，这个方面就是思想的意识的直接对象，或者用另一种话来说，就是思想本身，或是这个思想在随后的思想（也就是它的符号）中被想到的方式。"每个思维－符号，它的意义恰恰就是前面一个思想，符号本身的意义链接，就成为一个有组合段的文本。这样的话，思维－符号就不需要外求于语言或其他的逻辑，就是思维所用的底线工具，它可以再现成语言或其他可以用于交流的"外在符号"，但它依然在思想的底层潜流中运行。

因此，皮尔斯在这里提出了一种符号体系双线展开理论：语言并没有中断思维－符号自己的意义发展过程，也就是说，我们的思维或交流哪怕在用语言进行，思维－符号的进展方式依然在延续。因此，在已经获得社群语能力的人心中，通常"心语"与社群语同时展开："心语"不仅是前语言，也是"潜语言"。本节前面说过，歧义是针对"心语"而言的，也是靠"心语"来校正的，证明心语一直存在于我们的思维中。同时，社群语不仅是用来交流，也是为了让思想更加逻辑化、形式化。例如许多复合词、新造词、双关语，很难说是

---

① Charles Sanders Peirce, *Collected Papers*, Cambridge MA: Univ. of Harvard Press, 1931—1958, Vol. 6, p. 135.

② Charles Sanders Peirce, *Collected Papers*, Cambridge MA: Univ. of Harvard Press, 1931—1958, Vol. 5, p. 285.

"心语"中固有的概念。对于拥有成熟语言的人,哪些思维在语言中展开,哪些在"心语"中展开,已经很难分辨①。皮尔斯这种双线展开理论,可以解释很多对"心语说"的驳难。

对"心语说"最大的挑战,是追问其物载体究竟是什么?本节前面已经引过皮尔斯的看法:思维-符号不只是形象,而且是"情感、形象、概念"。我们可以把"心像"视为形象的载体,但是情感与概念的载体是什么呢?皮尔斯解释说:"有理由认为与我心中的每一种感觉(feeling)相对应,我身体里有一种运动(motion),这就是思维-符号的品质,它与其意义并无理性的关联。"因此,思维-符号是一种身体与大脑内部的"运动感知",但是它们携带着意义,因此是符号。皮尔斯认为这种特殊的符号载体,"可以与我说的符号的物质质地相比,它与后者唯一的不同是,它不一定必须被知觉到(felt)才能够出现思维-符号"②。

为什么一般符号的载体必须被感知,而思维-符号不一定?因为这载体就是意识内部的感知,这是对思维-符号的"非再现性"极其准确的描写。皮尔斯虽然没有称这种"运动"为"神经脉冲",但是他指出思维-符号的载体可以是身体里的无形运动,这已经很了不起。

皮尔斯发表这个见解时,语言哲学尚未兴起,认为人的思想受语言控制的提法尚未为学界接受,因此皮尔斯没有对"思想必用语言"的理论作针对性的论辩。但是皮尔斯已经明确地声称,"思维-符号"是前语言的,一旦被语言说出,就不再是思维-符号。我们可以看出,皮尔斯的"思维 符号"理论,与一个世纪后才出现的福多-平克"心语"理论惊人地相近,甚至论说也相当充分,虽然应当承认皮尔斯之论并非十分严密,不过至今"心语说"与其大量反驳,也都不够精密。皮尔斯的"思维-符号"理论应当被视为"心语说"的前驱。

4. 意义的"翻译论"

20世纪关于意义的理论,林林总总,纷繁多样,"翻译论"(Translational Theory)是其中之一。这种理论的拥护者很多,包括语言哲学家蒯因、符号学家雅柯布森等。他们认为,意义的最本质特征,就是能被另外一套符号再现出来。这另一套符号,可以是同一种语言的不同词语(语内翻译),可以是另一种语言(语际翻译),或是另一种符号(跨符号体系翻译),或另一种媒介的

---

① Jerry A Fodor, *Concepts: Where Cognitive Science Went Wrong*, Oxford: Clarendon, 1998, p. 28.
② James Hoopes (ed), *Peirce on Signs*, Chapel Hill: Univ. of North Carolina Press, 1991, p. 73.

符号（跨媒介翻译）。

反过来说，一旦我们发现可以用不同的符号来再现某个东西，这个东西就可以被称是意义，因此，意义就是"可译性"（translability）。索绪尔提出语言的产生是由于社群"把同样的词典发给每个人"的结果[1]。他的意思是说，我们拿到这部词典，对心里的想法做了互相类似的翻译，才创造了社群语。皮尔斯的整个符号学都强调符号的意义在于解释，而解释就是用另一套符号进行翻译。因为符号就是意义，而意义就必须可以由别的符号来翻译，即用别的符号做另一种再现。

皮尔斯提出"解释项"为符号学的发展开拓了广阔的前景。他认为每个符号都必须能够表达一个解释项，广义地说，解释项可以被理解为这个符号的翻译："除非符号能把自身翻译为另一种发展得更为充分的符号，否则符号就不是符号。"[2] 而"意义……它所主要接受的是那种从一个符号到另一符号系统的那种翻译"[3]；"一个符号的意义就是它不得不被翻译成为的那个符号"[4]；因此，当皮尔斯说"每个思维－符号都会被翻译成或被解释成另一种符号"时，他断然地宣称这条规则"不存在任何例外"[5]。这种翻译，不一定是通过某个翻译者居间，也不一定是通过意图清晰的解释行为来完成的。"翻译是一个产物，也即某个过程的一个结果，因此也就是符号过程本身。"

本节一直没有讨论机器的思维单元，福多提出"心语假说"，受到图灵关于"计算机器与智能"思想的启发[6]。实际上机器语言的构成，对"心语论"非常有利：机器的内设语言并非用于社群交流，而是控制电脑内部的思维。但是机器拥有强大的翻译能力，机器工作的最基本途径，就是高效地在各种社群语与符号系统中进行转换。施奈德关于"心语"的近著详细地讨论了"心灵符号"（mental symbols），而且指出与计算机语言的相通之处，心语实际上也是

---

[1] 费迪南德·索绪尔：《普通语言学教程》，高名凯译，北京：商务印书馆，1980年，第41页。
[2] Charles Sanders Peirce, *Collected Papers*, Cambridge MA: Univ. of Harvard Press, 1931－1958, Vol. 5, p. 594.
[3] Charles Sanders Peirce, *Collected Papers*, Cambridge MA: Univ. of Harvard Press, 1931－1958, Vol. 4, p. 127.
[4] Charles Sanders Peirce, *Collected Papers*, Cambridge MA: Univ. of Harvard Press, 1931－1958, Vol. 4, p. 132.
[5] Charles Sanders Peirce, *Collected Papers*, Cambridge MA: Univ. of Harvard Press, 1931－1958, Vol. 5, p. 284.
[6] 宋荣、高新民：《思维语言》，《山东师大学报》，2009年第2期，第1页。

一种"演算法"(algorithms)①。

有论者认为"翻译论"也是一种意义的"符用论"(pragmatic theory),因为使用本身就是转换成另外的符号,例如"向前走"这句话,你可以说"我听懂了,这意思是朝正前方行走",也可以直接走一步,用身体姿势"翻译"这句话,表示听懂了。蒯因对此有论说:"只有根据人们对社会可观察的刺激所做的明显的反应倾向,才能核实语言的意义。"②

皮尔斯一直在强调思维-符号的基本组成方式,就是在链式延续中被后续元素接上并且衍义下去的能力,因此皮尔斯的"思维-符号"理论,实际上是一种意义的符用论。翻译论首先强调的是意义就是一种"被翻译潜力",用皮尔斯自己的话来说:"一个知性概念意义何在,这问题只能靠研究此符号的解释项,或表意效用本身来解决。"③ 显然,在皮尔斯眼里,"表意效用"与"翻译意义"本质上一致,"翻译论"与"符用论"本质上一致。

为"心语说"辩护的人说:人能够学会外语,是因为已经掌握母语;而人能够学会母语(第一个社群交流语),是因为人天生掌握了"心语":婴儿在学习语言时,用社群语翻译"心语"。这个论点,引出了对"心语"理论的一个重大的挑战,即所谓"无限递归论"(infinite regress):如果外语必然是通过母语翻译才能获得,那么"心语"是如何习得的?是从什么语言翻译过来的?这里有个逻辑陷阱:必须假定需要有一种语言才能获得心语,就像机器的基础语言,是程序员预先输入的。但是这个陷阱不一定存在:如果心语是进化的产物,是天赋,那么"心语"的"出发语言"必是在动物进化过程之中形成的。因此这个"程序员"是进化了的基因。"心语"或许与人的动物性本质有重大关联,在这个符号能力进化的基础上,人才能变成"使用符号的动物"④。

正因为如此,笔者认为,皮尔斯的"思维-符号"理论,虽然不是专门为一个世纪后的"心语假说"提供根据的,却暗合了"心语"的若干最重要假设。从皮尔斯的论述来看,"心语假说"并不如反驳者说的那样无根无据,而是很值得我们进一步思考,至少,"心语"之有无,是意义研究的一个基础课题。

---

① Susan Schneider, *The Language of Thought: A New Philosophical Direction*, Boston: MIT Press, 2011, p. 111.

② Willard van Orman Quine, *Word and Object*, MIT Press, 1960, p. 6.

③ Charles Sanders Peirce, *Collected Papers*, Cambridge MA: Univ. of Harvard Press, 1931–1958, Vol. 5, p. 475.

④ 恩斯特·卡西尔:《人论》,甘阳译,上海:上海译文出版社,1985年,第87页。

第二节 重复：经验的构成方式

本节概要：

先验是人天生拥有的意义能力，经验由每个人先前有过的意义活动积累而成。这两者之间的过渡靠重复：没有重复，人不可能形成对世界的经验，而没有个人与社群的经验，世界就是不可认识的、反意义的。但是重复要成为经验，必须用某种方式重叠累加意义活动的印迹。重复不仅是一个符号表意问题，更是我们对待传统与创新的态度。关于重复这个看来简单的问题，值得做一番细致的分析。同相符素与异相符素之间的复杂关系，聚合重复与组合重复的交叠，是对重复做一个符号学分析的关键点。

1. 重复理论的命运

前面引过皮尔斯的话，重复，即让一个符号与另一个符号迭合，是经验化的第一步。

关于意义重复的理论，看来是中国人首先提出的。《周易》的最后一卦是"复"，一般的解释是一年周而"复"始，但是"复"完全可以抽象为广义的重复。《篆辞》对此提出一句奇特的解释："其见天地之心。"程颐《周易程氏传》说："凡天地所生之物，虽山岳之坚厚，未有能不变者也，故恒非一定之谓也。一定则不能恒矣。唯随时变易，乃常道也。"[①] 他进一步解释说："消长有因，天之道也……一阳复于下，乃天地生物之心也。先儒皆以静为见天地之心，盖不知动之端乃天地之心也。"在程颐看来，世界的运动与变化全靠"复"。有了重复，就有了"天地生物之心"，重复是世界变化、"天道消长"的动力。这是一个非常杰出的见解。

意义世界，作为一个世界，它必须存在于时间与空间之中。但是意识如何辨别时间与空间中的世界？靠重复比较，重复是意义的符号存在方式，变异也必须靠重复才能辨认：重复与以它为基础产生的变异使意义能延续与拓展，成为意义的基本构成方式。

无怪乎重复这个似乎枯燥简单的题目，在现代思想中变成一个重大题目。

---

① 《周易程氏传》卷三。

我们至少可以提一下四位思想家以"重复"为主题的著作：1843年存在主义的创始人克尔凯郭尔的《重复》一书，原是他给未婚妻的辞婚约书，却起了如此一个不切合内容的题目，因为他认为"重复的是发生过的，正因为是发生过的，才使重复有创新品质"①；弗洛伊德的名文《记忆、重复、贯通》，仔细分析了母亲不在时，幼儿重复单调的游戏动作以及似乎无意义的发音，指出这是他对母亲欲望的取代②；德勒兹出版于1968年的名著《差异与重复》，提出了"柏拉图式回归"与"尼采式回归"这两种重复方式，影响深远③；1982年米勒的《小说与重复》则把重复问题与文学研究结合，分析《德伯家的苔丝》《呼啸山庄》等7本我们耳熟能详的英国小说，提出了叙述重复的"异质假定"(hypothesis of heterogeneity)④。这些著作容易看到，本书就不重复他们的观点了，论重复的文字，也不便落入重复的窠臼：成功的重复必须超越重复，值得一读的论重复，不应当是重复论的重复。

奇怪的是，我们这个以《易》之"复"论起家的文化，今天几乎不存在讨论重复的研究。为何中国学界如此不重视重复问题？可能是因为这问题看起来过于简单，笔者觉得这个问题可能是现代中国文化中的一个错漏。清代学术主流是朴学，以求实切理为主旨，以注疏校雠为主要工作；现代中国思想界、反过来视传统为异端，极端推崇创新；而当今中国思想界学术界再次翻转，唯文献整理是尚。或许正是因为中国文化深深地植根于重复之中，却又始终无法处理传统与创新的关系，所以连重复的本质这个课题都被下意识地遮蔽了？

因此，本节回到重复本身，问一下重复为何是意义世界运作的根本方式，或许并不是穷追细枝末节的空疏之论？

2. 重复作为符号的一般品质

靠经验理解事物，就不能靠初始的形式直观，而必须累加对同一事物的意义理解。用皮尔斯的说法，就是符号与符号叠加，认识的累积"把自己与其他符号相连接，竭尽所能，使解释项能够接近真知"⑤。要融会贯通理解事物，

---

① Soren Kierkegaard, *Repetiton*, New York: Harper, 1964, p.52.
② Sigmund Freud, "Remembering, Repeating, and Working Through", *The Standard Edition of the Complete Psychological Works of Sigmund Freud*, London: Hogarth, 1958.
③ Gilles Deleuze, *Difference and Repetition*, New York: Columbia Univ. Press, 1994.
④ J Hillis Miller, *Fiction and Repetition: Seven English Novels*, Cambridge, MA: Harvard Univ. Press, 1982.
⑤ C. S. 皮尔斯：《皮尔斯：论符号》，赵星植译，成都：四川大学出版社，2014年，第15页。

就需要许多次意义活动的积累。这就是为什么重复成为人类认识的普遍形式。

任何符号与另一个符号用任何方式连接，都可能深化理解。重复要演化成经验，只有在同一个意识中发生。后一个符号活动，有可能在前一个符号活动的印迹上叠加，加强了这个印迹；也就是说，意识还记得，或至少部分记得前一个符号活动，这种重复的符号活动才是意义世界的最基本单位。显然，只有在同一个意识中能让前后两个符号活动有叠加印迹的可能。意识的这种经验累积功能，是意识之所以成为意识的关键，是经验与意义世界关联的根本方式。

集体经验更是要借助符号的交流传承，使重复成为人类文明的构成方式。重复对"社群意识"极其重要，它不仅形成个体经验，而且这种经验能够在人与人之间形成传播，在代与代之间形成传承。人类文明借此才变得可能。可以想象：人类削打石块成为石刀，用树干做成轮子，用灰堆保持火种，在重复了无数遍以后，才固定下来，成为所谓文明。我们不知道这种记录最早的形式，但是它们都是重复对意识施加压力的结果：重复使我们寻找并固定化重复的符号活动，使它们变成意义和知识的承载物。由此，我们才成为石器人、轮运人、用火者，人是符号重复使用的产物。

实际上，我们的意识对重复做了更加精致的处理：意识把重复的经验做了合并，除去了每次变异的临时性成分，只保留值得重复的核心。热奈特认为重复是一种解释性行为，每次重复只留下上一次值得重复的东西，悬搁了不值得重复的因素，因此重复可以建构模式[1]。例如对轮子的重复使用，只有排除了每次的圆木质料，只重复其圆形，轮子的概念才终于被发明。重复加工了我们的经验意识，意识反过来加工了我们对重复的处理，如此反复，就形成了"学习"这个关键性的意识特点。因此，重复是用部分（某些印迹的叠合）来代替了整体意义的认知，只有片面重复，才能保证经验被抽象为规律。

伽达默尔说："传统按其本质就是保存，尽管在历史的一切变迁中，它一直是积极活动的。但是，保存是一种理性的活动，当然也是这样一种难以觉察的不显眼的理性活动。"在他看来，意识对过去的态度中，真正出现的倾向不是远离摆脱传统，而是"经常地处于传统之中"[2]。与任何人交流，必须相信"我"交流的对象心中已有一个意义模式，才有可能让对方理解"我"的解释。哪怕看简单的电视台气象报告，听同行学者的演讲，如果没有一个双方已经共享的意义模式，报告人无法说清任何东西，听者也无法理解任何东西。

---

[1] Gerard Genette, *Figure* Ⅲ, De Seuil, 1972, p. 145.
[2] Hans-Georg Gadamer. *Wahrheit und Methode*, Tuebingen: Paul Siebeck, 1986. p. 286.

3. 同相符素与异相符素

上面所说的，实为常识。学理的讨论，就必须先把重复视为一种符号活动，才有可能对这种符号活动做形式论的解释和分析。这就是符号学中至今比较难懂的一个问题："同相符号现象"（isotopy）。

首先分析同相符号现象的，是出生于立陶宛的法国符号叙述学家格雷马斯与他的符号学团队。他们的讨论比较烦琐，在中国学界基本上没有引起反响。此后符号学家艾柯也在《符号学与语言哲学》中有专章论述，可惜艾柯的专章被中国译本漏译了①。艾柯的讨论，是他为此书英文版特别加写的两章之一。中文本②是从意大利文本直译，没有注意到英文版多了重要的两章③。

这个概念被中国学界忽视，至今没有一个翻译。此词的希腊词根是"iso-"（相同），以及"topos"（空间、地方）。化学上译为"同位素"（在元素周期表上占领同一位置，但是原子结构不同的元素）意义比较切合。而符号学的"isotopes"是在多个符号活动之间某些"符素范畴"（semic categoties）重复出现了，因此"isotope"在符号学中正确的理解，应当是"同相符素"（repeated seme）。

米勒认为，一篇叙述文本中，重复的可以是符号形式（例如词语、修辞格），或是符号的对象（例如事件与场景），或解释（例如主题、价值判断、情感）④。也就是说，符号过程的任何一个元素，都有可能成为得到重复的印迹，只要意识形成这种连接。因此，同相符素，可以是"同形素"（homonyms）、"同义素"（synonyms），甚至可以是"相似组段""相似主题"。由于重复的部分多变，哈蒙建议用一个医学词"增生"（hypertrophy）来代替"同相符素重复"⑤。这个词应当说非常切题，很能说明本书再三强调的关键点，即经验靠记忆而增长。

重复的符号活动，不仅有"同相"，而且有"异相"，这时候重复的单元被

---

① Umberto Eco, *Semiotics and the Philosophy of Language*, Bloomington: Indiana Univercity Press, 1984, pp. 214—217.

② 翁贝托·艾柯:《符号学与语言哲学》，天津：百花文艺出版社，2006 年。

③ 此中的版本纠葛，请见赵毅衡:《艾柯七条：与艾柯辩论镜像符号》,《符号与传媒》，2011 年第 2 辑，第 137~145 页；又见翁贝托·艾柯,《镜像》,《符号与传媒》，2011 年第 2 辑，第 146~165 页。

④ J Hillis Miller, *Fiction and Repetition: Seven English Novels*, Cambridge, Mass: Harvard Univ. Press, 1982, pp. 1—2.

⑤ Philippe Hamon, *Exposition: Literature and Architecture in 19th Century France*, Berkeley: Univ. of California Press, 1992, p. 135.

称为"异相符素"(allotope),即对比符素(contrasted seme)。不同相位如何可以算重复呢?其实这在符号表意中经常见到。当交通灯红黄绿三色变换时,重复的是其功能:它们都是指挥交通的权威性指示符号,不同的是其具体的语境(指挥疏导的具体车流人流每次不同),因此每一次交通情况,出现的是"异相符素",在互相对比中重复。

重复靠同中有异推进意义。格雷马斯认为,重复具有"合一性"(uniform),因为重复的是"能够让故事得到合一性阅读的一套冗余语义范畴"[1]。艾柯干脆把重复称为"导向"(direction),重复是"文本在尊重解释凝聚性规则时展示出来的,导向同一个方向的不变因素"[2]。他们一个说叙述的故事,另一个说普遍的文本,意思是相同的,就是符号靠重复才能如纤维那样"织成文本"。

《旧约》叙述的重复动作的频率方式,可能是人类叙述的本能方式,不过也可能是经验取得有效性的基本方式:摩西在率领以色列人走出埃及的时候,上帝降灾十次以迫使埃及长老同意放行。十次表示极限数字。为了故事的简洁,大部分叙述重复频率一般都为三次。所谓事不过三,三必有变,重复造成经验的强制性。

中国古人,对于"重复中有真理"体会特别深刻。《中庸》有"仁者人也,亲亲为大";《论语》有"盗亦有道";董仲舒《春秋繁露·深察名号》一再使用"同音相训"方式:"士者,事也;民者,瞑也";诸侯,"宜谨候天子";大夫,"善大于匹夫"。语音重复,证明圣人的意义原则安排。

以上的讨论似乎很玄,似乎是没有必要地耍弄术语。但是我们看一首诗的组成,就可以看到:文本的确靠同相符素与异相符素交织而成。随便拈一首最短的中文名诗,王之涣《登鹳雀楼》:

白日依山尽,黄河入海流。
欲穷千里目,更上一层楼。

从文化史方面说,中文、中文诗、中国文化的形成,是读懂这首诗的背景条件,而这些条件都是靠几千年中国人社群中一再重复形成的;从作者和读者方面说,他们能用这首诗进行意义交流,是因为他们在中国文化中大量重复的符号因素形成共同的教育背景。

然后我们看织成文本的形式重复:字段(诗行)长度是最明显的重复;节

---

[1] A. J. Greimas, *Du Sens*, Paris: De Seuil, 1970, p. 188.
[2] Umberto Eco, *Semiotics and Philosophy of Language*, Bloomington: Indiana Univ. Press, 1984.

奏，不管是靠平仄，靠重轻，还是靠短语间歇，都是重复某种语音单位；韵脚的元音重复，则成了诗最明显的外部条件。然而这首诗最让人欣赏的，是巧妙的语义重复。两对四句，是对偶的妙例，是"异相符素"重复的最佳例子：功能相似，语义相异对立。"千里目"与"一层楼"之对，妙绝千古，充分调动了异相符素的功能与语义差，而直接将文本方向指向了主题。一首 20 字的短诗，就展示了重复作为艺术要素的文本组合功能，以及对阅读的"导向"品格。

不过，哪一首诗不是如此呢？推演开来说：哪一个符号文本不是如此呢？由此，以色列女叙述学家雷蒙-基南提出一个精彩的"重复三悖论"，看起来似乎有点过于耍弄文辞，细思之非常精辟，笔者只能重复于此：

（1）重复无处不在，重复无处在场；
（2）成功的重复是不重复；
（3）初次即重复，重复即初次。①

第三条或许难懂，她的意思是：一旦出现重复中的变异，重复也就是初次，因为每次重复的具体意义，都需要单独的理解。

4. 正相重复的意义累积效果：象征化

社会文化，是符号活动的大规模累积活动。这种累积的重复不仅使表意方式得到传承，重复中必然包含的变化亦使符号方式得到更新。

如果这种累积是正相的，社会性地一再重复使用，会不断增加该符号的理据性。历史性的长期重复使用，能把历史人物的名字（关羽、魏忠贤等）变成某种品质的代表。此时，人名就成了典故。典故是一种特殊的理据性，是文本通过文本间性向历史借来的累积意义。理据性增加到一定程度，就成为一个象征。例如人名大部分是一个"新词"。可是一旦进入社会重复使用，人名能够变成意义富厚的象征。例如"阿Q精神"，一个名字成为难以道尽的抽象品格的象征。大部分专用名词，如物品名、物种名、地名，在使用中获得并增加理据性却是普遍的②。

巴尔特认为埃菲尔铁塔原先除了难看，没有特殊意义，但是因为永远树在每个巴黎人面前，就被多少代的巴黎人加入了"巴黎品质"③，从而成为巴黎

---

① Shlomith Rimmon-Kenan, "The Paradoxical Status of Repetition", *Poetics Today*, Vol. 1, No. 4 (Summer, 1980), pp. 151—159.
② 参见 Laurie Bauer, *English Word-formation*, Cambridge: CambridgeUniv Press, 1983, pp. 42—61.
③ Roland Barthes, "The Eiffel Tower", *A Barthes Reader*, New York: Hill & Wang, 1982, p. 238.

的象征。因此，意义累积随着社会性重复使用而增加。只要社群集体坚持重复使用，一个正项符素最终能变成象征。意义丰富化，是人类每时每刻重复使用符号的自然结果。随着文化交流的加速，意义累积也在加速，社群中的总体意义量日益富厚，人类文化也就日渐丰富。

象征是在文化社群反复使用，进而意义累积而发生符用学变异的符号，其意义往往是比较抽象而难以说清的精神，或因各种原因不宜或不愿直接说的影射。象征原是一般的比喻，经由重复而累积意义才形成：文化对某个比喻集体地重复使用，或是使用符号的个人有意对某个比喻进行重复，都可能达到意义积累变成象征的效果。

许多象征历史久远。例如华表，原先是一种路标，尧舜时代是供百姓告状的"谤木"。晋代崔豹说："今华表木也，以横木交柱头，状若花也，形似桔槔，大路交衢悉施焉。或谓之表木，以表工者纳谏也，亦以表识衢路也。"后世华表的路标与"谤木"功能早已消失，上面不再刻以谏言，而为象征皇权天授的云龙纹所代替，是皇家建筑的一种特殊标志。而在当代，则成了中华民族的象征。因此华表的象征意义，是历史性地重复与变异所得。各种宣传或广告，绝对不会轻易放过突出象征标志的机会，结果是更加推动某些形象成为象征。

荣格认为组成集体无意识的主要是原型象征（architypal symbol）。原型是人心理经验中的先在的决定因素，促使个体按照祖先所遗传的方式去行动。人们的行为，在很大程度上是由这无意识的原型所决定的。原型象征，即是在某些部族甚至全体人类经验中，植根很深的某些比喻，例如太阳象征真理或阳刚，月亮象征美丽或阴柔，春天象征希望，四季象征生命。原型之所以成为象征，是因为原型的使用与历史一样悠久。

当代商品品牌的建立，也是用的这种"社会性重复"的方式：大公司的商标图像Logo（如耐克的钩，麦当劳的M，肯德基的老人，英特尔的字形，奔驰车的蓝黑图标等），随着资本主义的全球化，符号的附加值暴增，延伸义扩大到全世界的消费者都只认图标而不管"真实品质"，商品图标的象征意义远远超出全球化之前的文化想象[1]。当代大众传媒则提供了象征化所需要的复用机会，把象征化需要的时间过程缩得很短。

当代一些迅速爆红的名人，也是这样一种网络与大众之间接力的人物象征。芙蓉姐姐、犀利哥、凤姐之类弄乖卖傻的人，忽然成为全国名人，成为

---

[1] Naomi Klein, *No Logo*, *Taking Aim at the Brand Bullies*, London: Harper Collins, 2001.

"平民神话"的象征。起先有人解释说这是源于中国人喜欢"围观傻子"的恶习,众人传看的心理是嘲弄这些人;事到后来,恐怕是这些人在笑话我们,笑话我们自愿参加重复使用的过程,为他们成功地象征化添柴加薪:毕竟要让那么多人来重复使用,不是一桩容易事①。

5. 重复产生诗性

使符号文本成为艺术,这是人类用意义重复玩出的最精彩的魔术。雅柯布森的六因素理论造成的最大影响,是此文关于"诗性"的解释。他认为:当符号侧重于信息本身时,就出现了"诗性"(poeticalness)。这是对艺术符号根本性质问题的一个非常简洁了当的说明:诗性,即符号把解释者的注意力引向符号文本本身;文本本身的品质成为主导。

上面分析王之涣的名诗,我们已经看到了重复在制造文本的诗性中所起的重要作用。雅柯布森指出,诗性并非只出现于诗歌或文学艺术中,诗性出现于许多表意场合。雅柯布森举出的例子极为广泛,有顺口溜、广告、诗体的中世纪律法、梵语中用韵文写的科学论文、竞选口号、儿童给人起的绰号等。这些符号文本并非没有其他功能,并非不表达意义,只不过符号自身的品质占了主导地位,符号文本的形式成为意义所在。

重复能让一个符号文本带上某种"艺术性",但不一定使这个文本变成艺术。雅柯布森认为两者之间的关键性区别是:有"诗性"的非诗体裁文本,"利用了诗的功能,但没有使这种功能像它们在真正的诗中那样,起一种强制性的或决定性的作用"②。雅柯布森这个说法并没有解决根本性问题:即使用任何"强制性或决定性作用"使其成为文本的主导因素,都不可能使广告变成艺术。起关键作用的是体裁这种文化体制,是本书上一章讨论的"展示"为诗:广告写得再有诗意,不可能变成诗,哪怕诗人来写也一样。

重复产生的诗性-艺术性,有聚合重复与组合重复两种。聚合重复是文本选择过程中出现的。一首五言绝句,在形式上重复所有的五言绝句,甚至汉乐府以来的所有五言诗的传统;典故与习用方式,组成了历史符素;引用,包括歌曲填词(即引用音乐),组成了写作方式的基本要求。而体裁要求,是最重要的一种形式规定的重复。

---

① 闫文君:《名人草根化现象中的身份-自我》,《符号与传媒》,2013年第7辑,第85~86页。
② 罗曼·雅柯布森:《语言学与诗学》,《符号学文学论文集》,赵毅衡编,天津:百花文艺出版社,2004年,第182页。

组合重复产生的诗性，是在文本中有规律又有变化地重复某些特征，形成节奏或图案。在当代，我们可以看到大量的广告或招牌，利用符号"诗性"让人记住。雅柯布森引诗人霍普金斯的话：诗是"全部或部分地重复声音形象的语言"。因此诗性的一个重要标记是重复某些要素，让这些重复之间出现有趣的形式对比：例如一家饭店名为"面对面拉面"，重复三个"面"；另一家店名是"王子饺子王"，对称安排之巧妙令人叫绝；一家饭店进门口挂了匾"好吃再来"，出门时门上另有一匾"再来好吃"。从以上例子可以看到，"艺术性"是重复造成的风格特征，在很多文体中派上用场。

西语用重复产生诗性美的方式，可以与中文完全不同。西方人特别喜爱对句（epanaplesis）方式，即相反重复，例如"The King is dead, Long Live the King"（"国王死了，万岁国王"），译成中文就正过来才顺，中文的艺术来自平行重复构成排句。

电影《黑暗中的舞者》（*Dancer in the Darkness*）中主人公塞尔玛有一段在工厂中跳舞的场景：塞尔玛先是操作着一台压模机，周围充满工厂的工业噪音；接着她逐渐恍惚，进而出现幻觉，工厂里的噪音越来越有节奏，渐渐噪音变成音乐。另一部电影《八月迷情》（*August Rush*），主人公是一位有音乐天才的少年，他走在嘈杂的街上，令人烦恼的街声渐渐变成音乐，噪音一旦得到有规律的重复，就把自己铺展成艺术文本。水中芭蕾，冰上芭蕾，之所以被成为芭蕾，就是因为同步的整齐重复。

反过来，缺乏变化的重复，无推进方向的回声式的重复，坏唱片式的机械的重复，就只能是单调的奴性的重复。所谓媚俗，就是文化中处处可见的贫乏重复。按照克尔凯郭尔的经典定义，重复的主要品质是未来"让创新成为可能"。缺乏创新精神，会让人们挥霍浪费重复，永远停留在"已然在场"之中。

但是人们一般的倾向是过于注目创新与"进步"。应当说，在重复与创新这一对二元对立中，重复是恒常的，作为背景出现的，非标出的；而创新是偶发的，作为前推出现的，标出的。重复的垫底作用往往被人忽视。某些文化的表意方式，例如仪式，则必须强调一丝不苟的重复，其文化作用，就是在喧嚣的变化之中显示历史的不变的力量，显示重复对人类符号表意的重要性。创新是现代文化的产物，就整个人类文明形成的进程而言，重复的作用被远远低估了。

尼采1888年的自传著作《看哪，这人》中说，他自己认定《查拉图斯特拉如是说》的宗旨是"永恒回归"，这是"人所能达到的最高肯定公式"，是"万物的绝对和无限重复循环"。尼采认为"永恒回归"思想生成于古希腊的神秘体验中:"最终也可以说是赫拉克利特所主张的学说。"这就是著名的箴言:"我们走进而又不走进同一条河流。"要说所有的事物绝对变化不居,或许一厢情愿了,世界的变化不仅仅是变异,而且是重复中的变异。

重复最悲惨的讽喻是"西西弗斯神话":人在重复没有结果的劳作,辛苦万状而毫无进展。加缪在用这个题目写的尖锐散文中指出:如果人生存在一个没有上帝,没有真相,没有价值的世界中,他的生存则只是无益的重复努力。只有当重复形成"演进"(progressive growth)时,这种演进的重复才有意义。但是加缪这位存在荒谬论者,在全书最后给出一个高昂的乐观调子:"迈向高处的挣扎足够填充一个人的心灵。人们应当想象西西弗斯是快乐的。"[1]加缪没有说他如此乐观的原因,他实际上是在说:重复本身在意识中形成的压力,终将突破重复的无效性,催生人类的"文明"。

的确,只有重复才可能变化,如果变化就与先前的符号活动没有关系,没有叠加重复,变化就不可理解,也就不是变化。完全未经验过的,越出意识边界的他者,这样的感知是无意义的,无法觉察的,非符号的。

---

[1] 阿尔贝·加缪:《西西弗斯神话》,北京:中国对外翻译出版有限公司,2013年,第85页。

第三节　想象力：先验的与经验的

本节概要：

想象是把人的意识中不在场的意义于心灵中在场化的能力，它是知性与感性的综合物。想象有先验的与经验的两个基本类型：先验的想象在人的形式直观中，给予对象最低形式完整性；经验的想象则在过去印象滞留形成的经验基础上，面对各种问题时给出原本不在场的理解。因此想象有日常的与创造的两个基本类型：日常的想象保证人能筹划解决将要采取的行动，或保证与他人的社会交流；而创造的想象，对艺术与科学，对整个人类文明的进程发挥重大作用。想象的极端是幻想，这是人性的，也是意义世界的重要部分。

1. 先验想象：直觉想象

想象是意识构成意义世界的最基本方式，是人存在于世必须时时刻刻运用的一种能力。先验的想象，就是本书上编说的"共现"的基础。意识对对象有所感知，但是相对事物的无限饱满而言，这些感知总是片面而零散的，需要想象来填补永远存在的巨大空隙。想象是人的意识把不在场的意义在场化的能力，把人的认识能力延伸到片面的感觉之外，借助积累起来的经验，以构成具有最低形式完整度的对象，使我们的意义世界不再局限于感觉的极端有限的范围。正因为想象无处不在，无时不发挥作用，它的式样和功能繁多复杂，必须分类别讨论。

首先，想象有"先验的"与"经验的"之分，必须仔细甄别；然后我们将讨论到日常的想象与创造的想象，这是目的不同，也是与实践关系的不同，我们会遇到创造性想象的极端，即幻想；而最后，在下一节，我们将讨论一个更复杂的问题，即感性与知性的分工。

为什么人的意识不能满足于片段感知，而必须追求理解？理解本身是没有限度的，是可以无穷追索的，人对事物不可能取得一个"完美理解"。由于想象，人的主动意识能力不需要穷尽事物的细节，初始的获义意向性，就能把片面的感知转化成认知的对象，也就是说让感知给予意识以意义。

先验的想象能力，是"生产性"的，具有"完整化"能力①。先验想象的任务，是把部分在场的感知，综合成具有基本形式完整度的对象。意识必然用先验的想象，对感知经验进行梳理与"有序化"，也就是说，意识不仅感知事物，更需要把事物构筑成意义对象。为此，想象的纯粹先验的综合，成为任何对事物认知的根据。只有当事物的感知被想象综合加工后，才构成对象。

本书上编讨论"共现"时所列举的想象功能，都是先验意识，似乎是经验使然。实际上想象可以是先验的，与经验无关，并不需要经验积累，也不需要学习才能得到。不仅幼儿会有，甚至动物都可能在一定程度上具备这些想象力：一个比较低级的动物，例如青蛙，见飞蚊的影子闪过而准确想象下一步位置，定位捕食，这是生存所需的本能意义关联。

对象对意识的获义意向性的回应，常称"实例化"。如果意识只能获取直觉地被感知的观相，那么它就不可能认知任何对象。因为能实例化的对象观相，永远是片面的、局部的、散乱的、无指向的。而意向性压力下的对象的存在，总是有一定的基本形式要求。

只有在想象的参与下，意识得到的才是一个合一的对象，让事物不再只是呈现局部的观相，而是部分摆脱了感知的片面性。只有当想象填补了直观感知留下的缝隙与空白，对象才被补充为一个意识中的对象，而意识才获得了最起码的意义，不然它只是呈现非确定的、无法构成内容的表象。胡塞尔坚持："表述并不需要真实的词语，而只需要表象就够了，在想象中，一个被说出或被印出的词语文字浮现在我们面前，实际上它们根本不存在。"②

这种想象，按自我意识的先验能力统一感知，因此，康德提出："想象力的纯粹的（生产性的）综合的必然统一这条原则先于统觉而成了一切知识、特别是经验知识的可能性基础。"③ 这种"发生于统觉之前"的想象，是先验的想象，康德认为这是人类先天的认知能力，想象对杂多感知的联结综合作用，使自在的事物转变为意识所创造的意义世界中的对象。

2. 经验的想象

然而，意识的想象能力，更经常是经验性的。没有这种想象力的再造，经验只是我们的背景记忆之随机组合，有人称经验之堆积为"思想的布朗运动"，

---

① 康德：《纯粹理性批判》，邓晓芒译，北京：人民出版社，2004年，B152节。
② 埃德蒙德·胡塞尔：《现象学的观念》，倪梁康译，北京：人民出版社，2007年，第25页。
③ 康德：《纯粹理性批判》，邓晓芒译，北京：人民出版社，2004年，第126页。

中编　意义的经验化

形容它们之无序。只有想象整理过的经验，才能成为对意义进行加工的基础。

　　经验的想象能在对象的全部或部分观相不为感官所及时，让对象在意识中显现出来，因此是"再生性"的。它能提交给意识一个先前经验过，部分记忆存留，但当下完全不在场，无法提供任何感知的对象。这种想象用记忆中的"先前经验"综合出来的对象，可以不仅当下不在场，而且也并不要求未来在场。这种"创造性想象"引发的对象，可以筹划在实践中制作在场（例如设计一所房子，策划一次演说），可以根本不准备成为在场（例如幻想自己能飞翔），也可以以艺术方式实施虚幻的"替代在场"（例如用笔画出飞行鸟瞰所见）。

　　我们把这几种想象，统称为"经验式想象"。需要郑重说明的是：经验（experience）一词，中文西文都太常用，却很容易引出误会。康德说："感官把现象经验性地展示在知觉中，想象把现象经验性地展示在联想（和再生）中。"[①] 他这一句话说到了两种"经验性"，第一种是"体验"，是"经验"（experiencing）行为，是意识的当下意向性活动，而不是心灵中储存的，须靠回忆唤出的材料[②]。后面一种"经验"，则是过去的意义活动的留痕积累。这两种经验，都能支持想象把不在场的对象变得在场。

　　想象从先验性过渡到经验性，其类型变化飞速增加。人的经验之类型化能力，把对象置放于与各种对象的关联之中：看到一个红艳的果子，我们不一定要有尝过这种果子的经验，也能把它归于"果实"范畴。或许伸手取来咬一口，结果不一定尽如预料，因此类型想象虽具有普遍性认知，却在有限的程度上有效。

　　作为人类意识重要能力的想象，很可能在动物的意识中已经具有它们的萌芽状态，动物在环境中生存（例如求偶）也需要一些想象力。高等动物也可能有一些更为清晰的想象，但是动物很难随场合而变通解释。猎豹能预判羚羊的跃起高度而把它扑倒，但是很难预判其他物件的运动，通过基因遗传而得的有限想象力是专门化的。人不仅先验的想象是普遍化的，而且有超越先验的学习能力，完整的人类心智能在积累的经验中取得足够的前理解，拥有高效的随机应变的"普遍想象力"。

---

　　① 康德：《纯粹理性批判》，邓晓芒译，北京：人民出版社，2004 年，第 125 页。
　　② 《古今汉语词典》定义"经验"："1. 体验，亲身经历；2. 从实践中得来的知识或技能"；《简明牛津词典》对"experience"的定义也类似："1. actual observation of or radical acquaintance with facts or events; 2. knowledge or skill resulting from this."《古今汉语词典》，北京：商务印书馆，2001 年；*Concise Oxford Dictionary*, Oxford: Oxford Univ. Press, 1995.

163

想象与时间关系极为密切,可以说想象本质上是时间性的,因为想象需要从无到有的生成。当想象沿着时间轴展开,才形成"经验式想象"①。胡塞尔和海德格尔讨论时间意识,都通过分辨想象起作用的两种方式——保持联结和保持回旋,来区分两种"内时间意识",也就是把对事物的时间过程的感知,变成想象中的时间之流。只要人追求意义的意识尚存在,只要携带这种意识的生理生命还在,经验中的感知"滞留"就会形成回忆,追加到先前积累的回忆之上,形成回忆滞留,成为想象再现的基础。"借助于这种滞留,一种对已流逝之物的回顾成为可能。"②

想象重组经验中的回忆,让他们在意识中重新显现,同时反过来形成意识的"内时间"之流。经验滞留永远不会消失到无影无踪,滞留的连续带在时间流逝中,在渐行渐远的过去视域中,无疑会逐渐丧失它的鲜活程度,原来的意义渐渐"雾化",最终与其他事件的残留印象弥合成模糊的一团。这时候就需要想象力起作用。想象能够利用已经不明确的过去经验,构成与往日经验有映照关联的"相互提醒"的新视域,构成新鲜的"心眼所见"。

所以想象在双重的意义上是经验性的:"生产性想象",作为人类心灵的一种基本能力,在人意识体验到的感性基础上,补充对象的不在场部分;"再生性想象",取决于从它如何与经验事物发生关系,也取决于它脱离这些经验依托的程度③。人是一个时间化的存在者,所以人总是在曾经存在的经验之中"成为我"。经验的滞留变成已在,想象的预判落到将来,在它们的交织中释放出当下时间④。想象取回或重温经验滞留,并且以此记忆为前提预判未来。

因此,想象的生成之处,就是人存在于其中的时间,只有想象才能把体验(经历)与经验的滞留,结合成人的意义活动(理解与解释)的基础,用来前摄未来。想象依靠时间发挥功能,把不在场变成在场,把过去与未来统摄于当下。

3. 日常的想象

经验性想象,可以在两种非常不同的意义活动中发挥作用,一个是任何人

---

① Dong Minglai, "Interpretation as Protention: The Temporal Mechanism of the Process of Interpreting",《符号与传媒》, 2014 年第 8 辑, p. 25.

② 埃德蒙德·胡塞尔:《内时间意识现象学》, 倪梁康译, 北京:商务印书馆, 2007 年, 第 472 页。

③ Martin Heidegger, *Kant and the Problem of Metaphysics*, Bloomington: Indiana Univ. Press, 1990, p. 91.

④ 马丁·海德格尔:《存在与时间》, 陈嘉映、王庆节译, 熊伟校, 北京:生活·读书·新知三联书店, 第 326 页。

任何时候都无法摆脱的、延续性的日常生活，另一个是各种领域的，尤其是科学与艺术中的创造性活动。一般说到想象的作用，都是指后者，实际上，想象更重要的作用却是日常性的，任何人的生存所必需的。这种想象一直被研究者忽视，却可能在人类文明中扮演更重要的角色。

想象是人的一种基本的存活能力，哪怕人的庸常平凡的生活，也是在意义世界之中的活动，也必须建立在想象这一人类最根本能力基础上。想象是一种多维度看待事物的智力和能力，靠着想象实现包容和融通。人脑作为一个超级复杂系统，善于从混乱无序的思想材料以及感官接受的模糊信息出发，来组织对世界的有序的理解与筹划。依靠想象，人能发现解决问题的办法，能把一系列选择性决策根据一个目的组织起来。

人的最平凡的日常生活，例如走进菜场准备购买一日三餐之所需，就是一场依靠想象把混乱无序的感知、模糊的经验，组织成一个可实践的、解决问题的办法。时时刻刻在做出如此复杂想象操作的，不是科学家、艺术家、作家，而是每日操劳的主妇、卑贱的厨娘甚至似乎"随遇而安"的流浪汉。人脑的想象力不断地在幻想和思想、情感和实践之间过渡和游戏，而这正是人类进化力量的源泉。

日常的想象还表现在人际交往上，没有想象，我们无法理解任何意义传达，哪怕是用"明确的"语言进行的传达，都需要想象来帮助解读。这就是"解释性想象"的一种亚型——"再现性想象"，即让符号、语言、文字、姿态、形象形成某种理解。它不仅使语言之形象意义的形象把握成为可能，而且往往能使那些难以说清的意义展示为"言外之意"，以弥补符号在意义活动中的局限。因此这种想象也经常被称为"社会学性想象"[1]。这种想象针对个人与身处的社会之间所存在的关系。社会学的想象，是通过个人与社会的关联而结成的网络，补充交流信息中的空缺，把个人与社会联结起来。

我们的日常生活置于自己熟悉的文化中，一切自然而然，循规办事，似乎无需想象，实际上想象每时每刻都在起作用。一旦我们意识到身处于文化这种人造环境之中，社会学想象的基本机制就立即凸显。日常生活的一切活动，都需要社会性想象。萨特指出，想象"每时每刻都表现了现实的东西的隐含意义"[2]。

---

[1] W. C. 米尔斯，《社会学的想象》陈强、张永强译. 北京：生活·读书·新知三联书店，2005年，第7页。

[2] 让-保罗·萨特：《想象心理学》，北京：光明日报出版社，1988年，第283页。

个人只有置身于所处的文化中,才能理解他自己的经验,与人际的-社群的经验之间的关系,他必须把经验储备扩大到能覆盖社群中所有个人的大致经验,才能明了他自己身处于某种共享的文化之中,或是异族文化中能够比附猜测的部分,从而让想象完成交流。也就是说,把意义交流放在文化背景中来考虑,才能想象不在场的部分是什么。

社会学的想象不仅看到社群文化经验,而且看到社会结构。只有这样,想象可以区分交流中的个人因素和文化社群中的公众经验。两个人体面临的交流困境,往往是由于两人背后的社群文化差异太大。尤其在交流中,我们必须设想对方心中在场,而"我"心中不在场的差异部分,并必须在交流中迅速填补。与其说世界是客观的,不如说世界是"主体间"的,只有用想象才能"设身处地"地理解人际关系,形成社群,形成社群间联系,才能试探理解"他人之心"。

4. 创造的想象

想象的最明显用武之地,似乎是科学与艺术需要的"凭空设想"的能力[①]。一般认为科学研究需要三种能力:想象、洞察力和理解力。其中想象是首要的,因为它才是直接创新的思维。想象显然与精确的推理相对立,精确推理的特征在于必然性,即所谓的"客观性"和"唯一性",而想象的力量正在于它的试探能力,它的非精确性,它的意义推演的多种可能。科学的推进,需要强大的想象力,尤其在一个发现或发明的起始阶段。爱因斯坦的名言众所周知:"提出问题比解决问题更重要……解决一个问题也许仅仅是一个数学的或实验技巧的事。而提出新的问题,新的可能,以新的角度去看旧的问题,却需要创造和想象。"[②] 出现在科学研究、艺术创作、理论思考之中的创造性想象,与日常性想象并无本质的不同,只是把"设身处地"应用在超出日常所需的地方,应用于异乎寻常的问题而已。

一个著名的例子是大陆漂移学说,它证明创造性想象的重大作用,也说明想象的非精确性局限。非洲与南美洲的海岸线在图形上过于重合,这点不可不激起人们的想象:它们可能是同一块大陆分裂造成的。大陆漂移观点最初由亚伯拉罕·奥特柳斯在 1596 年提出,后来德国气象学家阿尔弗雷德·魏格纳在 1912 年加以阐述,他是气象学家,所以他想象的原因是潮汐推动大陆漂移。直到 20 世纪中期,地质学家发现海底扩张,三大洲渐渐分离的原因才明确起

[①] 方芳:《中国现代幻想文学叙述研究之构想》,《符号与传媒》,2014 年第 8 辑,第 157 页。
[②] 爱因斯坦、茵菲尔:《物理学的进化》,刘佛年译述,重庆:商务印书馆,1945 年,第 47 页。

来；大陆漂移学说演化成形成板块构造学说，成为当代地理学、地质学的根本理论。

同样情况，可以见于所有的重大科学发现。哥白尼对太阳系的"日心说"只是一种想象，但是在行星轨道的计算中得到了证明；苯的闭合链分子式，是凯库勒在梦中见到的；核酸分子的双螺旋结构，是沃森和克里克的大胆猜想；宇宙大爆炸理论是一种想象的假说，后来才被天体观察所证明。宽泛地说，所有科学成果都离不开想象。所有人的思想活动都由想象与推理构成，二者相互制约，互相规定，协同起来构造新的理解。想象推动了理性思维活动，不至于抽象得苍白无力；而想象因为得到了抽象推理的趋真性解释，也不至于因为过于自由而变得紊乱无序[①]。爱因斯坦本人对宇宙的"想象"，使他提出"引力波"假设，虽然人们要到一百年后的今日，采用复杂设备才观察到。

因此，可以看到，想象是人的心灵构成意义世界的必需能力，但它不是获取认知的唯一能力。在材料一边，认知需要依靠直观感知，依靠经验滞留；在思维一边，认知需要思维推理，需要文本间证实。但是想象是充满着整个意义过程的胶合剂，它是整个意义世界大厦的水泥：没有想象，一切都是碎裂的，呈现可能有材料，可能有构成却无意义的形态。

想象必须依靠其他各环节——直观感知、经验滞留、逻辑证实，依靠与它们的组合，这些组合形成想象的诸种类型。粗浅地说，日常的想象更偏重于经验，创造的想象更偏重于推理；艺术的想象更多地依靠直觉，而科学的或逻辑的想象，更偏重于文本间或文本与实践意义之间的互证。

5. 幻想的想象

想象更可以是"非实践性"的，上面说的想象，无论是日常的还是创造的，都是在意识之中完成在场化，并试图把这种在场化延伸到社会实践，但想象本身，即在心灵中构成对象的能力，不一定延伸进入实践表现，很可能根本没有准备成为实在的目的。想象的实践性固然重要，但是暂时悬搁可能更有利于说清问题。想象过于经常地与艺术能力挂钩，梵高画的天空里巨大的星在旋转是"惊人的想象"，以至于"想象"成为"艺术想象"的简写。"平常人"不能进行创作艺术的原因，就在于缺少这种想象。

而且，想象是不是必须依靠在意识中已然在场的经验？不一定，人的意识能力很强，如果把其实践筹划等实用目的暂时悬搁，就更为自由。意识不需要

[①] 胡潇：《意识的起源与结构》，北京：中国社会科学出版社，2004年，第299页。

（或虽然利用但并非必需，例如梦境）感知与经验作基础，也能做到把不在场的感知与经验在场化。意识的这种在场化能力，一般可以称作"幻想"或"幻觉"。清醒想象与幻觉梦境的分别，在很大程度上在于对已然在场的感知或经验依靠程度。一旦无须经验依据，幻觉就可能刻意与实践世界脱钩，或有意对抗筹划的可实践原则，其结果是成为狂乱而无目的的自由思维[①]。这种思维当然很有用，也是意义世界的一个重要部分，尤其是在艺术创作中，但是幻想只能被当作一种逸出清醒想象之外的特殊想象，处于思维世界的边缘（请参见本书导论"意义世界"第2节的示意图）。想象有规律，不过这些规律有被想象自身破坏的可能。

如果离开与其他思维环节的联系，想象无法单独构筑意义世界。不依靠与其他环节的联系，想象就会解脱为幻想。幻想排除与逻辑证实的连接，构筑出来的意义世界就可能很离奇，甚至荒唐离谱。在梦中，在各种幻觉状态中，想象自由自在，与其他环节只有松弛连接，只是被借用，因此经验材料可以被不合常规不合逻辑地任意处置。如果其中推理与证实偶然冒出来，也经常由于阻滞想象的自由展开而被丢弃。

因此，幻想和梦严重依靠想象，它们既是先验性想象，也是经验性想象，并且是不受文本内融贯规律，与文本间符合规律控制的想象，是一种任意联系的意义流。在一部分着意颠覆秩序的后现代思想家看来，在幻想艺术中，尤其在古已有之的奇幻艺术以及现代的超现实主义艺术中，这种自由解脱的想象，具有让人解脱的艺术创造力。

本书建议，想象至少要分成几个层次来讨论，不然会混淆许多不同性质的想象。必须区分"先验的想象"与"（在经验基础上）再生的想象"。其中"经验的想象"又必须分成"日常的"（常规活动所必需的）与"创造的"（各种超越常规的）想象；而创造性的想象又可以分成"筹划的"（即如何做实际行为）与"幻想的"（不准备进入实践）两种。

这样的划分当然很生硬，而且有许多可能引起误会的地方，例如很可能认为经验的想象与先验的想象无关，实际上不可能有任何意义活动脱离人的先验能力。如此划分，正是因为在人的心灵活动中，想象无处不在，不得不分门别类地讨论想象问题。或许可画成以下表格：

---

① 柯勒律治对"imagination"，与"fancy"，做了仔细区分，但是他对"fancy"的描述是"机械的"（mechanical）、"被动的"（passive），有点类似我们对"冲动"的理解。柯勒律治理解的"fancy"，不同于本书下文将讨论的"幻想"（fantasy）。见 Samuel Taylor Coleridge, *The Biographia Literaria*, London: J. M. Dent & Son ltd, 1975, p. 60.

想象分类	想象的用途	想象的创造性
先验的想象 经验的想象	日常的想象 创造的想象	筹划的想象 幻想的想象

所有这些区分的仔细辨别，不是靠本书的有限篇幅能解决的。本书只限于分析想象的感性与知性的关系，感性与知性则直接牵涉想象与"象"之间的关系，即感性的"'象'想象"，与知性的"范畴与关系想象"究竟是什么关系。

作为结论，笔者希望回顾一下"普遍想象力"的概念。人类意识的想象力，是意义活动的任何阶段任何时刻都必不可少的能力，无论是在先验的形式直观中，还是在依靠经验积累才能进行的理解和解释中；无论是在知性的概念与筹划中，还是在梦境与幻想主导的艺术与游戏中，想象力之无所不在，想象力的"目的适应性"之强大，证明它是意义世界的基本构成力量。可以作个比喻：先验获义能力，是人的躯干心脏；经验与想象，是人的意义能力长出的四肢，有了它们人类才终于能起立，拥抱意义世界。

第四节 想象必有"象"吗?

本节概要:

思想史上关于想象的讨论虽多,在一些重要问题上却至今争讼纷纭。最引发争议的问题,是想象是否必须依靠"象"?如果想象必须在形象中进行,又如何处理逻辑关系与知性范畴?这两种形态的想象,要求两种不同的连贯方式。这就是想象中感性与知性的不同作用。

1. 感性与知性的想象

关于想象的思辨在思想史上出现较晚,康德是第一个集中讨论想象的思想家。对于他关于先验想象的论述,本书第一章已经提到过,主要出现在《纯粹理性批判》第一版(1781年)的"纯粹知性概念的演绎"(即"范畴的先验演绎")部分。这段所谓"《纯批》第一版论述",对后世学者的讨论影响极大。康德在第一版明确地宣称:"想象力的纯粹的(生产性的)综合的必然统一这条原则先于统觉而成了一切知识,特别是经验知识的可能性基础。"[1] "这两个极端,即感性和知性,必须借助于想象力的这一先验机能而必然地发生关联。"[2] 由此,康德突出了人的意识在意义活动中的能动性,他的想象力理论,是一种"元认识论"的核心问题。

康德在《纯粹理性批判》第二版中,对"范畴的先验演绎"部分推倒重写,不再像第一版那样把想象作为介于感性与知性之间的一种独立的认识能力,而用认识能力的"二分法"(感性和知性)取代了"三分法"(感性、想象、知性)。康德做这番修改的目的,是认为第一版中关于想象的说法过于"心理化",他试图建立一个减少了"唯心论色彩"的纯粹先验哲学的体系。但是想象不一定必须是个心理学问题,也与"唯心论"无关,而是意义理论的一个基础问题。

很多思想史论者强调此书第一版与第二版的不同,远如叔本华,他坚决反对第二版;近如海德格尔,他认为在《纯粹理性批判》第二版(1786年)中,

---

[1] 康德:《纯粹理性批判》,邓晓芒译,北京:人民出版社,2004年,第126页(第一版A118节)。
[2] 康德:《纯粹理性批判》,邓晓芒译,北京:人民出版社,2004年,第128页(第一版A124节)。

先验想象从"心灵的作用"变为"知性的作用",他认为这是康德的"一种退缩"①。我们可以看到,拥护康德第一版想象论的思想家,大多强调想象的非理性方面,因为在第一版中,综合都是从先验想象中产生的,而先验想象无法还原为感性和知性的;在第二版中,康德的确写道:"综合是表象能力的自发性行为,它只能由知性而无法由感性来进行。"②因为知性是所有综合的源泉,因此想象是知性的,至少先验的想象是知性的。后世的《纯粹理性批判》各种版本与翻译本是两版的混合,编注说明原版本段落。

但是,即使在康德的第二版中,想象力问题依然是康德的先验哲学体系的一块基石,是体系中最重要结构的"主要环节"。在他看来,人就是借助想象创造文化的生物③。在《实用人类学》中,康德把想象规定为"在对象不在场的情况下将其呈现出来的能力"④,这也就是本书关于想象力定义的来源,虽然本书的定义做了某些修正,强调想象与"已然在场"的关系。

在思想史上,另一个把想象尊奉在意识能力顶峰上的学者,是浪漫主义诗学的奠基人之一柯勒律治,他声称:"我认为原初想象(primary imagination)是所有人类感知的活生生的力量与最重要的因素(prime agent),是无限的自我中有限心灵的永恒创造。次生想象是对原初想象的呼应,与意识的意志共存,与原初想象功能相似,只是程度与运作方式不同,它化解、化约,目的是创造。在理想化、结合化过程已经不可能时,依然可以做到。"⑤柯勒律治的想象力双功能的区分说得不清楚,没有一种感知是纯粹的观察所得,所有的人类认知都必须加上想象才有可能。

以上的讨论,会引出一个疑问。如果想象的最大特点是能在对象不在场的情况下,凭借自身的活动在意识中构造和呈现意义,那么概念与范畴这些"知性"的意义方式,不也是意识在构筑不在场的意义?只是这些意义并不倾向于具体的感知,而是更强调意义概念之间的关系。实际上本节一开始关于想象的定义,不仅说的是"将不在场的(感性以及知性)'意义'在场化的能力",而且是所有"把不在场的'对象感知'在场化的能力"。而对象的感知,就是本节下文将仔细处理的这个万分纠缠的术语"象"。应当预先说明:想象的"象"

---

① Martin Heidegger, *Kant and the Problem of Metaphysics*, Bloomington: Indiana Univ. Press, 1997, p. 111.
② 康德:《纯粹理性批判》,邓晓芒译,北京:人民出版社,2004年,第87页。
③ 阿尔森·古留加:《康德传》,北京:商务印书馆,1981年,第273页。
④ 康德:《实用人类学》,邓晓芒译,上海:上海人民出版社,2005年,第53页。
⑤ Samuel Taylor Coleridge, *The Biographia Literaria*, London: J. M. Dent & Son ltd, 1975, p. 60.

依赖，不一定说明想象必有感性偏向；想象与感性二者有联系，但不一定是同一个问题。本节先回顾有关文献，然后设法解开想象是否必有"象"这个纠缠。

想象与知性关系问题，引发了现代思想史上几次重大争论：1929年在瑞士达沃斯的"国际大学课程讨论会"，就想象问题产生重大辩论，两种不同的偏重，让新康德主义的代表卡西尔与海德格尔等存在主义哲学家产生严重分歧①。卡西尔强调康德体系的理性色彩，而海德格尔阅读康德主要集中在想象引发的"可感觉的存在"。此种分歧，引向20世纪思想界关于理性主义与非理性主义之间的重大思想对抗，可见想象定义和范围问题之重要，不可不辨。这问题在一个世纪后的思想界，依然是一个没有解决的问题。从本节上面的总结可以看出，这种模糊实是康德留下的难题，却是本节讨论的核心问题。想象这个概念，对于任何意义理论都太重要，我们不得不辨析清楚。

2. 想象与"象"

关于"想象"这词，中文和西文中都有"象"，这就加入了先见，不得不花工夫理清。首先，想象这个词的中文有"象"，但是中文构词法结构侧重的是"想"，词本身并未决定了必须要有"象"。段玉裁《说文解字注》认为最初有"象"字无"像"字，在表示"像"义时，"古书多假象为像"。后来"像"字出现，但该用"像"处仍"皆从省作象"："凡形像、图像、想象，字皆当从人，而学者多作'象'，象行而像废矣。"应当说，"象"实而"像"虚，至今中文里"想象"与"想像"通用。至少从汉语词上说，"想象"并不一定指明有"象"②。

它的西文对应词"imagination"就麻烦得多，因为直接从"image"（形象）一词衍生出来，这个词应当译为"形象化"，无论外延义或内涵义都与中文"想象"很不一样，以至于"imagination"不得不有另一个中文翻译词"形象思维"。西文词"imagination"必然是"以象思维"，这不是同一个词表达两个意义，而是一个词有两层意义。"imagination"的定义就可以明确为"把不在场的对象感知在场化于心灵中的能力"，即"心眼所见"（seen in mind's eye）肉眼所未见的视觉形象。

---

① 参见张祥龙：《想象与历时记忆：内时间意识的分层》，《现代哲学》，2013年第1期，第66页。
② 关于中文"象"与"像"之间使用中的纠缠，请参见胡易容：《"象似"还是"像似"？一个至关重要的符号学术语的考察与建议》，《符号与传媒》，2014年第8辑。

中编　意义的经验化

　　复杂的是，西文的"想象"，实际上另有同义词可用。常用的"imagination"一词，源自拉丁文的"imago"（"象"）；另一个词是源自希腊文的"phantasia"（显现），即英文"fantacy"的词源。柏拉图在《泰阿泰德篇》里曾把"phantasia"用作为判断与知觉的混合物。① 对于亚里士多德来说，"phantasia"是感性知觉（aisthesis）与知性思维（noesis）之间的中介："这是一种由感觉引起的心灵的运动，一种对知觉过程消失后仍可存在的形象进行展现的过程。"② 古希腊哲学家把"phantasia"看作将感觉与思维结合的能力，他们没有纠缠于"象"。

　　到今日，这两个西文词经常混用，只是"fantasy"意义转为"幻象"，意思是"虚妄的想象"（delusive imagination），亦即倾向于狂乱（extravagant）的想象，与"幻觉"（illusion）近义。上一节说过，"幻想"强调想象的"非实践性"，其词源比较中性，与现在的"想象"意义相近。这两个词的词源与今日的混用也说明"想象"不一定局限于图像。只是在现代西语中的词义中，"fantasy"更少知性。

　　康德在《纯粹理性批判》第一版中，用德语词"Einbildungskraft"（想象）翻译希腊文"phantasia"，此德文词中已经有"Bild"（象）的词素在其中。因此，他所说的"想象"，包括感性成分："无感性则不会有对象给予我们，无知性则没有对象被思维。"③ 他认为先验统觉完成三种综合：一是把直观中的杂多连接在一个单一的表象中，二是用想象对此进行再生的综合，三是把这种表象连接在对象之中。

　　倾向理性主义的胡塞尔，在《逻辑研究》中，在日常的想象力意义上使用德语词"Phantasie"，想象力被胡塞尔融合在意识－意识相关项的对应关系中，也即本质直观中，因此虽然胡塞尔对想象问题着墨不多，却非常清晰："我们不仅能对经验事物……进行变更，并获得作为本质一般性的事物概念，而且我们也能'经验'我们自己概括出来的集合、实在事态、内部和外部的相互关系，对它们的观察做需要的联系行为等等。"④ 显然，他的想象理论，倾向于感性与知性的平衡，想象力能够处理"集合""关系""联系"等知性范畴。

　　现代思想史上讨论想象问题者，大多数与胡塞尔不同，偏向于感性，也偏

---

① 柏拉图：《柏拉图全集》，王晓朝译，北京：人民出版社，2002年，第2卷，第23页。
② 亚里士多德：《动物志》，吴寿彭译，北京：商务印书馆，2010年，第2卷，第427页。
③ 康德：《纯粹理性批判》，邓晓芒译，北京：人民出版社，2004年，第132页。
④ 转引自倪梁康：《意识的向度》，北京：北京大学出版社，2007年，第29页。源出于《胡塞尔全集》第九卷，第83~84页。

向于"象"。在尼采的哲学思考中,"思想-象"(thought-image)是一个非常独特而重要的方面。尼采也许是西方哲学史上最为强调"象"在创造性思想过程中的重要性的人,他强调将"思想"与"象"完美结合在一起[①],将思想汇集于想象之中。在他看来,天才把想象作为思想之源。

日内瓦批评学派的巴什拉,在《空气与梦幻:运动的想象》一书中,高度重视想象创造"象"的力量。他认为想象的本质功能不是形成,即复制"象",而是扭曲(deform)"象",即改造或创造"象"。他的看法是:"如果一个偶然的'象'没有引发'象'的爆发,那就不存在想象。"[②] 看来巴什拉与尼采一样,他的所谓"改造'象'",就是用"象"消融思想。在他看来,"想象无象"就不可能是"解放性的"。

在另一个反理性主义者德勒兹看来,不仅"象"是任何"思想"的起点,他甚至认为传统意义的"象"不够感性。德勒兹在《对话》一书中曾经郑重其事地探讨"无象之思"(thought without an image)的可能,他的想法很奇特:"无象之思——游牧性,战争机器,待在,反自然的婚姻,抓捕与偷窃,小语种,语言的口吃,等等。"[③] 为什么这些思想是"无象"的?他在几页之后作了一个解释:"我关心的只是描述一种思想的操作,无论是在写作还是在思想中,与哲学提出的传统的'象'不同,(无象之思)在思想中出现,使思想臣服,使思想失去功能。"德勒兹后来在《电影2》一书中放弃了这个立场,认为不可能有无"象"的思维[④]。因此,德勒兹的"无象之思",实际上不是要摆脱"传统哲学"说的"思必有象",而是要求解放"象",让"象"成为主导,统摄理性之思,实际上,他要求的是思想解脱,主张用"幻想",即摆脱知性的想象,来代替"传统哲学"讨论的想象。在他对"反资本主义的精神分裂"的追求中,想象应当丢开"象",如"反自然的婚姻"那样地反知性。他承认:"象"不一定必然等于感性。他说的"无象之思",实际上是追求"无思之象"。

这个问题各家各说,的确相当复杂。意识中的确有各种缺乏逻辑连接性的"无思之象",例如头脑不清醒的时候:做梦或白日做梦,药物致幻酒精幻觉,

---

① 见巴歇拉对尼采思想的总结,Gaston Bachelard, *Air and Dreams: An Essay on the Imagination of Movement*, Dallas: Dallas Institute Publications, 1988, p. 16.

② Gaston Bachelard, *Air and Dreams: An Essay on the Imagination of Movement*, Dallas: Dallas Institute of Humanities Culture, p. 81.

③ Giles Deleuze and Claire Parnet, *Dialogues*, London: Athlone, 1987, p. 14.

④ Giles Deleuze, *Cinema 2: the time-image*. Minneapolis: Univ. of Minnesota, 1989.

有自恋倾向的臆想幻念等等。固然广义的想象，应当包括这些应当属于"幻想"的意义活动，因为耽于"无思之象"的幻觉者有可能创造非凡的艺术品。柯勒律治承认，他的名诗《忽必烈汗》是在吸鸦片后的幻觉中写成的。而在想象基础上展开知性的思维，与幻想处于两个不同的极端。想象是否必须具象，并非无谓之争。既然这个困惑使得康德在《纯粹理性批判》两个版本中前后依违，引出卡西尔-海德格尔的争论，造成德勒兹的前后矛盾，本节重新思考这问题，至少不希望躲避这个难题，因为哲学符号学必须对这个基本问题有所论述。

3. 知性之"象"究竟是怎样的"象"

从以上讨论可以看出，论辩的关键问题，不是心象的有无，而是想象的"象"（如果想象必须有"象"的话）与思维的关系：为了说清问题，应当把这个问题分成三个小问题：第一，是否一切想象必须有"象"？第二，意识中"象"的联系是否也是感性的？第三，是否可能有服务于形象之间联系的"另象之思"？

首先，康德之后的学者中较多的论者赞同《纯粹理性批判》第一卷对想象力的理解，即想象力是感性与知性之间的思维第三因素，也就是说，"知性"的意义方式和思维方式一样需要想象。

其次，虽然大部分学者也都承认想象必有"象"，但是知性的想象不同于感性的想象，二者依靠不同的"象"。知性想象关注关系与范畴，这时"象"的直接感性被遮蔽了，思维的重点落到符号间关系上。许多意识的"知性"意义活动，如总结规律，建构范畴，进行逻辑推理，演算公式，用语法生成句子，都需要强有力的想象，只是这些意义活动的重点在于构筑符号之间的关系。如果说运用这些范畴或关系也是在图像的层面上操作，那也是与对象的感性图像不同的"关系-范畴图像"。

承认想象的普遍性，就必须承认想象可以有知性基础。可以说，知性想象是"另象之思"，它的主要功能是构筑"符号间关系"。虽然我们可以同意，离开"象"的纯粹知性思维是空的，难以具体地组织经验材料、处理意义关系，但是我们也应当看到，离开知性的所谓纯粹感性之象，使符号间关联既无方向，延续亦无秩序。

任何心理活动不可能离开想象，也就是不可能完全离开"象"。但这不等于说所有的想象思维依靠的"象"是同一种，也不能说依靠的程度相同：意识经常用想象进行抽象化、概念化，这时的意义活动主要托身于符号之间联系和综合的关系之"象"。

在这些众说纷纭的论辩者中,应当说,皮尔斯的讨论是相当清晰的。皮尔斯作为"像似性"(iconicity)研究的奠基者,为此做了一个简单明了的开场。他把像似符号(icon)分成三种,由此把几种不同的"象"分辨得非常清楚。像似符号的第一种是图像(image),它与具体具象的对象有关,例如"每一幅画……在本质上都是一种再现体";第二种像似符号,则表现关系,皮尔斯称之为"图表"(diagram):"尽管图表与它的对象之间并不存在那种可感知的像似性,但它们却在自身部分的关系上却存在着一种类比关系……一个代数式是一个像似符,是因为符号的传达、联想以及分配等诸多规约性原则使其成为一种像似符";而第三种像似符号则表现范畴:"通过对另一物中的一种平行关系(parallelism)进行再现,从而来再现一个再现体的再现品质。"[①] 皮尔斯的符号学,起点是逻辑学,不考虑逻辑关系的符号理论,在他看来是不可能成立的[②]。而逻辑的知性关系与范畴,依然可以表现为像似符号。

皮尔斯认为图像在思想中,是普遍的:"直接传达观念的唯一方式就是借助像似符;任何一种间接传达观念的方法之确立都依赖于其对像似符的应用。"[③] 将像似关系作如此三种分类,就可以理解:为什么没有"无象之思"?因为想象可以依靠不同的"象"。胡易容在他的论述中提出:"'象'源于自然,并引申为万事万物的抽象。"[④] 这是一个非常精辟的总结。

关系与范畴与意识的连接,中间有一个连接可以说是一个图形环节,借此,关系与范畴才能真正唤出意义对象。维特根斯坦也指出对世界的认知永远是"图像"(Bild),但是维特根斯坦清楚地提出,这种世界图像背后必然有"逻辑":"每一种形式,不管具有何种形式,要一般地描画——正确地或错误地——现实,必须与现实具有共同的东西,这种形式就是逻辑的形式,即现实的形式。"思维中的这种"象"与世界的关系是知性的:"语言是由命题组成的,而命题是现实的图像。作为现实的图像,语言与现实之间的同构关系不同于绘画与景物的关系,而类似于地图与城市的关系,是一种逻辑上的对应关系。"[⑤]

冯友兰先生把思想明确地分为"思"与"想"两个方面,他指出:思想作

---

① C. S. 皮尔斯:《皮尔斯:论符号》,赵星植译,成都:四川大学出版社,2014年,第52页。
② 张留华:《皮尔斯为何要把逻辑学拓展为符号学》,《符号与传媒》,2014年第9辑,第37页。
③ C. S. 皮尔斯:《皮尔斯:论符号》,赵星植译,成都:四川大学出版社,2014年,第51页。
④ 胡易容:《"象似"还是"象似"》,《符号与传媒》,2014年第8辑,第42页。
⑤ 路德维希·维特根斯坦:《逻辑哲学论》,郭英译,北京:商务印书馆,1962年,第27页。

为一种精神现象,乃是由思和想的两个不同方面完成的。思,是把握不可感的亦即不可经验的"事物的内部属性、关系和那些只能靠理智分析、抽象概括去理解和掌握的事物的共相;想,则是对那些可见可感可经验事物的具体形态、现象的心理掌握"。他举例说,我们见到一个方的物,我们说"这是方的","方"则只可思,而不可感[①]。实际上,"方"无论作为一个许多事物(例如桌子)共享的范畴,还是作为一种关系(四条边的关系),不仅是可以想象的,而且是必须靠想象才能获得的。或许"这张方桌子"可以具体感知想象,"方桌子"已经抽象范畴化,"方"更是抽象的关系,三者都是在经验基础上作图形想象的结果,抽象程度不一的各种范畴(例如皮尔斯说的三种"像似"),被想象综合在一个意义活动之中。

　　由此,笔者提出,想象必有"象"。只有把"象"的类别划分清楚,分辨具象-关系-范畴等几类不同的"象",才有可能理解想象在人类意义活动中的普遍性。据此,笔者回答本节上面提出的三个问题:第一,人的意识,尤其是其想象力,依靠多种之"象",可以说,一切想象都是图像与知性的混合;第二,象有多种,有最接近"模仿"的像似,有皮尔斯说的图表之象、比喻之象,也有"世界图景";第三,因此,没有无象的想象,只有具有不同象的想象。

[①] 冯友兰:《冯友兰语萃》,北京:华夏出版社,1993年,第17页。

第五节 人类意义共相

本节概要：

人类共相，是所有的人类，不管其文明采取何种形态，处于何种"程度"，不管是否受到过何种其他文明"熏陶"，必定具有的表达与解释意义的方式，而动物无论如何高级，都不会全种属具有这种意义方式。因此，找出人类共相，就是找出了人类意义方式的先验基础。经过各界学者的共同努力，已发现的人类共相数量远远超出我们的预期。近年学者们也开始了对这些共相背后的人类认知方式规律的探索，为一个有效的意义理论之建立，提供了可以进一步探索的基础。

1. 人类共相

本书导论第一节讨论意义世界的"复数性"时已经提出一张图表：各种文化的意义世界自成一界，但是既然都是人类的文化，意义世界就会有某些部分全人类重合。如果某种意义方式没有例外地被所有的人类文化分享，而且没有互相影响的证据，这些方式就是意义世界中的"人类共相"。应当预先声明：这个问题很复杂，牵涉很多学科，本节只能浅谈与意义理论有关的 些问题。

"共相"这词，原为佛教术语，指针对"别相""自相"而言的"众人共同所感，共同受用之相"："诸法之自体，唯证智可知而不可言喻者，是为自相"；而"自相"的对立面，唯识学是"诸法之体性"[①]；《墨子》论"同"，最高为"类同"，共同的属性组成了类别，共相总是一种类别的概念。欧洲中世纪经院哲学以"共相"（universals）与"殊相"（particulars）相对。

本节要讨论的，不是人与生物之间的共相，而是人的物种共相（specie-specific），只有人才具有的共相，也就是使人成为人的一些基本品质。共相是人的先验能力元语言的一种，无须从文化与经验中寻找解释，无须学习而得，其意义方式不证自明。本节讨论的不是一般的普遍性与特殊性的关系，而是使人类成为人类的一些最基本的意义方式。除了生理学解剖学的一些基本身体特征，全世界人种看起来很不相同，却有许多无例外的共同特征，人的心灵又有

[①] 窥基《成唯识论述记》卷二："为假智所缘，且可藉言语可解者，是为共相。"

许多共同之处。

人类共同的一些意义方式，在人类社会文化发展的岁月中，不会随时间而变化，它们已经在几千年的文明冲突中保存下来，看来也会在人类的发展中长期存留下去，直到人的基因组合（genome）发生变化，直到人类在生物进化中升级到一个新的版本。因此，意义方式的人类共相，也就是人之所以为人的意义方式。

要想确定任何一种人类共相，必须做两个区分工作：首先与离人类特质最近的一些物种（例如据说脑子与人最相近的黑猩猩）的习性特征仔细相区分，也就是找出人类均有而动物无的意义方式。这个工作比较容易，从达尔文指出人类从动物进化而来，此后二百年来不少生物学家挑起了这个担子，有一些很出色的研究说其同[1]，也有不少研究仔细辨其异[2]。因此，在许多具体细节问题上，都已经有大量文献根据。

其次，我们要寻找的是人类作为一个物种的共相，也就是说，文化无论怎么独特的部族，都会具有的共同意义方式。这就必须考察所有的人类集群，尤其是那些与所谓"高级文明进程"最为隔离的，未受"主流文化样式污染"的一些部落。幸亏人类学家近二百年来为此做了大量工作，积累了许多实地调查材料。在当代，这样的机会越来越少。

因此，所谓"人类共相"（Human Universals）是两边排除的结果，一方面排除与动物或一般生物相同的特征，另一方面排除各种文明的多样性特殊性。构成文明的大部分是殊相，四方习俗各有不同，我们对特殊性非常敏感。但如果我们对人类共相缺乏了解的话，我们就会弄不清究竟哪些是各文明不同的特殊性。人类共相的早期研究者布朗认为，人类社会的意义表现是"符形的"（etic）、具体的，而人类共相本身是"符素的"（emic）、规律的。[3]

甚至人类某些很"物质化"的活动方式，追索到底，会发现也是意义方式。例如制造工具，不少动物能临时利用物件作为工具，但是人类的意义共相则是"工具依赖"，不再是把工具当作达到临时目的的权宜，而是"必先利其器"，甚至用工具制造工具（诗经中的"执柯伐柯"），就出现了"元工具"的模式意义。

---

[1] 例如著名的畅销科普读物 Desmond Morris, *Naked Ape: A Zoologist's Study of the Human Animal*, London: Delta, 1966.

[2] 例如 Judith M. Burkart and Andrea Strasser, "Primate Behavior & Human Universals", *Evolutionary Anthropology*, Vol. 17, Issue 2, March/April 2008.

[3] Donald E. Brown, *Human Universals*, New York: McGraw-Hill, 1991, p. 45.

如此开场，似乎是把这课题说得极端重要，其实这个工作已经进行了几个世纪。不过，认知人类学界正式提出"人类共相"这个课题，却是近二十年的事情，而在中国学界，除了心理学方面偶然见到的文字①，始终无人对此作持续性的关注。可能唯一的例外是语言共相，这个课题在中国研究者较多，论文与著作数量非常可观②。相当重要的原因是，语言共相在外语教学与翻译上可以应用。中国学界重眼前的应用，轻视课题普遍意义，在此对比中暴露明显。

"人类共相"问题的最早的提出者，是加州大学人类学教授唐纳德·布朗（Donald Brown），他在1991年的著作《人类共相》中提出了一张60种"人类共相"的单子③；此后，他在2000年的论文中又重申了这课题的重要性④。2002年，前面引用过的心语研究家斯蒂芬·平克（Steven Pinker）出版著作《白纸一张》（*The Blank Slate*）⑤。所谓"白纸一张"是指人所共有的，未受文明熏陶教育的童心。平克尔指出这张白纸上其实画着一些底纹图案，只是我们没有注意而已。

从那以后，学界努力扩充这张共相清单，有的单子几乎长达300～400项。单子越来越长也是很自然的，因为这是一个归纳式的工作：凡是"动物没有"，而人类文化中"至今找不到例外"的意义方式，都是"人类共相"。这课题原先是人类学家的工作，现在各学科的专业知识结合起来，显然更有效。全世界的学者都找不出例外，某一项人类共相就能成立。

这工作与各种"比较文化研究"不同。比较研究寻找个别文化之间的"异中之同"或"同中之异"，并且举实例证明，例如把汉族的鞭炮与少数民族婚礼中驱邪仪式的其他象征符号进行比较，找到相似相异之处，做一个比较民俗学的讨论⑥。而"人类共相"研究的途径（寻找"绝无例外"）则是反过来，从否定的方向做。对一种方式，要求用实例证伪，要求证明某种意义或行为方式，例如证明在所有的人类族群中，不可能不存在某种形式的婚姻，婚姻就是人类共相。

而且，这课题越做越细，每一项可以分成若干子项。本来出现在认知人类

---

① 纪海英：《论人类心理的文化普遍性研究策略》，《南京师范大学学报》2009年第2期。
② 肖娅曼：《超越轴心期的词源语源观：开启语言学的再创时代》，《符号与传媒》，2013年第6辑。
③ Donald E Brown, *Human Universals*, New York: McGraw-Hill, 1991.
④ Donald E Brown, "Human universals and their implications", in (ed) N Roughly, *Being Humans: Anthropological universality ns particularity in transdisciplinary perspectives*, New York: Walter de Gruyter.
⑤ Steven Pinker, *The Blank Slate*, New York: Vikings, 2002.
⑥ 瞿明安：《中国少数民族婚礼驱邪仪式中的象征符号》，《宗教学研究》，2007年第3期。

学界开列的单子上的,就有各专门学科关注的领域。各学科专家并不满足于合在一道的讨论,因此就出现了语言学、社会学、认知科学、心理学、音乐学、叙述学、翻译学、教育学等分科的讨论,甚至音乐学中也已经找出 36 种"音乐共相"(例如颤音表达"激动",低沉表现"威胁"等等);达尔文就提出过"表情共相",心理人类学今日在争论,人类最基本的表情究竟是 5 种还是 7 种[1];认知学家则讨论人的基本认知路线应当分成 5 种还是 8 种[2];心理学家则在讨论人与动物都有记忆,但是"事件式记忆"(episodic memory)却是人类共有而动物所无[3]。而"语言共相"的条目数量,已超过其他全部"人类共相"数量,不得不单独讨论。

本节的任务并不在罗列共相,这单子太长。本章的总题目是《先验与经验》,人类共相是这个题目不得不处理的问题:既然是人类共有,就很可能是先验的意义方式。本书讨论的所有问题,都是人类共相:意图、回忆、预期、习惯、计划、梦、神话、叙述等等。整个意义理论,就是在寻找人类意义方式的原初形态,以及这些形态衍生的社会文化方式。

的确,许多"共相"是后天所得,这就牵涉获得某些行为方式的"意义形成路径"。例如"乱伦禁忌"显然是文化性的、后天安排的行为规则。但是人类部落普遍得出这个规则并尊崇之,背后必有某种"效果取义"的意义逻辑方式,即从后果推到原因,以趋利避祸。下面列举的人类共相,某些似乎是行为方式,某些是意义方式,事实上行为方式都是意义方式,都与广义的意义活动有关,甚至如"胳肢"(tickling)这样的生理现象,看来只是人类特有的生理特征,专家研究后也发现这是个意义行为,是一种人际"认知互动"(cognitive interaction)的方式[4]。因为人不可能对自我胳肢做出发笑反应,也不太可能对带有明显敌意的胳肢发笑,显然这是社群生活植入人类神经的意义方式。

---

[1] 例如 Carroll E Izard, "Innate and universal facial expressions: evidence from developmental and cross-cultural research", *Psychological Bulletin*, 1994, issue 4, pp. 288–99;近年如 Keith Oatley & Philip. N. Johnson-Laird, "Basic Emotions in Social Relationships, Reasoning, and Psychological Illnesses". *Emotion Review*, 2011, Issue 4, pp. 424–433.

[2] 例如 K. Egan, *The Educated Mind: How Cognitive Tools Shape Our Understanding*. Chicago: Univ. of Chicago Press, 1997.

[3] 例如 Endel Tulving: "Episodic Memory and Autonoesis: Uniquely Human?", in (eds). H. S. Terrace and J. Metcalfe, *The Missing Link in Cognition Origins of Self-Reflective Consciousness*, London: Oxford Univ. Press, 2005, pp. 3–56.

[4] R. Fagen, *The future of play theory. A multidisciplinary inquiry into the contributions of Brian Sutton-Smith*. Albany NY: SUNY Press, 1995. pp. 22–24.

因此，本书讨论这题目，目的是找出"人类共相"现象背后的意义世界规律，也就是试图探讨人类的基本意义方式如何组成。

2. 大致的人类共相分类清单

对学界大致上同意的 200 项左右"人类共相"清单，本节做了一些基本的整理。大部分学者在处理此类清单时，为了避免在行为、认知、社会、意义机制等各种范畴中做勉强的划分，干脆用首字母排列。此种罗列对本书的研究没有用处，因为本书的任务是寻找并研究人类的若干共同意义方式，而不是介绍各种发现。下面的这张"人类共相"分类清单，是笔者的主观编排，只求大致上适合本书寻找人类意义方式的目的。

感情-表情：这方面的人类共相之多，可能超出想象。道德感情是人类之所以为人类的一个标志，例如害怕死亡、掩饰恐惧、表达悲痛、同情、性妒忌，用象征手法处理妒忌、侮辱、伸冤、抵抗等。一部分脸部表情是共同的：鄙视、厌恶、恐惧、欢乐、惊奇。产生这些感情的原因会不同，但是表达方式大抵相似。

习俗-社会：习俗与仪式是为了承继某些意义方式。例如礼节、禁忌、过渡仪式、治病、医药、性交一般避人、强奸与禁止强奸、死亡仪式、尽量定时就餐等。社会结构与集体认同，产生了政府、体制（有组织的集体活动）以及法律（权利与义务），用来对付冲突、调解冲突、制裁犯罪、禁止某些形式的暴力、劳动分工、交换。

亲属-个人：构成了家庭或家族与代际关系基础的性规则，生理母亲与社会母亲正常情况下同一、禁止乱伦、母子乱伦禁忌（俄狄浦斯情节）、抚育后代的岁月母亲必有男伴。亲属集团、亲属地位、集体身份、圈内有别于圈外并偏向圈内。在社会关系中调整个人身份的名字、美化身体与发式。

工具-艺术：工具依赖、工具制造、用工具制造工具、工具模式化、永久工具、度量工具、暴力武器；用火、烹调、容器、捆扎材料、编织；审美、非身体性装饰、音乐、声乐、旋律、节奏、舞蹈、诗的修辞、重复与变化构成诗行、用停顿分开诗行。

信仰-思想方式：区分善恶、对错、真假、信仰并敬畏超自然力量、相信魔法能控制运气、延续生命、控制气候、赢得爱心、改变他人意识、控制疾病、把梦解释成与现实相关联。

范畴-意义：这部分的人类共相最难总结，因为各种文化对人的心灵要求极不相同。但是所有的文化都有"世界观"，也有意义世界的基本构成要素，过去/现在/未来的时间观念、预言未来的尝试、分类与类型。

必须郑重声明：笔者以上的列举，只是撮其大者，许多"共相"没有列出，例如感情中的"羞耻"或"嫉妒"，恐怕是人类共相，非动物所能有。这"六分类"是笔者的划分，只是为了便于讨论。学者们对"人类共相"做了各种方式的区分，例如有的专家分成"家庭与社会组织""政治与权力""族群间关系""合作的基础""语言、思想、交流"五大项①。这也很有道理，适合他们的讨论，只是某些类（例如"家庭与社会组织"）就会明显过大，某些（例如"族群间关系"）过小。

3. 语言共相，故事共相

在上一节的范畴中，笔者故意扣除了语言共相，原因是语言本身就是人类特有，任何动物所无，动物简单的交流呼声完全无法满足音节语言的表意最低要求。由于动物无语言（经常有报道，个别动物能学会一定数量的词汇，但是没有一种动物能恒定地用语言交流），因此，决定语言共相，只消在各种文化的人类中共有即可。近据网媒报道，玻利维亚的亚马逊丛林里有个"克曼加"部落，无语言，用手势交流，目前尚有 4 万人②。如果此消息属实，确有无语言的人类部族，那么本节就不用写。

语言学家对共相的研究之精密仔细，参与的学者之多，研究的历史之长，远远超出其他学科对人类共相的研究。这样一来，局面就复杂得多，至今无法找到一个大致同意的"语言人类共相"清单。

13 世纪懂得许多语言（包括阿拉伯语）的哲学家家罗杰·培根（Roger Bacon, 1214—1294）最早提出"共相语法"（universal grammar），中世纪很多学者参与了讨论。"共相语法"（中国语言学界一般译为"普遍语法"），在 20 世纪 50 年代成为"语言学大讨论"的中心课题之一，起因是乔姆斯基提出的"转换生成语法"理论。此后几十年，这个讨论没有停息过，反对意见虽多，但是拥护者提出多种社会实验测试方案，尤其是在"第二语习得"（SLA）问题上，在混合语（即洋泾浜语"Pidgin"），在作为母语的混合语（例如"Creole"语）研究上，都似乎证明了共相语法的存在。

实际上，正是关于"共相语法"的热烈辩论，刺激了"人类共相"的研

---

① Peter M. Kappeler and Joan B. Silk (eds), *Mind the Gap: Tracing the Origins of Human Universals*, London: Springer, 2010.

② http://baike.baidu.com/link?url=yY1h7fuy4T_4aEehAz9o0b9Vz1NHoqf2W7fYMu12eUjkrUHQRLFlmsLfvd2Y0zKP6fr0ggzbjqOet99uS5KoSa，2016 年 9 月 27 日查索。

究。此后，语言共相的讨论推进到词语层面。在语言学中，"人类共相词语"被称为"原始词语"（primitives）。此工作的奠基者是波兰学者、华沙大学的博古斯劳斯基（Andrzej Boguslawski）。1970 年他在著名符号学家格雷马斯编辑的《符号、语言、文化》一书中发表了《语义原始词汇与意义性》一文①，开启了这个领域的研究。另一位波兰女学者威尔兹毕茨卡（Anna Wierzbicka）对此课题做出重大推进，她在 1994 年编出了具有重要意义的文集《语义与词汇共相：理论与经验发现》②，提出了"自然语义元语言"（"Natural Semantic Metalanguage"，简称 NSM）概念，把这个工作推到了"人类语言学"的高度。所谓"元语言"在这里是指某个语义范畴，例如所有的语言都有"此"与"彼"。因此某些语言学家建议称这类词语为"概念原始词语"（conceptual primitives）。

此后语言学界对"自然词语"的单子展开了逐屋巷战，就每一个语义项展开辩论：究竟是不是每个语言都有这个词语共相。如果找到一个无此语义项的语言，就不能算③。其郑重其事，认真负责，不啻于生物学界对一个新的物种的考究。2003 年德国语言学家杜尔斯特认为，语言共相既然是人的意识中必有的，那就应当是"直觉地可理解的"，也就是"先验的"④。由此在语言学界引发了为什么"原始词语"是"自我澄明"的讨论，很多学者认为这种说法没有根据⑤。

由于这个问题始终处于争议之中，每位"原始词语"研究者开出来的单子都不完全一样，始终处于修订之中无法定论，本书在此无法采用任何一家之说，只能采用上引人类共相中涉及语言与词汇的部分，整理于此，略微介绍：

在语言-语法上：音位、音位变化规则、音位体系；比喻、转喻、词素、名词、词汇多义、象征言语、反义词，标出与非标出义素成分，音位-句法-词汇层次的标出性；因语言熟练而有威望、亲戚词来自生育关系、语言、语言

---

① Andrzej Boguslawski, "On semantic primitives and meaningfulness", In Algirdas Julien Greimas (ed.), *Sign, Language, Culture*. The Hague: Mouton. 1970, pp. 143-152.

② Cliff Goddard and Anna Wierzbicka (eds), *Sematic and Lexical Universals: Theory and Empirical Findings*, Amsterdam: John Benjamins, 1994; Anna Wierzbicka, Emotions across Languages and Cultures: Diversity and Universals, London: Cambridge Univ. Press.

③ 例如关于古希伯来语有没有"bad"这个"语义原始词"，见 Uwe Durst, "Bad as a Semantic Primitive: Evidence from Biblical Hebrew", *Pragmatics and Cognition*, Vol. 7, Issue 2, 1999, pp. 375-403

④ Uwe Durst, "The Natural Semantic Metalanguage Approach to Linguistic Meaning", *Theoretical Linguistics*, 2003, pp. 157-200.

⑤ Lisa Matthewson, "Is the Metalanguage Really Natural?" *Theoretical Linguistics*, 2003, pp. 263-274.

用来操纵别人、语言用来欺骗、语言的可翻译性、语言冗余。

在词汇−言语上：拟声词、数字（以及计数）、至少三个人称代词、专用名、形式矛盾的成语、常用较短而不常用较长的义素、综合比喻、同义词、禁忌语、分类语、清浊音对比、元音对比。

此外，音乐学的、叙述学的、心理学等其他学科的"人类共相"，也很值得介绍。但是，与语言学界相同的情况是：一旦进入细节，进入具体的分类，争议就极多。对每个领域的共相，都需要专著来讨论。此处只介绍一下"叙述共相"（narrative universals），因为与意义理论联系更紧密。讲故事是人类特有的表意方式，这点毋庸置疑，因为讲故事主要靠语言，仅仅用姿势讲清一个故事，如哑剧或完全无字幕的无声电影，是相当困难的事，因此，叙述共项指的是语言叙述共项。

叙述学者津津乐道的普洛普 31 功能，据说能处理所有的民间故事，但是无法处理小说等复杂文学作品。讨论"叙述共相"不应当仅仅适用于童话样式，而且所有的"高级叙述样式"也都必须可用。格雷马斯等"巴黎学派"符号学家早就提出过"情节语法"[①]。要讨论叙述内容的规律，才是对叙述共相研究者的真正考验。苏里奥与格雷马斯等人提出的叙述六方对抗图式，是迄今为止见到的最完备的叙述共相图式[②]。但是这图式更适用于小说、电影等复杂的叙述文本。

正因为此，叙述共相的研究遇到极大困难。2003 年贺根做了一次大胆的努力，他提出了"情绪与叙述共相四假定"[③]：

假定一：情绪作为引发条件或表达/情节后果，都以原型为基础；

假定二：原型叙述（包括文学叙述）从原型产生，尤其是引发情绪的原型；

假定三：浪漫的结合及社会与政治权力（包括物质财富）是取得幸福的两个主要原型。主人公追求此目标，而所爱者死亡，或完全丧失社会与政治权力（监禁或放逐）则成为悲伤叙述原型；

假定四：有两种跨文化主导结构：浪漫的与英雄式的悲剧−喜剧，都是从个人或社会的幸福原型发展出来的。

这四个假定高度概括，头上两条说明"情绪共相"来源于故事情节的原

[①] A. J. 格雷马斯：《论意义》，冯学俊、吴泓缈译，天津：百花文艺出版社，2005 年。
[②] 赵毅衡：《广义叙述学》，成都：四川大学出版社，2014 年，第 152 页。
[③] Patrick Colm Hogan, *The Mind and Its Stories: Narrative Universals and Human Evolution*, Cambridge Univ. Press, 2003, pp. 81−98.

型。在这问题上,贺根与"原始词语"的提倡者威尔兹毕茨卡争论颇多,贺根认为"幸福""悲伤"之类"共相概念",是情景引发的感情,重要的是确定情景与感情联系的规律。三四两条假定试图解释所有的叙述:从最简单的寓言、童话、神话,到最复杂的文学创作,都只是在讲对幸福的追求或丧失。而人物追求的幸福只有两种:爱与权力。应当说,对于纷纭万象的人类故事,这两条总结实在是过于简单化,叙述共相或许也只能如此简单。

4. "人类共相"研究的理论意义

这张共相单子肯定会遇到挑战。从生物学角度来考虑,应当说许多动物有接近上述单子中的某些单项品质(例如很像婚姻的雌雄相守关系),但是只是类似而已,动物并没有真正的婚姻体制。所有上面列出的这些共相都是归纳所得,至今未能从这些共相中归纳出"人性"的必然标准。唯一能做的工作是在各种人类文明中寻找例外,用"例外"来做否定。只是随着文化交流时代的到来,全球化速度加快,仅剩的例外很可能正在消失。

对于"人类共相"中的任何一项,我们无法做轻率的道德评判,更不能用目前人类"高级文明"的标准来评判。诚然人类社会的发展让某些共相听来似乎应当更改,而且正在更改,例如"共相"中相当多亲属关系的安排,"圈内圈外有别、偏向圈内"。但是我们感到惊奇甚至觉得不可思议的是:如此多的意义方式,从史前人类到当今成熟文明,几万年未变。"人类共相"是超出文化特殊性之上的共同品质,必须在人获取意义的本能层次上得到解释。

意义理论,目的是描述人类意义活动的规律,因此"人类共相"问题的研究是意义理论的核心。它可能指向了一个答案:人类不仅生理上是同一"属",人类的意义世界也只有一个类属。如果"人类共相"构成了这个意义世界的基础,那么人类历史上各种文明的意义活动,就只是同中有异。

"人类共相"的研究,也指向人类各种文明的特殊性与普遍性在何处相会。文化的相对主义,强调特殊是本质,它的理论基础之一是所谓"萨丕尔-沃尔夫假说"(Sapir-Whorf Hypothesis),说的是语言词汇决定了我们对世界的看法。但是语言共相的研究,证明了人类所用的各种极其不同的语言,其意义世界在相当多的方面是共同的。

研究"人类共相",远远不只是人类学或语言学的任务,实际上人类共相理论是现代哲学进步的重要途径。洪堡试图分析原始语言以找到前主客体关系的状态;布留尔则以原始思维作为研究对象;胡塞尔的现象学追溯人类意识的最基本功能;弗洛伊德的体系立足于"俄狄浦斯情结"这个人类共相;荣格等人用人类的原始意义方式解释复杂的社会人心理；卡西尔从原始思维中寻找人的符号起源；列维-斯特劳斯几乎完全从人类族群间关系讨论结构主义；皮亚杰从儿童早期心理理解人类思维的历史展开。这个单子还可以无穷尽地延续下去。

　　研究"人类共相"，不仅能使我们更好地理解每个民族，每个社群，甚至能使我们更好地理解每个个体的人；在纵向的时间轴上，研究"人类共相"，能使我们理解人类的历史，甚至预见人类未来的发展进化。目前迅速发展的人工智能，如果最后没有能取得某些"人类共相"，无论是优点还是缺点（例如骄傲、嫉妒），那样的人工智能似乎比人更完美，实际上暴露出重大的"非人性"缺陷，最终可能导致灾难性结果。甚至，"人类共相"的研究使我们开始警惕与宇宙生物的接触，不少科学家警告：地外生物，如果他们与地球人不共享一些重要的价值，那就不仅无法交流，甚至难以共处，只有依靠一方"驯服"另一方才能共存。

　　因此，这张人类共相清单，几乎给符号学，尤其是文化符号学、符号人类学、认知符号学等，以及脑神经科学、人工智能学等一大批学科，开出了一张课题清单。共相研究将使我们对"人类意识"有更清楚的了解，能对意义世界的基础有一定的把握。可惜大部分意义理论研究者，至今没有感到这个研究的迫切性。应当说，对照这张单子，我们的理论留意过的课题以及取得的成绩，范围实在太有限，简直无地自容。

　　中国学界往往把普遍性与"普世性"相混淆，一个世纪以来，大多数工作是通过理解中国的特殊性去接受理论的普遍性。这个工作是必须的，而且也是卓有成效的，但是本书说明还可以有另一条道路让我们接近普遍性，那就是研究各个领域中的"人类共相"及其演变规律，尤其是在中国各民族文化中检查"人类共相"：对于中国各民族，古人几千年关心"其心必异"多于关心"其心略同"，从未好好在中华民族中讨论共相。"人类共相"是人类本身所具有的，既然它们不源自于任何一个特殊文化，也就理直气壮地属于中国各民族文化。

第四章　解释与交流

第一节　认知差：意义活动的基本动力

本节概要：

　　意义的流动形成理解、表达、交流等。这种流动可以从事物或文本流向意识主体，也可由一个意识主体流向其他意识主体，所有这些意义流动，都来自意识主体感觉到的"认知差"。接收认知差，迫使意识向事物或文本投出意向性以获得意义，形成"理解"；表达认知差，促使主体向他人表达他的认知，形成传播，并在回应中得到交流。认知差是一种主观体验，却造成切实的"认知势能"，使意义得以流动。而且，认知差并不是完全无法客观化的，文本间的经验对比，主体间的交流反应与取效功能，使认知差在社会实践中得到验证。

1. 认知与认知差

　　意义理论中有一系列关键术语，如"经验""理解""认识"，都有过程（例如"经验"某事）与状态（有某种"经验"）两个意义，"认知"这个术语也一样：一是相对的认知状态，指的是意识主体对某一问题在某一刻达到的认知；二是指动态的意义流动，是意识对意义的获得方式，即注意、记忆、判断、评价、推理、认识等过程。本节讨论的"认知差"，指的是第一个状态引导出第二个状态的过程，也就是说，任何认知意义流动，源自认知状态之间的差别。

　　认知就是意义占有，而意义如本书悖论所定义，是意识与事物的联系。认知实体可以是具有某些意识能力的动物，具有意识的人类个人，具有集体人格的意义探究社群，也可能是有认知能力的机器①。这几种认知实体都可以产生理解与表达这两种不同方向的意义流动。本节为了把基本问题说清楚，暂先只讨论人类个人主体意识的意义活动。理解，是人的意识面对事物，或面对媒介再现的文本，对它们的意义进行认知；表达，是人的意识面对他人，解释他已经拥有的认知。

理解与解释方向正好相反，获取意义，与表达意义其基本动力却是一致的，即意识主体感觉到他的认知状态，与对象之间有一个落差需要填补。中西认知学界，尚没有讨论过这个课题，笔者建议称之为"认知差"（或可英译为"cognition gap"）。对任何问题，主体意识感觉到自身处于相对的认知低位或认知高位，这种认知的落差是意义运动的先决条件。

任何运动都源自某种势能：气流来自空气团之间的气压差，电流来自电压差，水流来自水压差，而造成意义流动的根本原因是认知差。当意识面对一个未知事物，或事物的某个未知方面，或面对一个符号文本时，意识主体感觉自身处于"认知低位"，可以采取主动获取意义的姿态；反过来，当意识主体感觉自身处于认知高位时，例如面对认知不如己的他人时，意识主体会有意愿传送出意义，形成表达。虽然本节最后会尝试讨论认知差"客观化"可能的方式，但认知差只是一种主观感觉，并不总是可度量的客观存在。

以上的说法听起来未免抽象，一旦我们分析认知差的几种基本状态就会发现，认知差非常实在，对意识来说须臾不可离。实际上，意识存在于世的最基本方式，也就是明白自身的认知与世界之间有认知差，需要意义流动来填补。很多学者已经感觉到这种推动意义运动的力量。皮尔斯认为："（表意形式）并无既定的存在物，而实际上是一种'力'"（power）②；塞尔称之为"语力"（force）③；心理学家迈克尔·约翰逊提出"语力－格式塔完形"对意识的压力④；而认知符号学家塔尔米近年提出"语力－动势"说⑤。本节提出这个

---

① George A. Miller, "The Cognitive Revolution: A Historical Perspective", *Trends in Cognitive Science*, Vol. 7, No. 3, March 2003, p. 214.

② Richard S. Robin, *Annotated Catalogue of the Papers of Charles S Peirce*, Amherst, MA: MassachusettsUniv. Press, 1967, p. 793.

③ 约翰·R. 塞尔：《心灵、语言和社会：实在世界中的哲学》，李步楼译，上海：上海人民出版社，2001年，第135页。

④ Michael Johnson, *The Body in the Mind : The Bodily Basics of Meaning*, *Imagination and Reason*, Chicago: Univ. of Chicago Press, 1987, p. 34.

⑤ Lionel Talmy, *Toward a Cognitive Semantics*, *Typology and Process in Concept Structuring*, Cambridge, MA: MIT Press, 2000, p. 126.

"认知差"概念,是在延续并推进各家的讨论,试图更清楚地回答:意义的流动靠的是什么样的动力?

2. 第一种认知差:意识面对事物

意识的最基本的认知是在意识观照事物时产生的。本书"解题"中已经讨论过,所谓事物,包括物体、事件、文本、他人,包括周围世界中显现的一切。意识的存在,必须时刻从环境中的事物获得意义,只有当意识处于休眠状态,暂时停止如晕厥,永久停止如死亡,这种获义活动才会停止。甚至睡眠与精神错乱都不会让意识停止追求意义,只不过此时意识功能不全,得到的是由局部意识获得的混乱意义。意识存在的目的是获取意义,反过来,意义的获得是意识存在的明证。

为什么事物会对意识施加这种认知压力?意识的获义意向性,是进化成熟的人的意识的本质功能,意识需要追捕意义,就像身体需要觅食。然而,为什么意识要选择朝向此事物,而非别的事物来投射其获义意向性,并从此事物获取意义?这里必有原因,而这原因就是认知差:意识感觉到此事物拥有的意义给予性,超出意识对此事物的认知,因而此事物有意识所需要的意义,成为能回应意向性的意义源。用平常的话来说,既然此人已经观照到此事物,觉得还没有认识,或没有充分认识此事物,就会感到理解的需要。

意识面对世界万物,认知差总是接收性的,也就是说,对象是意义的给予者(虽然它是在意向性的压力下才能给予意义),意识是接收意义的一方。面对世界的万事万物,意识总是处于意义索取与承接状态。这无关于此人品格是否谦虚好学,认知差不是个心理问题,而是由意识与事物两种不同的存在方式所决定的:意识面对世界的获义主动性,使它成为意义产生的原因,也成为意义流向的目标:有了获求意义的意识,世界万事万物才成为提供意义的源头,如果"我"有意不想理解某块石头,这块石头对"我"来说不会成为意义源。

事物相对于意识的认知差,实际上是事物本身的意义源头地位所决定的,此时,意识面对事物,感到的是一种"接收性认知差",它迫使事物转化为意义给予者。此种意义流动是在回答意识的一个基本问题:"这是什么?"面对一个物体,要认出它是否是个水果;面对一个水果,要理解它是否是苹果;面对一个苹果,要理解它是否是一个可食的、新鲜的或是具有任何属性的苹果;如此等等。面对事物的永恒理解冲动,是意识最根本的功能。

无论一个人如何博学,或如何对某物有深刻充足的认知(例如一个苹果专家),意识面对事物时,依然会对自己提出:"这是什么?"因为意识与世界的关系靠此意义索求才能建立。此问题可以有无穷无尽的复杂变体，例如"这是某个新品种苹果吗？"或"这是何种转基因方式培育的苹果？"事物的最根本品质，是细节无限，经得起无穷探究，一个苹果能给予我们的认知永远无法穷尽。在这个问题上，人与动物或智能机器有根本的区别，那就是一个健全的意识，面对事物永远会感到有接收性认知差，而且永远在把这种认知差转化为获义活动。哪怕因某种原因停止追索，也不可能停止追求意义的主观愿望，而动物或人工智能，会在某个基因中预定的节点停下来。

因此，为什么意识要从事物取得意义？因为这是"意识"的定义所决定的，意识自我澄明无需证明的本质，就是面对事物寻求其意义，以回答"这是什么？"这个永远会出现的问题，实际上与事物的种类与状态无关。面对某些事物时，自觉到有认知差，需要获得意义来填补，是主体拥有意识而存在于世的最根本特征。

3. 第二种认知差：意识面对文本

面对明显媒介化所形成的文本时，意识自问的问题就从面对事物的"这是什么？"变成"这文本在表达什么意义？"而这意义，不一定是符号文本的发出者的意图意义，符号文本本身具有意义，不然它不成其为文本。塞尔说："一般来说，为了解意向，我们可以问'这行为者想干什么？'那么，他作一个声言时想干什么？他想用再现某物为某态，来造成此物为某态。"[1] 媒介化的文本再现某物的某态，是为了让别人通过理解此文本而理解处于某态的某物。哪怕此人非常熟悉此种文本（例如一位幼儿园教师看一幅苹果的儿童画），她依然必须首先回答问题："此文本表达什么意义？"只不过面对熟悉的程式化文本，理解会自动而迅疾。

此处有一个意义理论上的难点：意识如何知道面对的是一个事物还是一个文本？本书第一章讨论"形式直观"时就指出，在初始获义活动阶段，意识对此不一定能区分，也不一定需要区分。但是在进一步的获义中，区分就渐渐成为必要，如果觉得被感知之物是被媒介化的，那就是文本，不然就是一件物。任何物，本来就都是意义性滑动的"物－符号"二联体[2]。一块石头可以被当作一个物件（石块），或是一件媒介化的文本（例如田界），甚至某种艺术文本

---

[1] John R. Searle, *Intentionality: An Essay in the Philosophy of Mind*, Cambridge, MA: Univ. of Cambridge Press, 1983, p. 172.

[2] 参见赵毅衡：《符号学：原理与推演》，南京：南京大学出版社，2015年第3版，第29页。

（例如假山），这不完全是这块石头的品质决定的，在很大程度上取决于文化对此事物的展示范畴，以及意识设定的理解范畴。

一旦意义活动累加，媒介的品质暴露出来，事物与文本的区别就凸显出来：事物由于作为事实的存在，造成与意识之间的认知差，而文本由于它的表意本质，在被理解之前，与意识对此文本的"尚未理解"状态之间必定存在认知差。文本与事物一样，在直观上，对意识始终是处于认知高位的。而且，与事物一样，任何符号文本理论上都可以催生无穷的理解。说不尽的《红楼梦》，说不尽的莎剧，似乎是因为它们特别杰出；《诗经》中的民歌作为阐释的对象，几千年至今新的意义解释没有穷尽，是因为被封为经典。任何貌似简单的符号文本，与任何事物相同，理论上都是意义的无穷之源。

那么，对所有的符号文本，意识是否会感到同样的"接收性认知差"？面对愚蠢或智慧的、熟知或新奇的文本，意识难道会感到同样的理解压力？应当说，面对不同文本，认知差的强度会有极大不同，但认知差是一定会有的，原因是意识总是接收者，而文本从定义上说就是提供意义的符号集合。面对任何文本，意识都必须先回答根本性问题："这文本在表达什么意义？"在理解了这个意思之后，才有可能进行意义活动的累加，才能提出进一步的判断，例如此文本是否愚蠢或难解。

同样情况出现在面对难以理解甚至完全无法理解的文本时，"不可解"作为一个判断，只能出现在理解活动累加考量之后。任何符号，既然被接收者承认为符号，就必然是有意义的。万一完全"不懂"，即意识主体无法理解一个符号，猜不出一个谜语，读不懂一首诗，认为本来此文本对他是无解，这时认知差还存在吗？应当说，一旦意识感知到面对的是文本，这是一则谜语，一首诗，就是认定这个符号文本，而符号必定有解释的可能，虽然这可能性不一定能在本次解释中实现。解释者感到认知差没有能填补，或没有填补到令他自己满意的程度，前提当然是承认这个认知差。

至于理解是否符合所谓意图意义，或符合"文本原意"，或让解释者自己满意，不是解释是否成立的标准。听梵语或巴利语念经，听藏语唱歌，听意大利语唱歌剧，大部分人也不能理解。不理解，恰恰是某种理解努力的结果，接收者认为这符号文本携带着意义，才得出他不理解的结论。他的初步理解努力促成一个"不足解码"，得到"神秘""悲伤""欢快"之类的模糊解释。任何理解都是一种理解，它至少部分填补了认知差。

因此，意识面对文本，存在认知差是绝对的，认知的"落差势能"，即填补这个认知差的难易程度才是相对的。接收性认知差绝对必然地存在。当然解释者可以对此文本提出挑战、补充、修正甚至否定，那是意义活动累加之后下一步的工作。

4. 第三种认知差：意识面对他人的认知

"面对他人"的认知差卷入了主体间关系。这种认知差是个别的交流表达行为出发点，也是人类社会大规模传播或交流行为的最基本驱动力。米德认为："个体通过扮演他人的角色，已经超出了他的有限的世界，因为通过以经验为基础、以经验为检验的交流，他确信，在所有这些场合，世界全都呈现着同一面貌。"[1] 意识面对个别的或社群性的他人，确信他人可以分享他的认知，这就是所有意义表达的根本动力。

上文谈的两种认知差，是个体意识生存于世的方式，这第三种却是意识的人际与社会性存在方式：当我们与某个人（或某些人）交往时，我们告诉对方某种意义，即"我"关于特定事物或文本的认知。"我"要传送这些意义，是我认为对方对此事物或此文本没有或不如"我"所拥有的认知；也就是说，因为"我"在某个特定问题上认知较多，主体之间有个认知差等待填补。

人际认知差是表达的动力，人类社会必须依靠意义表达与交流才能形成。前面说的面对事物与文本的认知差，虽然在人性上更为根本，却不如这种人际认知差造成的表达交流对人类社群的塑形作用更大。三种认知差互相促进，有交流表达的欲望和需要，人对认识和理解事物与文本的需求才更为迫切。因此，表达性认知差转变成填补接收性认知差的动力，我们的人际性与社会性表达需要可以推动我们的求知欲。

表达性认知差，也是意识的一种感觉，并不一定已经切实存在。穴居人在岩洞壁上画野牛，正是因为他觉得他了解野牛的某些方面，或体态之美，或神秘信息，其他人（同伴、后代）并不了解；电视台连线地震转播现场，记者急切地介绍情况，他认为他在现场所亲眼目睹的局面，全体电视观众都不了解；开会演讲的人，必然预先估量了他与听众在此题目上的认知差，相信自己拥有值得大家倾听的认知。

这是否就是说：凡是向他人送出意义的人，必定自认为是比他人高明？这是很容易产生的误解，因为表达性认知差只是来自表达主体在某个特定问题上感觉到的认知优势。孩子央求母亲让他吃苹果，因为他认为，在他内心对这个苹果的食欲这个问题上他比母亲知道得多；男生向女生求爱，是因为在关于他

---

[1] 乔治·H. 米德：《心灵、自我与社会》，赵月瑟译，上海：上海译文出版社，1992年，第23页。

的内心的爱意这个特定问题上,"你不知道我的心";甚至学生向老师承认回答不出一个问题,是因为在自己的无知这一点上,他的认知比老师多。对于个人表意与表达的欲望来说,只要主观假定在某一点上比对方所知多一些,就出现了足以驱动表达的认知差。

人际的表达性认知差可以触动交流,此时言者的表达性认知差,与听者对他的表达文本的接收性认知差互相配合形成传播,表达性认知差就是文本接收性认知差的镜像。听你解释或表达的人,面对你传送出来的文本,认为自己有所不知,有个认知差需要填补,才会听下去。

5. 认知差势能

认知差是一种主观感觉:某事物应认识,某文本可理解,在某特定问题上与某人的认知差距可用交流填补,这些"应该"都是主观设定。同样,认知差的强度也是一种主观设定。认知差强度在人的意义活动中关系重大:人们面对"熟悉之物"与面对"陌生之物",认知的态度很不一样;面对"容易的文本"与"难解的文本",理解的方式也很不一样;面对比自己认知能力低得多的"愚人"或"无知者",与面对"智者"或"师长",表达的态度会很不一样。哪怕需要理解或解释的是同一件事物,迫切程度会很不一样,压力不同,理解与表达的紧迫性大不相同,意义的流动有可能是蜷曲的缓流,也有可能是轰然而下的巨瀑。

这个认知差强度可以称作"交流势能",虽然这种"落差"究竟有多大依然是一种主观感觉,但是它决定了理解和表达的方式和迫切性。物体居于高位,就具有"势能",也就是具有做功的可能,却因受阻不一定会实现为做功。同样,认知差可以导致认识、理解、表达,却不一定会实例化为这些意义行为。实现的关键,是意识的意向性能观照到此事物,此文本,此他人。

事物、文本、他人,如果没有落到主体意识观照的范围之中,会出现什么情况?是否认知差就不存在了?显然,未能落入意向性范围内,就不可能实现意义活动,不会导致意义流动。例如,"我"可能对某人讲"我"在某个问题上的见解,条件只是"我"要感觉到此人对此事的认知不如"我","我"的表达可以填补这个认知差。但是如果"我"因为各种原因无法够及此人,例如在物理上的传达范围之外(电话断了"我"只能停止说话),无法知道对方的认知("我"犹豫是否对一个陌生人说话),或是觉得某种表现方式对方不会接收(例如感到对方不会懂汉语),或是知道有认知差却不想填补(例如"我"拒不承认某事),交流就只能暂止,认知差就只是潜在的势能。

我们可以进一步推论，在一个人感觉到的认知差总数中，真正推动了意义流动的恐怕是极少数。意识可接触无穷的事物，遇到纷至沓来的符号文本，却只挑少数去理解："我"可以就某问题向许多人解释，却明白大部分人并不想听。真正去填补认知差的机会毕竟是有限的，绝大多数的认知差只形成认知势能，而没有实例化。

6. 认知差的客观衡量

难道认知差永远只是一个主观假定？如果可填补的认知差永远只是一种主观估计，而且认知差的强度也是一种主观估计，那么"对牛弹琴"就不必被嘲笑，因为形成意义交流的动力都只是一种无法衡量的臆猜。但是任何一个物种出于生存需要，都不允许浪费过多的精力。人的意义世界是实在的，因为我们的存在是实在的，我们存在需要的意义活动，其相当大的部分肯定也是实在的。虽然认知差不可能如物理的势能那样准确量化，但是可以相对有效地把握，也就是说，在一定条件下，认知差不再是纯粹主观的感觉。证实认知差的关键点，就是表达与交流的人际关系效用。

可以看到奥斯汀的"言语行为"（Speech Act）理论，与认知差卷入的人际关系问题是直接相关的[①]。奥斯汀不幸早逝后，塞尔等学者把言语行为论推进成当代语言哲学思想的一个重要理论[②]。这个理论，能比较清楚地看出表达的"证实"方式。奥斯汀提出的言语行为三类型（"以言言事""以言行事""以言成事"），都是通过说某事而得到某种回应，造成某种结果[③]。

既然认知差是主观感觉，那么无论是否确实，都可以推动表意。效果是表达的接收者的反应，表意者臆断的认知差就难以取效。本来表述者只要假定与接收者之间有认知差就可以表达，仅仅以言言事，无需征求对方同意，但是表意要"以言成事"，却要靠效果。借用一个常用的例子，证婚人说"我宣布你们俩从此成为夫妻"，是"以言成事"[④]。这里显然有认知差在推动，如果听者"你们俩"尚未认为自己已经是夫妻，证婚人的话就有"成事"效用；如果

[①] J. L. Austin, *How to Do Things With Words*, Oxford: Oxford Univ. Press, 1975, p. 6.

[②] John R. Searle, *Speech Acts: An Essay in the Philosophy of Language*. Cambridge: Cambridge Univ. Press, 1969.

[③] 参见邱惠丽：《奥斯汀言语行为论的当代哲学意义》，《自然辩证法研究》，2006年7月号，第37~42页。

[④] Austin, J. L., *How To Do Things With Words*, 2nd Edition, ed. J. O. Urmson and M. Sbisá. Cambridge, MA: Harvard Univ. Press, 1962, p. 67.

"你们俩"已经认为自己是夫妻,那么证婚人的话就只是起一个证实作用;反过来,如果"你们俩"根本不承认自己应当成为夫妻,或是不应当被这位证婚人宣布为夫妻,此时,推动表意的认知差就无法取效,甚至被反驳否定。

因此,虽然推动意义表达的认知差是主观的,但这种推动可以被客观地证实,其测试方式就是社会性交流的取效及反应。戴维森说:"成功的交流证明存在着一种关于世界的共有的看法,它在很大程度上是真的。"[1] 胡塞尔在他的哲学生涯后期提出的"共同主体性",就是基于这种人际交流:"每一个自我主体和我们所有的人都相互一起地生活在一个共同的世上,这个世界是我们的世界,它对我们的意识来说是有效存在的,并且是通过这种'共同生活'而明晰地给定着。"[2] 一个人表达意义时所根据的认知差,固然不需要对方承认,但是一旦他的表达要求得到对方的回应,形成往复交流,就需要听者回应此认知差,哪怕不一定完全同意其表达。只有当认知差并非单方面的主观假定时,交流才有可能进行下去。

"主体间性"的交流回应与取效,是衡量认知差的途径,舍此别无他法。而且,交流延续的时间越长,交流的内容越复杂,认知差的客观化效果就越明显。对方不一定会肯定此认知差,而很有可能用反驳、抗议或不理睬来否定这个认知差。如此给出的反应,必定形成一个对应的符号文本,哪怕不理睬,面无表情,默不作声,无言以对,也是具有表意力的"空符号"[3]。言者意识面对此种文本,又出现一个接收性认知差,人际的意义表达就会真正变成回旋往复的人际意义交流。

以上是在讨论第三种即人际认知差的"客观化",那么前文讨论到的前两种认知差,即意识面对事物与文本的认知差,有没有可能被客观化呢?人是社会性的生物,因此他对事物与文本的理解也不得不付诸文化的检验。任何意义活动与另一个意义活动,一旦有可能联系,都能形成认知差客观化所需要的对照比较。一个人自以为他在单独地认识某事物,或理解某文本,他的理解必然会遭遇到两种检测:与他自己的回忆与经验造成对照,与他人的社会性经验之间的重复形成比较,他的理解必然被其他类似意义行为所印证或否定。

当一连串的意义活动在同一个意识中发生,而且后一个意义活动由于回忆

---

[1] 唐纳德·赫伯特·戴维森:《真理、意义、行动与事件》,牟博译,北京:商务印书馆,1993年,第132页。
[2] 弗莱德·R.多尔迈:《主体性的黄昏》,万俊人等译,上海:上海人民出版社,1992年,第63页。
[3] 关于"空符号",请参见赵毅衡:《符号学:原理与推演》,南京:南京大学出版社,2015年第3版,第25页。

的作用叠加在前一个意义活动的印迹上,两个意义活动便引出"文本间性"对照。类似意义累积对比是认知活动的根本方式,是意义世界的基本构成单位。热奈特认为:"重复是一种解释性行为。"[1] 意识不断地在对意义活动的重复做非常精致的处理:合并加强符号需要的重复,保留可以形成经验的重要印痕。

"经验化"对认知差的这种检验,每时每刻都在意义活动中发生。可以想象一个场景:"我"周末逛古董市场,各式各样真真假假的古董,对"我"来说,是待理解的事物,也可能是待解释的符号文本。所有见到的物件或文本,都需要"我"去认识或理解,因此对"我"的意识都能形成接收性认知差。琳琅满目的物件,没有让"我"觉得需要深入认知的对象,直到"我"忽然看见某件古董,眼睛一亮:这件器物,唤起"我"自己曾有的经验,或与"我"曾经读到过的描述十分相似,或是与先前某专家的说法相似,也就是说,这次"我"意识到的接收性认知差,与"我"先前意义活动的残留痕迹叠加,得到某种"客观化"印证。于是"我"仔细端详此物件,认知活动延伸进入深化理解。"我"对此物产生兴趣所依据的认知差,被记忆中先前认知活动留下的痕迹所证实,这种认知差是社会性的,是"我"与社群文化交流而形成的,不再是"我"的纯粹主观假定。

一旦认知差卷入文本间性与主体间性,它就可以在社会文化压力下"客观化"。这个过程很难自觉,因为主体意识不可能在自身的意义活动中理解自身,面对事物或文本的意向性获得的意义,不可能是关于此意向性的意义。意识本身可以观照任何事物或文本,意义活动的"有关性"无远弗届,无所不包,整个世界没有意识不能去认知的事物,它却无法观照这次意义活动自身[2]。意识能理解一切,就是不可能理解正在进入这次理解的意识。

然而,要对认知差真正地客观化,必须对这次理解活动自身进行评价。要做到这个逻辑上不可能的事,唯一的方法就是到"他次"意义活动中,到他人的反应中去寻找对比。原因是"他次"意义活动中的意识主体,不是正在进行认知的意识主体,而是我的意识观照的对象,因此是一个"他化"的"我"。意识无法观照此时此刻的意识,因为此时此刻的意识是观照主体。"我"能思考的只能是"我"的思想留下的痕迹,即经验。经验生成于过去,只是沉淀到此时此刻的意识之中而已。

---

[1] Gerard Genette, *Figure* Ⅲ, De Seuil, 1972, p. 145.
[2] Martin Davies, "Consciousness and the Varieties of Aboutness", in C. Macdonald and G. Macdonald (eds), *Philosophy of Psychology: Debates on Psychological Explanation*. Oxford: Blackwell Publishers, pp. 356-392.

因此，认知差卷入一个悖论：意识主体似乎是理解一切的起源，但是意义行为只是在自我试图理解他人或他物时出现，意识主体外在于意识主体的认知。符号现象学家梅洛-庞蒂有言："全世界都在我之中，而我则完全在我之外。"① 这话极有深意。意识主体是个不完整的意义构筑，但是在自我感觉中要有一个需要"完整性"的意义构筑，才能感觉到认知差的缺憾。一切推动意义流动的认知差，都是从这种意识主体的完整与不完整性的矛盾出发：追求完整才有获得意义的要求，承认不完整才能有接收意义的愿望。因此，意识必须走出意识主体才能理解自己，才能客观地衡量作为意义流动的源头的认知差假定。

认知差的客观化，只能在认知实践与社会交流中步步证实。此种客观化的需要以及证实的可能，引导"我"走向个人之外，到社会文化中去寻找评价标准，寻找意义流动的秘密。

---

① Maurice Merleau-Ponty, *Phenomenology of Perception*, London: Routledge and Kegan Paul, 1962, p. 407.

第二节　所有的理解都是解释

本节概要：

在有关意义的讨论中，理解与解释这两个术语太常用，也经常被混用。理解的对象可以是事物或文本，解释的对象也可以是事物或文本；无论事物还是文本，它们都是符号，理解和解释本身都是一个符号意义替代过程；解释往往通过外部媒介再现，理解本身常常是一个思想过程，表现为心像心语，或思维—符号，但它们也是一个符号过程，因此本质上相同；二者用另一套符号代替眼前的符号。没有一种理解或解释可以自称为"准确"的理解或解释，因此，任何理解或解释在意义理论上都是合格的。

1. 事物与符号，理解与解释

伽达默尔曾经声称："所有的理解都是解释。"（All understanding is interpretation）[①] 这句话有点奇怪，因为二者并不是同义词。理解，是"从道理上弄明白"，是一个人自己的事，英文"understand"，意为"perceive the meaing"；解释是"分析说明"[②]，英文"explain"，意为"make clear"，看来是人际的意义交流。为了避免词典意义纠缠，笔者列出了英文作为参照，不是说西文比中文准确，这两个词，西文与现代汉语意义用法都相当一致，两个词却明显不同，所以我们要问伽达默尔为什么郑重其事作此声明？意义活动的这两个重要范畴，重合与区分究竟在何处？

一般的理解是：理解的对象是事物，而解释的对象是媒介化的符号文本，但本书从第一节起就在讨论的问题是：事物与符号在形式直观中难以区分。即使在对同一对象持续的意义活动中，理解与解释的对象也没有绝对的区分。我们可以理解一个事物或一个文本，也可以解释一个事物或一个文本，只是当我们面对他人说出我们的理解则称为解释。看起来理解没有用到符号，而是对他人用媒介化的符号进行的意义交流。

这种区分是误会，本书中编的第一节讨论皮尔斯的"思维—符号"时就再

[①] Hans-Georg Gadamer, *Truth and Method*, New York: Crossroads, 1985, p. 350.
[②] 《古今汉语词典》，北京：商务印书馆，2001年。

三强调：思维也在符号中进行，因此这个区分并不清楚。或许二者更清晰的区分是：理解处理的是上一节所说的"接收性认知差"，这种认知差可以发生在面对事物或文本时；解释处理的是"发出性认知差"，是产生在"我"与他人之间。唯一的混淆之处，在于"解释"可以用于"理解"的意义，例如说"我无法解释这种现象"，此时"我"把自己作为解释的他者："我无法向我自己解释（此种怪事）。"因此，原则上说，这两个容易混淆的概念，实际上是填补两种不同认知差的意义活动。

在意义理论的研究中，这二者是有明显区分的。先看解释，整个现代解释学（"hermeneutics"，中译又作"阐释学"）奠基者是20世纪转折的施莱尔马赫和狄尔泰，他们继承了前现代《圣经》解释学的传统，讨论的是解释文本的哲学，因此"阐释学"的原意实为"解经学"。只有把解释写成（或口述成）另一个文本，也就是对文本进行"解释"才是解释，这是"解经学"的原意。

20世纪诸论者扩大这个学科之后，解释学依然只是文本解释学，而且只是文字文本解释学。姚斯和伊瑟尔等人从解释学发展出来的"接受美学"，霍兰德和费许等人提出的"读者反应论"，也都是针对文学文本的解释，没有讨论其他媒介（例如音乐、绘画、电影）的文本，更不用说讨论对事物的理解。

然而，把表意与解释分开，在符号学形成之初就已经出现，皮尔斯曾指出："（维尔比夫人提出的）'表意学'（significs）比符号学的范围小了一些，因为'表意'（signification）仅仅是符号的两个主要功能之一。"[1] 另一个主要功能就是意义的解释。大半个世纪之后，福柯对符号学的误解如初，他说："我们可以把使符号'说话'，发展其意义的全部知识，称为解释学；把鉴别符号，确定为什么符号成为符号，了解连接规律的全部知识，称为符号学。"[2] 在皮尔斯的理论中，符号学的重点落在意义的解释上。近年符号学的发展，重点更落在接收这一端，符号学研究意义活动的全过程，包括解释，更包括理解。

为什么解释理论至今局限于文本的解释呢？因为传统的理解虽然意义可以有事物与文本两个来源，但是二者看起来很不相同。那么事物与符号，究竟有什么区别？本书第一章就花了很多篇幅讨论许多思想家对这二者的区分，结论是二者没有本质的区别，尤其是在初始获义活动中，在尚未对对象进行范畴归

---

[1] Charles Sanders Pierce, *Collected Papers*, Cambridge, Mass: Harvard Univ. Press, 1931—1958, Vol. 8, p. 378.

[2] Michel Foucault, *The Order of Things: An Archeology of Human Sciences*, translated by Alan Sheridan, London: Routledge, 2002, p. 33.

类时，我们不能说对事物的认知是理解，对文本的认知是解释，因为我们对事物的认知，与对符号文本的认知一样，首先经过感知，把这感知视为携带意义的感知，也就是当作符号。因此，在意识认知中，对象和文本都是由符号组成，因为认知中的事物，并不是客观存在的事物，而是在主观的意向性压力下给予意义的对象。

2. 理解与解释都靠符号进行

这里还卷入一个难题，解释往往是说出来或写出来的，是用媒介再现出来解释给别人听的，而理解往往是在脑中进行的，没有用媒介表现出来。那么，纯粹的思想，脑子里的想法或冲动，是不是符号文本？胡塞尔认为，思想也是符号化的。"符号出现在孤独心灵的内心陈述中，此时存在着我们对这些声音或文字的想象表象"，也就是说，思想是符号，而不是心语。人的思想的规律，既是逻辑的，也是符号的[①]。

事物是在意识的认知活动之中成为符号，还有另一个更加根本的理由：因为任何认知首先能感知到的只是事物的一部分观相，对事物的认识，必须依靠部分观相来代替整体。这部分观相就成为事物的符号。因为对象一部分观相的呈现，不可能满足意识的这种整体把握的要求，必须依靠共现填补直观感知留下的缝隙与空白，从而把对象补充成一个有起码完整度的、合一的对象。

理解或解释的对象，无论是"事物"，还是"文本"，都是符号，这就引向我们要讨论的核心问题：如果我们把理解看成思想过程，把解释看成落成文字或语言的说服别人的过程，那么就它们的符号组成而言，这二者没有本质上的差别，都是符号文本。因此，本书认为，不仅事物与文本很难严格区分，理解与解释也很难绝然区分。常识认为二者的区别是：第一，事物靠理解，文本靠解释；第二，解释是用文本向他人解释，而理解可以在自己的头脑中进行。思想就是用来理解和解释意义的，而"任何意义必须通过符号才能表达"[②]。哪怕二者作为符号活动是一致的，但解释依然是对别人解释，理解就是对自己解释。

要说出意义必须用另一个意义；要判明一个事物是有意义的（也就是说它是符号），就是说它是引发解释的。"意义"的定义，就是用另外的符号对一个符号做出的理解或解释。解释是对别人"翻译"，理解是对自己"翻译"，二者

[①] 张留华：《皮尔斯为何要把逻辑学拓展为符号学？》《符号与传媒》，2014年第9辑，第37页。
[②] 赵毅衡：《符号学：原理与推演》，南京：南京大学出版社，2013年第2版。

都需要另一套符号,都会引出一个无穷尽的"翻译"系列,这就是符号学的所谓"无限衍义"原理。

皮尔斯自己明白这个理解方式的重大意义,他认为无限衍义是人的思想方式(而不是人的交流方式)的本质特征:"每个思想必须与其他思想说话。""思想永远用对话的形式开展——自我的不同阶段之间的对话,这样,对话性(dialogical)本质上就是由符号组成。"① 不管是与他人思想对话,还是与自己的思想对话,符号意义只有在与其他符号对抗,在依靠其他符号衍生时,才真正成为意义。如果如皮尔斯所言,所有的思想都是与另一个思想对话,那么似乎是"自我思量"的理解与告诉他人的解释就都是一个符号过程,作为意义活动,二者在方法上是类似的。

3. 任何理解都是理解

笔者曾在《符号学》一书中建议的符号三悖论,它们是:

一、意义不在场,才需要符号;

二、不存在没有意义的符号;

三、任何理解都是一个理解。②

这第三条恐怕最难理解,笔者也始终没有机会给予比原书中更加详细的阐释:意义是符号过程的工作前提,解释意义的有效性只能用解释本身来衡量(使解释成为一个解释):一旦解释者视某个感知为符号,它就成为解释对象;而符号一旦成为解释对象,就必然有意义。既然符号的定义是"被认为携带意义的感知",既然只要是"被认为"携带意义就是符号,那么不管解释出来的意义是否为真知,符号解释得出的意义都是作为符号文本的意义(之一)。

如果接收者完全不具备某种解释能力,例如得到一段古文字,猜出来的意义便无法连贯成句。但是,"未送达符号"是暂时性的不完整符号:只要在合适条件下,接收者就有可能得出某种意义。因此,这种表面的不理解,恰恰是"理解努力"的结果,接收者是以自己的经验作判断,并且与其他文本作对照,才得出他"尚未理解"的结论。这也就是肯定了面对的符号应当有意义,只不过接收者暂时未能得到让他自己满意的意义。

---

① Charles Sanders Peirce, *Collected Papers*, Cambridge Mass, Harvard Univ Press, 1931—1958, Vol. 5, p. 253.

② 赵毅衡:《符号学:原理与推演》,南京:南京大学出版社,2013 年第 2 版,第 32 页。

中编　意义的经验化

伽达默尔说："允许一系列多样的解读是文本的本质所决定的。"① 这话非常精彩。但是允许"多样性解读"的恐怕并不限于文本，对事物（例如一道闪电）的理解一样可以是多重的。皮尔斯说："一个既定物给我们呈现无穷的特征，都要我们解释，假定有个解释的话，也只是猜测。"② 皮尔斯的这个说明，把多样性解读扩展到对事物的理解，从符号学角度预言了布鲁姆那句现在几乎已经成为理论界常识的名言："阅读总是一种误读。"③ 既然那么多理论家都持有这个看法，误读的普遍性这结论似乎不必再议。但是仔细一想，恐怕没有那么简单。

当接收者完全"不懂"，即无法理解一个符号文本，提不出任何解释，这时符号文本意义何在？例如猜不出一个谜语，读不懂一首诗。笔者的看法是：一旦接收者认定文本体裁：一则谜语，或一首诗，就是认定这个符号文本应当可以解释出一个意义来。实际上，当意识承认面对的对象是符号，就已经承认对象必定有意义，因为没有符号可以无意。

许多宗教密语均是如此，而《楞严经注解》之类注经著作，详细解说，密咒就变为显说。高僧们却认为，不翻译甚至不解说不一定适合"理解"教义，却更适合"解释"教义。因此，视各种场合语境不同，误读不仅可以是合法的，甚至可以是必然的，而且推到极端来说，误读甚至可以是必须的。

应当郑重声明，哪怕任何理解或解释，都是"一个理解或解释"，这是就意义过程的有效性而言的。它们是否都同样是"真知"呢？显然不是，因为一个人对同一事物或文本可以有多个解释（"真知"问题将留待下编"意义的社会化"讨论）。

说误解也是一个理解或解释，那是就意义理论合乎流程而言的，因为它们最后都落实到解释意义上，都是最后在场的"当下化"的唯一解释。当发出者（如果有发出者的话）的意图意义，文本携带的文本意义，都被置换成解释意义而退场后，解释意义成为唯一在场的意义。某个理解或解释，是否比其他的理解或解释更"接近真相"，我们无法用意义过程本身来判断。

皮尔斯认为符号与真相有"天然的亲近"④，这只是说符号的任务就是努

---

① 汉斯-格奥尔格·伽达默尔：《哲学解释学》，夏镇平译，上海：上海译文出版社，2004年，第9页。
② Charles Sanders Peirce, *Collected Papers*, Cambridge Mass: Harvard Univ Press, 1931–1958, Vol. 2, p. 643.
③ 哈罗德·布鲁姆：《误读图示》，朱立元、陈克明译，天津：天津人民出版社，2008年，第1页。
④ 赵毅衡：《回到皮尔斯》，《符号与传媒》，2014年第9辑，第7页。

力捕捉对象意义的真知性,是否已经捕捉到,却不是符号解释本身能处理的,必须到文本之外寻找别的符号文本进行"证据间性"操作①。因此皮尔斯说:"封闭式的考察会鼓励学生相信存在着像'真相'一样的某物;但只要开始这种考察过程,就会激起他们去怀疑这是否就是真相的全部。"②

由此,本节的讨论或许能得出如下几点结论:理解与解释,在意义理论中没有根本性的不同,只是在以下意义上有程度与倾向的差别。所有以下这些区分都并不严格,只是相对而言某种用法在某种语境中比较合理。从对象说,理解的对象可以是事物或文本,解释的对象也可以是事物或文本。无论理解或解释的对象是事物还是文本,它们都是符号意义活动。

理解和解释本身都是一个符号意义过程。解释的过程往往通过媒介,也就是过程本身文本化,以便于与他人交流;理解本身常常是一个思想过程(intellection),往往是心语或语言的沉思默想,但依然是一个符号过程。皮尔斯提出:"我们所有的思想与知识都是通过符号而获得的。"③ 理解与解释最后采取的形式,或者说它们的结果,都是用另一些符号来代替作为它们对象的符号,也就是说,本质上都是一种符号"翻译"。

无论是理解还是解释,都是"用另一套符号代替眼前的符号"的过程,不可能是规定性的,也不可能是终结性的。没有一种理解或解释可以自称为"真知"。可以说,任何理解或解释在意义理论上都是合格的,只是某些理解或解释可以找到这些或那些外部证据支持,因此本书必须进入下一章"意义的社会化"讨论。

---

① 孟华:《真实关联度、证据间性与意指定律——谈证据符号学的三个基本概念》,《符号与传媒》,2011年第3辑,第34页。

② C. S. 皮尔斯:《皮尔斯:论符号》,赵星植译,成都:四川大学出版社,2014年,第53页。

③ "Letter to Lady Welby Oct 12 1904", Charles Sanders Peirce, *Collected Papers*, Cambridge Mass: Harvard Univ. Press, 1931-1958, Vol. 8, p. 332.

第三节 双义合解的四种方式：取舍，协同，反讽，漩涡

本节概要：

解释是以符号文本为对象的复杂的意义活动。一旦出现多解，它们之间必须形成一定的共存关系。意义一致，就会出现"协同解释"；双解矛盾，就会造成"反讽解释"；意义流动方向性的来回修正，可以造成"解释循环"；而在许多情况下，关于同一事物的同一个解释，可以设法修正两个不同的认知差，这两个解释很可能互相不能取消，由此形成"解释漩涡"。解释的不稳定，是解释丰富性的源头；而解释的基本动力，来自于意识要求填补认知差的意向性。

1. 解释的取舍

在同一解释主体的同一次解释中，出现两个解释是经常存在的情况。原因可以多种多样：文本的意义合一是解释的结果，但却是无法保证的结果。文本的各部分会引发不同的解释，尤其当我们引入"全文本"或"宏文本"[①]观念，把文本看成文本与伴随文本的结合（例如文本与标题等副文本结合，例如文本与前后文本结合）。甚至对表面上有紧密结构的文本也有双解，例如其历史意义与当下意义有所不同，例如不同的参照系和语境造成意义不同。

实际上，在任何问题上，单义的解释是很少遇到的，双义甚至多义是解释者必须面对的常态。本节只讨论双义，因为其他多义的解释，可以根据这些模式化解成一系列双义关系来处理。

正常双义的辩义是选择一种解释，用此解释取消另外可能的解释。例如忠言逆耳，在辩义之后，相信这是忠言而采纳之，逆耳之义就被忽视；相反，只听到逆耳之义，拒绝忠言也是经常发生的事。

可以举个例子：现在市场上有一种衣服既可以正着穿，也可以反着穿，即没有"里""外"之分。正着穿时的"里"恰好是反着穿时的"外"，正着穿时的"外"恰好是反着穿时的"里"，因此当我们在看到这件衣服的一面时，这

[①] 关于"宏文本"，参见胡易容：《宏文本：数字时代碎片化传播的意义整合》，《西北师范大学学报》，2016年第5期。

一面到底是"里"还是"外"？在同一主体的同一次解释中，完全不会有误解：穿在外的一面，取消在里一面的"面子"资格。如果脱下反过来另穿，那就是另一个文本引发的另一个解释。这个问题比较简单，是我们遇到双义（或多义）文本后必须做的，也是自然而然会做的第一种方式。

甚至我们不能完全确定的解释，例如曹操对赤壁之战的说法："曹公与孙权书曰：'赤壁之役，值有疾病，孤烧船自退，横使周瑜虚获此名'。"① 而《三国志》中另外有较详细记载："瑜、普为左右督，各领万人，与备俱近，遇于赤壁，大破曹公军。"② 我们无法否定这两种说法哪一种对，周瑜究竟有没有"大破曹军"，但是也没有证据说曹操的话完全是向壁虚构，因此只能存疑。但是存疑留待进一步证明，本身即是取舍，即暂且只承认一说，哪怕证据可能永远不会出现。我们对待绝大部分暂时多义无法取舍的问题，都用这种态度。

2. 协同解释

本节着重讨论双义或多义必然（而不是暂时）无法靠辩义取舍的情况，亦即解释时双义不得不并存的局面。这种多义来自文本本身，并非解释者缺少证据暂时无法取舍。此时解释者的处理方式共有三种：协同、反讽、漩涡。

最简单的情况是协同解释：如果两个（或两个以上）解释，方向相同，此时解释协同，双义都保留在解释中，因为它们产生合一意义。此类的多义，方向是一致的，互相协同。尤其是科学的/实用的符号表意，文本的几个部分，或参与文本解释的伴随文本组成的整体，意义方向必须一致。不然会弄出混乱，这就是为什么药名不对货物，名称追求多于花哨，说明书与品牌不符，会引出误会，导致纠纷。

而文化的、文艺的文本，表意方式大多也是多义协同的。例如电影的音一画协同；美术的图像－文字说明。在游戏中，几个媒介是同向的：你控制的枪开火时，有火光，有爆炸声，对面敌人倒下，几个媒介意义相辅相成。在报纸上，标题、新闻内容、照片、刊登版面（头版头条社论，或文艺副刊）是一致的。标题与文本一般是一致的，例如《白夜》这标题，是陀思妥耶夫斯基的小中篇小说，写一个幻想者的恋爱；是贾平凹的中篇小说，写阴阳界人鬼难分；是韩国同志电影，长夜暧昧不明；也是成都的一家酒吧，希望顾客再次享用永昼。所有这些文本，标题的作用帮之增添气氛，加入情调，点明主题，因此都

---

① 陈寿：《三国志·周瑜传》引《江表传》。
② 陈寿：《三国志·吴主传》。

是协同解释。

协同意义并不是说不可能有歧义。《白夜》这个标题可以有风土人情意义（例如北欧风光），气象学意义（例如寒冷地区的暖夏），或是北地寒冷难得的间歇，也可以因为陀思妥耶夫斯基的名著而有精神恍惚的联想意义。但是结合整个文本，不难猜出哪个意义部分协同文本解释，而且其他可能的歧义也不太可能干扰。协同的双解疏导传达，使传达变得简易清晰。

如果几种意义表达方式中，有一种的语义特别清楚，由于意义的一致化前提，这种意义就成为文本其他部分不得不跟从的意义。当几种意义都模糊不清，解释者就会从最清晰的部分寻找解读的凭据。一般说，意义的决定方式，是由体裁的程式决定的。

协同解释的最复杂情况，是各种解释循环。解释循环是一个文本产生相反的解释，如果出现在前后不同的解释中，不会互相取消。例如解释奈克尔立方体（Necker Cube），即把平面的立方图像视作立体时：一旦我们看到突出的方块，就不可能看到凹入的方块。

诠释循环在20世纪诠释学诸家中发展到五种之多（施莱尔马赫提出两种循环：部分与整体，属类与作品；伽达玛提出历史语境与当下语境；海德格尔提出前理解与理解；利科提出第五种：信仰与理解）[1]。伽达玛指出，诠释循环不是"恶性循环"："理解既非纯主观，又非纯客观，而是传统的运动与解释者的运动之间的互动。对意指的预期决定了对文本的理解，这不是主体性的行为，而是由把我们与传统连接起来的社群决定的。"[2] 也就是说，在诠释循环中取得的理解，是一种社会文化行为。

追求一个确凿的意义，是解释者的常规需要，因此，下面讨论的矛盾双义求"合解"诸法，实际上是退而求其次的方式，换句话说，是解释的标出项，即非正常项[3]。

3. 反讽解释

反讽（irony）是处理双义解释的一种完全不同的方式：当双义之间有矛

---

[1] Don Idhe, *Hermeneutic Phenomenology: The Philosophy of Paul Ricœur*. Evanston: Northwestern Univ. Press, 1971, p. 22.

[2] Robert L. Dostal. ed. *The Cambridge Companion to Gadamer*, Cambridge: Cambridge Univ. Press, 2002, p. 67.

[3] 关于"标出性"，尤其是"文化标出性"，请参阅赵毅衡：《符号学：原理与推演》，南京：南京大学出版社，2015年第3版，第278页。

盾对立，我们采用一个意义，压制另一个意义，但并不如面对"含混"的辩义那样完全取消另一种意义，只能留作背景，让双义在对抗中变得更加生动。

反讽有两层相反的意思：字面义/实际义，表达面/意图面，外延义/内涵义，两者对立而并存，其中之一是主要义，另一义是衬托义。此种文本"似是而非"，"言是而非"，但是这二者究竟是如何安排的，却依解释而变化。反讽不同于各种比喻：比喻也有双义，也有一主一辅，但却属于协同解释；符号意义异同涵接，各种比喻都是让对象靠近，然后一者可以覆盖另一者。而反讽却是不相容的意义被放在同一个文本，双义排斥冲突，却在相反中取相成，欲擒故纵，欲迎先拒。反讽的魅力在于借取双义解释之间的张力，求得超越传达表面意义的效果，无怪乎反讽最常见于哲学和艺术。

中西哲人早已发现反讽是一种强有力的表意方式：道家、名家、墨家著作充满了反讽，苏格拉底的反讽成就了西方思想的强大源头。几千年人类文化的成熟，使反讽在当代扩展为根本方式，成为表意方式的本质特征。

反讽不是讽嘲，也不是滑稽，虽然很可能带着这些意味，大部分反讽并不滑稽，只有某些类型的反讽可能带着讽嘲意味，两者并不同义。《史记·樗里子甘茂列传》"滑稽多智"，注曰："滑，乱也。稽，同也。辩捷之人，言非若是，言是若非，能乱同异也。"如此明确的定义，说明汉初的"滑稽"，实际上是反讽。

比喻的各种变体，立足于符号表达双义的连接，反讽却是符号对象的冲突；各种修辞格是让双义靠近，而反讽是两个完全不相容的意义被放在一个表达方式中，因此反讽充满了表达与解释之间的张力。母亲说贪玩的孩子："奇怪了，你怎么还认识回家的路？"这是恼怒的感情表达，比责骂更为有力，却并不好笑。

表面义与意图义相反，在解释中相反相成。在这种情况下，冲突的元语言集合会重新协同。例如你什么工作没有做好，上司说："放心，我这个人不容易生气。"这可能是安慰，也可能是威胁。后一种情况，表现义与意图义不合，有效的解释就应当能够从各种伴随因素（例如语境，或者此人脾气）中读出有效的意义。但是安慰与威胁两个解读不可能并存，解释者只能采用其中一义，因为只有一义具有真值，另一义是陪衬（让上司的话变得更为阴险）。

再比如2012年伦敦奥运会羽毛球八分赛，于洋/王晓丽组合有意输球，因为先后赛事不赢可以获利，裁判判定二人"消极比赛"，取消其比赛资格。对于他们打球的拙劣表现，必须去双读：比赛要求赢，赛程要求有意输球。但是一个不能完全消除另一个，两个意思都应当说得通，比赛场面至少要过得去，他们却把这个反讽表意搞砸了。

一旦多媒介表意成了常态，各种媒介的信息很可能互相冲突，互相修正。此时原先在单层次上的反讽，就会变成复合层次的悖论，所以最好不再区分反讽与悖论。无论是悖论或反讽，都是一种曲折表达，有歧解的危险，因此不能用于要求表义准确的科学/实用场合。

在当代文化中，一语二义的双关语被大量使用于广告与招牌，它们明显有两个渠道同时表意，商品展示是主渠道，意义最后要聚集到商品本身。正由于如此，名称这个文本可以充分拉开距离，商品的展示必然把意义"矫正"到广告制作者意图中的位置。由于这个意义保证，广告的名与实距离拉开越远，实物能指需要矫正的距离越远，广告就越是发人深思，给人印象越深刻。使用"相关不恰当"。符号表意的广告，广告反说，而商品正读。反讽式表意冲突加强了广告的"注意价值"与"记忆价值"[1]，我们可以称之为广告与招牌取名的"远距原则"。

广告是一种实用符号，其释义开放程度总是有限的：它必须保证接收者不弄错意思。但是从符号修辞来看，商品是符号发出者意图的永恒所在，任何偏解都容易被商品本身纠正。这就是为什么广告与招牌敢于矛盾、出格、模糊、离题，其反讽比其他体裁更大胆。中国当代的广告与招牌大量使用反讽，是这个社会急剧演变的征兆：竞争激烈急需增加消费，才会千方百计用反讽来吸引人注意。

但是符号的整体趋向于反讽是当代的局面。而且人类文化大局面文本中，更是可以见到反讽的各种变体。此时超出简单的表意进入了对人生、对历史的理解，反讽可以看成是"命运的嘲弄"，具有悲剧色彩。

情景反讽是意图与结果之间出现意义反差，而且恰恰到达了意图的反面。你给领导送去珍贵礼物，结果让他的腐败劣迹加重；城管在街口立个标记"此处无人看管自行车"，目的是推托责任，结果给了小偷"放心下手"的暗示；商鞅以刑法治秦，最后自己死于车裂；周兴喜用酷刑，最后被另一酷吏来俊臣"请君入瓮"。

4. 解释漩涡

在同一个主体的同一次解释中，文本出现互相冲突的意义，它们无法协同

---

[1] Luuk Lagerwerf, "Irony and Sarcasm in Advertisements: Effects of Relevant Inappropriateness", *Journal of Pragmatics*, October 2007, pp. 1702—1721.

参与解释，又无法以一者为主另一个意义臣服形成反讽，此时它们就可能形成一个解释漩涡。此时文本元语言（例如诗句的文字风格）与语境元语言（此文本的文学史地位）、主观元语言（解释者的文学修养）直接冲突，使解释无所适从。

如果同一主体的解释活动分成几次进行，哪怕它们之间有不一致的地方，甚至相反的解释，解释活动最后也会获得一个暂时稳定的解读。例如解释奈克尔立方体（Necker Cube），即把平面的立方图像视作立体时，格式塔心理学指出：一旦我们看到突出的方块，就不可能看到凹入的方块。我们采用一种解释，就排除了另一种解释。

而在同一主体的同义词解释中，两个不同的意义冲突，没有一方被排除，此时造成"解释漩涡"：互不退让的解释同时起作用，两种意义同样有效，永远无法确定。这种情况非常多，甚至可以说是人类解释活动的一个重大特点，阐释漩涡其实并不神秘，注意观察我们就会发现阐释漩涡出现于很多场合，是我们日常生活的必然现象。解释漩涡问题却至今没有人提出过，更不用说得到学理上的充分研究。虽然个别例子一直是有人提出过的，但是至今没有一个综合的理解。

例如"忒修斯之船"悖论。这是公元1世纪的时候拉丁历史学家普鲁塔克提出的一个问题：如果忒修斯船上的木头被逐渐替换，直到所有的木头都不是原来的木头，那这艘船还是原来的那艘船吗？此后英国哲学家霍布斯进一步推论：如果有人用忒修斯之船上取下来的老部件来重新建造一艘新的船，那么两艘船中哪艘才是真正的忒修斯之船？在任何一个实体，无论是公司、球队、大学，无论是器具、个体、品牌，我们都会遇到这样一个问题：同一性究竟是存在于实体中，还是在名称中得到延续？实际上这是一个符号身份的漩涡，两种解释是同样有效的，也是同样部分有效而已。

最常见的解释漩涡，出现在戏剧电影等表演艺术中：历史人物有一张熟悉的明星脸，秦始皇长得像陈道明，为什么并不妨碍我们替古人担忧、气愤、恼怒或感动？因为我们解读演出的元语言漩涡，已经成为我们的文化程式，成为惯例，观众对此不会有任何疑惑。实际上观众对演出的解释，一直在演出与被演出之间滑动。应当说，对于名演员过去演出的记忆，会影响演出的场景的"真实感"，此种意义回旋是演出解释的常规。应当指出的是，解释漩涡并不总是对解释起干扰破坏作用：没有人会因为历史人物有一张名演员脸，就觉得历史失真不可信。

表现与被表现的含混，文本与解释之间的含混，正是表演艺术的魅力所在。中国戏曲演出中经常会出现这样的情景::剧中女主人公由于某事引起的悲伤开始呜咽拭泪,而就在你知道了她万分悲伤的当儿,她的呜咽已转入哭腔,越拖越长,越哼越响,终于在观众席里引起一片掌声与喝采声。对于被剧中"孝女"或"贤妻"的真情打动的观众会产生同情怜悯之感,甚至潸然泪下,而对于把自己的注意重心从对事件内容的关注转移到对媒介本身形式美的享受上去的观众,会因演员的好嗓子和高超的演唱技巧而欢欣鼓舞。笔者认为这也形成了解释漩涡。

这个原则可以扩大到所有的艺术:符号表意的踪迹(例如演出的"假"、小说的"虚构"、绘画的平面)指明了与表现对象的距离。可以说这是因为形式与内容(演出与被演出)本质上处于两个不同层次,但是在接受这一头,却很难把同一文本隔为两个层次。也就是说,陈道明与秦始皇,落到观众的同一个解释中,两者之中谁能主导解释,要看每个解释者使用的经验集合配置而定。

解释漩涡,是笔者六年前在《符号学:原理与推演》一书中第一次提出的[①]。从那时开始,笔者与参加讨论的同行及同学越来越发现,解释漩涡实际上是一种非常常见的解释方式,几乎无处不在,是人类意义行为的常态。之所以至今没有人好好讨论这个问题,可能是把它当作一种反讽解释。实际上,解释漩涡与其他解释,包括反讽解释有根本性的不同:

双义协同解释,是保留双义,因为二者意义方向一致;协同解释,并无矛盾,无须辩义,无须取舍。这就是本节开始时说的双义合解的第一种情况。

本节讨论的第二种,反讽和悖论,也是双义并存于解释中,但是一个意义压倒另一个意义,也就是说,一个是正解,另一个副解作为陪衬。我们可以回顾《斯大林格勒战役》结尾,两个德军俘虏在西伯利亚大风雪中说,幸好不在非洲,在那里会被太阳烤化。究竟哪个意义是正解,哪个意义是陪衬,不难得出结论。

而解释漩涡则完全不同,同样是天寒的例子:白居易《卖炭翁》中有一句,说卖炭翁"可怜身上衣正单,心忧炭贱愿天寒"。卖炭翁一方面身上衣正单,在路边冻得瑟瑟发抖,另一方面又担忧炭不好卖,把希望寄托在寒冷的天气上。我们无法说他心里哪个是正解,哪个是陪衬,卖炭翁对寒冬的矛盾心理产生了解释漩涡。这与上例对严寒的反讽理解完全不同,这点应当说是再清楚不过。

曹禺话剧《原野》中,焦阎王害了仇虎一家,而当仇虎前来寻仇时,却发

[①] 赵毅衡:《符号学:原理与推演》,南京:南京大学出版社,2011年第一版,第268页。

现焦阎王已死（仇人缺席），只剩下他懦弱无辜的儿子焦大星。一方面，仇虎与焦阎王有"杀父之仇"；另一方面，仇虎与焦大星从小一起长大，是"干兄弟"，又有"兄弟之情"。《原野》一剧的精彩之处，就在于这种解释漩涡让观众的同情心处于二难之境。同样的解释漩涡是许多文学艺术作品的核心价值观，例如沈从文的小说《潇潇》《丈夫》等。甚至文学史也充满了这种解释漩涡的张力。例如胡适的《尝试集》，一种评价是《尝试集》以平白、朴素的口语，代替了"风花雪月、娥眉朱颜"等所谓"诗之文字"，为早期新诗带来了清新的活力和历史包容力。另一种评价是：《尝试集》的失败在于破坏了古典诗歌的"诗美"，且失去了"诗味"，成为了"非诗"。两种解释无法互相取消，形成了解释漩涡。

而对于真实的历史人物，解释漩涡就更多。李世民在公元626年发动了玄武门之变，在唐朝的首都大内皇宫的北宫门——玄武门，杀死了自己的长兄和四弟，得立为新任皇太子，并继承皇帝位。理想帝王和霸权帝王落在同一主体解释之中，就出现了李世民无法摆脱的评价漩涡。西汉时，辕固生与黄生在景帝前争论"汤武非授命"，因为儒家认为暴力推翻暴君是具有合法性的，道家则不予以认同。汉景帝的祖先一方面使用暴力革命推翻前朝，成为统治者；另一方面从汉初开始就以道家思想治国，其母窦太后又极其推崇黄老之道。对于汤武革命的合法性，景帝既不能否定也不能肯定，就处于解释漩涡之中。"上曰：'食肉毋食马肝，未为不知味也；言学者毋言汤武受命，不为愚。'"

我们对于自己的评价，一样会落在解释漩涡之中。莫言在斯德哥尔摩诺贝尔奖获奖感言中自述他在童年时就喜欢讲故事："我在复述的过程中不断地添油加醋，我会投我母亲所好，编造一些情节，有时候甚至改变故事的结局。我母亲在听完我的故事后，有时会忧心忡忡：'儿啊，你长大后会成为一个什么人呢？难道要靠耍贫嘴吃饭吗？'母亲经常提醒我少说话，她希望我能做一个沉默寡言、安稳大方的孩子。在我身上，却显露出极强的说话能力和极大的说话欲望，这无疑是极大的危险，但我说故事的能力，又带给了她愉悦，这使母亲陷入深深的矛盾之中。"这是母亲对儿子的评价漩涡。实际上我们对任何关心的人，都会出现此类意义漩涡。电视剧《咱们结婚吧》，女主人公是大龄剩女，其母非常着急，但是又想要女儿找一个高富帅。她不待见女儿现在的追求者，认为他穷、不够帅。可是这个追求者又帮助女儿赶走了欺骗感情的流氓艺术家，情感上是真心的。在这一过程中，母亲对待同一个人产生了既肯定又否定的评价漩涡。

南非记者凯文·卡特获得1994年普利策新闻特写摄影奖。照片上是一个苏丹女童即将饿毙跪倒在地，而兀鹰正在女孩后方不远处虎视眈眈，等候猎食女孩的画面。这张照片在《纽约时报》首发后举世震惊，成为南非儿童苦难的一个标本。有人认为凯文·卡特当时应当放下摄影机去帮助小女孩，称他见死不救，是另一只兀鹰，而有的人认为他只是以新闻专业者的角度履行记者的专业精神。凯文·卡特自己也陷于苦恼的解释漩涡中而不能自拔，最后，用尾气一氧化碳自杀身亡。

日本乒乓球运动员福原爱与中国渊源颇深，在中国深受人们喜爱。在2008年北京奥运会上，福原爱与张怡宁交手。当时许多中国观众心理活动极为复杂：从爱国的角度上希望张怡宁胜，从个人情感的角度上希望福原爱胜。太多的中国人对这个问题找不到答案，不少网友甚至在网络上提出这一矛盾，心里一直纠结，这就形成了解释漩涡。

再比如安乐死这个老问题。德国媒体曾报道，一名德高望重的医生因涉嫌安乐死被捕。有的人认为，从道德的角度来讲，为他人实施安乐死是人道主义的一种体现；而另一些人则认为，从法律角度讲，任何人都没有权利去剥夺他人的生命。如果两层主体分开，可以形成争论，实际上这种争论一直在延续。但是当评价主体合一时（例如社会必须取得共识时，或是死者的亲友在看这问题），就无法调和法律与道德的矛盾关系，便出现了评价漩涡。同样的例子也出现于中国人所谓"白喜事"，即八九十高龄者去世，亲友来悼念，要宴席一场，送老友高寿离世。

在20世纪80年代，笔者把文化定义成"社会相关表意活动的总体"[①]，笔者至今坚持这个定义，把文化理解为一个社会的各种文本与其解释的汇合。这样，意义评价就是把"社会相关表意活动总体"作为对象文本，每个社会性评价活动也就是一个解释努力。这时候就出现更高一层的解释漩涡，可以称为评价冲突。儒家伦理难以避免"忠孝不能两全"，我们平时说"失败是成功之母"都是这种例子。

而当今的全球化浪潮，更加使评价漩涡的规模和影响面扩大：对每个国家，民族利益与跨民族利益不得不同时起作用，出现了"全球本土化"（Glocalization）这样的解释漩涡。在这种时候，不善于利用解释漩涡，不善于内化冲突，就难以适应多元化的世界大潮流。谁能适应并充分利用评价漩涡，谁就在世界潮流中走在前面。

[①] "文化的定义是：社会中所有相关的符号意义活动的总集合。"赵毅衡：《文学符号学》，1990年，北京：中国文联出版公司，第89页。

第四节　意义的未来品质

本节概要：

意义具有时间本质，它不是被构成的。它是构成，而构成必须要有时间维度。意识在面对对象时产生意义，同时意义让意识与对象互相构成。时间本身就是一个意义概念，一旦没有意义活动，也就是说，没有意识的获义意向性所产生的符号意义，时间就不复存在。首先，符号出现本身，就点明了解释意义之不在场；其次，意义的内涵解释项，朝向永恒的未来无限衍义。符号只能呈现为一种意义解释可能性，因此在朝向未来的不确定中，意义的解释构成了时间流。

1. 意义是时间中的构成物

意义的解释是一个时间性概念，解释意义不是被构成，它是构成，而构成必须要有时间维度。

有三种时间：物理的、生理的和意义的，本节讨论的是最后一种。首先是"物理时间"，它是"客观的"，可以用同一种计量工具（例如钟表）来作公认的测定。虽然现代物理已经证明物理时间并非恒定不变，只是在常观世界（速度-质量不是很微观或很宏观的物理环境）中给人恒定的印象。不过我们大致上都承认物理时间是公共的，其测量（或不可测量）是公众化的，可重复的。

第二种时间是"生理时间"，是包括人在内的生物作息起居生老病死的生理方式决定的。它在肉体存在的意义上是客观的，相当程度上并非人的主体意志所能控制的。

而本书要谈的是第三种时间概念，意识中的时间，有人称之为心理时间，"心灵（mind-dependent）时间"，或"现象学时间"，而本书称之为"意义时间"，因为意义并不仅仅是意识单独决定的。本节全文将以"意义时间"这一概念为核心，来讨论意义与时间的关联方式。

作为开场，本书必须描述一下时间的三维：过去、现在、未来。中世纪神学哲学家奥古斯丁的解释一直为学界所津津乐道：时间实际的延伸只在过去与未来，现在不断地把未来变成过去，现在实际上是一种"刀刃式的存在"，它

中编　意义的经验化

只是一个时刻点，这是时间三相运动的最基本状态①。

就这三相的本质来说，它们极其不同：过去似乎很实在，我们对于过去可以有无数记忆，写出无数本历史或回忆；相比之下，对于未来，即从下一刻直到永恒的漫长无止境的延续，我们所知为零。我们永远不能知道近如下一刻将发生什么。所以，意义的时间性之"未来朝向"，也就决定了意义将存在于未实现、未在场、未确定状态，而且"未来"给予意义的这些"未"，是意义的常态。

意义既不在主体意识中，也不在对象世界里，而是在两者之间：意义是主客观的关联，并且由于这个关联，意义构成主观与客观。既然意义是一个哲学符号学问题，意义的时间性也就必须从符号学与现象学结合的方向进行考察。时间并非如唯理论者的看法那样产生于意识中，也不如经验论者的看法那样产生于对客观事物的感知中。符号现象学家梅洛-庞蒂坚持认为：时间产生于主体与事物的关系之中。为何时间不存在于事物之中？因为没有主体的卷入方式，就没有时间感知。梅洛-庞蒂认为："必须有一个处于世界某个位置的目击者……时间不是流动的物质，也不是流动本身，而是出于运动中的观察者看到的景象的展开……因此时间产生于我与世界的关系中。"②

而梅洛-庞蒂说的主客观关系，本书称之为意义。时间本身就是意义所构成的。没有意义活动，也就是说，没有意识的获义意向性意义，时间不复存在，时间概念本身就是一个意义概念：不是时间产生意义，而是意义引发时间。意义与时间这两个思维的基本问题，就落在这个意义活动的基本格局之中不可分割，这就是为什么海德格尔在讨论康德的先验时空直觉综合时评论说："（康德所谓）'综合关联于时间'，实际上是一种同语反复。"③ 因为意识对意义的综合，必然与时间联系在一起。

中国传统思想也透彻地理解这一点，例如六十四卦的最后一卦为"未济"。《易传·序卦》解释说："物不可以终通，故受之以否。……剥者，剥也；物不可以终尽，剥穷上反下。"整个《易》结束于未济，结束于未完成，因为"无不可以终通""物不可以终尽"，应当"受之以否"，代之以未来。这是一个杰出的见解：未来才可能有意义之"通"，而正由于未来之为未来，"通"才是一种可能，才是一种有效的理想。杨国荣认为人性能力是"既济"，因为它是

---

① Saint Augustine, *Confessions*, New York: Penguine, 1961, p. 264.
② 莫里斯·梅洛-庞蒂：《知觉现象学》姜志辉译，北京：商务印书馆，2001年，第514页。
③ Martin Heidegger, *Phenomenological Interpretation of Kant's Critique of Pure Reason*, Bloomington: Indiana Univ. Press, 1997, p. 45.

"意义生成"的前提性存在;同时,"人性能力"却是"未济",是开放的、日生日成的,会在意义世界的生成过程中得到具体的展开和体现。"未济"就是有待实现,意义有待实现,意识有待意义实现来构筑①。于是,意识与世界的互动过程,就是意义不断地构筑意识与世界的动态过程。意识本质上就不是一种现成的存在,而是意义的不断展开的可能性所构造的存在。

2. 解释意义的不在场原则

首先,必须考虑符号表意的一个本质悖论。从中世纪经院哲学以来,符号的传统定义是"一物代一物"(aliquid stat pro aliquo),但这"二物"的时间性存在非常不同:需要被代的"物",在符号发生的此刻并不在场,由替代它的"物"出场才能把它带出场②。解释对象不在场才会有符号过程,符号之所以有必要出现,之所以有必要被解释,是因为解释意义尚不在场,尚未出现,等待符号文本的解释把它从不在场代入在场。因此,符号文本的在场,给解释意义在场化施加了压力。

意义不在场是符号表意与解释过程的前提:意义必须靠符号才能传达,不用符号无法传达任何意义。而既然符号必须以解释的缺场滞后为基本前提,如果以符号表意为此刻,意义活动总是朝未来敞开的,也就是说,意义本质上是属于未来的。符号所表达的意义是一种解释预期,因为在符号表意的此刻,我们尚没有得到期待中的解释。对于缺席,姑且勿论,乐见其变,如长白山天池,边际齐全,即无运动,有缺口才形成瀑布,形成江流。符号等待解释,意义要解释后才能出现。解释必须出现在符号发送之后,这种滞后就成了意义时间的基本尺度。

由此可以得出一个似乎奇怪却是千真万确的结论:既然需要符号,是因为在意识追求意义的此刻意义并不在场,那么符号出现本身,就点明了意义之缺如。孔子说:"祭如在,祭神如神在。"③ 正是因为神不在场,神的替代物才能置于祭坛上替代神,而参与祭奠仪式过程,才能在"我"们的心中引出"神在"的意义解释。因此,一旦我们感知符号在场,可以非常准确地说,它的意义尚未在场。如果我们觉得符号与意义同时在场,唯一的答案就是我们还没有明白这个符号真正的意义。

---

① 杨国荣:《成己与成物》,北京:人民出版社,2010年,第236页。
② 关于符号的这个俗定义的批评,请见赵毅衡:《符号学原理与推演》,南京:南京大学出版社,2011年第1版,第10页。
③ 《论语·八佾》。

符号的意义不可能与符号同时在场：军衔标在肩章上，招牌亮在街上，豪车泊在门口，名牌包拎在手上，珠宝挂在颈上。所有这些都是常见的符号，都是表示某种意义，但是其意义——权威、尚武、豪华、奢侈、富裕等，都有待接收者解释，不会自动在场。时有报道，关于生活极其吝啬的百万富翁，贪污过亿而以节俭自奉的腐败官员，他们没有"露富"，也就是说，没有符号显示他们的富裕。那么他们是不是真的富裕呢？如果他们真是莫里哀笔下的吝啬鬼答尔丢夫，钱财只是用来深夜点钱，取得一点自我满足，那么，从符号表现上说，他们并不富裕，从意义上说也一样不富裕。如果唯一的符号表现是账本数字，那么见到这符号的解释者（自己，或查账员）只能得出"账面富裕"这个意义。完全不露脸，也就没有"颜值"；完全不露才，也就无法说此人有本领；完全不露富，也就是不富。意义并不是预先藏在那里等着被表现的，意义是被人从感知中解释出来的。隐藏符号，意义也就消失，不可能有不用符号携带的意义。

因此，意义需要被从符号中解释出来，意义解释肯定后于符号感知，不会先于符号而存在。反过来，意义一旦已经被解释出来，符号的必要性就被取消，这就是《庄子》说的"得意忘象，得鱼忘筌"。一旦信息被读到，旗语就不必再发出；投桃报李，互送秋波，是因为爱意尚未能充分表达。等到意义到位入场，符号也就没有必要。塔拉斯蒂指出："一个路标表明其所指之物在另一个地方，在那边，不在场……符号表意，只是一个'待在'（becoming）。"①被路标指明的是驾驶者看不见，或判断不了的某种路况，一旦看清楚，路标就没有必要；一旦意义实现，符号过程就结束了，甚至解释的必要也就消失了。

符号与其解释意义一旦同时在场，实际上便同一了。皮尔斯曾强调指出，符号与对象同一，就互相取消。"像似性存在于像似符之中，而后者即为谓项的相同性。这种像似性上升到最高点时，就成了同一性（identity），由此，其自身也就不存在了。"② 艾柯称之为"绝似符号"（absolute sign），他认为镜像等，"不导致符号的产生、解释和使用"③。

意识对符号的感知产生于此刻。但是解释必然是之后的，不然被解释出来的意义就会与符号同时在场。意义并不先于符号表达而预先存在，有了符号之后才有意义④。符号并不表达已经存在的意义，投木瓜者要用符号表达的，是潜在未实现的意义，没有解释，木瓜只是一个木瓜，但是有了木瓜（或琼瑶），

---

① Eero Tarasti, *Existential Semiotics*, Bloomington: Indiana Univ. Press, 2000, p.7.
② C. S. 皮尔斯：《皮尔斯：论符号》，赵星植译，成都：四川大学出版社，2014年，第134页。
③ 翁贝托·艾柯：《镜像》，《符号与传媒》，2011年第2辑，第153页。
④ 参见赵毅衡：《符号过程的悖论极其不完整变体》，《符号与传媒》，2010年第1辑，第4页。

"永以为好"的意义也要等解释以后才能出现。

意义活动虽然在此刻进行，却经常要以过去为依据：意识需要过去的经验积累和学习过程形成元语言能力，才能进行解释。解释本身是历史性的准备储蓄，被意义活动的此刻点燃，甚至直觉的领悟，都可能是"先天"能力的表现。经验是从过去绵延到现在此刻的过程，感知符号是此刻的产物，而解释是从此刻就可以期盼的未来后果。

人的意识，不可能停止追寻意义的活动，旧的一次意义活动结束后，会在记忆中留下痕迹（即所谓"经验"），在新的一轮意义活动中起作用。有了表达一个意义（例如"永以为好"）的需要，表意者找一个符号（投之以木瓜）加以表达，而接收者由此解释出爱情的意义。固然他有权选择报之以琼瑶，或不作反应（保持沉默），但随后的意义活动都属于下一个符号过程。

3. 内涵意义的延伸

以上的讨论不免笼统，因为解释意义本身组成复杂：意义有外延意义与内涵意义之分。外延与内涵意义并存，也就是说，大部分符号文本都有对象与解释项双义，个别的符号文本（例如抽象美术、无标题音乐）会越过外延直趋内涵[1]。外延是适合某个符号的直接指称，也就是皮尔斯说的"对象"。内涵则是对象各种属性的总和，包括暗示意义。皮尔斯式的符号学之所以比索绪尔式的符号学适用于文化分析，原因正在于他对符号意义的这种分解。如果用索绪尔的理论，每个符号能指的意义都是"所指"，如此会模糊了意义的双义构成，使许多问题纠缠不清。

对象似乎是事先存在，实际上，事先存在的是事物。要等意义活动，即意识的获义意向投射，事物才能变成意义的对象，意义才会显现出来。风向标的运动是风吹造成的，风向虽然先在但是没有被觉察，从而没有得到解释。对于接收者来说，风向的解释不在场，才需要看到采取某位置的风向标。

皮尔斯指出，符号现象学的"三性"是一个明确的意义展开过程。皮尔斯说的第一性，是"显现"，第二性是要求理解的"感知"。他说："我们可以说，大多数已经发生的事物构成了第二性，或者更恰当地说，第二性是已经发生的事物的主导品格。"[2] 第二性导致第三性，即"判断"和理解。"第二性的未来

---

[1] 陆正兰：《论体裁的指称意义》，《文学评论》2012年第2期，第133~138页。
[2] Charles Sanders Peirce, *Collected Papers*, Cambridge, Mass: Harvard Univ. Press, 1931-1958, Vol. 1, p. 343.

事实，具有一种确定的一般品格，我把它称作第三性"①，因为"未来只会借助第三性这一媒介对过去起作用"②。因此，在皮尔斯看来，意义的获得或解释，是一种"未来事实"。

很多人认为，符号学的主要研究对象是内涵。的确，一旦涉及文化中的符号现象，内涵的确比外延更为复杂。艾柯指出，外延是"所指物在文化上得到承认的潜在属性"，因此可能是已在的；而内涵"未必对应所指物在文化上得到承认的潜在属性"③，他这个"未必"一词，观察很犀利：内涵意义更容易随着文化的具体安排而变化，它更是解释的"待在物"。

意义的本质是向未来的动力性发展，但对象的未来性比较近，对象是符号文本直接指明的，是意指过程可以迅速（视解释行为需要的时间而定）"实例化"的。术语"instantiation"经常被译为"当下化"，可见对象解释之近；而解释项是符号文本不断延展的部分，它不仅能够延展到一个新的符号过程，而且必须用一个新的符号过程才能说清。意义不可能固定，要说出意义必须用另一个意义。断定一个感知是有意义的（即把它视为符号），就是说它能引发解释。"意义"从定义上说，就是用另外的符号对某个符号做出的解释，因此，相对于符号文本，解释项永远是尚未生成的；当一个意义生成，它自身的意义又处于潜在可生成状态。

皮尔斯对解释项的时间性有更进一步的理解，因为需要解释项，任何符号必须有接收者的主动解释参与。他提出，解释项的特点是可以不断延伸："面对另一个人，也就是说，在这个人心中创造一个相应的，或进一步发展的符号……该符号在此人心中唤起一个等同的或更发展的符号，由该符号创造的此符号，我们称为解释项。"④ 在解释者心里，每个解释意义变成一个新的符号，新的符号又引发新的意义，构成系列相继的解释。皮尔斯的这个理解非常出色：解释项必然是一个新的符号，因为它承载了新的意义，这实际上就是解释项可以产生对象的原因，例如从"右派分子是反动派"这个意义就可以上纲上线："某某是右派，他的言行就是右派言行。"

---

① Charles Sanders Peirce, *Collected Papers*, Cambridge, Mass: Harvard Univ. Press, 1931—1958, Vol. 1, p. 325.
② C. S. 皮尔斯：《皮尔斯：论符号》，赵星植译，成都：四川大学出版社，2014年，第23页。
③ Umberto Eco, *Semiotics and the Philosophy of Language*, Bloomington: Indiana Univ Press, 1984, p. 126.
④ Charles Sanders Peirce, *Collected Papers*, Cambridge Mass, Harvard Univ Press, 1931—1958, Vol. 1, p. 228.

解释项具有更鲜明的未来性,而且这个未来面向永恒的未来。皮尔斯说:"解释项变成一个新的符号,以至无穷,符号就是我们为了了解别的东西才了解的东西。"① 要解释一个解释项,就必须有另一个意义过程。因此一个意义活动所激发的意义连续,从定义上说不可能终结。符号的"无限衍义",指的是在未来的无限延伸,因为只有未来才是无限的。皮尔斯说:"一个只有三条分叉的路可以有任何数量的终点,而一端接一端的直线的路只能产生两个终点,因此,任何数字,无论多大,都可以在三种事物的组合基础上产生。"② 三元组成,保证了皮尔斯符号学的发展开放,在于皮尔斯强调坚持无限衍义原则:符号表意过程的未来朝向,在理论上是无结束的,只是在意义活动实践中,符号表意"能被打断,却不可能被终结"③。

皮尔斯对解释项的未来性很着迷,他为无限衍义提出一个奇妙的解说:"人指向此刻他注意力所在的对象;人却意味(connotes)他对此对象的知识和感觉,他本人正是这种形式或知识类别的肉体化身;他的解释项即此认知的未来记忆,他本人的未来,他表达意义的另一个人,或是他写下的句子,或是他生下的孩子。"④ 在这短短几行里,皮尔斯列举了一连串的"未来"。他关于孩子是人作为符号的解释项之说非常幽默,但是其未来性质也特别明确:此刻的意义活动,产生我的写作、我的孩子,都是我本人作为符号存在向未来的延伸。

4. 意义是意识"将要实现"的构成

我们可以问:如果符号义本歧解百出,那么有机会被解释出来的意义就有偶然性,这样还能算意义吗?一个符号文本的意义如果有待未来才能实现,实际上就是无法预判、无法控制的。例如某运动员露一身纹身,是想表现"勇猛无敌",结果被他正在追求的女孩解释为"蛮横不文明",两人吵翻。既然解释是有待在场化,一个或许奇怪的结论就不可避免:任何意义解释都是一种意义解释,也就是说,它在意义活动的功能上是相同的,或许它的"真值"会有所不同,但是那就需要进一步的解释来加以甄别,就像一个物理实验结果的真

---

① Charles Sanders Peirce, *Collected Papers*, Cambridge, Mass: Harvard Univ. Press, 1931 – 1958, Vol. 1, p. 303.

② 瓦尔:《皮尔士》,郝长墀译,北京:中华书局,2003年,第19页。

③ Charles Sanders Peirce, *Collected Papers*, Cambridge Mass, Harvard Univ Press, 1931–1958, Vol. 5, p. 253; p. 284.

④ Charles Sanders Peirce, *Collected Papers*, Cambridge Mass, Harvard Univ Press, 1931–1958, Vol. 7, p. 591.

值，需要别的试验来证实一样①。皮尔斯说："一个既定物给我们呈现无穷的特征，都要我们解释，假定有个解释的话，也只是猜测。"② 例如，对于闪电、日蚀、地震等自然现象，不同文化的人们各有解释，这些解释是对是错，随着历史文化而变化。所谓"对错"是文化元语言的进一步判言，而文化不会是永恒不变的。

本章第二节提出"符号三悖论"的第三条：任何解释都是一个解释，相当重要的原因，是解释意义出现于符号感知的未来。解释努力本身，就是文本的意义潜在压力的结果。接收者提出的任何解释，都完成了这一轮的符号过程。在诗歌的解释上，这几乎是必然规律，两千多年前的董仲舒就提出"诗无达诂"③，艺术不可能有一个"正确答案"。既然任何解释都是一种解释，也只是一种可能的解释，那么许多所谓不理解，也可以是一种意义解释。

与此正成对比的是，过去已经进入"客观实在"。文化是一个社会相关符号意义活动的集合，这也就是说，是过去的意义活动的集合，已经完成的意义活动累积成文化。因此，文化知识在用社会元语言影响解释的意义上，介入解释意义的未来性，使之与文化的过去相联系。人的体验只有在此刻是实在的；而未来只是主观的臆想，是依赖于心灵的一种可能。但是恰恰是这种可能，才使解释意义有可能展开，恰恰是这种不确定的"非实在"，才使意义有所可能。为什么？因为意义是意识借以构成自身的方式，只有在意义在场化过程中，意识才可能真正存在。

伽达默尔认为，确定的意义，只有摆脱时间性才可能："一件事情所包含的东西……只有当它脱离了那种由当时环境而产生的现实性时才有可能显现出来。"④ 但是这种摆脱环境的纯粹意义在过去与现在不可能出现。正是因为意识寻找意义，而意义是横跨过去、现在、未来的一个意识行为，所以只有在未来才有潜力"摆脱现实性"，未来性才成为意义的本质。

意义朝向未来的可能性十分重要，只有这样，人的意识才不会受限于渐渐模糊变淡的经验，也不至于在此刻不断滑向过去的过程中手足无措，而是向着未来不断独立自主地展开存在的各种可能性。梅洛-庞蒂说："只有主体打破

---

① 孟华：《真实关联度、证据间性与意指定律》，《符号与传媒》，2011年第2辑，第42页。
② Charles Sanders Peirce, *Collected Papers*, Cambridge Mass: Harvard Univ Press, 1931–1958, Vol. 2, p. 643.
③ 《春秋繁露·精华》。
④ 伽达默尔：《真理与方法》上卷，洪汉鼎译，上海：上海译文出版社，1992年，第382页。

自在世界，通过引入视域，引进'非存在'，才能使时间成为可能。"① 迪利认为："符号行为的特点，正在于以未来事件作为基础，来塑造当下，因此也是在其持续性之中来塑造过去。"② 符号文本的无限衍义能力，形成一种独特的时间局面：已经过去的意义发展过程，留下的痕迹是无法确定的；此刻是唯一可以把握的，但是它不断滑入过去；而意义的未来，正因为尚等待出场，值得意识在追求中成就自己。

归根结底，意义不是一个已经被构筑好的确定的存在，不是积累的经验能决定的，也不是此刻的感知能决定的，实际上它永远不可能被确定。意义只能呈现为一种可能性，因此与未来同构；意识只有在未来的可能的在场化中，才有获得实例化的可能。因此，意义必然存在于未来。

---

① 莫里斯·梅洛-庞蒂：《知觉现象学》，姜志辉译，北京：商务印书馆，2001年，第533页。
② John Deely, *The Impact on Philosophy of Semiotics*, South Bend: St. Augustin's Press, 2003, p. 6.

下编　意义的社会化

第五章 真知与社群

第一节 展示：文化范畴对意义解释的作用

本节概要：

  展示，是文化对符号解释所提供的最重要的帮助，或最重大的限制。任何符号文本都不会孤立地呈现在解释者面前，而是被文化"作为"某种文本提交给接收者。只有展示，才能让我们知道应当按什么方式去理解一个文本。这个原理适用于任何事物的认知，尤其适用于各种由文化生产出来的文本。对于任何文化类型，可以有一个通用的判别标准：此文本属于某类型，就是因为它被展示为此类型，进而促使我们用此类型通用的方式来解读此文本。

1. 展示作为意义的出发点

  本书关于类型意义的讨论，从"统觉与共现"开始，经过"区隔"，到了这一节"展示"，才有可能做出比较清晰的解释。前文说世界万物的意义，就是它与意识的联系方式，这种联系方式取决于解释。但是解释貌似自由，却不可能是随意的；虽说是万物皆备于"我"，"我"的接受却受制于"我"在理解此物时选择的文化类型，而"我"的选择却在极大程度上取决于对象展示给"我"的方式。为了真正理解"展示"的功能，我们必须说清几个概念：元语言集合、文本身份、体裁期待、意图定点，因为这些问题都在展示中显现出来，它们是展示的目的所在。

  人一旦使用经验知识储备，就能作出比较。面对需要认知的事物时，人与他的元语言储备中已有的认识相比较。但是人的经验中很少有机会已经储备了针对此事物或针对此种事物的认识，他必须使用储备中对类似事物或类似事物范畴的经验，即在某一点上具有相似性（likeness）的同一类型事物给我们的经验，加以适当调适，用以解释眼前事物的意义。这种"类似性"，属于符号与对象三关系中的"像似性"（iconicity），它帮助经验的集合构成一个类型范畴。事物的感知引发替代，替代的标准是像似。这就是为什么皮尔斯说："任何东西都适合成为与其像似之物的替代物（substitute）。"① 例如，我看到一扇门，不知道如何开门，但是我的经验元语言告诉我，有门就有开的办法，不然两个空间的区隔不需要加一道门。然后我就从经验中寻找这个门上各种可能的门栓、门锁、门把手的像似物，像似性是我们调动经验的理由和路线。

调动某种类型的经验，这个功能键就是比较，即把事物"看作"某种已知事物。看起来，这种工作是在接收者意识中进行的，实际上发送者对此并非完全无能为力：为增加接收者对此事物作某种"正确解释"的可能性，他可以在符号文本上加各种范畴的标记、暗示、命令，催促接收者用该种范畴理解此事物。这种加强范畴化的标记，方式无穷多，可以是标题、场合、环境、语气、姿势、品牌、价格等等，我们可以把这种范畴符号称为"伴随文本指示符"（co-textual index），它们的目的，是把该物置入一定的社会文化范畴。

这道范畴化符号表意程序，就是本书将详细讨论的"展示"（demonstration）。展示的目的，是让某事物带上具有某种文本的社会文化身份，以加上一定的发送意向，促使接收者用某种模式比较意义，从而对解释施加影响。

展示的关键，是迫使文本成为意义的"简写式"。对此，海德格尔说得很清楚："解释并非要对被理解的东西有所认知，相反，是把理解中所筹划的可能性整理出来。"这句话似乎很奇怪，理解并不是针对被理解的事物。笔者认为，海德格尔指的是理解并非针对事物的个别性：绝对的个别性超越比较，无法被理解。理解工作所能做的，只是把可能用于类比的各种经验因素调动起来；解释是筹划的结果，是有意调动相关因素使用于理解之中。对此，海德格尔说得很清楚："在理解中敞开的东西，总是按照下述方式被通达的，那就是在它身上可以明确地提出它的'作为'什么。"②

海德格尔意义理论的关键点，是意识把对象"作为"某种事物。他说"世界万物只有为我所用才有意义，因此，我们把物'作为'什么，它才能是什么。"③"这个'作为'（Als）就在这被领会东西的明确性结构。'作为'组建

---

① C. S. 皮尔斯：《皮尔斯：论符号》，赵星植译，成都：四川大学出版社，2014年，第52页。
② 马丁·海德格尔：《存在与时间》，陈嘉映、王节庆译，熊伟校，北京：生活·读书·新知三联书店，1987年，第185页。
③ 马丁·海德格尔：《存在与时间》，陈嘉映、王节庆译，熊伟校，北京：生活·读书·新知三联书店，1987年，第186页。

这解释。"① 也就是说，意义是主体与对象结合的关键，是世界之所以能被主体构成的原因。这是海德格尔意义理论的关键点。这接近奥格登与瑞恰慈名著《意义的意义》中列举的意义 22 条可能定义之第 13/c 条所说的，意义就是"一个符号被解释为即是的某种东西"②。

那么，在何种意义上，在什么程度上，展示能影响理解呢？表面上看，事物的类别是先行的，不可能因为解释不同而改变，实际上不尽然。一件瓷器，可以属于许多范畴：日常用品、艺术品、名贵奢侈品、古董、家常用具、考古文物、废物等等。解释方式是人的意识中元语言集合的搭配，意识能改变的不是事物，而是事物在解释意向性压力下形成的对象类型。

广义上说，没有任何一种符号表意是不经过展示这个环节的。例如，某个叫杜尚的法国人，向某个美术展览会交来一个小便池，要求展示为展览会中的艺术作品。这个小便池能否成为艺术品，当然还取决于许多条件，但是第一步的条件，不仅是杜尚的天才头脑与非凡胆略，迫切要求把这个小便池"展示为艺术"，也在于策展方敢于接受，把这个小便池"展示为艺术"。于是艺术展览会的负责人与杜尚联手，成为"合作展示者"。由这个第一环节开始，观者与批评家被迫面对一种展示意图，把此小便池视为艺术范畴中的一例，不得不尝试用解释艺术的元语言来认真对待它，这个小便池原有的意义范畴归类就部分取消了。不管解释的结果是对其高度赞美欣赏，还是鄙夷不屑斥之为大胆无耻的骗局，"展示"的范畴化魔术都生效了，由此开始了现代美术史上崭新的一页。

艺术哲学家莱文森提出：艺术作品有两种，第一种落在艺术的体制之中心地位，例如戏剧、音乐、歌曲，哪怕再拙劣的作品，"属于艺术"却是肯定无误的。它们已经被文化史规定为属于艺术体裁。另一种则是"边缘例子"，这种作品被看成艺术，是因为它们"郑重地要求用先有艺术品被看待的相同方式来看待它"③，也就是说置入艺术范畴加以展示。这样对艺术的双层规定，就允许艺术作品的创作模式与解释规范，既在体制之中保持传统，又有越出体制边界的变异发展可能。属于体制范畴的作品，由于其文本品质而属于既有的"艺术体裁"；"边缘例子"是否为艺术，归于解释：接收者用艺术范畴的解释

---

① 马丁·海德格尔：《存在与时间》，陈嘉映、王节庆译，熊伟校，北京：生活·读书·新知三联书店，1987 年，第 182 页。

② C. K. Ogden & I. A. Richards, *The Meaning of Meaning*, New York: Harcourt, Grace & World, 1946, p.191.

③ Jorrold Levinson, *Music, Art, and Metaphysics*, Ithaca: Cornell Univ. Press, 1990, p.8.

方式解释之,才成为艺术。至于是否为出色的艺术或劣等的艺术,则取决于许多另外的判断因素,其中当然有另外的社会文化范畴,例如"真""善""美"之类的标准,但我们已经在艺术范畴的论域中讨论过这个对象,已经不否认我们审视的对象是艺术。一旦接受对象文本作为艺术的展示,我们就只能在艺术的范畴中解释这个文本。艺术,就是被展示为艺术,从而让我们当作艺术而理解的东西。

展示的这种作用,并不限于艺术,实际上适合于任何文化范畴覆盖的任何事物:事物被理解为某种事物,是因为该事物被展示为此种事物中的一个事例。人所面对的几乎任何事物都可以被归入某个文化范畴之中,作为这种范畴的一个,并且被用这个范畴所规定的理解方式来理解。范畴化,成为我们的意义世界构成的基本方式。

至于这个范畴是否是现象学说的"本质范畴",实际上无法断定,因为展示范畴的种类是因文化而异的,而本质不应当因文化而变迁。中医的某些症状范畴,例如"上火",在西医的体系中,或是"展示"为一种病毒感染。某些民族的情歌是认真的求爱甚至求婚,而在现代城市KTV包厢中唱同样的词句,是跳过指称的艺术,不可认真[1]。甚至同一种事物,例如很多花(牡丹花、杜鹃花等)本身就是可以入药的,我们看到此花时,可看到一种观赏植物,也可以看到一种药材。此花作为一个符号文本,因为展示范畴不同,表达的意义完全不同。

任何被理解的事物都是如此,经过这种展示,事物就成为一种携带此种社会文化意义的符号文本。《水经注》可以是地理,也可以是美文;《春秋》中的句子,可以是微言大义,也可以是断烂朝报[2]。人只能生存于意义之中,而范畴展示是意义的基本节化构成方式,因此我们生存于一个范畴类型化的意义世界中。

2. 展示通过文化元语言影响解释

为什么展示能够对解释起如此重大的影响呢?因为展示是一种"元语言提示",它直接影响我们作为接收者采用怎样一个元语言组合来解释眼前这个文本。

---

[1] 陆正兰:《论体裁的指称距离》,《文学评论》2012年第2期,第133~138页。
[2] 《宋史·王安石传》:"先儒传注,一切废不用。黜《春秋》之书,不使列于学官,至戏目为断烂朝报。"

我们解释事物时，所用的元语言因素大致上有三类来源：社会文化的"语境元语言"，解释者的"能力元语言"，文本本身的"自携元语言"。这三者都与展示有关，其中文本的"自携元语言"包括文本的展示本身，是展示的构造性特征，而社会文化的"语境元语言"直接决定了范畴的解释模式。

人的生存经验补充了人类进化而得的本能，累积起来构成了人的元语言能力。元语言是符码的集合，也就是其解释一切事物的标准。个人为此解释所做的知识与经验储备，以及人类的文明史为此人的这个解释所做的储备，以及被解释文本自身携带的元语言因素，都结晶为其解释世间万事的元语言[1]。它不仅有关于我们的心灵之构成，更有关于世界是为什么成为有意义的。

符号文本携带着解释自身的"自携元语言"。文本原是解释的对象，但是作为传达的环节，文本的部分内容也参与解释元语言集合。一旦我们把文本周围的大量"伴随文本"因素包括进来，自携元语言数量就更大。文本用各种形式标明的自身所属体裁，是决定解释方法的一个重大范畴因素，显示出这种形式标明，也就是展示的最重要机制。例如，分行写，或以一定间隔押韵，是在展示此文本为"诗"，就要求接收者用诗的方式解读此文本。一段文字读成散文，还是读成诗，意义会非常不同。一个文本被展示为某种类型，用它所属于的体裁规定的方式给予解释，这就是所谓"期待"。

卡勒指出："同样的语句，在不同的体裁中，可产生不同的意义。"因此，"各种文学体裁不是不同的语言类型，而是不同的期待类型……戏剧之所以存在，正是因为把某些作品当作戏剧来阅读的期待，与读悲剧和史诗完全不同。"[2] 期待"读法"是体裁的最重要效果。这样就出现几乎是悖论的体裁定义：一本历史之所以为历史，一本小说之所以为一本小说，根本原因就是他属于历史或小说的体裁，体裁强迫读者按照历史或小说的读法来读这个文本。"诗之所以为诗，是因为它属于是这个体裁，它强迫读者用读诗的方法来读它。"也就是说，如果我们不用这种方式来读这个文本，它就不成其为诗，成了散文。

体裁是文本"自携元语言"中的最重要因素，它指明社会文化规定的文本体裁"归类"方式。体裁是最明显的、最大规模的类型范畴，而且现代传播不断创造新文本集群，例如由同一个歌手所唱，由同一个导演执导，由同一个公

---

[1] 关于"元语言组合"，请参见赵毅衡：《符号学：原理与推演》，南京：南京大学出版社，2015年第3版，第227页。

[2] Jonathan Culler, *Structuralist Poetics: Structuralism, Linguistics and the Study of Literature*, Ithaca: Cornell, 1975, p.132.

司出品等等。而这些型文本的标识，常常落实为副文本，例如摇滚乐演唱，必有灯光舞台布置或电子吉他伴奏；但也可能由文本形式标明，例如接收者从文本形式就能断定是交响乐还是歌剧，是小说还是历史；到一个集会，我们从演讲风格就知道一个人是首长还是平头百姓。

而另外两种元语言组合，其部分构成元素也是展示提示出来的。第一种，社会文化的语境元语言，是元语言构成的最主要来源，即文本与社会的诸种关系规定的文化对信息的特殊处理方式。语境是意义生成的外部条件。范畴化，就是把对象放在一定的可辨认的文化语境中，这就是展示的目的。例如指腹为婚，或童养媳，就是把未出生或未长大的女孩放在婚姻语境中，作为未来的家庭生育者来对待。

第二种，能力元语言，来自解释者的成长和受教育经历：例如他的记忆经验形成的修养，他过去的所有意义活动的积累，他记忆中解读过的文本，都重复留下痕迹，构成能力元语言。马克思说"对于没有音乐感的耳朵来说，最美的音乐也毫无意义"[1]，是在强调能力来自经验，而没有经验的积累，无法从对象中获取超出形式直观的任何意义。文本展示自己应当如何被解读，是文化的重要构成机制。故事片中的血腥暴力场面，与纪录片或"现场直播"中的恐怖场面，文本表现可能完全一样，展示为特定体裁，却推向两种极其相反的解释。类型决定了无法单独解释文本的元素。这就是为什么符号永远要求进一步的解释，"如果符号系统达到自身的完满，就阻止了容纳新的指称对象的能力"[2]。

应当说明：能力是接收者自己认为具有的能力，并不一定是可以客观测定的能力。例如不少人相信自己对彩票、股票、期货之类的选择能力，对灾难的预感能力等等。只要这些自我认识提供了他做出某解释的理由，就是他的能力元语言。至于"艺术欣赏能力"更是一种人言言殊的模糊能力，这种能力或许能给接收者一种欣快感，但是除非这位接收者是一个能说会道的批评家，或是一个能舞文弄墨的理论家，其他人无从得知他是否真有此能力。

3. 展示指出文本身份

展示也把非常重要的符号社会关系拉入在场，即文本本身的社会地位。文本身份可以有许多种类：文化身份如体裁，风格身份如文体，社会身份如性

---

[1] 卡尔·马克思：《1844年经济学哲学手稿》，北京：人民出版社，2000年，第87页。
[2] 杨锦芬：《论空符号的在场形式》，《符号与传媒》，2013年第7辑，第5页。

别，历史身份如时期，工艺身份如版本与制作。文本身份是符号文本在文化中的定位，也是它对文化的依托。

符号文本，必须有社会性的身份范畴作为其表意过程的支持，我们可以称之为文本身份（textual identity）。文本身份是独立的，是文本与伴随文本背后的"文化身份"、社会地位。没有文本身份，任何文本无法表意。不同的文本身份，要求对文本作完全不同的解释：没有军官身份的命令无法要人服从；没有教师权威的姿势无法让课堂安静；没有广告身份的形象，只是一堆无聊照片；没有虚构身份的电视广播，有可能被当作现场实事直播。文本的身份，并非发出者的个人身份，然而文本之所以能传送意义，是因为文本有类似人格的身份。文本身份与发出者的身份会有一定关系，却不能等同。此时发出者的人格，与文本的类人格相加，就更让人不会忽视文本身份，例如宣判要法官来做，宣战要国家元首来做。

在人类文化中，文本身份经常比发出者身份更为重要：符号文本很可能没有发出者（例如自然符号），或身份不明（例如传说故事），或是由团队制作（话本小说、今日的广告），此时发出者的身份难以确认，文本身份就会变得更为重要。例如一首歌的词作者、曲作者、策划人、出品人、录音师、演唱者等身份，最后结合成歌曲的文本身份（例如"校园民谣"），能直接影响听众接受的，是文本身份。

文本身份是文本发出者赋予的，还是文本的社会属性？应当说，文本本身是二者联合起作用的结果：但是一旦符号文本形成，文本身份一般会独立地起作用，不一定必须回溯发出者的意图。因此，发出者的意图会有相当的作用。一幅画，不同意图的发出者，可以把它变成不同身份的文本，例如旅游业宣传，也可以是别墅区的推销广告。这幅图片用在广告里，就是广告身份；用在旅游宣传中，就是宣传身份[①]。

歌的文本性别，通常并不是作者的生理性别，这与小说等叙述文体有很大不同，小说里的叙述者"我"一般与作者在性别上一致。叙述学家苏珊·兰瑟指出，"小说中的'我'与作者'我'有某种联系……读者把简·爱这人物当作夏洛特·勃朗特作者自己的声音的形象"[②]。因此《简·爱》的第一人称叙述者自然而然地被读作一位女性。而歌中的很不一样，兰瑟称歌曲为"疏离

[①] 闫文君：《名人草根化现象中的身份－自我》，《符号与传媒》，2013年第7辑，第45页。
[②] 苏珊·兰瑟：《观察者眼中的我：模棱两可的依附现象与结构主义叙述学的局限》一文，转引自《当代叙述理论指南》，北京：北京大学出版社，2007年，第225页。

式"(detached)文本,其作者与文本中"抒情我"的性别经常不同,宋词的作者往往是男性士大夫,而歌中的"我"基本上都是歌女自称。

版本学家认为不同版本有完全不同的文本身份,手抄本、初版本、签字本、盗版本,虽是同一"文本",却有完全不同的意义价值。同样一篇文本,基于不同的教学目标,被展示赋予了不同身份。特定系统中的文本,可以有完全不同的身份,例如"必读""样本""例文""延伸阅读""参考书""课外自由阅读"等,它们的地位很不同。文本发出者与之可能有联系:俗文学的作者很可能是俗人,民歌的唱者很可能是乡野男女;但是文学史让我们看到:文不必如其人,解不必如其文。

4. 展示携带"意图定点"

按照皮尔斯的观点,任何解释项都是一个新的符号,新的符号又需要新的解释,以至无穷。文本的这个特点,被称为"无限衍义"。因此,任何一个展示发出的文本,也就是把一个符号文本推入不可避免的无限衍义之中。但是我们也应当看到:无限衍义只是潜力上无限,实际上任何符号文本的解释,永恒地延续下去是不可能的,只能在某个时刻暂停[①]。

符号文本的展示者,可以控制衍义的群体暂住点,即让他的大部分目标接收者把解释落在某一点上。也就是说,让大部分接收者接受他的意图意义。这就是语境的预设安排,对于任何想要取得特定社会意义效果的展示者,这种意图预设安排至关重要。本书把解释的这个理想暂止点,称为"意图定点"。

意图定点是展示的社会维度。例如一种化妆品,产品市场目标是女性,"意图定点"是白领女性消费者,这样它的广告的文本身份必定是"白领女性广告"。这种文本身份与发送者(广告设计者、广告公司与电视台工作人员)的性别或意图都无关,商品的文本身份取决于文化的"预设"机制:消费主义,阶层分野,符号价值,性别偏见,等等。

"意图定点"无法限定任何人的特定解释,因为每个人的意义解释过于多变,而是针对某个"解释社群",也就是社会上参与接收此文本的大多数人,因此"意图定点"是个社会问题。符号文本的发出者的"意图意义"如果成功的话,解释社群的大部分接收者(例如白领女性)会把解释暂止在那一点,但是某些独立思想者(还有笔者这样的符号学者)无法暂止于那一点。例如

[①] 关于"无限衍义",请参看赵毅衡:《符号学:原理与推演》,南京:南京大学出版社,2015年第3版,第101页。

DVD 发行商把电影《安娜·卡列尼娜》中文翻译成《爱比恋更冷》,他的"意图定点"落在特定的目标受众身上,效果不错;发行商完全不用管像笔者这样的俄罗斯文学崇拜者如何气得发疯,他知道我们是落伍的少数。

展示对符号文本加上的意图意义对任何文本都起作用,最明显的例子可能是艺术。行为艺术或装置艺术"自携元语言"(表明自身是艺术的标识)经常十分模糊,展示经常成为确定类型的关键。世上任何事物,之所以成为那种意义对象都要依靠展示,只是依靠的程度不一样。一个罕见的水果,如果没有被放在超市水果架上展示,如果接收者群体(例如在中国北方)没有某种文化经验,它不太容易被立即认知为水果,只是它成为水果的可能性依然存在。但是对于文化产品,例如一首不具有音乐形式的"噪音音乐",一本没有装订的散页书,就必须给予清晰的展示,让交响乐团在台上演奏,或加上标题放到书展上,不然它们就连被认为是音乐或书籍的可能性都几乎不存在。没有展示,艺术完全不能成立,展示在事物的"艺术化"中起了极为关键的作用。这种展示的效果,当然是有一定限度的。

显然,马上就会出现的问题是:自然物经常被看成艺术品,自然物或自然事件经常被解释成有艺术意义。的确,峻险山崖,晚霞暮星,美丽人体,往往被认为是"造化的神工鬼斧"。这是一种比喻:把创造自然的上帝,比喻为有创造力的艺术家。不过纯粹的天然物不是艺术,只有一个办法能把自然物变成艺术品,那就是展示为艺术:一个树根不是艺术,展示中加上了艺术意图,就成了"人工制造"的艺术。人体在艺术图册里被"当作艺术品"展示,就是艺术。一旦被展示,就不是一件天然物,而是加入了艺术意图的人工创造的艺术品。

艺术学中一个非常恼人的问题,就是动物或婴儿"艺术家"的作品,或是其他涂抹的作品,究竟是不是艺术?这个挑战,也只有用"展示"这个概念才能回答。艺术作为人工制品,必有一定的艺术意图。这就解释了猩猩的涂抹,哪怕其"作品"与艺术家的某些创作看起来很像,但是猩猩并没有艺术创作的意图,很多人也拒绝承认它们的"作品"算艺术[①]。这样的艺术品,靠"作为艺术品展示"带上艺术意图。一旦如此展示,它们获得了足够的语境压力,让它们被当作艺术品看待。而本书已经讨论过:它们一旦被当作艺术文本,用上面莱文森的话来说,它们就"郑重地要求用先有艺术品被看待的相同方式来看

[①] 据 BBC News,2005 年 6 月 20 日在伦敦的美术拍卖会上,猩猩"刚果"的三幅画卖出 12 000 英镑。

待它",接收者就会用对艺术的期待来解读它们。这就是本书第六章第二节说的"型文本"压力。

聪明的动物,例如猩猩、海豚、狗、婴孩,能不能创作艺术?对于这个让评论界窘迫了几十年的问题,至今评论界莫衷一是。展示,即把它们放在展览厅里,或是拍卖行里(而不是把它们扔进垃圾堆里),使我们不再考虑"画者是动物"这个烦人的问题,暂时安心观看这些"作为艺术"的文本。对动物的画可以如此,对人们辛苦拍出的电影也可以如此。"三亿大片,震撼上映",与在"观影俱乐部"放映的小制作,预先就决定了我们的观看态度。因此,社会性展示者们显然在利用大众媒介和社会机构提供的类型,代我们先做了一道选择。

丹图认为艺术意图至关重要,艺术品"必须依据其预期意义是否被体现,来考虑它是成功还是失败"[1]。本书认为,艺术展示,而不是创作,才决定艺术意图,因为只有艺术展示,才启动了社会文化的体制功能,才能把该作品置于社会文化的文本间意义网络之中。画廊经纪人,艺术策展者,展品拍卖者,都参与构建此展示,他们邀请观众把此作品当作艺术品来观看,文本本身就被"展示"加上社会性伴随信息,因此,纯然个人的艺术意图,不能保证艺术品的出现[2]。展示才能把"艺术意图"强加在符号的发送与接收之间,使此物被"展示"加上的文本身份定位为艺术品。面对这个展示,接收就不是纯粹观照,借用阿尔都塞的观念:观者被文化体制"询唤"(interpellate)到艺术接收者地位上来。

艺术品被展示"定位",就是与文化的艺术体制相接。展示,就是用一整套伴随文本,迫使接收者朝艺术的方向解释它,使它成为艺术品。因此,究竟什么是艺术呢?艺术就是被展现为艺术,并被接收者作为艺术看待的符号文本。

---

[1] Arthur Danto, *After the End of Art : Contemporary Art and the Pale of History*, Princeton, NJ: Princeton Univ Press, 1997, p. 90.

[2] H. G. 布洛克:《现代艺术哲学》,滕守尧译,成都:四川人民出版社,1998年。

第二节 真知与探究社群

本节概要：

真知，是任何意义理论的核心问题，追求真知也是人的意识活动的最根本动力。但解释在什么意义上为真知？如何取得真知？真知最终是否能取得？这些却是意义理论中最困难的问题，也是各种意义理论的最大分歧点。哲学符号学理论提出了一个可以清楚把握，却又层次复杂的"真知论"。首先，意义活动必然是追求真知的；第二，每个符号再现不可能全真，也不可能全假；第三，追求真知，需要符号活动延续，"社群真知"是一个社群的一致意见；第四，符号文本的无限衍义就能逐渐迫近理想中的真知。本节还强调：皮尔斯的真知观，与后世发展出来的"实用主义""工具主义"的真知观相去甚远。

1. 何为"真"？何为"真知"？

任何关于意义的讨论，不可能躲开"真"这个最困难的问题。本书导论部分就反复讨论过：意义是意识的获义活动从对象中构筑出来的，它反过来让意识主体存在于世，因此意义就是主客观的关联。这个定义，决定了意义必须是哲学符号学意义上的真知，不然其构成作用就是虚幻的。

本书前文专章讨论过，"任何理解都是解释"，那是从文本间互证的角度来理解的，并不是说任何理解必为真。但在哲学符号学中，真知是意义活动的必要条件。胡塞尔说："作为真正科学的哲学，其目的就在于寻求超越一切相对性的绝对、终极的有效真理。"[1] 而皮尔斯认为确认真知是人不得不追求的目标，真知虽然不一定可以达到，但它必须被理解为意义活动的贯穿性原则。探究应该由这样一个希望来引导，即对于每一个问题都有一个正确的解答，如果否认真知的存在，"思想和推理就会没有目标"[2]。"人类的见解一般地总是趋向于……真理。……于是对每一个问题都存在一个真的回答。每人的见解连续

---

[1] 埃德蒙德·胡塞尔：《现象学的观念》，倪梁康译，上海：上海译文出版社，1987年，第35页。

[2] Charles Sanders Peirce, *Collected Papers*, Cambridge Mass, Harvard Univ. Press, 1931–1958, Vol. 2, p. 135.

不断地趋向于最后的结论。"① 这个立场本应当是不言而喻的，因为意义探研如果完全不考虑真知，或认为这个问题无法讨论，真假本质上难辨，就是取消了意义的最基本立足点。

首先，意识追寻意义的意向性，就是追寻真知的意向性，因为意识不可能追寻明知为假的意义，明知为假的意义实际上切断了意识与事物的关联。这里的关键是"明知为假"，如果意识并不认为获得的意义为假，意义活动就可以正常进行，这是我们讨论真知观的前提。意识只接受对它"显现为真"的意义给予，不然意义过程从定义上就被颠覆了。意义是决定主客观关系的根本环节。如果意义可以不论真假，不仅意义无法找到真正的立足点，意识创造的整个意义世界也会崩溃为尘埃。

这一点实际上是对意识的强制性条件：为获取意义，意向性背后必须有个动机，这个动机必然是获得真知。虽然此种真知是该接收者的主观判断，这个文本依然必须有满足真实意识要求的起码条件。文本包含真知，不是文本品质，而是接收功能到位的条件。格雷马斯指出，每个文本接收者在解读之前，已经签下一个"述真合同"（veridiction contract）②，即相信该文本中有某种真知。

伽达默尔讨论过施莱尔马赫阐释学要求"自身置入作者的内心中"，认为这种自身置入，并非真正把我们自己的观点置入文本发出者心中，而是把我们自身置入文本的意见之中，也就是说："我们试图承认他人所说的具有事实的正确性。"③ 本书讨论的"真知"接近伽达默尔的看法，即读者或听众承认"他人所说的具有事实的正确性"，也就是承认文本中有"真知"。

如果任何"真"都没有，我们就失去了接收的理由。哪怕明显的夸张（"白发三千丈，缘愁似个长"）也让我们看到修辞立足之"真"。意识可以拒绝接受假的意义，却不可能对此"述真合同"提出一个主观意志挑战，不可能要求"我要接受一个假的意义"，因为这样一来，这个假意义对他来说就是一种真知，它是"真的假"，即"看出"此文本中真的作假动机。

但是符号文本显现的这种"真知"，是否必为真知，在什么意义上为真知，

---

① Charles Sanders Peirce, *Collected Papers*, Cambridge Mass, Harvard Univ. Press, 1931—1958, Vol. 8, p. 12.

② Algirdas Julien Greimas, Frank Collins and Paul Perron, "The Veridiction Contract", *New Literary History*, Vol. 20, No. 3, Greimassian Semiotics (Spring, 1989), pp. 651—660.

③ Hans-Georg Gadamer. *Wahrheit und Methode*, II, J. C. B. Mohr (Paul Siebeck), Tuebingen, 1986, p. 297.

而且这种真知是否永远为真知,却是意义理论中最困难的问题。意义理论之所以复杂,原因就在这里。一旦对此有所质疑,追求意义的意识就不得不"反诸自身",成为对意识能力和真知标准的反思。本书探讨的真知问题,最后落实在"探究社群"的社会文化性构成上,就是这个原因。

在深入讨论之前,首先澄清本节的核心术语。西语"truth"或"verity"意义过于复杂,兼有"真理""真相""真实"这些含义。在中国学者的讨论与翻译中,大部分人用"真理"一词,实在是过于严重了。大部分情况下,意义理论的思想者们讨论的实际上并不是"真理"(《古今汉语词典》称"真理"为"客观事物的规律载入头脑中的反映"),也不是"真相"(《古今汉语词典》称"真相"为"事物本来的或真实的面目")[①],更不是"真实"(那样就把"真"与客观实际存在相等同)。这个语义差异,至少是各种理论纠缠不休的部分原因。因此,在这个术语上,本书不得不慎之又慎。

笔者认为,至少在讨论哲学符号学的意义理论时,我们讨论的基本上只是"真知"(即"真的认知",意识获得的意义)。本书用"真知"作为"truth"的对译,并不是排除"truth"的"真理""真相""真实"等含义,只是暂时不去讨论那些境界层次,而是集中讨论认知或表述的"真"品格,这种品格能引导进一步走向(客观规律的)真理或(事物本质的)真相,但是真知本身只限于描述意识获得的认知的品格。本节讨论"真知",而暂时不讨论"真相"或"真理",是因为后两个概念离哲学符号学的意义理论比较远。

真知之可能,真知的定义,取得真知的途径,成为各种思想流派的主要区分标记。逻辑学或符号学所讨论的,只能是取得真知的途径,是认识论问题,而不是在讨论"真知"本身的品格。只有明白"'真知'是什么",才能找到取得真知的途径。真知不仅是一个认识论的问题,而且是一个存在论或本体论的问题。因为非真的存在,非真的概念,都是自相矛盾的。皮尔斯对此有明确的声明:"必然为真的东西构成了现存事实的组成部分,它不仅仅是思想的要素。"[②]

自古至今,不少学派否认取得真知或表述真知的可能,在现代此风更盛。怀疑是一个很好的意义探究出发点,但是绝对的怀疑,完全否认接近真知的可能,会使意义获求失去基本的动力而无法起步,从而让意义本身落空。海德格

---

① 《古今汉语词典》,北京:商务印书馆,2001年。

② Charles Sanders Peirce, *Collected Papers*, Cambridge Mass, Harvard Univ. Press, 1931-1958, Vol. 1, p. 489.

尔认为"真"是虚假的:"一命题是真的,这意味着:它就存在者本身揭示存在者。它在存在者的被揭示状态中说出存在者、展示存在者、让人看见存在者。"真理就是"把存在者从晦蔽状态中取出来,而让人在其无蔽(揭示状态)中来看"①。这话当然是对的。但是由此,他走向相对主义,认为"真理,亦即真实的存在者,被固定者,作为对当下某种透视角度的固定,始终只不过是一种已经到达支配地位的虚假状态,也就是说,它始终只是谬误"②。这可能是讨论得最玄的相对主义,他的看法对各种后现代主义中弥漫的虚无主义有直接的影响。例如福柯的权力话语观认为,真理不过是权力的语言;而波德里亚有类似看法:"真理只是在掩蔽无真理。"③ 这种"后现代反真知观",与本节前面引用的现代意义理论的奠基者皮尔斯与胡塞尔关于真知的看法完全相反,破坏了哲学符号学的前提,即承认意识靠追寻真知,才能找到自身存在的合理性。

当然,说意识必然追寻真知,并不是说意识得到的必然是真知。如笛卡尔等人那样对真知充满信心,认为理性不可能有谬误④,是过于乐观了。承认讨论真知问题的困难,理解真知概念的复杂性与不确定性,同时拒绝否认接近真知的可能性,这是哲学符号学的基本立场。

2. 皮尔斯的真知观与社群主义

皮尔斯的真知观,可以称作"真知融合理论"(convergence theory of truth),而这样的真知,可以称为"社群真知"(community truth)。不少人译"community"为"共同体",此种译法可能太政治化⑤,其实皮尔斯说的"community"是"享有共同价值规范与身份认同的社会单位"⑥。他的意思是真知是"社群一致同意"的结果。皮尔斯常被认为是"实用主义"的三位创始人之一,真知问题的确是实用主义讨论的核心问题。但是皮尔斯的真知观与他

---

① 马丁·海德格尔:《存在与时间》,陈嘉映、王庆节译,熊伟校,北京:生活·读书·新知三联书店,1999年,第251~252页。

② 马丁·海德格尔:《尼采》(上),孙周兴译,北京:商务印书馆,2002年,第237页。

③ Jean Baudrillard, "Simulacra and Simulations", in *Selected Writings*, ed. Mark Poster, Stanford Univ. Press, 1988, 166*ff*.

④ Rene Descartes, "Meditations on First Philosophy", *Discourse on Method and Meditations*, New York: Pearson, p. 34.

⑤ 例如国内把本尼迪克特·安德森的"Imagined Community"理论译为"想象的共同体",然而安德森明显指的是"想象的社群"。"共同体"这个译法,可能适合于国际关系,例如"欧洲共同体"。查尔斯·泰勒的名著*Communitarianism*,标题译成《社群主义》,就很合适。

⑥ "Community", *The Blackwell Encyclopedia of Sociology on Line*, www.sociologyencyvlopedia.com

的朋友詹姆斯以及他的学生杜威非常不同。我们知道皮尔斯对杜威的"工具主义"（instrumentalism）颇不以为然①，为了与实用主义划清界限，1905 年皮尔斯另创了一个新词"pragmaticism"（中文一般译为"实效主义"），以区别于"pragmatism"（实用主义）。他自我调侃说：他的这个新词奇丑无比，不会遭人绑架②。可见他不喜欢他的其他观念"被绑架"的局面。

可能只是出于对这位终生落魄默默无闻的前辈的尊敬，詹姆斯与杜威抓紧一切机会把皮尔斯说成是实用主义学派的创始人。已经有许多哲学史家，例如雷希尔（Nicholas Rescher），认为詹姆斯才是实用主义的真正奠基人。皮尔斯的理论与詹姆斯很不相同，特别是在真知观上，他并不是实用主义的先驱③。相反，是当代社群主义的先驱，关于这方面已经有很多学者发表了结论清晰的研究④。

詹姆斯与杜威的实用主义真知观立场非常明确：詹姆斯坚持认为"真知不过是思想时的权宜手段（expedient），正如善只不过是行为中的权宜手段"⑤，需要真知只是因为此"权宜手段"有用。杜威坚持"工具主义"的立场，认为使用的有效性即真知，因此真知只是"有效性"，是手段而不是目标。他们都主张"复数的真知"或真知的多元论，他们将真知理解为应付环境和世界的便利工具，这两位创始的理论才是货真价实的实用主义。

应当承认，皮尔斯的真知观，与他的其他理论一样，有一定的混乱难解之处。他的大量理论探索只是以笔记、信件、草稿、个别单篇文章方式杂乱存于世间，前后不一致的地方在所难免。有时他似乎认为真理是无足轻重的概念，例如他说过"真知简单说就是在认知上满意……真知与满意是同义词"，他甚至自嘲说这不必是在讨论哲学，而是"英语词汇学"⑥。而"满意"可以来自信念（belief），信念一旦获得，"不管它是对是错，我们就感到完全满意"。由

---

① Charles Sanders Peirce, *Collected Papers*, Cambridge Mass, Harvard Univ. Press, 1931—1958, Vol. 8, pp. 188—190.

② EP2: 335.

③ Nicholas Rescher, *Pragmatism: The Restoration of Its Scientific Roots*, Livingston, NJ: Transaction Publishers, 2012, p. 12.

④ James Hoopes, *Community Denied: The Wrong Turn of Pragmatic Liberalism*, Ithaca: Cornell Univ. Press, 1998.

⑤ William James, *The Meaning of Truth*, *A Sequel to 'Pragmatism'*, New York: Longmans, Green, and Company, 1909, p. 32.

⑥ Charles Sanders Peirce, *Collected Papers*, Cambridge Mass, Harvard Univ. Press, 1931—1958, Vol. 2, p. 138.

此，信念可以等同于真理，说一个信念是正确的，这只不过是"同语反复"①。

如果这是皮尔斯长期保持贯彻始终的思想，他就比詹姆斯的"权宜论"更加实用主义，而且更主观。但是他关于真知的其他大量讨论，证明这只是他的揶揄之说。在他的某些言论中，某些时候能够找到他赞成工具主义的证据，实际上他的真知观完全不是如此。看来皮尔斯主张的真知是多义的，仔细整理，我们会发现皮尔斯长期坚持符合论真知观，而在更多的地方他又主张"社群一致论"。至少有一点我们必须承认：皮尔斯的真知观远比詹姆斯与杜威这两位实用主义的真正的开拓者的复杂得多。

当代"新实用主义"的代表人物罗蒂（Richard Rorty）尖锐地指出，实用主义并不需要真知："如果实用主义者们是对的，我们就没有发现事物的自然秩序的义务。如果真理被定义成对那一秩序的把握，那么，热爱真理就不值得。"② 就20世纪初的思想史的大潮（包括实用主义）而言，皮尔斯真知理论相当"不合时宜"，但却表现出他坚持自己立场的勇气，在今日的哲学符号学中应当得到回应。

3. 符号学与真知

皮尔斯对真知的关注，是他的哲学符号学的明确特点。"符号的目的，即思想的目的，就是把真知带入表达之中。"③ 他认为符号学并不能肯定何者为真知，但是符号学却必须研究判别真的形式条件。皮尔斯的符号学与逻辑学结合得很紧，有论者认为他的整个符号学体系是从逻辑学发展出来的，逻辑是推论出真知的途径之形式化④。皮尔斯认为，符号学必须关注现象与真知的关系。由于所有的思想和知识只能出现于符号中，真知的问题实际上就聚焦于符号的各种形式条件中，包括传达与阐释方式。"广义的符号学，不仅研究真知，而且还研究符号作为符号的一般条件。"⑤ 为什么呢？因为意义交流的先决条件是符号文本能引向真知，这条底线是认知与交流的基本要求：没有人愿意得到一个完全无真知可言的认识，也没有人愿意听完全没有真知可得的意义交流。

---

① Charles Sanders Peirce, *Collected Papers*, Cambridge Mass, Harvard Univ. Press, 1931–1958, Vol. 5, p. 380.
② 罗蒂:《实用主义哲学》，林南译，上海：上海译文出版社，2009年，第135页。
③ Charles Sanders Peirce, *Collected Papers*, Cambridge Mass, Harvard Univ. Press, 1931–1958, Vol. 2, p. 44n1.
④ 张留华:《皮尔斯为何要把逻辑学拓展为符号学?》，《符号与传媒》，2014年第9辑，第33页。
⑤ Charles Sanders Peirce, *Collected Papers*, Cambridge Mass, Harvard Univ. Press, 1931–1958, Vol. 1, p. 444.

一般人的粗浅看法,认为形式论不能也不愿意讨论形式与现实世界的关系,只能顾及文本范围内的前后自圆其说。的确,相当多符号学者尽可能回避讨论,甚至完全否定真知的可能。例如艾柯就不厌其烦地强调"符号撒谎论"。他认为符号表意的特点就是"可以用来撒谎",因此,"符号学是研究所有可以用来撒谎的东西的学科",而"撒谎理论的定义应当作为一般符号学的一个相当完备的程序"。他甚至说:"每当存在着说谎可能时,就有一种符号功能";"说谎可能性就是符号过程的特征"①。他一再强调撒谎论,重复次数之多,使我们不得不重视符号表意为假的巨大可能性。实际上,艾柯不是说符号必然撒谎,而是说特定的符号文本是否反映真知是不可知的,理由是"不能用来撒谎的东西,也不能用来表达真知,实际上就什么也不能表达"②。因此艾柯的立场实际上是:探究真知根本不是符号学的任务。

与艾柯"撒谎论"相近但更学术化的说法,是法国符号人类学家列维-斯特劳斯于1950年提出的"漂移的能指"(floating signifiers)概念,意即能指内涵虚空,所指就不确定,对符号文本作任何阐释就都没有确切根据③。法国社会符号学家让·波德里亚1976年在《象征交换与死亡》一书中,认为"漂流的能指"概念控制了消费社会中的符号表意:能指摆脱了指称这一古老的义务,与其他符号的组合替换随意而不确定,解除了真知的羁绊。

但是皮尔斯断然认为,符号的展开最基本的动力,不是做一个表述形式的游戏,而是"心灵与真知的亲近性"④。毕竟,符号是用来表达意义的,而意义就必然有个真假问题。虽然符号表述的意义有可能是虚假的,甚至可以说真理不可能被表述出来,但是意识追求意义的本来目的是找到真知,取得真知是人类意义活动本身的前提,说意识有意追求非真,是否定意识的存在本质。

皮尔斯对符号真知的描述,几乎是一种诗意的颂赞:"符号的目的就在于表达'事实',它把自己与其他符号相连接,竭尽所能,使得解释项能够接近完全的真,或绝对的真,也即接近真的每一个领域……存在世界的'圆极',也就是说,世界的每一个部分都是由符号构成的。"⑤ 这种"真知"执念,使皮尔斯的符号学看起来与各种所谓"后现代"理论(包括后现代的符号学家)

---

① Umberto Eco, *A Theory of Semiotics*, Bloomington: Indiana Univ Press, 1976, pp. 58—59.
② Umberto Eco, *A Theory of Semiotics*, Bloomington: Indiana Univ Press, 1976, pp. 70—74.
③ Claude Lévi-Strauss, "Introduction à l'oeuvre de Marcel Mauss", in *Mauss, Sociologie et Anthropologie*, Paris, 1950, iv.
④ C. S. 皮尔斯:《皮尔斯:论符号》,赵星植译,成都:四川大学出版社,2014年,第54页。
⑤ C. S. 皮尔斯:《皮尔斯:论符号》,赵星植译,成都:四川大学出版社,2014年,第56页。

之否定真知很不相同，判若云泥。笔者认为，这也就是我们今天必须坚持回向皮尔斯理论的原因①。毕竟，我们离不开对真知的追求，而且一个意义理论也不可能拒绝讨论求真的途径。

4. 符号的"片面真知"

在各种各样的真知观中，皮尔斯的真知观基本上属于"符合论"（Theory of Correspondence），也就是说，真知的根本品格是"与事实一致"。对此他说得很明确："所谓世界的必要事实（qua fact）即为'存在的真知'（truth of being）。"② 这种观点常常被称作"柏拉图式真知观"，也是海德格尔等现代哲学家所反对的。考虑到现代欧陆哲学与英美分析哲学这两大潮流都全力反对"符合论"，皮尔斯的立场真是让人惊奇但又很正常。符合论似乎古老，却是大多数哲学教师和学生所拥护的。2009年，在对3229名哲学家与哲学系研究生进行调查时，44.9%的人，也就是将近一半"专业人士"，在各种复杂的真知理论中，接受或倾向于接受符合论③。看来关于真知的论辩虽然很多，符合论，即一个认知的陈述如果是真知，就应当能摆脱个人偏见和社会偏执，与事实相符，这应当是一种自然的思考出发点。

但是皮尔斯的真知观，比常识的"符合论"复杂得多。皮尔斯把"实在"界定为正确观点的对象，而不用"客观世界"，绕开符合论通常会踏入的循环论证（符合真实即为真知）陷阱。因此，问题就变成"什么是追求真知的正确途径？"皮尔斯强调，这就是"社群标准"，他有时也称作"科学方法"，意为接受科学思维的现代社群共同认可的方法。由此皮尔斯不仅远离了笛卡尔的自我中心真知观，也使得他的立场和詹姆斯及杜威的实用主义"有效"真知观非常不同。

在皮尔斯看来，真的本质即与对象一致，因此符号靠趋向于真知，才能指向对象。皮尔斯强调：符号与对象的重要理据关系"像似性"，本身即真知。他甚至再三指出：在像似中无虚假，不可能有"假的"像似性，因为像似并非同一，并不给出关于对象的全部真理。像似性之所以为真，正是因为符号再现只是某个或某些方面与对象像似，用这种片面的像似就能引向意义。这样，皮

---

① 赵毅衡：《回到皮尔斯》，《符号与传媒》，2014年第9辑，第1~12页。
② C. S. 皮尔斯：《皮尔斯：论符号》，赵星植译，成都：四川大学出版社，2014年，第39页。
③ http://cn.linkedin.com/groups/Anyone-scientific-explanation-truth-how-4057286.S.70138524?goback=.gmp_4057286&qid=7d1c0a5d-4b90-468e-922a-05a241290d06&trk=group_most_popular_guest-0-b-cmr，《领英网》，"truth条目"，2015年4月19日查询。

尔斯就把情况说全了：不是说符号一定会反映对象的真相，而是说，符号与对象关系的"理据性"（motivatedness）这个品质，就是符号真知。这听起来很玄，其实容易理解：当一个孩子画一个苹果，不可能说这幅画没有表达对苹果的"真知"：既然这一幅画像似苹果，那么这个像似的地方，就不可能是虚假的。

皮尔斯解释说："像似性存在于相似之中，而后者即为谓项的相同性（sameness）。这种像似性上升到最高点时，就成了同一性（identity），由此，符号自身也就不存在了，结果真知也就不存在了。因此，所有实在的像似性，都具有一个极限。超越了像似性的极限，似真性也就不存在了。所以，似真性是部分真知（partial truth）。"① 皮尔斯这个说法非常确切：对于一个特定的人，可以有画像、照片、蜡像、替身演员等像似符号，它们的像似部分是真的，其余部分是否为真实际上不必也不能考虑，因为一旦"像似性上升到最高点"，就成为此人的本人，就不再是像似符号。因此，像似之成为真知，必定只是部分之真。

如果情况反过来，一个符号本来没有对象，例如设计，例如艺术，这时符号创造出来的对象反过来"像似"这个符号，这种情况下"部分真知"如何产生呢？皮尔斯解释说："一个再现，在不存在本质的像似性的情况下与其对象相一致，这种再现是一个符号。我把这种符号的真知称为真确性（veracity）"②。例如用图纸或模型设计一件家具，此时符号真确地创造对象，是因为对象反过来只需要设计具有部分之真知，例如线条，例如尺寸，其余部分依靠想象力即可补充完成。

皮尔斯的这个看法适用于所有的符号文本，它们是"真知"，因为它们只是而且只应当是"部分真知"。由此，皮尔斯提出一个令人深思的结论："真知就是这样的：它声称自己是一个再现，它就是一个再现。因此，真知没有绝对的反题。"真知与虚假只是一个命题的两个方面，并不是绝对的反题。孩子画的苹果，既是真知，也是虚假③。所以，皮尔斯真知观的核心问题是：真知与虚假，只是符号意义必有的两个方面。这不是认为真知与虚假等同的相对主义立场，也不是艾柯式的"符号撒谎观"，而是认为不同的符号文本都含有部分"真知"。

---

① Charles S. Peirce, *The Writings of Charles S Peirce：A Chronological Edition*, Bloomington: Indiana Univ. Press, 1976, Vol. 1, p. 82.
② C. S. 皮尔斯：《皮尔斯：论符号》，赵星植译，成都：四川大学出版社，2014年，第133页。
③ C. S. 皮尔斯：《皮尔斯：论符号》，赵星植译，成都：四川大学出版社，2014年，第134页。

皮尔斯对"虚假中有真知"作了极为精彩的解释,他说:"所有符号——即便是像/304/这样随机的符号——对于它们各式各样的实在对象来说,都是充分完整的。而所有这些对象,即便是我们所讨论的哈姆雷特的那些疯狂举动,都是同一个存在全域(也即'真知')的一个部分……所有的这些品格都是'真知'的一个组成部分,每一个符号均意指'真知';但它仅仅是它所指领域的一种形式。"[1] 只要是符号再现,就永远不可能是全面的真知,也不可能是全面的虚假。哪怕哈姆雷特的疯话都可以是真知,因为真知从定义上说就是不完整、不全面的,疯话可在好几个方面是"部分真知",例如关于此人之疯,关于此人为什么装疯。因此,皮尔斯尖锐地指出,说做梦是虚假的,这话不通:"谚语'梦想总与现实相反'……是个荒谬的观点,因为现实并没有反面……摹本符(copy)没有绝对的真相,也没有绝对的虚假性。"[2] 既然称为摹本,必有其真。

由此,皮尔斯接受了符合论的基本立场,认为"真理在于与某物的符合"[3],他也排除了通过对象或实在"这个更为神秘难解的观念来澄清真知观念"的企图,因为这必然会陷入循环定义。但他对符合论做出了重大的修改,他指出符合论是严重受限的:"说真理是表象和对象的符合,这只不过是个康德所谓的'名义定义'(nominal definition)。"[4] 在皮尔斯看来,实在概念反而必须通过真知概念得到阐明,"实在"实际上是真知所表现的对象。仅仅将真知定义为与实在符合的观念是远远不够的,必须有一些实质性的标准来界定符合的具体涵义。因此真知是永远不完美的、渐近的、不完整的、片面的,无绝对真知可言,重要的问题只在于如何让进一步的认知走在正确的路上。

皮尔斯的笔记经常有点随意,在他一生难得精心写作并发表的少数文章之一,给鲍德温1901年出版的《哲学与心理学辞典》写的条目"真知,假相,错误"中,他对"真知"做了一个非常绝妙的定义:"真知是一个与理想限度(ideal limit)一致的抽象声明,无尽的探究倾向于对此一致提供科学的信念,而这个抽象声明可能拥有这种一致性的原因,在于承认自身的不准确(inaccuracy)

---

[1] C. S. 皮尔斯:《皮尔斯:论符号》,赵星植译,成都:四川大学出版社,2014年,第38页。
[2] C. S. 皮尔斯:《皮尔斯:论符号》,赵星植译,成都:四川大学出版社,2014年,第72页。
[3] Charles Sanders Peirce, *Collected Papers*, Cambridge Mass, Harvard Univ. Press, 1931-1958, Vol. 5, p. 553.
[4] Charles Sanders Peirce, *Collected Papers*, Cambridge Mass, Harvard Univ. Press, 1931-1958, Vol. 5, p. 567.

和片面（one-sidedness），这种承认是真知的首要成分。"① 也就是说，真知之所以是真，在于承认自身"非真"，只是被"无尽探究"证明他可以趋向于真。我们可以进一步推论，假相在其自身形态上，可能说不上是真是假，这就是为什么皮尔斯说出"概念之中无假"的惊人之言②。假相之所以为假，是因为群体的探究并不给它加分，不能让它趋近于某对象的任何观相。

由此，皮尔斯取得了一个对真知的理解，几乎可以媲美《道德经》"道可道，非常道"式的悖论："完美的真知无法说出，除了承认自身的不完美。"(The perfect truth cannot be stated, except in the sense that it confesses its imperfection)③ 也就是说，唯一绝对的真知，就是真知的非绝对。但是通向真知的道路却可以是正确的或错误的，真和假的观念，在它们的充分发展中，仅仅同处理意见的经验方式有关。

5. 探究社群与真知

皮尔斯的哲学符号学绝非不可知论，他只是指出真知不可能是绝对的"真"，在意义活动中只存在通向真知之路，任何人所能做到的只是沿着这条路行进。这条路就是符号活动的叠加累积，包括与自己先前的符号活动累积，也包括与其他人的符号活动累积："符号的目的就在于表达'事实'，它把自己与其他符号相连接，竭尽所能，使得解释项能够接近完美的真知（perfect truth）或绝对真知（absolute truth），也即接近真知的每一个领域。"④

因此，皮尔斯明白指出真知是群体探究的结果，凡是运用科学方法进行探究的人最终会达到的"社群性一致意见"。每一个人可以任意地选择他所愿意采取的主张，他只能用真知这个词来强调他坚持他的选择，但这只是他个人的选择。我们追求我们认其为真的信念，而一个社群中人们心灵趋向一致的信念，真的程度就不一样了。只要在人们的研究中有足够的持续性，研究只要足够长久地进行下去，就会为他们所面临的问题提供一个确定的解答，他们总能达到相同的结论，形成实在的信念。

---

① Charles Sanders Peirce, *Collected Papers*, Cambridge Mass, Harvard Univ. Press, 1931–1958, Vol. 5, p. 394.
② C. S. 皮尔斯：《皮尔斯：论符号》，赵星植译，成都：四川大学出版社，2014年，第134页。
③ Charles Sanders Peirce, *Collected Papers*, Cambridge Mass, Harvard Univ. Press, 1931–1958, Vol. 5, p. 553.
④ R. S. Robin (ed), *Annotated Catalogue of the Paper of Charles S Peirce*, Amherst, Mass.: Univ. of Massachusetts Press, 1967, p. 517.

因此，皮尔斯坚持的符合论，是"社群真知"的符合论。他说："我们用'真'这词所指的，是注定会为所有研究者最终同意的观点，而在该观点中所表现的对象就是实在。"① 科学探究共同体一致同意的最后观点就是科学真知，或者说，真知就是科学探究者的共识。正是在这个意义上，皮尔斯说，社群"统一的赞同构建了真理……在普遍同意占统治地位的任何地方，实在论者不会通过无用和虚构的怀疑去搅扰普遍信念。"② 这样，当我们说存在真理，其含义无非是有普遍同意必然会达成的看法。

与皮尔斯相似，胡塞尔最后也把追求意义的意识主体演化成"共同主体性"。他在晚年最后的思索中，从认识论角度考虑主体间性。他思考的主体性依然是"绝对而纯粹的同一性"，但主体间性依然是从这自明的主体性中派生出来的。他提出："每一个自我主体和我们所有的人都相互一起地生活在一个共同的世上，这个世界是我们的世界，它对我们的意识来说是有效存在的，并且是通过这种'共同生活'而明晰地给定着。"③ 在意义关系中，他者实际上是"另一个自我"或"他我"。"移入"就是"在他者中生活，同经历、同体验、同思维、同欢乐，化入他者的存在，并因而奋进他者的生命奋进之中"④。

这种看法非常接近哈贝马斯的所谓"共识论"（Consensus Theory），即认为真知是"众人"同意的东西，这众人可以是全体人类，可以是部分人，尤其是关心这个问题的社群，例如科学家社群。皮尔斯早就指出，社群可以有大有小，有短期有长期，并不是永恒不变、永远延续的社群才能走向真知："真知，这可能意谓着对关于现有问题探询存在着一个注定的结果。"⑤ 因此，真知是一种抽象陈述的一致性，是一种无穷研究的理想极限，趋向于带来科学信念。这种抽象的陈述因为坦承其误差和片面性，从而具有一致性，因此，这种承认才是真理的本质要素。

皮尔斯的真知观，听起来就是一首对群体、对社会充满信心的颂歌：既然"一个单独的推论必然可真可假"，我们就必须走向与他人、与社会的协作，尤

---

① Charles Sanders Peirce, *Collected Papers*, Cambridge Mass, Harvard Univ. Press, 1931-1958, Vol. 5, p. 407.
② Charles Sanders Peirce, *Collected Papers*, Cambridge Mass, Harvard Univ. Press, 1931-1958, Vol. 8, p. 16.
③ 弗莱德·R. 多尔迈：《主体性的黄昏》，万俊人、朱国钧译，上海：上海人民出版社，1992年，第63页。
④ Edmund Husserl, *Formal and Transcendental Logic*, The Hague: Nijhoff, 1969, p. 147.
⑤ Charles Sanders Peirce, *Collected Papers*, Cambridge Mass, Harvard Univ. Press, 1931-1958, Vol. 3, p. 432.

其是因为个人的生命有限,"死亡使我们的风险数量及其推断数量变得有限起来……逻辑性无情地要求我们的兴趣不应当有所限制;它们不可以在我们的命运面前停步,它们必须拥抱整个社群"。

但是,社群是否同意真知,还要经受未来的拷问,真知的确定实际上就被推向了不确定的未来,我们不可能达到最终的一致同意。这就意味着,我们不但永无获得真理的可能,而且可能根本没有真理。这样,观点的汇聚或真理就只是一个无法证实的"理想的极限"而已。社群真知的最大作用,是让个人和社群的意义活动朝真知方向行进,这就是真知的最终形态。真知就是一个朝着完美的目标挺进的"真知过程"(truth process)。

当皮尔斯考虑这个问题时,他的讨论变得非常理想主义化。他认为真知社群不是少数人垄断意义权力,因为真知具有全人类共享的品格。"社群也不可以是有限的,它必须延伸至人类的所有种族,而我们与他们形成了直接或间接的心智关系。无论这个社群会有多么的不明确,它都必须超越这种'地质纪元',并且超越所有的边界。对我来说,那种不能牺牲自己的灵魂去拯救整个世界的人,其所有的推论都是集体不合逻辑的。逻辑扎根于社会原则(social principle)之中。"[1] 这很类似理学程朱一派主张"性即理",即共识即理,人性即理,文化即理。所谓论衡天下于正义即论衡天下于理。

对人类心灵如此的乐观主义,在现代哲学家中很少见到,这是因为皮尔斯念兹在兹的问题,是符号意义的解释。而解释并不仅仅是个人行为。人一旦追求意义,必然进入人际社会关系,追求符号真知,最后形成"探究社群"(inquiring community)。这就是皮尔斯的"真知融合理论":人追求真知的努力,是人类社会的生存价值所在。

这个立场也得到了后世分析哲学家们的支持,分析哲学在对待"真知"逻辑上特别严格。戴维·刘易斯的总结很典型,真知就是"一个语言 L 被一群居民 P 使用,当且仅当(if and only if)在 P 中有一个关于真实性的共同看法(convention),并且对被交流所支持的 L 有共同的信任"[2]。这实际上是皮尔斯"社群真知"理论的逻辑学描述法。

应当说,皮尔斯这种对"社群真知"的信心,成为他的理论的主要基础,对于一位 19 世纪后期离群索居的独立撰稿人,这应当说是很难得的。有时,

---

[1] Charles Sanders Peirce, *Collected Papers*, Cambridge Mass, Harvard Univ. Press, 1931—1958, Vol. 2, p. 652.

[2] David Lewis, "Languages and Language", Philosophical Papers, Oxford Univ. Press, 1983, p. 163.

他的真知观变成了一种社会信仰：归结为一个以"希望"构筑的美好社群乌托邦。他说："亚里士多德曾经探究过有关'完善'（perfection）或'圆极'（entelechy）的概念，但他却从未将这个概念厘清。我将借用这一词来表示这样一种事实，那就是，理想的符号必须是极度完美的，并且它也是极度同一的……（真知是）每个符号的最终解释项。"[1] 符号追逐真相的过程，形成无限衍义，每一解释项都成为新的符号，新的符号引向新的解释项，最后无法达到的顶端就是真。

---

[1] C. S. 皮尔斯：《皮尔斯：论符号》，赵星植译，成都：四川大学出版社，2014年，第39页。

第三节　解释社群观念重估

本节概要：

意义理论中争议最多的，是解释的"正确标准"问题。解释是个动态的开放概念，无绝对标准；但解释必须有个标准，才能讨论与意义有关的问题。一般论者的做法是回到发送者的意图，或是回向文本，或是认为无标准，任何解释同样有效。皮尔斯认为人生有涯，人类的知识只有在探索社群的累加与衍生中才真正成为文化。费什的"解释社群"理论，在这个问题上迈出了切实的一步：既摆脱了作者意向，也摆脱了"文本意义"的绝对地位，更摆脱了完全依从个人的无政府式的相对主义。

1. 意义的标准之乱局

意义理论中最令人困惑的、争议最多的，就是解释的"正确标准"问题。哲学符号学能否解决这个关键问题呢？符号学研究的是意义，对于一切与意义有关的问题，符号学家都不得不提出一个处理方案。符号学到现在还在争议中发展，证明这些方案很难无懈可击。无法完美本身，也许正体现了符号学深刻的人文品质。不过，在有争议性的诸种方案中，有些方案更合理一些，或者在某种限定条件下更有效一些。本书可以将意义标准争议的看法大致上分成三种。

第一种认为解释文本意义的标准，是作者的意图意义。这一派的代表人物是现象学理论家 E. D. 赫施。20 世纪中期之后大部分理论取消作者意图作为标准的有效性，而赫施在《解释的有效性》中反对这些理论，提出要"保卫作者"。他认为读者的解释过于多变，与之相比："文本的含义始终未发生变化，发生变化的只是这些含义的意义。"[1] 解释意义可以千变万化，但最终的判别标准还是作者意图。本书前面已经几次讨论过，赫施的理论是否符合现象学创始人胡塞尔的原意，引起了很多争议。许多人认为他的理论并不能代表现象学

---

[1] E. D. 赫施：《解释的有效性》，王才勇译，北京：生活・读书・新知三联书店，1991 年，第 23 页、268 页。

文论的立场。而赫施再三提出，他是把胡塞尔的意见往前推了一步[1]。

第二种立场认为意义的解释标准必须在文本里找，典型的代表是各种形式论派别。例如"新批评派"称此立场为作品的"文本本体论"。瑞恰慈早在20世纪20年代就提出："重要的不是诗说什么，而是诗本身。"[2] 到40年代，韦勒克依然坚持："文学作品是自成一类的，有本体地位的、有认知力的客体。"[3] 这种理论首先反对"意图主义"，认为作者的意图不能作为意义标准，因为"文本开始存在之时，恰好就是作者经验终结之时"[4]。正因如此，新批评派也认为读者是作品解释中最不可靠的一环，因为效果千变万化不可预判。意义的标准必须在文本内部："诗是情感固定下来的一种方式，也可以说是让世世代代的读者都能感受到其感情的一种方式。"[5] 结构主义也持文本中心论，认为文本是意义的落脚地。

第三种意见，认为意义必须在读者的解读中才能实现，因此意义的标准也在读者那里。在近几十年，拥护第三种立场的人更多，最典型的是德国的接受美学（Aesthetics of Reception）和英美的读者反应论（Reader-Response Theory）。伊瑟尔发展了英伽顿的图式论，提出"隐含读者"理论。他认为隐含读者既不是具体读者，也不是抽象概念，而是"文本结构期待的读者"，是文本预期的阅读和解释。隐含读者是文本呼唤出来的，因此隐含读者是文本的邀请结构（inviting structures）形成的"反应网络"[6]。这种理论影响了很多人，例如认知叙述学家弗鲁德尼克认为叙述性"不是文本内在的品质，而是读者强加于文本的特征，读者把文本当叙述来读，由此把文本叙述化"[7]。接受美学在美国发展成"读者反应论"，则进一步认为，只有读者的阅读才能为意义提供解释标准，这一派的批评家如乔纳森·卡勒、诺曼·霍兰德、斯坦利·

---

[1] R. 马格欧纳：《文艺现象学》，王岳川等译，北京：文化艺术出版社，1992年，第113页。

[2] I. A. Richards, *Science and Poetry*, London: Kegan Paul, Trench, Trubner, 1926, p. 34.

[3] Rene Wellek, *Theory of Literature*, New York: Peregrine, 1946, p. 142.

[4] Rene Wellek, "The Mode of Existence in a Literary Work of Art", *Southern Review*, Spring Issue, 1942, p. 89.

[5] William Wimsatt, *The Verbal Icon: Studies in the Meaning of Poetry*, New York: Methuen, 1954, p. 77.

[6] 伊瑟尔根据"Ingarden"的图式提出的现象学模型，认为隐含读者是"文本结构期待的读者"，预期的阅读和解释，既不是具体读者，也不是抽象概念。隐含读者是文本呼唤出来的，因此是邀请结构（inviting structures）形成的"反应网络"（network of response）。

[7] Monika Fludenick, "Natural Narratology and Cognitive Parameters", in David Herman (ed), *Narrative Theory and the Cognitive Sciences*, Stanford: CSLT Publications, 2003, p. 244.

费什等人①。本书仔细讨论的"解释社群"理论，是这一派提出的引发最大争议的观点。

也有人试图调和这三者的立场，例如"新阐释学"的伽达默尔，认为真正有效的意义必须是"视界融合"的结果，即解释者的解读视界与作者的意图视界互相接近，迫近融合。这是一种理想的境界，但这种操作复杂，显然比较适合经学家与文学史家这样的职业解释者，不能苛求于一般学子，更不适用于广告之类无法要求复杂解读的日常文本。

大部分理论家各执一说，上述三个立场无法调和。60年代先后出现韦勒克（Rene Wellek）与汉布格（Kate Hamburger）的论战，维姆萨特（William K. Wimsatt）与克里格（Murry Krieger）的论辩，布鲁克斯（Cleanth Brooks）与赫施（H. D. Hirsch）的论战，都是文本中心论者与作者意向性论者的争执②；随着后结构主义与解构主义的冲击，学界主流意见是主张打开文本，解释开放。寻找解释标准问题的努力，暂时失去紧迫性。

但是这个问题躲不过。1982年11月，在芝加哥大学，W. J. T. 米切尔主持了"解释的政治"（Politics of Interpretation）讨论会。这是一场重要的理论会议，参加辩论的是欧美批评家一时之选：韦恩·布斯、茱莉亚·克里斯蒂娃、罗纳德·德沃金、海登·怀特、爱德华·赛义德、佳亚特里·斯皮伐克、特里·伊格尔顿等等，从文学的解释延伸到法律的解释，深入探讨解释策略背后的意识形态。有些人是闻名已久的立场针锋相对的代表人物，如持读者反应论的斯坦利·费什，与持现象学意图主义的赫施。关于此讨论会的辩论，不仅著名的文论刊物《批评探索》（Critical Inquiry）出了专刊，芝加哥大学出版社也再度结集出版③。这些批评家同意：解释意义的标准，并不只是一个解释策略的问题，而是卷入"文化政治"的根本立场。

解构主义与后现代文论的这种个人化、"原子化"的相对主义，主张解释无标准、无优劣，理论上很痛快，实际上是一种文化上的虚无主义，更重要的是，在批评操作中，解释必须有标准才能讨论文本的意义，否则无法构建隐含作者，也无法讨论叙述的可靠性，也无法讨论反讽解释与解释漩涡。因此解释是个动态的开放概念，既有标准，又无绝对标准。

---

① Elizabeth Freund, *The Return of the Reader: Reader-ResponseCriticism*, London: Methuen, 1987, p. 78.
② 参见赵毅衡：《新批评文集》，北京：中国社会科学出版社，2001年，第64页。
③ W. J. T. Mitchell, (ed.) *The Politics of Interpretation*, Chicago: Univ. of Chicago Press, 1983.

解释标准问题,直接引出谁才有资格拥有解释标准?什么样的读者的解释才是有效的?这问题引出的争议更多。很多人认为"感受式批评"肯定会导致相对主义的无政府状态。为此,必须找到一个理想的解释者人格,实际读者至少应当尽量靠拢这个位置,因为这是解释大致应当遵循的标准。但什么是理想的解释者人格?讨论复杂意义问题的燕卜逊不得不首先解决这个问题,不然他的讨论就完全失据,他称之为"具有正当能力的读者"[1],后来又称之为"合适读者"[2];瑞恰慈称之为"合格的读者"(right kind of reader);吉布森称之为"拟构读者"(mock reader)[3],艾柯称之为"模范读者"(model reader)[4],布鲁克-罗斯称之为"被编码的读者"(encoded reader)[5],里法台尔称之为"超级读者"(super-reader)[6],而罗伊·哈维·皮尔斯说得比较复杂,称之为"受过合适训练的读者"(properly-instructed reader)[7]。

批评家们都明白,文本需要一个读者作为接收者,没有接受的表意过程是不可能的,只有阅读才能让意义落实。但读者是由无数个人构成的,读者的分化造成意义散乱,解释就不可能有标准。到底谁有资格做这样一个"标准读者"呢?以上批评家提出的各种方案,实际上是说遵循某种程序的读者才可能做出"正确的解释",其他人的读法只是个人的读法而已。这个想法是对读者提出限制性资格要求,肯尼斯·伯克不同意,提出"正常读者"(normal reader)概念。他解释说:"除了歇斯底里的读者,或古董鉴赏家式的读者,所有的读者都是正常合适的读者。"[8] 对此,主张文化贵族主义的阿伦·退特不同意,他认为这种看法是假定所有的人在解释上都有相同的能力,是把民主观念误用到了批评理论上[9]。

---

[1] William Empson, *Seven Types of Ambiguity*, London: Chatto Windus, 1949, p. 248.

[2] William Empson, "The Verbal Analysis", *Kenyon Review*, December 1950, p. 375.

[3] Walker Gibson, Authors, Speakers, Readers, and Mock Readers, College English, Vol. 11, No. 5, February 1950, pp. 265—269.

[4] Umberto Eco, The Role of the Reader: Exploration in the Semiotics of the Text, Bloomington: Indiana Univ. Press, 1884, p. 11.

[5] Christine Brooke-Rose, *A Rhetoric of Unreal: Studies in Narrative and Structure, Especially of Fantastic*, Cambridge Univ. Press, 1981, p. 105.

[6] Michael Riffaterre, "Interview, Michael Riffaterre", *Diacritics*, 1981, Vol. 11, No. 4, Winter 1981, pp. 12—16.

[7] Roy Harvey Pearce, *Historicism Once More, Problems and Occasions for the American Scholar*, Princeton: Princeton Univ. Press, 1968, vii.

[8] Kenneth Burke, *Counter Statement*, Berkeley: Univ. of California Press, 1968, p. 228.

[9] Allan Tate, *The Man of Letters in the Modern World: Selected Essays*, 1928—1955, New York: Meridian Books, 1955, p. 167.

这样的讨论长期没有结果，因为究竟什么是解释标准的问题，依然没有得到解决。但我们也应当看到，批评理论家们逐渐接近了一个观念，即解释的标准是我们文化的一部分，是文化训练所造成的一种集体性的能力。也许关于解释与社群关系最系统的论证，应当是符号学的奠基人皮尔斯的"探究社群"（Inquiry Community）理论。

2. 皮尔斯"探究社群"理论

皮尔斯多次讨论"探究社群"，但他的笔记绝大部分生前没有发表，至今日，他的论著已经有多种集合，但要系统地理清他对某个问题的论辩，散乱的笔记看来依然很不方便，例如他提出的"探究社群"这个问题也就始终没有引起理论界的足够重视。如果得到足够的注意，20世纪80年代出现的解释社群理论，也不至于绕那么多弯路。美国批评家斯坦利·费许（Stanley Fish）的"解释社群"观念实际上是从"读者反应论"演化出来的，并不是继承皮尔斯。读者反映论是德国"接受美学"的演化，而接受美学的学术系谱则来自伽达默尔的阐释学和海德格尔的存在主义，他们的理论又可以追溯到胡塞尔后期现象学提出的"共同主体性"。因此这是哲学符号学与现象学两条学术谱系的汇合。毕竟，无论是逻辑哲学，还是文艺学，解释标准问题是任何意义问题讨论中必不可少的关键。本书重新整理并对比这两种观点，可能是有益的。

我们相信我们的肉身连同意识一道消失之后，后人的文化社群会依然继承我们的意义世界，并加以发展。这就是为什么作为意义理论基础的哲学符号学，考察人的主体的意义能力如何成为意义活动的基础。但意义理论绝不可能是唯我论的，它是一种以主体为核心的理论，却力图在主体与世界的关联之中，寻找对社群意识有效的客观性。这就是我们研究意义问题的基础：我们虽然不可能完全了解他人之心，但是人类的生存经验告诉我们，必须以人类共同的意义方式来讨论个人的意义方式，这样才能反过来保证，我们用个人的意义方式来观察人类的意义方式是行得通的做法。一个有意义的世界，就是我们"用第一人称方式生活"（living first-personally）的世界。

沃格林有一段击中要害的论述："人类社会并不像自然现象，仅仅是有待观察者研究的一种外部事实或事件，它是被人们通过浓缩与差异程度不一的符号体系（symbolism），通过仪式、神话、理论来具体说明的……社会通过符号进行自我说明，这是社会实在的一个不可缺少的组成部分，而且人们甚至可以说，是它的根本组成部分，因为通过这样的符号化，一个社会的成员就不再把它仅当作偶然事件或灵机应变的处置，而把它当作有关人性本质……人由于参与一个超越他的特殊实存的整体，才完全成为人。"①

我们必须依靠其他人，某种解释才得以传承。很多人认为皮尔斯讨论的只是持同样观点的一些哲学家和文化精英，因此他们把皮尔斯的"探究社群"译为"探究共同体"。前文已经说过"共同体"这个中文翻译太政治化，而"探究共同体"听起来似乎是一个学术团。事实上皮尔斯的"社群"（community）观念是社会学的观念，远比这种理解宽阔开放："我只知道有唯一一种方法可以解决这种困难……逻辑性必须拥抱整个社群。同样，这种社群也不可以是有限的，它必须延伸至人类的所有种族，我们与他们形成了直接或间接的心智关系……对我来说，那种不能牺牲自己的灵魂去拯救整个世界的人，其所有的推论从集体角度来说都是不合逻辑的。"由此，他得出一个值得深思的结论："逻辑扎根于社会原则之中。"②

不仅探究社群延伸到"人类的所有种族"，甚至在皮尔斯的理解中，探究社群是跨越时间、跨越代沟，在历史上绵延的。这与皮尔斯关于符号意义的"无限衍义"观念一致：任何符号的意义只有用另一个符号才能解释，而这个符号又需要另一个符号来解释，由此，在任何解释中，符号的链条延展到无穷③。符号只有在社会性的累加与衍生中，才真正成为活生生的意义活动。个人的解释实践，由于无知，由于懒惰，由于自满，由于死亡，必定会停止在一个特定解释上，而一旦由探究社群进行解释活动，符号意义的延续和演化在空间上、时间上都没有停息的可能，只有世代延续的社群才能保证无限衍义。

3. 费什"解释社群"理论

关于社群与"他人"，关于理解真知的对话性，在 20 世纪各种理论中渐渐汇合成共识。胡塞尔的"交互主体论"（comsubjectivity），杜威的工具主义"符号

---

① Eric Voegelin, *The New Science of Politics: An Introduction*, Chinago: Univ. of Chicago Press, 1987, p. 27.

② Charles Sanders Peirce, "The Doctrine of Chances, Popular Science Monthly", 12: 604—615. 见 C. S. 皮尔斯：《皮尔斯：论符号》，赵星植译，成都：四川大学出版社，2014 年，第 123 页。

③ James Jakob Liszka, "Some Reflections on Peirce's Semiotics",《符号与传媒》，2014 年第 9 辑，第 27 页。

效力社群"观①,米德的"符号互动论"(symbolic interactionism)②,巴赫金的文本与文化的"对话性"(dialogicality)理论,列维纳斯的"他人性"(alterity)理论,泰勒的社群主义(communitarianism),罗蒂的"团结"(solitarity)说,哈贝马斯的"真理共识"(consensus on truth)理论,还有胡适的"大我"说③等等,虽然以上思想家,有的是现象学与存在主义体系的,有的秉持英美思想界分析哲学的传统,但殊途同归,都走向以社群为中心的意义理论。

本节上面提到的芝加哥大学的文学理论研讨会,引来了各种学派学者的重视和认真辩论:不管哪个学派,都无法回避解释标准问题。意义解释的社会化,渐渐成为一种学界共识。卡勒则把这种人格抽象为"文学能力"(literary competence),这观念来自乔姆斯基的结构语言学,实际上卡勒是在呼应巴尔特的观点:只有具有文学能力的读者,才能把文本的意义加以实现。他强调:在阅读之前头脑中就存在着一套内在于每一个人的规则体系,"一套约定俗成的程式"④。但是,究竟谁具有这种文学能力呢?这个鬼影般的"理想读者",如何变成一种能力的代表?文化学家霍尔(Stuart Hall)提出的"概念地图"(conceptual map)观念也与之相近。霍尔认为,我们每个人可能是用一种独有的方式理解和解释世界,我们能够互相交往,是因为我们共享很大程度上相同的概念地图,并用差不多相像的方式理解和解释世界。因此他认为,"文化"应当被理解为"共享的意义或共享的概念地图"。

在这样的"解释问题社会化"的大背景下,费什提出"解释社群"理论,看起来并非横空出世,孤标一格。他提出一种可以认定具体读者群体的方式,而不再满足于设立一个抽象的理想人格。用这种方式来解决这个一直纠缠不休的解释标准问题,应当说是在这个似乎无解的问题上迈出了切实的一步。

社群的读法,何以能成为解释的标准?因为建立社群这范畴本身,就需要找到排他的共同点。标准排他已经成为一个社群内无需争论的自然而然的习

---

① 杜威:"只有存在着活动的符号,以及活动之结果的符号时……欲望与目的暗含了一种共同(或相互)理解的意义并且呈现了一种新的关系,由此它们可以把一个共同的活动转换为一种利益与效力的社群。"George Dykhuizen, *The Life and Mind of John Dewey*, Carbondale: Southern Illinois Univ. Press, 1973, p. 635.

② Herbert Mead, "The Self and Society" in *Mind, Self, and Society*. (ed.) Charles W. Morris, Chicago: Univ. of Chicago Press, 1934.

③ 赵毅衡:《回到皮尔斯》,《符号与传媒》,2014年第9辑,第5页。

④ Jonathan Culler, *Structuralist Poetics: Structuralism, Linguistics and the Study of Literature*, Ithaca: Cornell, 1975, p. 114.

惯，只有社群能做到这一点："确保一致的方法是使不一致变得不合拍……解释社群的概念本身解释了自身：同一社群的成员必须一致，因为他们的眼光（以及他们的行事）与这个社群心目中的目的与目标相一致，在社群眼光中，某种看法应当是明显的，不可避免的，简直不可能是另样的。"① 而解释的标准，"实际上是社群的观点之延伸"②。这样一来，个人的读法，也就成了社群观点立场的一部分。

解释社群理论固然是一个比较行得通的方法，但它并不是一个超越质疑可能的理论，这样一个观念必然会遇到很多问题。

首先，探究社群的边界在哪里？这个社群必须排拒什么样的人？这个社群的人如何互相协商才能保持解释标准稳定？费什的论证方式是反过来的："不是一群个人共享某种观点，而是某种观点或组织经验的方式共享了一批人……因此这些社群的成员不再是个人，而是因为他们参与了社群的事业，他们的意识是社群财产。"③ 因此，解释社群的稳定性，并不来自某种预定的协议，也不来自某种对权威的钦佩，不在于某种文本本身要求的解释法，也不在于文本发出者的意向性压力，而是相反，这个过程是逆向进行的：不是解释社群选择成员，而是成员选择某种解释，你就是选择加入了某个解释社群，解释社群就是采取这种读法的读者自然的集合。

下一步的难点，就是解释社群的边界如何确定，费什说："稳定性在于解释社群本身的组成。"④ 你属于这个解释社群，就是你使用这种解释方式的结果。"当你看书时，把一本书打开，把面前书页上的文字加以组织，这时一种历史的、特定的阐释就会加入你的理解，这不是说你要把自己看成是'正式'进入这个团体，而是你已经和这个团体融为一体。"⑤ 你采用这种解释方式，你就属于这个解释社群，正如费什自己的书名所强调的，"做自然而然的事"（Doing What Comes Naturally）。但就意义的社会性、实效性而言，这的确是

---

① Stanley Fish, *Is There a Text in the Class? The Authority of Interpretive Community*, Cambridge, Mass: Harvard Univ. Press, 1980, p. 15.

② Stanley Fish, *Is There a Text in the Class? The Authority of Interpretive Community*, Cambridge, Mass: Harvard Univ. Press, 1980, p. 16.

③ Stanley Fish, *Doing What Comes Naturally: Change, Rhetoric, and the Practice of Theory in Literary and Legal Studies*, Chapel Hill: Duke Univ. Press, 1999, p. 141.

④ Stanley Fish, *Is There a Text in the Class? The Authority of Interpretive Community*, Cambridge, Mass: Harvard Univ. Press, 1980, p. 15.

⑤ 斯坦利·费什：《读者反应批评：理论与实践》，文楚安译，北京：中国社会科学出版社，1998年，第6页。

一种言之成理的方式。费什的"解释社群"方案，遥遥呼应皮尔斯的"探究社群"方案，把意义的解释社会化、复数化。

解释社群理论逆转了"意义就在文本之中"的立场，而这种立场在文论界绵延大半个世纪，从新批评到接受美学做了多种不同的辩护方式。新批评的"文本本体论"与接受美学的"召唤结构论"表面上非常不同，实际上都把文本作为解释的最后归结。费什坚持反对文本中心立场，他说：从表面看，文本一行字、一页书的确存在，可触可摸，往往给读者一种客观性的感觉，费什认为这种"文本客观性"是一种"幻觉"，而且是一种"危险的幻觉"[①]，一种拜物教神秘主义，认为符号文本可以比创作和阅读更好地支撑意义。实际上，一首诗之所以是一首诗，是因为文化的程式迫使我们用诗的方式解读这个文本，文本本身的作用，只是配合地"酬劳"这种读法。有的文本能"酬劳"几种读法，例如《庄子》可以读成哲学，也可以读成文学，因此，连最基本的体裁属性本质都并不在文本里，而在文化的读法规范里。

一般文论史把美国的读者反应理论看成德国接受美学之流亚，但费什的解释社群说与接受美学很不相同：接受美学把文本作为一种"召唤结构"，把读者看作文本期盼中的"隐含读者"，文本是主，读者是客。费什与接受美学的代表人物伊瑟尔有过一场很形象的论争。伊瑟尔将文本与读者的关系比作人们仰观星空画出的星座："两个人仰望夜空，看的可能是同一个星座，但一个人看见的是犁，另一个则看成是一个铲斗。文学文本中的'星星'是固定的，连接它们的线是变化不定的。"[②] 在伊瑟尔看来，文本就像星星一般恒定，读者的星座拟想则是在这个基础上次生的。费什针锋相对，强调接收者提供了一切意义："文学文本中的星星是不固定的，与连接它们的线一样，都是变化不定的。"[③] 他的意思是：没有解释，就没有任何星座可言。费什不同于其他接受美学与读者反应理论家的地方，在于强调文本在意义上并不"真实"，读者生成文本，供其分析和鉴赏；文本并非意义的载体，意义是读者在阅读过程中获得的。

4. 解释社群论引发的争论

然而，人们依然会问：为什么其他人的解释都是个人的解释，或小众的解

[①] 斯坦利·费什：《读者反应批评：理论与实践》，文楚安译，北京：中国社会科学出版社，1998年，第158页。

[②] Wolfgang Iser, *The Implied Reader: Patterns of Communication in Prose Fiction from Bunyan to Beckett*, NewYork: Columbia Univ. Press, 1974, p. 282.

[③] Stanley Fish, "WhyNo-One'sAfraidofWolfgangIser", Diacritics, 1981 (11), p. 7.

释，标新立异的解释，只因为你们人多势众，你们的方式成为解释的标准？难道这不是一种解释标准的马尔萨斯定律？

为什么持独立观念的个人不能坚持说自己的看法有道理？为什么他必须承认阐释社群同意的观点是标准，为什么费什敢说"进行解释的'你'，不是一个独立的个体，而是一个公共的'你'"？[①] 说此论是在强制"从众"，费什的理论一直受到严厉的批评与反驳。许多人认为，费什的理论实际上取消了文学批评，甚至取消了"读者反应论"批评，代之以职业规范、政治和体制权力。"阅读这种高度敏感的工作被平庸化了"，因为"只是对某种权威预定的保守主义的屈从"[②]。费什这个观点意味着"阐释者被免去了为文本的效劳，只不过成了意识形态团体谦卑的仆人"[③]。因为它"再次导致了文学的社会化，生成的意义只是为了符合一种特定的意识形态的解释而已"[④]。费什的解释社群理论之所以遭到西方学界的大声谴责，就是因为它把好不容易被后结构主义与解构主义打开的文本重新关上，用"社会学"的读法，也就是用"俗见"，来代替开放的流动的多样化的读法。如果只是从解释本身来说，解释社群理论实际上把文本的开放性，把解释的多样性给封死了。

而费什辩解说：每一个解释方式，只是对解释社群各自的读者才是确信无疑的，所以，对一个文本的不同解释，也可以让不同的解释社群竞争。如果情况真是如此，我们会赫然见到一种文化中，同时有几个甚至十几个"解释社群"在争夺解释标准的正统性。费什自己举出的例子，是威廉·布莱克的著名短诗《老虎》(*The Tyger*)。究竟"老虎"象征什么？他举出五位著名批评家完全不同的回答[⑤]。一首诗竟然在英美当代文化中有五个批评家代表的五个"解释社群"。费什如此的自我辩解，就又回归到相对主义，失去了解释社群提供意义标准的社会作用。实际上解释社群就应当是一个文化中占多数的人的读法，这点毋庸讳言。多数人的"正常读法"，就是符号学中所谓"非标出性"

[①] Stanley Fish, *Is There a Text in the Class? The Authority of Interpretive Community*, Cambridge, Mass: Harvard Univ. Press, 1980, p. 331.

[②] Elizabeth Freund, *The Return of the Reader: Reader-ResponseCriticism*, London: Methuen, 1987, p. 116.

[③] Robert Scholes, *Textual Power: Literary Theory and theTeaching of English*, New Haven: Yale Univ. Press, 1985, p. 150.

[④] H. G. Widdowson. *Practical Stylistics*. 上海：上海外语教育出版社，1999, p. 189.

[⑤] Stanley Fish, "What Is Stylistics and Why Are They Saying Such Terrible Things about It?", Boundary 2, Vol. 8, No. 2, Autumn 1979, pp. 132−135.

的读法，其他各种不同的读法，是少数人的甚至个别人的"标出性"读法①。

我们可以举某些经典文学作品为例。鲁迅关于"红学"的那段名言："单是命意，就因读者的眼光而有种种：经学家看见《易》，道学家看见淫，才子看见缠绵，革命家看见排满，流言家看见宫闱秘事。"鲁迅指出了五种人的读法，可以说是五种"共同体"。但显然没有一种是提供了"解释标准"的"解释社群"，至多只是五批人。这点很容易理解：拍一部《红楼梦》的改编剧，尤其电视剧这种必须适合大众"读法"的体裁，不得不尊重社群大致上一致的读法。很容易发现，鲁迅说的五种"命意"都不能作为解释标准贯穿全剧。2010年放映的李少红导演的《红楼梦》电视剧，镜头中林黛玉的死亡是"裸死"，引起全国观众愤怒抗议，因为"超越了中国观众的审美底线"②。此种事件，证明本书讨论的问题实际上极其具体，绝对不是一个抽象的纯学术问题。

用这个办法来测试《水浒传》或《三国演义》，道理一样。鲁迅认为《三国演义》"欲显刘备之长厚而似伪，状诸葛之多智而近妖"；金圣叹发现《水浒传》叙述不可靠："盖作者只是痛恨宋江奸诈，故处处紧接出一段李逵朴诚来，做个形击。其意思自在显宋江之恶。"这些仁智各见的读法，使我们大开眼界，但都是具有标出性的读法，并不是中国社会多数人的读法。测验方法很简单：不可能用这种读法来拍一部《水浒传》或《三国演义》的电视剧，或是到中学课堂上讲课。

应当强调说明的是，观察整个文化，情况就会完全不同。文学艺术鼓励独创性，读者以自有心得为精神满足。但我们的整个文化都是由表意符号活动构成的，需要我们对事实做出解释的不完全是文学艺术，大部分是实用意义的符号文本。皮尔斯等人讨论符号学，很少用文学艺术为例。符号学为整个人类文化寻找规律，实际上着眼于哲学、语言学、逻辑学，而不是艺术③。虽然费什认为自己的理论是一种文学理论，实际上更适合文学艺术之外的大部分社会表意活动的解读方式。

一旦我们的视野扩充到整个文化，解释社群理论就非常有效了，例如费什本人后来把解释社群理论应用于法律解读④。可以看到广告的所谓"到达率"，

---

① "标出性"为任何对立的二项中比较少用的一项所具有的品质。参见赵毅衡：《符号学：原理与推演》，南京：南京大学出版社，2012年第2版，第284页。

② http://bay-hzrb.hangzhou.com.cn/system/2010/07/10/010785302.shtml，2015年6月22日查阅。

③ 张留华：《皮尔斯为何要把逻辑学拓展为符号学?》，《符号与传媒》，2014年第9辑，第32页。

④ Stanley Fish, *Doing What Comes Naturally: Change, Rhetoric and the Practice of Theory in Literary and Legal Studies*, Durham and London: Duke Univ Press, 1989.

就是领会广告营销意图的群体之大小，是整个广告活动的意义所在。面对广告，那些异样的个人化的读法，因各种原因漠不关心的"读法"，都落在广告文本的目标解释社群之外。此时解释社群的读法，就是广告的解释标准。对于人类文化中的极大多数意义文本（例如政策执行、法律判决、舆论表达甚至影视制作、旅游设计，城市规划等等），更需要解释比较稳定的文本，很难满足于开放文本和解释自由，这时候，"解释社群"作为意义标准更为可行。

解释社群理论的社会化倾向，对于标榜独创性的文学艺术文本的确有点不公平。法国先锋戏剧家阿尔多（Antonin Artaud）极不喜欢取悦观众的戏剧，他只是无可奈何地承认戏剧必须有观众："倒并不是怕用超越性的宇宙关怀使观众腻味得要死，而是用深刻思想来解释戏剧表演，与一般观众无关，观众根本不关心。但是他们必须在场，仅此一点与我们有关。"[1] 很多人觉得艺术家的这种反"媚俗"态度是应当允许的，甚至是应当鼓励的，偏偏费什坚持说"解释社群"理论是一种文学理论，引出很多人的不服。其实，"解释社群"理论，与皮尔斯当年的"探究社群"理论一样，应当是一种一般性的意义理论。

因此，当我们以"解释社群"说为解释标准检查整个文化的表意方式，比讨论小说诗歌有效得多。费什自因于文艺学，是自讨苦吃了。解释无标准，导致文本开放、无限衍义，固然是好事。但解释有标准，才能讨论文本结构，讨论表意过程诸特点。虽然"解释社群"理论铺就的远非一条平坦大道，虽然独辟蹊径者依然可以甚至避开这条"众人走出来的路"，它却是让我们走出解释标准丛林的唯一道路。

5. 动态的解释社群

另一个问题是：解释社群是永恒的吗？如果它会变化，那么又如何能称为解释"标准"？对这个关键问题，皮尔斯早就有所回应。他毫不含糊地说："现在并不存在任何理由，今后也找不到任何理由，让我们感到人类以及任何心智种类将会永远存在。同样，也不存在任何理由来反驳此点……幸运的是，事实上并没有任何东西可以阻碍我们拥有希望，或者拥有一种平静而快乐的愿望，即这种社群可能会超越某种确定时间的限制而一直持续存在下去。"[2]

皮尔斯的意思是说，探究社群的解释（"心智种类"）不可能永远维持下去。

---

[1] Antonin Artaud, *Theatre and Its Double*, New York: Grove, 1958, p. 93.
[2] Charles Sanders Peirce, *Collected Papers*, Cambridge Mass, Harvard Univ. Press, 1931-1958, Vol. 2. pp. 652-655.

这样我们就不得不记住：解释社群提供的意义标准是有条件有限度的。任何研究探索能追究的，只是费施所说的，一个社会文化中的"解释社群"在接收文本时大致遵从的规律①，而不是明确的条文。的确，我们不能否认我们的意义世界与前人有所不同，例如我们的意识面对的世界，有美洲、澳洲，古人没有；有经纬线，古人没有。我们的世界与中国古人的世界，只能说大致相同，是因为我们的文化社群部分继承自古人；但是我们的世界与古人必然相异，因为我们的文化社群的意义方式必定有变化。

而且，不是所有的读者、观众，都可以成为解释的典型主体。只有属于这个"解释社群"的成员，才有能力作此解释。社群成员的这种能力并不是天然的，部分可能来自"人性"（例如孟子说的"恻隐之心"），更大的部分来自社会文化修养，是长期受这个特定文化熏陶的产物。

属于解释社群的读法，虽然是非个人的，却并不是一成不变的。因此解释社群不得不随文化而变迁：标准在变，成员范围也在变。例如当今电影观众解读电影的能力，远非早期的电影界所能想象。而这种解读能力，反过来造成了电影文本方式的巨大变化：当今常用电影手法（例如"分裂屏幕"）放在 20 世纪上半期，观众很可能会完全看不懂。对这一点，我们很难想象，因为这些解读方式已经成为我们"自然而然"的读法。变化更为神速的可能是广告叙述。当今电视观众尚未成年已经观看过几十万条广告，对广告的各种叙述花样耳熟能详，处之泰然。我们嘲笑五十年前的广告笨拙可笑，证明我们的解读方式在变。

应当指出的是，解读能力随文化发展而"每况愈下"的局面，也不是少数。当今小说与诗歌的文本复杂性，普遍不如大半个世纪之前福克纳、乔伊斯、艾略特、庞德的时代，当今流行文学读者的浅平阅读习惯，使他们没有能力读懂当年"高度现代派"的小说。解读能力是文化培养的，我们没有理由相信人类文化会永远朝复杂化方向"进化"。瑞恰慈在近一个世纪之前尖锐指出："对艺术的反应能力……之退化，是真正的灾难。"② 今日读者欣赏对联、辞赋的能力，远不如一百五十年前的"读书人"；今日农村青年估农事、观苗情的能力，远不如父辈，恐怕都是正常的。

---

① Stanley Fish, *Is There a Text in This Class?*: *The Authority of Interpretive Communities*, Cambridge Mass: Harvard Univ. Press, 1980, p. 56.

② I. A. Richards, *Principles of Literary Criticism*, London: Routledge and Kegan Paul, 1924, p. 237.

第四节 文本内的"横向真知"

本节概要：

文本的真实性，必须到文本外的经验世界求得证实，但是读者也可以接受满足内部真知要求的文本，因为文本内部的各成分具有"横向真知"品格。本节试图将文本内真知分成两种，即狭义文本的内部真知，以及文本与伴随文本结合而成的"全文本"包含的真知。这两种真知，都是融贯原则的产物，即文本各成分逻辑上一致，或是与此叙述文本的"关联意义体系"一致。至于虚构叙述文本，由于其区隔界限也是一种虚构，其横向真知可以溢出文本之外。

1. 文本内融贯性："横向真实"

上一节已经讨论过，符号文本的接收者接受一个文本的底线原因，来自本书对意义的定义——意义是意识与事物世界的联系——本身，意识必然要求获得真知，不可能接受一个明知为非的意义。广义的真知，是传达的基础。接收者没有理由接受明知为假的符号文本，不然他没有理由留在传达过程中。哪怕他的感知（例如他坐在戏院里）不得不被动接受信息，他的意识可以完全听而不闻，或视而不见，对他而言，传达过程实际上已经中断，因为没有接受的意向性，接受就无法进行。

如果某接收者已经知道一个符号文本是谎言，他还继续接受，他必然相信这个谎言能揭示某种真知（例如说谎者的卑劣动机或偏见程度）。虚构文本的读者，动机也是寻找类似的真知（例如看作者编故事的本领）。

但是，许多文本，明知情节不可能为真实（例如系列电影《变形金刚》），观众却继续看下去，因为此时文本提供哪怕是与常识"事实"很不同的某种真知：在文本的假设世界中，汽车有情感、会说话、会变成人形，而且在文本中一直如此，开始如此，结束也如此。因此，"真知"可以来自两个方面，这就是本节要讨论的"文本内真知"，即不需要到文本外的世界去核实的"真知"。因此，真知可以来自与外部"事实"的相符，即上文说的"符合论"；也可以来自文本内的一致，这就是本节要说的"融贯论"（Coherence Theory）。

"融贯论"认为，人判断真知的标准之一，是文本中各元素的逻辑上一致，各元素互相支持。作为一条"真理"标准，这显然是不够的。骗子发出的文本融贯度最高,所谓"修辞立其诚",不诚就更有必要好好修辞来"立诚"。但对于任何文本接收者来说,文本的融贯,"自圆其说"是首要的,这是认知的需要,是真知的底线。在同一文本区隔出来的意义环境里,各种符号元素("先行意谓")互相之间可以构成"横向真实"。这是任何文本内关联的先决条件。

文本内的逻辑融贯,正是逻辑学发展成一般意义上的符号学的根本原因,它们都是人类追求真理的"普遍工具",是"同一探究真理的动态过程"①。巴尔特指出:"单层次的调查找不到确实意义。"② 他的意思是说,同一文本中的元素互相构成"事实"关系,但只限于此层次区隔之内。海德格尔指出过二者的关系:"真实的东西,无论是真实的事情还是真实的命题,就是相符、一致的东西。在这里,真实和真理就意味着符合,而且是双重意义上的符合:一方面是事情与关于事情的先行意谓的符合;另一方面则是陈述的意思与事情的符合。"③ 所谓"双重符合"就是说:文本内各元素一致融贯,文本外与"事实"符合。

塞尔把文本内的"以言行事",称为各元素间的"横向依存"④,也就是说,在同一文本内部的各元素,由于它们的融贯性被解释为互相为真。在同一文本区隔中,符号再现并不仅仅是外部意义的符号再现,而是相互关联的文本元素,为互相证实的元素。本节讨论的"文本内真知",就是融贯性导致的文本各元素互相为真对意义理论的重大作用。

文本内真知最主要的保障,是本书第一章《意义的产生》详细讨论过的"区隔作为意义活动的前提"。在同一区隔中,文本可以被理解为一个相对独立的世界。此时文本外世界被暂时悬置了,再现并不呈现为再现,虚构也并不呈现为虚构,而是显现为这个文本世界中的事实,这是区隔的基本目的。也就是说,符号表意所陈述的事实,无论是否符合文本外世界事实,在同一文本各元素之间是真知。

可以问:贾宝玉为何能爱上林黛玉?这问题听起来像是一个圈套,实际是老实到极点。贾宝玉爱上林黛玉,自有他的千种道理、万般原因,那是红学家与耽读红楼的少男少女讨论的问题,回答或是才子佳人、郎才女貌,或是因缘

---

① 张留华:《皮尔斯为何要把逻辑学拓展为符号学》,《符号与传媒》,2014年第9辑,第45页。
② 巴尔特:《叙述结构分析导言》,赵毅衡:《符号学文学论文集》,天津:百花文艺出版社,2004年,第410页。
③ 海德格尔:《路标》,孙周兴译,北京:商务印书馆,2000年,第208页。
④ John R Searle, "The Logical Status of Fictional Discourse", *Expression and Meaning : Studies in the Theory of Speech Acts*, Cambridge: Cambridge Univ. Press, 1979, p. 59.

凑合，或是两人共享某种意识形态，共同敲响封建主义丧钟，或者干脆说爱情就是神秘得没有道理。这些命意或深或浅的回答，实际上都设立了一个前提假定：这两个人物共同存在于一个文本之中。这是在回答"他们为什么会相爱"之前，先要回答的前提。

对同一文本中的人物，文本中所有的意义活动、环境、事件、人物、都不是纸上存在而是实在的。对于我们读者来说，住在大观园中的林黛玉是虚构的，对于贾宝玉却必须是实在的。瓦尔许认为："叙述的作用，就在于让作品读起来像了解之事，而非想象之事；像事实报道，而非虚构叙述。"[①] 苏轼诗云："不识庐山真面目，只缘身在此山中。"处于同一个表意层次中的文本，是一个融贯的世界，其中的事物和人物，只有对同一世界的其他元素具有逻辑融贯性。对于贾宝玉来说，林黛玉应当是实在的，因为他们在同一文本中，在存在意义上融贯。而对于我们来说，他们只是一个隔着框架可讨论的文本存在，而我们文本外的人，只有"艳谈"的份：文本之隔，就是世界之隔。

难道只要在"同一个文本世界"爱情就有可能了吗？难道同一文本内没有时代之隔，地域之隔，因缘错过？难道不是林黛玉恰好寄养到贾府，才造就这一段轰轰烈烈的恋爱？难道许多偶然性，"无巧不成书"不是命运捉弄？这些是情节安排的问题，本节讨论的是情节安排何以可能，条件是文本内具有"横向真知"的依存。首先，人物要处于《金瓶梅》的同一文本世界中，潘金莲才会偶遇西门庆。

而一旦落到同一个文本中，秦琼战关公就不是"非历史主义"。悖论的是，两人能战一场，条件恰恰就是侯宝林先生的相声：既然合到一道说，这事情就有可能。魏明伦的舞台让潘金莲会见安娜·卡列尼娜；伍迪·艾伦的《午夜巴黎》让一个当代作家见到毕加索和艾略特。只要同在一个文本世界，柳梦梅痴爱画上的杜丽娘，能让她死后复活；董永爱上七仙女，能让仙女下凡。听起来是在强词夺理，实际上却取决于文本才具有的内在真知，隔了文本边界就不再真实，而只要接收这个文本区隔，就能接受这种局部融贯的真知。

文本内真知，与"符合论"的"外部真知"理论不相对应。符合论认为真知产生于文本与经验世界的对应相符，实际上更为常识所接受。因此我们对一个"真知文本"的要求总是双重的：文本内各元素要自圆其说，对文本外世界要"符合客观事实"。有论者认为："符合论提供真知的定义，融贯论提供真知

[①] Richard Walsh, "Who Is the Narrator?" *Poetics Today*, Vol. 18, No. 4, Winter 1997, p. 34.

的标准。"[1] 本书的看法是不能如此分工规定"定义"与"标准",只能说符合论提供文本外真知,融贯论提供文本内真知,一个提供真知的文本需要二者相加,缺一不可。

2. 文本与体裁融贯

所谓文本的内部融贯,还包括文本与自身体裁要求的融贯。艾柯认为:"文本不只是一个用以判断解释合法性的工具,而是解释在论证自己合法性的过程中逐渐建立起来的一个客体。"也就是说,文本是接收者为解释的合理性而建立起来的,要找到解释有效性,只能通过接收者与文本互动。这是一个解释循环:"被证明的东西成为证明的前提。"[2] 有解释,才能构成文本。要实现文本内真知,必须依赖读者对文本内因素融贯的读法。

文本与体裁接收方式互相融贯,说起来似乎十分抽象,实际上很具体,在我们接受任何文本时都在发生。普林斯曾经举过一个具体的例子说明这个问题:用读小说的方式读电话本,会发现"人物太多,情节太少";反过来,用读电话本的方式读小说,会觉得更不够格[3]。例如电视剧这种当代文本体裁,最容易让观众上瘾,而所谓上瘾,首先必须是"信以为真",就是信赖甚至依赖其文本内真知,而且对此种真知充满了好奇。电视剧的文本内真知,建筑在细节的丰富性之上,几乎"与真实生活一样丰富"的细节,融贯了文本的各个部分,使表现呈现为真知。实在事物的一大特点就是细节的无限丰富,压缩于有限区隔(像素、篇幅、时段等)之中的符号文本,不可能穷尽任何事物的细节量。但是在文本范围内提供的细节如果很丰富,一旦接受者进入这个文本,那么就能产生已然融贯的幻觉,所谓"现实主义"和"自然主义"的文学艺术,给人强烈的真实感,就是这个原因。

处在任何一个再现框架区隔中的人物,不可能感知区隔内的世界是媒介化的符号,除非他进入元叙述的"犯框"情节[4]。区隔的定义,就是隔绝文本世界与文本外世界。文本世界中的人不可能自觉到自己是被媒介化的,他们存在于一个被区隔出来的世界中。因此,这个世界能给他们提供存在所需的融贯条件。

---

[1] 李主斌:《符合论 VS 融贯论》,《自然辩证法研究》,2011年第9期,第15~20页。
[2] 艾柯:《诠释与过度诠释》,王宇根译,北京:生活·读书·新知三联书店,1997年,第78页。
[3] Gerald Prince, "Narratology, Narrative, Meaning", *Poetics Today*, Fall 1991, p.543.
[4] 关于"元叙述"与各种"犯框"情节,请参见赵毅衡:《广义叙述学》,成都:四川大学出版社,2014年,第211页。

既然真知可以横向地存在于文本内部，就不可避免会牵涉如何划定文本边界的问题。这问题看来似乎简单，实际上并不清楚。正如本节上面讨论的，文本实际上是解释的结果。接收者在解释文本时，不得不涉及大量"文本之外"的元素，例如标题、作者名、文本体裁等重大问题。

任何符号文本都携带了许多社会文化联系，这些联系积极参与文本意义的解读。本书第二章已经讨论过"全文本"，即狭义的文本，与进入解释中的各种伴随文本的结合体，文本由此变成一个浸透社会文化因素的复合解释对象。

1983 年根据同名言情小说改编的澳大利亚电视剧《荆棘鸟》(*The Thorn Bird*)，故事情节从 1912 年延伸到 1969 年，讲了一对情人一生起伏坎坷的情史。男的是牧师，为了做主教，放弃爱情。到了白头之时，才明白爱情的真谛，两人才如愿以偿地团圆。年代愈久，愈证明情爱无价，有情人难成眷属。只是成眷属太晚，也令人唏嘘。这颗重磅言情催泪弹效果极佳，半个多世纪的爱恨情仇，延续成一部动人心弦的凄美浪漫巨著，在全世界收视率居高不下，1983 年获得 6 项艾美奖。16 年后，1996 年，澳大利亚想拍"续集"，但是剧终两人已老，故事何以为续？只能找到情节中一段空档，原电视剧没有说 1941—1945 年第二次世界大战期间发生的事。于是一部新编电视剧《荆棘鸟：失去的年代》(The Thorn Bird：*The Missing Years*) 问世。可惜这时候原演员班子已经无法寻找，只能另找演员。如果接着拍的是后续（sequel），可以说岁月无情，年龄改变了相貌，年代既然夹在中间，要换演员，就必须让观众忘记相貌。而人物的相貌，是影视的主要叙述元素，这部"中续"（midquel）就落入尴尬境地：既要让观众想起原作（他们才会来看），又要让他们忘记原作（他们才能看得下去）。

电影是视觉艺术，视觉上的变动必须在观众能忍受的范围之内。据说电视剧《西游记》拍摄期过长，唐僧不得不换人。一般观众对唐僧的相貌没有妖怪们那样敏感，许多电影对相貌的异常提出可以解释的理由，如《化身博士》发明奇药，或《巴顿奇事》年龄倒长，或是各种续集能让观众视为单独文本，如 007 或福尔摩斯系列电影频繁更换男主角，不会破坏"同一文本内融贯"的原则，甚至所谓"穿帮"的局部不融贯，也能被欣赏此剧的观众忘却。而《荆棘鸟》这种男女一生情爱戏，"中续"相貌变化过大，观众就无法忍受。这部电视剧没能重拾当年的风采。

文本内真知不仅产生于狭义的文本之中，不只因为文本内部各因素（例如一部电影情节的前后对应），也在于文本与必须进入解释的伴随文本因素之间的呼应和融贯性。《荆棘鸟：失去的年代》忽视了全文本内的贯通真实性，破坏了文本内真知这个观众接受条件。

3. 文本间的"横向真知"

我们可以看到,伴随文本与全文本,实际上是文本间性的具体化。读者的获义意向性,就是在文本间寻找一个"证实条件"(conditions of authentication)[1],而不一定要符合客观经验真理。能让社群接收者愿意接受的"文本间真知",可以有以下几种。

筹划真知:相信此文本能告诉我们某种筹划,可以由实例化给予补足(例如一张设计图纸,其真知来自其成形可能);文本间真知:相信此文本能与过去确认的文本声称的真知情况互相印证(例如写作历史时,找到新的材料);心理真知:相信此文本能揭示发送者的某种真实情况(例如听明知的谎言,看发送者的心理状况);文本形式真知:相信从此文本可以看出某种形式技巧的真知(例如从某种布料看纺织工艺)。

这四种"文本内间接真知"虽然求证的过程延伸到狭义的文本之外,但是它们与"符合论"要求的经验世界对应性很不同。它们的逻辑基础,都是"与某种更大的范畴相融贯",只是这"更大范畴"的真知,处于接受与解释潜在的背景之中,不一定要在本次意义活动中证明。"证据仅仅是一种真知关联度的符号,而不等于事实本身。"[2] 例如上述第一种(筹划真知)显然与经验世界的真知暂时无关,而是靠这种对应可能性来判断文本内真知;上述第二种(文本间真知)与一个文化中累积的其他文本的地位相关;第三种(心理真知)与想要了解的心理状态的真知相关;第四种(文本形式真知),与意义构造方式的各种形式相关。

接收者可以在文本内,在文本间,找到同一文本的区隔框架。文本要取得融贯性,就必须为卷入的意义活动设立一个边框,在边框之内的符号元素,构成一个具有合一性的整体,从而自成一个世界,而边框外的各种符号及其意义就被暂时悬搁。有了这个条件,真知才能够在这个文本边框内立足,融贯性才能在这个有限的范围中起作用[3]。

---

[1] Claudia Ferman, "Textual Truth, Historical Truth, and Media Truth", *The Rogobetta Menchu Controversy*, (ed.) Arturo Arias, Minneapolis: Univ of Minnesota Press, 2001, p. 156.

[2] 孟华:《真实关联度、证据间性与意指定律:谈证据符号学的三个基本概念》,《符号与传媒》,2011年第2辑,第43页。

[3] Robert Stern, "Coherence as a Test for Truth", *Philosophy and Phenomenological Research*, September Issue, 2004.

大卫·林奇导演的电影《内陆帝国》(Inland Empire)，对这种"文本内真实"提出了一个恐怖的反向证明：女主人公说了一段有点装模作样的话，"吃吃"笑起来说："天呐，真像我们剧本里的台词。"此时响起导演的声音"停！怎么回事？"演员的笑破了戏，是 NG 镜头，落到了叙述文本的框架之外，应当重拍。但是女人四顾，一切依旧，电影继续，周围是"现实的"房间，没有摄影班子。她吓坏了，站起来慌忙奔跑。她的"破框"没有成功，反而肯定了区隔内强有力的真知：既然落在区隔之内出不来，就不是虚构世界，而是一个实在世界。这是一个超级恐怖的怪异场面，它从反面肯定了"文本的横向真实"不得不局限于文本的区隔之内。

4. 虚构叙述文本：真知溢出

本节以上的讨论暂时悬搁了虚构文体的特殊性，对虚构与纪实进行同样的处理，而要谈真知问题就不得不处理"明知为非而说实"的虚构。应当说明的是，虚构不一定是艺术的专利：有些纪实性文本（例如纪录片、名家日记、写生画）是艺术，但并非虚构。讨论虚构之"真知"，必须悬搁与文本外世界的关系，只讨论文本内融贯（包括与体裁的融贯）。

正因为文本内横向真实，虚构世界中的人物并不认为自己是被虚构出来的，对于被叙述世界的人物来说，文本的横向真实具有足够的真知性。用奥斯汀"以言行事"的著名例子，宣布 A 与 B 结婚，这个婚姻就延续到离婚或死亡为止，这是在经验现实中的言语；在一度再现文本中（例如在警察报告中），因为再现文本直接指称经验现实，宣布 A 与 B 结婚，这个婚姻有效到宣布离婚或报告死亡为止，或证明原结婚文本无效为止；而在二度虚构文本中（例如在一部小说中），宣布 A 与 B 结婚，这个婚姻不仅延伸到戏中离婚、死亡为止，也不仅到落幕为止。哪怕叙述结束，文本的"语义场真知"并未终结：小说中说 A 与 B "幸福地白头百年"，那么戏结束也无法终止这场幸福。虚构的人物不会自然死亡，所以，用虚构叙述来证明爱情天长地久，或神性英雄不死，是最有效的。

奥曼关于虚构的著名定义："言语行为被剥夺了以言行事的力量，就造成虚构"，是正确的，也是非常错误的。在电影中宣布男女主角结婚，他们的婚姻在戏外并不成立，"以言行事"的力量被剥夺了；但是在文本内，在电影中，这种以言行事的能力不仅没有消失，反而得到加强。电影文本结束，电影的语义场并没有结束，因此"他们此后永远幸福"，就是一种无法打断的幸福。

自然，这种"横向真知"很容易受到怀疑者挑战，而首先怀疑的是区隔的有效性。巴尔特对 20 世纪 60 年代电影中已经开始出现的"片头直接进入故事"的现象非常反感。影片开头就进入虚构叙述,是把开场一度区隔模糊化,直接进入二度虚构叙述,巴尔特认为这种做法是"我的社会尽最大努力消除叙述场面的编码,用数不清的方式使叙述显得自然"[①]。而布莱希特等实验戏剧专家,则不断点破戏剧的虚构区隔,用以向观众提醒"资产阶级艺术的欺骗性"。西方戏剧学家体会到在演员与角色中有一个区隔。布莱希特说:"(保持间离效果)这种困难,在中国艺术家身上并不存在,因为他们否定这种进入角色的想法,而只限于'引证'他扮演的角色。"[②] 这就是布莱希特"间离效果"理论的"中国灵感"。这是一个绝对敏感的观察,所谓"引证"即演出虚构叙述的二度性。下文会说到,在二度区隔切除的世界,会给接收者强烈的"似真性",以及由此携带的伦理道德的有效性,因为观众被诱导悬置区隔。

而虚构文本让读者的心理产生"浸没",此时起决定作用的是感情上的投入,而这种感情投入,又来自读者认同虚构作品最下工夫处理的"道德感情"与"审美感情"。情感的强大力量,可能会擦抹掉虚构文本的区隔框架,建立起解释者所需要的文本内真知。一旦感情投入起作用,读者会觉得自己生活在真实的经验之中,感同身受,任何明显的区隔标记(例如封面标明是"小说"),任何风格形态的差异标记(例如人物视角的个人化叙述),甚至任何情节的怪诞(例如《冰河世纪》中野兽的爱情故事)、完全不现实的媒介(例如动画的平面,或造型夸张的模型),只要能"感动"接收者(也就是接收者看到某种真知),这些区隔都能被擦抹掉。

尼采说:"我们始终认为一个正常的人,不管是何种人,必定认为他所面对的是一件艺术品,而不是一个经验事实。"[③] 可是,如今我们天天见到的人,"不管是何种人",经常把虚构再现当作经验事实。看来一个半世纪以后的当代人,在面对虚构文本时,感情上反而更天真了,也或许是另一个原因在起作用:今日媒介表现手段(例如电影的逼真性)更为老练,更容易让人接受文本内融贯引发的真知。

---

① 巴尔特:《叙述结构分析导言》,赵毅衡:《符号学文学论文集》,天津:百花文艺出版社,2004 年,第 432 页。

② Bertold Brecht, "Alienation Effects in Chinese Acting", Brecht on Theatre, the Development of an Aesthetics, London: Methuen, 1964, p. 94.

③ 尼采:《悲剧的诞生》,周国平译,北京:生活·读书·新知三联书店,1986 年,第 26 页。

第六章 符号与文化

第一节 元符号

本节提要：

元符号，从字面上说很简单，是"关于符号的符号"。正因为简单，反而边界不清，使人困惑。本节仔细梳理了一些最基本的元符号范畴：从狭义上说，可以有比喻、原型、设计等各种式样；从广义上说，可以包括所有的解释、模仿、引用。本节在此基础上提出符号升级形成"元符号性"，当再现成为链接式的"再再现"，元符号性渐渐擦抹掉原初意义，形成一个不断升级的过程。这过程在人类文化中不断加速，当代文化正在经历一场"元符号性革命"。由此，我们可以重新定义，人是"元符号性动物"。

1. 元符号的定义

事物的观相，如果尚没有被理解为携带意义的感知，它们只是"呈现"（presentation），一旦被意识摄取，就成为媒介化的"再现"（representation）。再现不只是摄影、绘画等再现，而是任何符号表意，包括语言文字。再再现（re-representation），就是符号再现文本，被另一个符号文本再次表现出来。再现是形式直观的初始获义活动的结果，无论直观的对象是事物还是文本（本书第一章讨论了：此二者在形式直观中不一定能区分）。而再再现的对象不可能是事物，只有再现符号文本能够被再再现。再再现并不局限于二次再现，而是多层次再现的总称，因此有论者称之为"元再现"。

以上说的，听起来有点抽象，实际上人们在意义活动中随时在做。举个众所周知的例子：听到曹操说"前有梅林"的士兵，认为他们听到的是一个"再现"，对于前面事物的言语再现，他们对这个再现的反应，也的确等同于感知到这个事物本身。而对于曹操，这是个再再现，是在再现他的某种预测，或某种计划，无论他的动机是欺骗，还是出于对地形的熟悉而说出的真知，他的话都是再再现（因为梅林并未呈现）。

"再现"这个术语经常被译为"表征"，显然不太合适，除了语义上容易被误解为"征兆""症候"，更因为哲学符号学卷入一套互相连贯的术语："呈现""共现""代现""再现""再再现"。

再再现使用的符号，就是"元符号"。元符号是替代下一级符号的符号，这下一级符号，可以是人面对事物世界（例如一个苹果）所得的初始意义符号，也可以是已经媒介化的符号文本（例如用"苹果"这个标题，苹果的图画）。当一个符号指称的不是一个事物而是另一个符号，它就是元符号。

"元-"（meta-）一般用于学科或概念名称上，意义清晰明白：元什么，意思就是"关于什么的什么"。因此，本节要讨论的"元符号"（meta-sign），就是"关于符号的符号"；"元符号学"（meta-semiotics）就是"关于符号学的符号学"。本论文还会涉及其他一些概念，如"元符号过程"（meta-semiosis）、"元记号"（meta-notation）、"元交流"（meta-communication）、"元文本"（meta-text），都可以作如此观。

"meta-"这个前缀，希腊文原是"在后"的意思。亚里士多德的文集，哲学卷放在物理卷之后，名为"Metaphysics"（物理之后卷）。哲学是对自然深层规律的思考，此后"meta-"就获得了全新的含义，指的是对世界规律的探讨。某些华人学者把"meta-"译为"后设"，极易令人产生误会。康德告诉我们，规律和范畴并不一定在现象之后出现。亚里斯多德的哲学，晚清时被译为"形而上学"，并非直译，却得其旨趣。中文的"元"是古词，极为简明而传神。董仲舒《春秋繁露》："元者为万物之本。"

1979年，人工智能科学家霍夫斯塔德（Douglas R. Hofstadter，中文名"侯世达"）迷人的科普著作《哥德尔、艾歇、巴赫：一条永恒的金带》（*Gödel, Escher, Bach: An Eternal Golden Braid*）获普利策奖书[①]。此书用美术和音乐为例证，把繁难的逻辑哲学讲得极为生动活泼，meta-成为大学生特别喜欢的概念。他们常说"让我们'元'一下"（Let's get meta.），意思是"跳出这个层次来看"。

---

① Douglas R. Hofstadter, *Gödel, Escher, Bach: An Eternal Golden Braid*, New York: Basic Books, 1979；简写本中译《GEB——一条永恒的金带》，乐秀成编译，成都：四川人民出版社，1983年。

但是，这个定义之简明，有时却给理论造成极大的困难。例如"元符号"，意思极为清楚："关于符号的符号"，反而造成困惑。过于宽泛，反而复杂无比，许多理论家因为元符号这个概念意义太宽泛而放弃深入讨论。而这种兼具简繁的品格，也使某些论说过快地走入捷径，以为可以一言打发解决这个哲学符号学的关键问题。

正因为此，符号学家迪利感叹道："提出'元符号过程'（metasemiosis）概念，有消极作用，让人以为人类可以在仅仅靠符号构成的，脱离实践的领域操作，实际上这连天使都做不到。"[1] 他的俏皮话意思是说：以为元符号可以脱离符号表意实践，自行运作，是不可能的幻想。但是本节结束时，将说明在许多情况下（例如仪式象征），元符号的作用恰恰就是擦抹符号表意的原初实践意义。而且这种似乎奇妙的符号魔术，不是天使的工作，而是我们每个人每天在做的事：它是我们作为人（在区别于动物的意义上）随时在做的事。仔细检查，我们使用的符号中，元符号数量之多，会让我们自己惊奇。

2. 比喻作为元符号

符号分级替代关系，是构成元符号的最基本样式。所有的比喻应当都是元符号，因为它让符号之间相比较，用一个异样的符号形象表达一个类似的符号意义。说某人"心如石头"，代替说此人冰冷、粗粝、无感情，这个比喻，把我们对石头的原初感知心像符号（mental image），与对此人性格的判断联系起来，构成一个元符号"石头人"。

说"鹊桥"或写"鹊桥"，都是元符号比喻，因为都指一折的民间故事文本。画一幅喜鹊合起来排成桥，或舞台上用鸟声与人体动作表演走上鹊桥，也是元符号比喻，它们是在演示替代成语"鹊桥相会"。绝大部分比喻不是意义的逻辑延伸，而是在原先符号的心像基础上，做跨层次的符号活动，产生变异，取得一个更加生动的再现，从而促成传播双方的意识接近[2]。如果这种"再再现"达到了抽象层次，那就出现所谓语言学家约翰森与莱科夫提出的"概念比喻"。概念比喻在符号学中更重要，因为概念比喻超越语言，可以在多种媒介中通用。约翰森与莱科夫举的一个例子是"怒火"，这个比喻可以用各种方式说，并不锁定于某个表现方式之中。例如可以说"我发火了""这话火

---

[1] John Deely, "The Full Vista of the Action of Signs: From Semiosis to Semioethics", *Chinese Semiotic Studies*, 2009.

[2] H Ghassemzadeh, "Some Reflections on Metaphoric Processing: A Move toward a Meta-Sign Formulation", *New Ideas in Psychology*, 1999, p. 89.

上加油""怒火未熄"①。这些例子用英文，用中文，都一样有效。还可以用姿势、图像、舞蹈、音乐等媒介来再再现"怒火"，街头抗议者甚至用纵火来表现"怒火"。

原型概念符号，经常可以在实际意义活动中找到，即我们称之为"整体风格"或"总主题"的图像概念。例如某个公园的布置可以尽量安排成"儿童乐园""西班牙风情"；某个时装展可以是以"先锋意识""知青怀旧""上海摩登"为主题；某个建筑区广场的设计可以是"蒙德利安""亨利摩尔""道家仙风""最简禅境"。这些都是用某种原型元符号覆盖各种符号，指导各环节设计的"元设计"。在人类的意义活动中，类似麻将的"百搭"，或扑克牌中的"小丑"（Joker），各种场合可用。同样任何数字也都是元符号，因为把物的关系全部抽象为数量，5个苹果与5座大山，其数字再现是相同的。

概念比喻中，最令人炫目的是综合一个民族文化的"原型"比喻。在古代，水灾与旱灾轮流肆虐，中间夹着偶然来到的风调雨顺。对于先民，它们是符号而不是大气物理现象，祸福交替似乎无法控制，就需要有一个统一解释，一种高层次的总体象征。荣格指出，印度教和佛教共有的曼陀罗（Mandala）概念是一种宏大的原型，宇宙回旋重生的象征体现了人类力求整体解释的精神努力。曼陀罗原型出现在建筑、家居、仪式等许多场合，荣格甚至说："发现曼陀罗作为自我的表现形式，是我取得的最终成就。"② 而中国以及东亚（尤其是韩国）对阴阳太极图的崇拜，以及此种图示在宇宙学、政治学、生理学的应用，说明太极图更是一种表达宇宙运行总体规律的元符号③。

或许这些元符号包容的面之广，通约的程度之高，都不如中国的《易经》。王夫之的界定听来过于宏大，实际上点出了原型元符号的本质："乃盈天下而皆象矣。诗之比兴，书之政事，春秋之名分，礼之仪，乐之律，莫非象也，而《易》统会其理。"④ 只有原型元符号的力量，才能"统会天下之理"。

3. 翻译作为元符号

"关于符号的符号"这样一个定义，覆盖面实际上很宽，可以宽得惊人。

---

① Mark Johnson and George Lakoff, "Conceptual Metaphor in Everyday Language", in (ed) Mark Johnson, *Philosophical Perspectives on Metaphor*, London: Baker & Taylor, 1981.
② C. G. Jung, *Memories, Dreams, Reflections*, New York: Vintage Books, 1961, p.56.
③ Mingdong Gu, "The Taiji Diagram: A Meta-Sign in Chinese Thought", *Journal of Chinese Philosophy*, Vol.30, issue 2, pp.195—218.
④ 王夫之：《船山全书》第一册，《周易外传》卷六，长沙：岳麓书社，1996年，第1039页。

按照皮尔斯的说法,任何符号的意义解释,实际上都是一个元符号。皮尔斯说:"解释项变成一个新的符号,以至无穷,符号就是我们为了了解别的东西才了解的东西。"① 要说明一个符号的意义,就必须用另一个符号。"当下的思想(只是一种感觉)没有任何意义,没有任何知性价值。意义并不取决于当下思想是什么,而是取决于接下来的思想如何再现它,而把这个思想的意义实在化(virtual)。"② 这段话听起来有点奇怪,从元符号角度就可以明白,皮尔斯是说:只有再现解释才能落实任何意义。

前文已经引过,雅柯布森认为,意义就是"可译性"(translatability)。他的名言是:"能指必然可以感知,所指必然可以翻译。"雅柯布森的说法简练但是明确:"可译性"指"可以用语言解释",更应该理解成"可以用另一种符号再现"。"可译"就是用一个符号代替另一个符号。按此理解,所有的解释,就都是关于符号的符号,就是元符号;所有对解释的提示引导,也都是元符号。

例如用微妙的人体动作或脸部表情,代替一些难以说明的情景语言:用轻微的点头微笑来鼓励对方说下去;用大口抽烟或嚼口香糖来掩饰紧张;用转身干咳来掩饰大笑的冲动;高耸眉毛显露惊奇;甚至毫无表情让人觉得此人镇静。这些都是元符号,因为它们对解释做出倾向性的指示,尤其在用言词不一定方便的时候。同样,可以把容颜的模仿(化妆、面具)、体态的模仿(动作、舞姿)、腔调的模仿(念白、歌唱),都看成类似比喻的"再再现"元符号。这不仅是指戏剧中,生活中更是如此。我们在网上购买一件衣服,因为是某"网红"穿过的样式;或是购买一件家具,因为在广告中某明星"使用"过;或是对某事件采取某种做法,因为是某电影中主人公的潇洒行事方式。在如此做时,我们就是在用一个符号模仿另一个符号,从而进入了一个元符号过程。考虑到人的成长、人的社会化都离不开模仿,我们的人格实际上是元符号的形成物。

英国17世纪哲学家约翰·洛克,是第一个使用"符号学"一词来概括所有人文社会科学的人,却在"元符号"上下了一个宽泛程度无人能超越的定义。他认为思想是符号,而词汇是思想的符号,因此是符号的符号,所有的词都是元符号③。可能对于元符号最宽泛的理解,来自符号学的创始人皮尔斯。皮尔斯认为符号的解释,既然在符号过程的"第二性"阶段已经是个符号,那

---

① 王夫之:《船山全书》第一册,《周易外传》卷六,长沙:岳麓书社,1996年,第303页。
② Charles Sanders Peirce, *Collected Papers*, 1931—1966, Cambridge, MA: Harvard Univ. Press, Vol. 5, p. 289.
③ 转引自 Winfred Noth, *A Handbook of Semiotics*, Bloomington: Indiana Univ. Press, 1995, p. 24.

么对这个符号做出"判断"的第三性,也就是这个符号的解释,就是关于符号的符号,一个元符号。"由此,解释项的存在方式。就是一种元符号。"[①]

因此,元符号性,是人类意义活动的根本符号品质。人类意义活动不断地处理符号与符号的关系,处理如何从符号生成符号的问题,是一种元意识活动。而人类的交流,都是基于元符号解释之上的元交流。人类文化贯穿了元符号的使用,文化的定义就是以往文化的积累,称某人是"一个有文化的人",意思就是说他知悉足够的意义活动经验,并能够用这些积累对新的意义活动进行解释。因此,现代文化必须基于我们祖先的文化以及异文化的成分,因此,从定义上说就是"元文化"(meta-culture)[②]。

4. 引用作为元符号

协助符号表意的,还有语言中的代词、衔接词汇("如此""于是"等)替代甚至省略,这些元符号构成一个文本中的"元符号链",张德禄称之为"组篇机制"[③]。他研究汉语与英语的元符号链,发现英语用代词连接词较多,而汉语用省略和重复较多,元符号链形成了中英文风格的重大相异之处。这些组篇连接成分,代替了许多不必要或不可能的重复,避免烦琐冗长的说明,"元符号链"不同于文本中的其他词汇,因为它们是替代符号的符号。

元符号大量见于"引号提醒",原词语的意义在引号中被擦抹了,引号中虽然是原词,放在一个引号里被"提醒",就不能当作原词汇被理解。例如:

"尴尬"是源自吴方言的词。

我从来不用"屌丝逆袭"这种网络粗词。

许多美国人都读错"Leicester"这城市名。

这些被引号引起来的不再是词汇,它们是关于原初词汇的符号,表示的是原词汇的某个特殊方面:词源、风格、发音、写法、文化暗示等等[④]。我们这里谈的不是名为"Leicester"的英国城市,而只说这词作为声音的符号。此种常见情况,连许多语言学家都会误认为是词汇。我们可以扩大了说,许多(可

[①] Mariluz J. Restrepo, "Ser-signo-interpretante: Filosofia de la representación", *Transaction*, Fall, 1994, (Vol. 30, No. 4), pp. 1077—1080.

[②] Greg Urban, *Metaculture: How Culture Moves Through the World*, Minneapolis: Univ. of Minnesota Press, 2001, p. 91.

[③] 张德禄:《英汉语篇元符号组篇功能对比研究》,《德州学院学报》,2011年第1期,第10页。

[④] Holger Steen Sorensen, "An Analysis of Linguistic Signs Occurring in Suppositio Materialias or the Meaning of quotation marks and their Phonetic Equivalents", *Lingua*, 1961, Vol. 10, pp. 174—189.

以）放到引号中去的词句，都不是词句，而是擦抹原词意义，再再现原词的某个方面。

例如，我们说"艺术反映生活"，也可以说"艺术'反映'生活"。两种情况很不相同，后面这句话，说的是一种概念，与"反映"有关，但是不是真正的镜面式反映，而必须理解有文化条件的"反映"是一种与反映有关的新的概念。在口语中，引号不如书面表达那样明显，但是经常只要变个声调，让听众觉得不自然，听众就会明白此处是一种"口头引号"①。

"引用"在人类文化中极其重要，翻译可以看成"全文引用"，因此是原文的元符号；评论或论文是全文间接引用，加片断直接引用。节本与提要是缩小规模的引用，典故则是片言只语的引用，洁本是有目标地缩减引用，戏仿或山寨是带恶意的引用，模仿是为我所用的引用，而抄袭则是有意掩盖的引用。各种各样的引用，突出了某种文本间的扭曲关系，原文本已经不是原文本。

"引用"经常出现在多媒介文本中，例如在波普艺术中引用"文革"宣传画的元素，例如在电影配乐中使用瓦格纳的歌剧。同样，组合而成的新词也是元符号，因为他们实际上是引用原词，只不过把原词意义用（显或不显的）引号悬置起来，让其原词义大半消失②。在这个意义上，缩写词、省略号、惊叹号、截图、表情包（emoji）、动态图（GIF），都是元符号。

由于元符号不是指称一个事物，而是取代另一个符号，那么所有的新词，所有新的表达方式，都必须依靠社群的旧经验。这个问题起源自列维-斯特劳斯著名的人类学观念，即借旧用新"拼凑"（bricolage）。1962 年他在名著《野性的思维》（*Le Pensee sauvage*）中指出，原始的"神话式思维"，不是像工程师那样先设定目的，然后找材料工具去达成这个目标，而是把现有的各种神话"拼凑借用"，拼凑出一个新的叙述③。"拼凑借用"这个概念后来被推进到哲学、批评理论、社会学、教育学、心理学、计算机科学等领域，被视为人类的意义活动的普遍样式：列维-斯特劳斯说的是用旧材料"拼凑借用"，理论的延伸推演往往都是用旧术语"将就意指"④。我们所有的新思维、新解释，

---

① John Lucy (ed), *Reflexive Language: Reported Speech and Metapragmatics*, Cambridge: Cambridge Univ. Press, 1993, p. 67.

② Nino Kemertelidze and Liana Koroshinadze, "Formation of Words on the Emic Level", *European Scientific Journal*, December 2015, p. 77.

③ Claude Levi-Strauss, *The Savage Mind*, Chicago: Univ. of Chicago Press, 1966, p. 33.

④ Jean-Paul Dumont, "Who are the Bricoleurs?" *The American Journal of Semiotics*, Vol. 3, No. 3, 1985, pp. 29-48.

都是旧有符号文本的累加、变化、移用，人的意识在组织意义上永远是个拼凑巧匠，新的意义实际上大都来自旧符号的"再符号化"。

举个容易懂的例子。《山海经》中的西王母，是灾难之兽："西王母其状如人，豹尾虎齿，善啸，蓬发戴胜，是司天之厉及五残。"① 在后世道教神系中，西王母由先天阴气凝聚而成，是所有女仙之首，掌管昆仑仙岛。中国民间的故事和小说甚至说王母娘娘是黄帝的女儿，有记载说她馈赠汉武帝蟠桃。到了《西游记》中，王母娘娘是列仙之首，她开的蟠桃宴就是诸神的大集会，看来王母娘娘成了玉皇大帝的母亲，是在"王母"二字上做文章，不管原出处的意义了。一个社群的文化，就是与社群相关的所有符号意义活动的总集合，而这种集合中的符号活动，大多是从原有意义符号上累积增生而成的，类似巨大的珊瑚岛，覆盖在上面的现在的珊瑚，常是从 2.5 亿年前三叠纪以来世代累积的珊瑚上长出来的。

由此，我们可以把元符号理解为对符号的再度使用，这些符号原本是携带各种意义甚至完全不同的意义，但都能够为我所用。为什么呢？因为元符号再度使用的，只是符号的某些形式（西王"母"），内容相干程度是其次的，也就是说，元符号只使用次一级符号的某种品质，牺牲原先符号与某些意义联系，最后完全擦抹掉原符号意义。

例如，城市的地铁图，往往是不成比例的"示意图"，大致反映地铁的空间位置，接近郊区的站间距离可能严重缩短，只强调换乘关系。此时元符号很有点像玩具，玩具在不同程度上迥异于其指称对象，所谓的"玩具飞机"，可以如飞机一般大小（例如用于欺骗敌方侦察的充气坦克），可以与飞机是一样的质料（例如退役为公园雕塑的旧飞机），但也可以是纸折的。其唯一共同点，是取消其指称对象的实质意义：它们都不是飞机。

5. 元符号化与意义断裂

符号学中经常使用"元语言"这个概念，元语言是符码的集合，也就是解释根据的集合，元语言与元符号是完全不同的概念。塔斯基认为，上一层元语

---

① 《山海经·大荒西经》曰："西海之南，流沙之滨，赤水之后，黑水之前，有大山，名曰昆仑之丘。有神，人面虎身，有文有尾，皆白，处之。其下有弱水之渊环之，其外有炎火之山，投物辄然。有人戴胜，虎齿，有豹尾，穴处，名曰西王母。"《山海经·西次三经》："又西三百五十里曰玉山，是西王母所居也。西王母其状如人，豹尾虎齿而善啸，蓬发戴胜，是司天之厉及五残。"

言，总是比下一层的对象语言"本质上更丰富"[1]，因为元语言是意义解释规则的集合。而元符号虽然是在分级基础上产生的，但并不一定比原初符号"更丰富"，很可能相反，意义更狭窄化了，元符号不是解释的规律，而是解释本身，用另一种符号作再现，不见得会比原初符号清晰。

笔者曾再三强调：符号之所以能携带意义，因为它把对象的无穷观相片面化；如果要求符号全面地再现对象的所有方面，符号就无法完成其携带意义的功能[2]。拉康提出一个精辟的命题："符号是事物之死"；格雷马斯也提出"只有摧毁，才能表意"。因为在表意中，事物的自在性和整体性被取消了，某种观相在符号再现中从原事物剥离下来。

这就回到了本节开始时迪利对元符号的批评："只有天使才能在脱离原初意义的元符号中操作。"笔者的答复是：不仅是天使，还有具有正常意识的每个人。元符号性层层升级，使原初面对事物世界的符号过程难以追溯，一般的实行者能时时记得原初意义，因此，符号的无限衍义，就演化成艾柯所谓的"封闭漂流"（hermetic drift）。艾柯认为符号衍义经常不必或不可能追溯。假定衍义从"A"延伸发展到"E"，"最终能使'A'与'E'连接的只有一点：他们都从属于一个家族像似网络……但是在这个链条中，一旦我们认识'E'时，关于'A'的想法已经消失"[3]。也就是说，已经过去的衍义过程，有可能不留下痕迹。

伊格尔顿详细分析了这个现象，他指出，象征仪式的魔术，"并非来自物理学，而是来自元符号"，"物理学"指事物原初样式。伊格尔顿认为基督教礼拜仪式中用面包与酒作圣餐，说是代替耶稣的血和肉。耶稣的身体作为牺牲的符号，已经被圣餐元符号取代，这样耶稣就从肉身变成了纯粹的交流意义，而圣餐仪式就意味着原初符号之悬置。圣餐作为耶稣血肉的表意，正如"n"作为数字的符号，原数字并不存在。在这种情况下，"元符号就不仅仅是'关于符号的符号'，而是'超越符号的符号'（sign of the beyond-sign），或是'非符号的符号'（sign of non-sign）"[4]。

这话令人想起一个游戏，由一群人来一个接一个地传递信息：第一个人看

---

[1] Alfred Tarski, "The Semantical Concept of Truth and the Foundations of Semantics", *Philosophy and Phenomenological Research*, 1944, p. 4, p. 347.

[2] 赵毅衡：《符号学：原理与推演》，南京：南京大学出版社，2015年第3版，第36页。

[3] Umberto Eco, "'Unlimited Semiosis' and Drfit", *The Limits of Interpretation*, Bloomington: Indinana Univ. Press, 1994, p. 31.

[4] Terry Eagleton, "Irony and the Eucharist", *New Blackfriars*, Nov. 2002, p. 516.

到一个词，画出来传递给第二个人；第二个人根据他的画来猜测他要表达的意思，再次画出自己的理解传递给下一个人，直到最后一个人猜出答案，结果看是否与第一个词相符。当然，大部分情况下，意义变异到可笑的程度。元符号替代的"升级"，很可能是意义断裂的过程。

我们看到，片面化在元符号活动中进一步加强了，因为元符号是对符号再现的某个方面品质进一步的提取。一个元符号只能比它所解释的符号更加片面，因为它抽取的意义更为狭小。例如，在一张名单上打各种记号（例如打钩），选出原名单中某些人；在某个较窄的意义上拉出一张新名单，例如在一个连的士兵名单上组成敢死队。此时元符号的范围比原初符号的外延范围更加缩小，但是内涵却加深了。这与上一节谈到的"引号提醒"原则类近：悬搁原义，做新的特殊理解。

6. "元符号性"与"符号升级"

在本节临近得出结论之时，笔者不得不提出一个从未有人提出过的问题：元符号有强弱"元符号性"的区别吗？我们可以看到，有一种元符号意义的解释，对它所替代的下一级符号，再现变异程度较弱；另一种元符号变异程度剧烈，或者再现的创新性很强。这种"再现变异"的剧烈程度很难度量，只能在比较之间感觉到。不过，在相类似的元符号活动中，或是在同一次元符号活动的不同元素中，我们依然可以清楚识别出来。

在此笔者举一个非常平凡的例子：一个朋友的三岁孩子表演朗诵唐诗，说"前不见古人"时，他踮起脚尖作瞭望状；"后不见来者"，他回头作茫然状；"念天地之悠悠"，他拖长发音；"独怆然而涕下"，他擦眼泪并且加了几声"呜呜"哭声。孩子的这种萌态可掬的表演引出满堂喝彩，这里明显有两套平行的元符号"再再现"文本：一是朗读（变文字为语音），二是表演（变语义为姿势）。观众显然更是为了孩子发噱的表演喝彩。朗读对原诗的再现，其"元符号性"远不如他的表演。孩子的表演方式离原初文本的距离更远，元符号性更高，这套表演却是幼儿园老师设计的，这个孩子自己难以设计变异如此剧烈的元符号再再现。

这个例子似乎好笑，实际上却是多媒介再现的共同特点，各种媒介创意程度不同。"元符号性"高，也就是创意更高：有的歌者的演出，远不如舞台灯光有创意；有的电影中演员的演技，远不如场面的电脑特技精彩；有的书法作品，不如其裱装引人注目；有的新一代商品（例如汽车），其内装美奂美伦，远不如将其外形改成类似跑车的形状更为诱人。在比喻中则有"远距原则"，

"大海咆哮起来",远不如"大海直立起来"有力。因为前一句是"大海如愤怒的人",后一句是"大海如魔鬼"。所谓"远距",就是符号升级程度高。

在人类历史变化中,"元符号性"逐渐增强,现代化以来,由于媒介技术的高速发展,也由于文化活动的加倍增长,人类进入了一个上升曲线越来越陡峭的"高度符号化"时代。这种符号化主要是元符号活动增加,也就是人们在符号上累加符号越来越频繁。福柯对现代的"符号自行创造意义的力量",颇感悲哀。在《词与物》一书中,他认为人类最初使用词语符号时,符号对于物是透明的。但是文化的长期演变,擦抹掉与具体物的对应,成为元符号。这是文化造成的社会知识型的断裂。现代文化中符号泛滥,是因为元符号性覆盖了几乎整个文化的意义活动。博德利亚认为符号虽然一直存在,先前却不是文化的主导。在前现代社会中,符号是禁忌之物,或权力之象征,神圣而不轻易使用,使用中偏重原样重复。到现代性社会,符号被机械复制大量使用,符号几乎把物淹没,把物世界变成符号世界。将物投入符号性使用,在古代多是仪式性的,在今日是为了满足社群对符号意义的强烈渴求[1]。

他们都看到了一个问题,即符号大量累加与再度使用引发的意义危机。这个危机在现代早期已有端倪,只是到当今发展更甚。展望未来,我们能想象元符号化的进程越来越加剧,到一定程度后,这个文化所集合的符号意义活动,几乎全部是符号的自我增值活动。与远古时代相反,面对事物的初始符号活动,反而变成了稀有之物。例如,人们更多地到人工设计的"旅游胜地"如迪士尼乐园,未"旅游化"的纯真自然越来越少,元符号再再现本身成为我们面对的现实。

本书不是在为当代信息社会唱哀歌,高度快速的元符号化,也给现代社会带来了意料之外的进步增长点。在印刷术出现之前,学术的承传主要靠的是手抄本,各个学科是分离的,宇宙学、医学、宗教解经学等取得成就都只能在本学科之内承传。直到印刷术提供了元符号技术,各个学科才了解到其他领域的成果,才出现打通各学科的方法论哲学、辩证思维方式、怀疑精神、科学模式转换[2]。而电子传媒引发更加高速有效的元符号性互渗,引发更重大的意义方式跨行业跨国界传播,当代文化的元符号性急速增加到如此程度,使得我们有

---

[1] 乔治·巴塔耶:《竞争性炫财冬宴中的礼物》,《物质文化读本》,孟悦、罗钢主编,北京:北京大学出版社,2008年,第2页。

[2] B. Latour, "Visualization and Cognition: Thinking with Eyes and Hands", in (ed) H Kuklick, *Knowledge & Society Studies in the Sociology of Culture Past & Present:A Research Annual*, Vol. 6, Greenwich, CT: JAI Press, 1986.

理由称当代文化正在经历一场"元符号性革命"。

这场元符号性革命,是由互联网这个"再再现机器"促成的。今日,再媒介化成了一个普遍传播行为,尤其是摄影与计算机技术的产生,使再媒介化在今日成了主导意义方式。电脑屏幕上几乎所有的形象都来自其他媒介,因此新媒介在内容和形式上,都是其他媒介的翻译、改制、改造。"屏幕页"(Screen Page)替代了纸页、书页、照片、胶卷。"旧"媒介只具有单向文本性,接收者单向接收,而屏幕页方便接收者参与(评论、上载、转发甚至"PS"再造),依托"元媒介",元符号性陡升[1]。

7. 人是元符号动物

本节的结尾,需要说清最重要的一点:具有元符号能力,为什么是人类的特征?人与另外两种"符号存在"(一边是动物,另一边是具有人工智能的电脑)在元符号问题上究竟有何根本区别?

关于第一个问题,德国哲学家汉斯·兰克(Hans Lenk)多次著文,辩驳对象主要是卡西尔的"人是使用符号的动物"(animal symbolicum)这个著名定义。兰克指出,卡西尔在1944年的《符号形式哲学》中,已经承认猩猩能用手势交流。从那个时代之后,动物研究家已经发现动物的许多符号行为,不仅能使用工具,而且能将符号用于仪式。因此,兰克认为卡西尔的定义"哪怕不算错,也是过于草率,应当修正"[2]。人和动物之间最根本的区别是,动物没有"符号升级"(symbolic ascent)能力,也就是创造更高一层次元符号的能力。哪怕猩猩的手势语再发展,猩猩不可能有"对手势符号作关系分析的能力"。动物具有有限的符号能力,这点已经得到许多认知实验证明,但是至今没有证据能证明动物有元符号(符号升级)能力[3]。"只有人能在这等级中无限升高",人不仅能表意或解释,而且能表达或解释其表达或解释过程。因此,兰克坚持认为,人的定义应当是"人是使用元符号的动物(animal metasymbolicum)"[4]。元符号性,是人类意识的最伟大创造。

---

[1] Phil Ellis, "The Body of the Text: The Uses of the ScreenPage in the New Media", in *Sensualities/Textualities and Technologies*, London: Palgrave Macmillan, 2009, p. 89.

[2] Hans Lenk, "Man as Metasymboloc and Superinterpreting Being", Sign System Studies, No. 1—2, 1999, pp. 119—134.

[3] Andrew Whiten, "Champanzee Cognition and the Question of Re-presentation", in (ed) Dan Sperber, *Metapresentation: A Multidiscinary Perspective*. Oxford & New York: Oxford Univ Press, 2000, pp. 139—170.

[4] Hans Lenk, "What Makes Human Beings Unique?" *Philosophy Now*, No. 4, 2016.

这个定义，与本书前面引用过的迪利的定义"人是符号学动物"（semiotic animal）有什么不同？"元符号动物"是说动物也会使用符号，但是人更有能力使用符号的符号，人能进行符号升级，动物做不到；"符号学动物"是说动物使用符号至多是"知其然"，而人"知其所以然"，知道寻找原理并利用之。例如候鸟能用地磁场作为符号导航迁徙，而人能够以岩石晶体中的地磁场方向作为符号，用此中的原理推算地质纪元。

这两种说法也有一致之处，符号学的研究描述现象，总结规律实际上是"元符号学研究"（meta-semiotics），这也就是为什么"批判符号学"和"总体符号学"（global semiotics）成为当今符号学发展的趋势。有符号学能力的批判者，应当是"元符号学动物"，因为他们为人类的符号过程作出一种"意识形态程序化"的调节[1]。实际上，巴尔特早就提出过"研究符号学的符号学"[2]。

"模塑"（Modeling）概念也是从元符号发展而来的。莫斯科－塔尔图学派首先提出此概念[3]，洛特曼将自然语看作原初（Primary）模塑系统，而艺术是建立在语言基础上的第二模塑系统，也就是本节说的元符号。洛特曼认为，"元符号学研究的对象不再是文本，而是文本的模式，模式的模式"，[4]研究的是符号与元符号模塑与规范文化的能力。

既然意识用符号来整理认知和实践，符号体系的解释功能，便可以转化为模塑功能[5]。不是特定的意义要求特定的符号来表现人类的社会文化性活动，而是特定的符号决定特定的意义可能被表现出来。笔者认为：模塑实际上就是元符号体系化的后果，模塑，就是元符号体系决定文化方式的模式作用。

西比奥克提出的"总体符号学"（global semiotics）扩展了模塑这个概念，他指出："要对某个有机体的环境界进行描述，就意味着，要展示这个生命体是如何对世界进行映现，这个世界中的对象对于它是什么意义。所以，符号活

---

[1] Augusto Ponzio, "Modeling, Dialogue and Globality", *Sign System Studies*, 2003.

[2] 罗兰·巴尔特：《符号学原理》，《文学符号学文集》，天津：百花文艺出版社，2004年，第324页。

[3] Daniel P. Lucid ed., Soviet Semiotics. An Anthology, Baltimore, 1977; Stephen Rudy, "Semiotics in the USSR", in *The Semiotic Sphere*, ed. T. A. Sebeok and J. Umiker-Sebeok, New York, 1986.

[4] Yurii Lotman, "The Semiotics of Culture and the Concept of a Text", Soviet Psychology, 1988, Issue 3, pp. 52—58.

[5] 保罗·科布利：《劳特利奇符号学指南》，周劲松、赵毅衡译，南京：南京大学出版社，2013年，第46页。

动系统同时也是模塑系统。"① 符号体系的内部规律（例如语言的语法构成、符号的理据化构成等），会强烈作用于人在实践世界的意义活动，通过社群元语言对人心的融合，影响意义世界的整体实践。

科学技术中的数学与科学理论部分，例如生物分类、地质分期等，有强烈的元符号模塑作用，把时间秩序分开后，各种生物学、考古学、地址发现都有了对照可能。技术与制造设计则是直接指导意义世界。如果某个数学物理的公式在运算中能融贯，它就成为元符号，让其他意义活动按期模式进行。所有的意义活动，从认知到有价值有目的的实践，都是在一定的符号体系模塑作用下的意义活动。模塑，就是人的意识自觉与不自觉地按照符码体系的规律来进行意义实践。

动物的符号系统非常有限，它们的周围世界相对而言非常简单，模塑就成为不太有必要的事。而人的意义世界，是极为复杂的符号体系，有许多模塑体系同时在起作用：信仰、仪式、道德、立法、习俗等等。尤其是语言和文字，对人的意义活动的控制，远远超出我们愿意承认的程度。

另一个"拟人类"的符号存在，是电脑。电脑至今是在符号与"低元符号性"水平上操作，其元符号化进程是人类在设计并控制。或许机器能像那个三岁孩子那样把书写转化为声音，却不能像幼儿园教师那样设计出高度元符号性的表演。战胜卡斯帕罗夫的"深蓝"，战胜李世石的"AlphaGo"，的确是在"阅读"大量棋局的符号资料上总结出胜算较多的"战略"，但是这种元符号化过程是由人写的程序控制的。也就是说，机器与人脑的最大差别，就是缺乏"自觉的"元符号能力：机器的符号能力强，元符号性低，而人的元符号能力程度之高无与伦比。例如，人能够暂时悬搁棋局的技术计算，靠对对手的情绪察言观色决定对策，机器不可能做这样超越的判断。

电脑能做大量的设计工作：从一艘航母的复杂构造，到一套时装的裁剪。但是电脑无法决策是否采用新一代 CVNX 级航母设计，或用一套"青花瓷"时装风格。再复杂的"空天一体化信息作战系统"，最后执行"发射"决策，按钮依然要人来按。只有人脑才能审时度势，做出这样的高度元符号性决定。

这不是对未来的判断。如果电脑自身获得了元符号"无限升级"能力，它就能够自行换代，最后甚至能够做决策，创造独立于人类的意义世界的元符号文化价值体系。如果电脑能够从符号机器变成元符号机器，或许是很危险的

---

① Thomas A. Sebeok, "Biosemiotics: Its roots, proliferation, and prospects". *Semiotica*, 2001, 134 (1/4): pp. 61–78.

事：既然它的符号能力极强，累积的可用的符号比人记忆中储存的数量大得多，一旦有元符号能力，符号升级的速度也会比人脑快得多。到那一天，人类的意义方式甚至元符号方式，都只能臣服于电脑的超高效率元符号化文化。机器意义世界的"深度学习"如果升级为决策，自己有按下按钮的能力，面对这样一个超强元符号性，人类将何以自处？

第二节 文化：社会的符号活动集合

本节概要：

一系列思想家，都同意文化的定义就是"社会的符号活动集合"。这个定义虽然简单，却能揭示两个多世纪以来一直混淆，至今讨论不清的许多问题。"文明"主要指人类的物质进步，而"文化"主要指向精神性和意义性。由于这二者有许多重叠，更清楚的说法应当是：文明与文化的优先面不一样。文化的民族性、集团性、层控性、保守性，都来自二者的这种根本区别。不了解文化的根本品质，就会出现很多误会和混淆，而且这些混乱主要发生在文化研究中。

1. 文化、符号、意义

第一个把文化定义为"符号集合"的，是人类学家格尔茨，他在1973年的《文化的解释》一书开头就提出："我主张文化概念实质上是一个符号学概念。"[①]但格尔茨马上补充说，他不是如此定义的始作俑者。他引用马克斯·韦伯"人是悬在他自己编织的意义网络中的动物"，并且说："我本人也持相同观念。"但是为什么符号等同"意义"呢？韦伯没有说，格尔茨也没说。实际上格尔茨也应当引用卡西尔"人是符号动物"的定义，作为他的定义之先驱，但是这样他就必须说清"文化""符号""意义"这三个概念的关系。格尔茨明白他的简短定义需要详细讨论才能立足。他自嘲说："这种用一句话就说出来的学说，本身要做一些解释。"但是这本书是一本人类学的文选，大部分篇幅讨论爪哇等民族的符号实践[②]。他的许诺在这本书里没有令人信服地实现，这给他的定义之普遍接受造成了障碍。

实际上，学界已经发现，人类学和考古学是在研究文化的符号构成，似乎自然而然[③]，几乎不必论证。卡西尔认为"文化符号学"有两个对象，一是"文化中的符号系统"（signs systems in a culture），另一个是"文化作为符号

[①] 克利福德·格尔茨：《文化的解释》，南京：译林出版社，1999年，第4页。
[②] Clifford Geertz, *The Interpretation of Cultures : Selected Essays*. New York: Basic, 1973.
[③] Roland Posner, "Basic Tasks of Cultural Semiotics". In (eds.) Gloria Withalm and Josef Wallmannsberger, *Signs of Power-Power of Signs*. Vienna: INST, 2004, p. 9.

系统"（cultures as sign systems）[①]，至今为止汗牛充栋的"文化符号学"著作，大部分讨论的是前者，逐项讨论风俗、仪礼、传播、艺术等，较少学者坚持讨论"文化即符号集合"这个综合抽象的课题，更少有学者把文化的方方面面用一个原则一以贯之地解释清楚。本节的目的，就是为这第二种（综合的）文化的符号学做一个辩护。为此，首先必须把"文化"与"文明"的区分讲清楚。

今日大部分教科书和百科全书的"文化"条目，在定义"文化"时，依然在引用或改写英国人类学家爱德华·泰勒在1871年提出的"罗列式"定义："就广义的民族学意义来说，文化或文明，是一个复合的综合体（complex），它包括知识、信仰、艺术、道德、法律、风俗，以及作为社会成员的一分子所获得的全部能力和习惯"[②]。格尔茨把泰勒式定义轻蔑地称为"大杂烩"（pot-en-feu），因为罗列只会"将文化概念带入困境"。他对泰勒式定义的反驳是绝对正确的，罗列式定义实际上是放弃定义，不仅是因为罗列的各项依然要定义，最主要的是没有找到罗列各项的共同点。偏偏这种罗列式定义做法，至今有不少人在做。例如戴维斯说，文化是"一批能划定范围的人所共享并且一代代传承的信仰、习俗、行为、机构与传播模式的总体积累（total accumulation）"[③]。克拉克洪1944年的《人类之镜》给出11类文化的界定[④]，被格尔茨嘲笑为"自拆台脚，不攻自破"[⑤]；但是克拉克洪卷土再来，1951年与克娄伯合著的《文化：对各种概念与定义的批判性评论》总结了161条定义，六大范畴[⑥]，被博兹－波尔斯坦指责为："把泰勒开始的对文明与文化的混淆弄得更乱。"[⑦]

文化问题至难至烦，极为复杂，格尔茨定义并没有结束关于文化定义的争论，甚至有人指责：像格尔茨那样总结式的"文化"定义，"实质上是竭力用

[①] Roland Posner, "Basic Tasks of Cultural Semiotics". In (eds.) Gloria Withalm and Josef Wallmannsberger, *Signs of Power-Power of Signs*. Vienna: INST, 2004, p. 59.

[②] 爱德华·泰勒：《原始文化》，连树声译，上海：上海文艺出版社，1992年，第1页。

[③] Linell Davis, *Doing Culture: Cross-Cultural Communication in Action*, Beijing: Foreign Languages Teaching & Research Press, 2010, p. 5.

[④] Clyde Kluckhohn, *Mirror for Man*, New York: Fawcett, 1944.

[⑤] 克利福德·格尔茨：《文化的解释》，南京：译林出版社，1999年，第5页。

[⑥] A. L. Kroeber and Clyde Kluckhohn, *Culture: A Critical Review of Concepts and Definition*, Harvard Univ. Press, 1952.

[⑦] Thorsten Botz-Bornstein, "What is the Difference between Culture and Civilization? Two Hundred Fifty Years of Confusion", *Comparative Civilization Review*, No. 66, Spring 2012, p. 12.

一劳永逸的方式，为人类的探索画上句话"①。这话实际上很不公平：如果下简明定义罪名会如此严重，世界上为任何概念追求明晰定义的努力，甚至所有词典编撰，都无法摆脱此原罪。本书详说文化的符号集合本质，就是想证明，虽然简洁定义不一定能让人省心地一劳永逸，但是罗列式根本不能算定义。

笔者于1989年写成的《文学符号学》一书中提出："文化是一个社会中所有与社会生活相关的符号活动的总集合。"② 那时笔者尚未接触格尔茨，因此只引了巴尔特的话："文化，就其各方面来说，是一种语言"；以及怀特的话："所有人类行为都由符号（他用的词是"symbol"）组成"，作为奥援。他们的意见与格尔茨定义实际上相同（巴尔特认为符号学是语言学的分支）。笔者在2011年出版的《符号学：原理与推演》一书中提出符号与符号学的定义："符号是被认为携带意义的感知，任何意义都必须由符号承载，符号学就是意义学。"以此在格尔茨、韦伯、卡西尔之间建立了联系，即找到了"文化－符号－意义"三概念之间的桥梁。本节将围绕这三个关键词展开，说明这几个概念汇合成为一个对文化的有效定义。

应当说，实际上，最早把文化定义为符号集合的，应当是中国人。中国的"文化"概念，一开始就与符号不可分割。《说文解字》称：文"错画也，象交文"。因此"文"指的是所有的符号：各色交错的纹理、纹饰，各种象征图案，也包括语言文字，以及文物典章礼仪制度等。《周易》贲卦："观乎天文，以察时变，观乎人文，以化成天下。"这里用"天文"与"人文"相对，"天文"指自然物的构成及其规律；"人文"当指人类社会的构成及其规律。汉代以后，"文"与"化"结合生成"文化"这个动词，意思是以"人文"来"化成天下"。中国古人说的"文化"，就是用符号来教化社会。格尔茨如果了解《周易》此说，就明白中国人对文化的符号性认识与其所见略同，或当详为引用。

2. 文化与文明的区别

"文化"（英文"culture"，德文"Kultur"）与"文明"（英文"civilization"，德文"Zivilisation"）如何区分，已经是个太古老的问题，而且似乎谁也无法说清楚。不仅在语言的日常使用中经常混用，在学者笔下恐怕更为混淆不清。本节不得不详作讨论，因为许多关于文化的误解，都来自二者

---

① 霍桂桓：《论文化定义过程中的追求普遍性倾向及其问题》，《华中科技大学学报》，2015年第4期，第14页。

② 赵毅衡：《文学符号学》，北京：中国文联出版公司，1990年，第89页。

混淆。

不少学者认为"文化"和"文明"没有多大差别,泰勒定义一开始就说,他的定义适合"文化或文明",经过两个半世纪的辩论,一直到近年依然有亨丁顿等人坚持二者同义。亨丁顿在名著《文明冲突》中说:"区分文化与文明。至今没有成功,在德国之外,大多数人都同意,把文化从其基础文明上剥离,是一种幻觉。"① 在中国现代学者中,梁漱溟提出:"文化,就是吾人生活所依靠之一切……文化之本义应在经济、政治,乃至一切无所不包。"② 庞朴认为"文化应包括物质、制度、心理等三个层面"③。余英时有文化"四层次说":"首先是物质层次,其次是制度层次,再其次是风俗习惯层次,最后是思想与价值层次。"④ 最近有中国学者提出"文化即人化",被批评为过于简略。简略不是问题,问题在于"一锅端"。其说云:"人类在这世界上创造的一切物质的和精神的产物,都是文化的题中应有之意。"⑤ 这样的文化与文明就没有区别。

混淆得最出格的人,恐怕是弗洛伊德,他的名著 *Unbehagen in der Kultur*,德文书题分明说的是"文化",英法等国的译本都改成"文明",中文译本也改称《文明及其缺憾》⑥,可见二者不区分后果严重。最近有国内学者统计,"文化"的各种定义接近 240 条。应当说,对于"文化"这样复杂的事物,定义无法定于一尊是正常的,也不是坏事。不同定义实际上暗示了不同研究方式,但绝大部分定义的确不区分"文化"与"文明",结果是文字稍异,内容差不多。

应当承认,也有很多学者认为这二者意义相仿,与"自然"或"野蛮"相对的可以是"文化",也可以是"文明",此时二词没有太大区别。文化包含一个社会的一切活动,也包括主要指"制造物"(artifacts)以及制造工艺的"文明"⑦。但是究竟何者包括何者,却是人言言殊。有的人认为文化概念要比文明广泛,包括文明,而且文化出现早,文明可以看作文化的高等形式。这个观

---

① Samuel Huntingdon, *The Clash of Civilization and the Remaking of World Order*, London: Simon & Schuster, 1996, p. 41.
② 梁漱溟:《中国文化要义》,上海:学林出版社,1987 年,第 3 页。
③ 庞朴:《要研究"文化"的三个层次》,《光明日报》,1986 年 1 月 17 日,第 2 版。
④ 余英时:《从传统价值看中国文化的现代意义》,《文化·中国与世界》第 1 辑,北京:生活·读书·新知三联书店,1987 年,第 38~91 页。
⑤ 刘强:《文化即人化》,《东方早报》,2012 年 3 月 22 日。
⑥ 西格蒙德·弗洛伊德:《文明及其缺憾》,车文博编,北京:九州出版社,2012 年。
⑦ Roland Posner, "Basic Tasks of Cultural Semiotics", In Gloria Withalm and Josef Wallmannsberger (eds.), *Signs of Power-Power of Signs*. Vienna: INST, 2004, p. 58.

念实际上源自西文的词源:"culture"来自拉丁文"colere"(耕作),其派生词"cultura"原义是"一块耕过的土地",至今"culture"此词有"培植"意义。罗马思想家西塞罗首先使用心灵的培育(cultura animi)这个短语,显然是当作一个比喻,但是从此以后就成为"文化"这个意义的由来。而"civilization"来自拉丁文"civicus"(城市公民)。既然"culture"来自农耕,而"civilization"来自城市生活,自然让人觉得"文化"先出,这是语源带来的误会。

也有不少学者反过来认为文明大于文化,他们认为文明是一群人在某个地方创造的社会物质和精神财富的总称。因此"埃及文明"包括了埃及文化,"希腊文明"包括了希腊文化甚至希腊这个总称下的若干文化,例如雅典文化、斯巴达文化、克里特文化等。他们认为文明是总体性的,文明无雅俗之分,文化却有,一个文明能包括这些林林总总的文化。台湾学者陈启云指出:"文明一词指在特定时空存在的历史文化整体,如古代中华文明,汉代文明等。文化则指此文明中具体而微,可以分别讨论的成分。如汉代物质文化、文学、艺术、政制、宗教、思想等。"[1] 本书所引泰勒的罗列式定义,实际上更适合于"文明"。看来文明包含文化,这与上一段的说法相反,却相当有理。文明不仅是个总体性概念,而且是个总体化(generalizaing)的概念,因此要到启蒙运动后才大行其道[2]。实际上,西文"文明"这个词到18世纪"理性时代"才发明出来[3]。

究竟此两个概念何者包括何者?笔者认为二者没有互相包容的关系,而是并列的两个概念。本书要强调的是二者的另一种区分,即词义偏向:"文明"主要指人类的物质进步,而"文化"主要指社群的精神性和意义性。这二者倾向不同,但是有许多重叠,因此,更清楚的区分法应当是:文明是物质与精神的综合体,而文化是精神与文化的综合体,优先面不一样。相比之下,文明的物质性可触摸性比较大,文化的精神性不可触摸性更强。

这种区分法实际上源自于19世纪德国学者:文化专注于价值、信仰、道德、理想、艺术等;文明集中于技术、技巧和物质。文化社会学家艾尔夫雷德·韦伯对此区分做了专门论证:"文明是'发明'出来的,而文化是'创造'

---

[1] 陈启云:《中国古代思想文化的历史论析》,北京:北京大学出版社,2001年,第5页。

[2] Norbert Elias, *The Civilizing Process: The History of Manners*. New York: Urizen Books, 1978, p.5.

[3] Thorsten Botz-Bornstein, "What is the Difference between Culture and Civilization? Two Hundred Fifty Years of Confusion", *Comparative Civilization Review*, No. 66, Spring 2012, p.11.

出来的。发明的东西可以传授，可以从一个民族传授到另一个民族，而不失其特性；可以从这一代传到那一代，而依然保存其用途。凡自然科学及物质的工具等等，都可列为文明。"在他看来，"文明"，是指理智和实用的知识，以及控制自然的技术手段；所谓"文化"，则包含了规范原则和理念的诸种价值结构，是一种独特的历史存在和意义结构。"文明"是人的外在存在方式和生活技巧，"文化"则是人的内在存在方式和本质特征①。他所说的文明即科学技术及其发明物，而文化则是伦理、道德和艺术等意义方式。艾尔夫雷德·韦伯的说法，代表了德国思想界比较普遍的"文化执念"（obsession with culture），认为文化比文明高一等②。

在中国传统中，"文化"也有类似的精神意义，但是与其对比的，主要不是技术与物质的"文明"，而是政治上对外的"武功"，或对内的"刑治"。刘向《说苑》说"圣人之治天下也，先文德而后武力……文化不改，然后加诛"。南齐王融《曲水诗序》说"设神理以景俗，敷文化以柔远"，文化与"武力"相对应。不过在古代汉语中，"文明"也可以有"文化"的这种意义。杜光庭《贺黄云表》说"柔远俗以文明，摄匈奴以武略"，此处的"文明"，与"武略"相对，与上面说的"文化"同义。

不过德国式"文化执念"一度兴盛有历史背景。我们大致上可以同意：文明是物质的、扩散的，文化是精神的、凝聚的；文明是可以学习的，"蒸汽文明""互联网文明"之类迅速扩展到全球，而文化往往属于一个民族或社群，难以为其他民族或社群所全盘接受。一般说来，用"文明"可以命名一些留下比较明确实物的人类聚居遗迹。例如古埃及文明的金字塔、爱琴文明的神庙、中国良渚文明的玉器、古蜀文明的青铜器、华夏文明的陶瓷等等。由于"文化"这个概念实在容易混乱，很多学者用其他词来顶替它，例如习俗（mores）、价值观（values）、民族性（national character）、精神（Geist）等等③，因此可以把"文化"朝意义方向纯化。而文明倾向于强调物质方面，博德认为，西方文明与其他文明的区别，现代文明与其他文明的区别，"正是建筑在科学与机械之上"④。

---

① 曹卫东：《阿尔弗莱德·韦伯和他的文化社会学》，《中华读书报》，1999 年 8 月 4 日。

② Charles Harrison, Francis Frascina, Gillian Perry, *Primitivism*, *Cubism*, *Abstraction*: *The Early Twentieth Century*, London: Open Univ. Press, 1993, p. 38.

③ Thorsten Botz-Bornstein, "What is the Difference between Culture and Civilization? Two Hundred Fifty Years of Confusion", *Comparative Civilization Review*, No. 66, Spring 2012, p. 21.

④ Charles Beard, *Towards Civilization*, New York: Longman & Green, 1930, p. v.

但是人类进化史中,"物质"与"意义"真能截然分别吗?为了把问题说得更加明确,本书建议:"文明"与"文化"的区分,可以用"物-符号"二联体这条符号学原理加以解释①。世界上所有的事物(自然物和人造物)都可能带上意义而变成符号,而所有的符号也可能被认为不再携带意义而变成物。在绝大部分情况下,这种"意义性"的滑动并没有落到极端,而是物性与意义性并存。当物-符号携带的意义缩小到一定程度,不能再作为符号存在,那就是纯然物。《汉书·扬雄传下》:"钜鹿侯芭常从雄居,受其《太玄》《法言》焉,刘歆亦尝观之,谓雄曰:'空自苦!今学者有禄利,然尚不能明《易》,又如《玄》何?吾恐后人用覆酱瓿也。'雄笑而不应。"刘歆认为扬雄的书没有价值,可以用来做酱缸盖子而已。例如纸币,是作为符号生产出来的,也有可能失去意义,被"物化"成使用物(例如炫富者拿来点烟)。再例如信用卡可以用来开锁,奖杯可以用来喝水。每一件"物-符号"在具体场合的功能变换,来自物性与意义性的比例分配变化。

表意性与使用性的消长,在历史文物的变迁上最为明显:许多所谓文物(承载文化之物)在古代原是实用物,历史悠久,使它带上的符号意义越来越多。例如,祖先修的一座桥,当初是派实践改造取效用场的,今日石板拱桥已经不便行走,更不用说行车。当时可能的符号意义(例如宣扬德政)今天也消失,而今日可以解释出来的意义(例如当时的技术水平,或财富动员能力)当初没有想到。一旦成为历史文物,使用性渐趋于零,而意义越来越多,两者正成反比。1687年路易十四的5个使节,给康熙皇帝送来30箱礼物,包括天文与数学仪器,这是代表文明,还是代表文化?显然这取决于接收者的具体解释——看重"器物效用",还是看重"文本意义"?任何礼物,任何物件,都是如此。在人的世界中,一切物都是意义地位不确定的"物-符号",因此,"文明"与"文化",与其说是两种互相排斥的范畴,不如说是对社会的两种理解角度。

既然不存在完全不可能携带意义的物,究竟一件"物-符号"有多少意义,取决于符号接收者的具体解读方式:解释能把任何事物不同程度地"符号化"。同一种社会进步局面,文明是侧重物质性的解释,文化是侧重精神性的解释:"穴居文明"留下来的陶器等痕迹,也是文化的起源;而马克思视蒸汽机为"资本主义时代的标志",也是文化的标志;我们面对的是"互联网文明",也可以说"互联网文化",二者侧重不同,正是一个事物的物质与精神两

---

① 赵毅衡:《符号学:原理与推演》,南京:南京大学出版社,2015年第3版,第27页。

面。文明包括了物质财富以及由此衍生的精神财富,而文化包括了精神财富以及与之相联系的物质财富,它们的区别是解释中的差异。

这样,我们就可以回顾本节开始引用的格尔茨的定义:他说文化(而不是文明)是"符号学的",原因不是别的,而是因为符号学是"意义学":"符号学社会学的目的就是努力理解作为符号存在,而不是物质。"①

3. 文化与文明的四个重大区别

文化与文明的第一个重大差别,是文化的强烈民族性,甚至本土性。这点,竭力强调文化重要性的德国思想家首先明白。斯宾格勒在1917年就意识到"文化的力量是内向的,而文明外向。文化是回家,而文明以'世界城市'(world city)为其领域"②。托马斯·曼在1920年就指出德国思想家关注文化,因为"文化是民族的,而文明拆毁民族主义"③。在第二次世界大战之后,对德法思想都非常熟悉的利科,又回到这个课题,他的一篇重要文章,标题就叫作《普遍的文明,民族的文化》("Universal Civilization & National Cultures")④。注意,他的"文明"一词用的是单数,而"文化"一词用复数。文明是物质的,因此性质合一,而文化却因民族、地区、社群而异。

对文化的民族性,最偏激的言辞来自纳粹"思想家"。马克思主义历史学家霍布斯鲍姆引用过一段某个傲慢的纳粹官员的声明:"文化不可能通过教育而获得。文化流淌在血中。最明确的证据是今日的犹太人,他们对我们的文明做过的坏事太多了,但是永远动不了我们的文化。"⑤ 此种极端的"排外性",所谓"非我族类,其心必异",把文化系统的有效性严格地限制在本民族或本集团中,是很危险的。

但是排除这种极端立场,我们可以看到,相对文明而言,文化的确比较倾向于群体性、社会性、民族性,而文明比较倾向于跨民族合一,原因正是因为文明以物质为基础,而物质的进步比较容易延展。应当说清楚的是,上一段引的几位思想家心目中的"文明"是西方现代物质文明,这个文明逐渐地越出欧美国界,到达世界其他地方。在20世纪初斯宾格勒《西方的崩溃》,与20世

---

① Antonio Santangelo, "Semiotics as a Social Science",《符号与传媒》,2014年第9辑,第118页。
② Oswald Spengler, *The Decline of the West*, New York: Knopf, 1938, pp. 36—37.
③ Thomas Mann, *Reflections of an Unpolitical Man*, New York: Frederick Unger, 1983, p. 179.
④ Paul Ricoeur, *History and Truth*, Evanston: Northwestern Univ. Press, 1961.
⑤ E. J. Hobsbawm, *Nations and Nationalism since 1780: Programme, Myth, Reality*. London: Cambridge Univ. Press, 1990, p. 63.

纪末亨丁顿的《文明冲突》中,这一点都非常清晰。而文化是一个社会的符号意义活动集合,这个集合的构造方式,尤其是它的解释方式即元语言,属于这个社群,而不属于其他社群。同样的符号载体,在一个社群与在另一个社群中,可能是完全相反的意义。

哪怕现代世界早已经越过了"百里而异习,千里而殊俗"[①]的时代,符号意义方式的民族性依然显而易见。物质文明看起来与意识形态不直接关联,很容易被另一个民族文化接过去;而文本体裁则是高度文化的,跨文化流传时会发生一定的阻隔。例如照相术普及推广并不难,任何民族很难永远抵制技术上的进步;而摄影的特殊体裁(例如"婚纱照")的传播,就会出现民族文化阻隔,不会跟着摄影术立即走向全世界。再例如手机短信作为媒介技术,迅速普及全球,很难有一个民族长久抵挡"手持终端"技术文明,但是微信作为一种社会传播方式,其推广必须克服民族文化障碍,可能慢得多。

当我们说文化有渗透功能,会传播到别的民族、别的国家,这种说法是有条件的,传播的速度取决于很多条件。麦克卢汉在20世纪60年代就预言了"全球村"[②],但是麦克卢汉是在讨论传播技术的效果,全球化的是文明的传播,而不是文化的传播。因此,提出"符号域"理论的苏联符号学家洛特曼,强调文化的符号域是有"边界"的,虽然是个流动变化的边界,但是边界不可能消失[③]。

文明与文化的第二点重大区分,是文化在社群内部的集团性分化,比文明的严重得多。一个民族的文明,当然有内部的阶级差别,社会上层支配物质和技术资源,或是所掌握的科学知识,与下层比,两极分化可能变得很严重。但是由于累进所得税、福利制度、慈善、普及教育等等因素,优势会渐渐下渗(trickling down)。但是文化的阶级或阶层分野就复杂得多,而且"平等化"的可能性较小,相反,文化的结构本身经常是为了维护层次化[④]。葛兰西的"文化宰制权"(cultural hegemony)理论,就是看到上层对意义解释和评价权力对社会的控制,远比经济上的垄断更加严重。他进一步解释说,这种宰制权,"应该名副其实地称为'文化',即应该产生某种道德、生活方式、个人与

[①] 《汉书·王吉纪》。
[②] Marshall McLuhan, *War and Peace in the Global Village*, New York: Bantam, 1968.
[③] Yuri M. Lotman, *Universe of the Mind: A Semiotic Theory of Culture*, p. 131.
[④] 祝东:《仪俗、政治与伦理:儒家伦理符号思想的发展及反思》,《符号与传媒》,2014年第10辑,第78页。

社会的行动准则"①。因此,一个社会的文明是相对匀质的,哪怕个人收入条件很不同,至少在追求上是比较匀质的,而文化却因阶级出生等条件始终有严重分化。差别是文化的常态,文化总是有地区差别、性别差别、代际差别、民族差别、阶级差别、宗教差别甚至有职业社群差别。20世纪八九十年代欧美学界掀起的文化批判潮流,就是在抗议"性别、阶级、种族"三大不平等的旗帜下展开的②。

把文化差别分作高与低,在现代社会已经很不合时宜了。实际上泰勒提出文化的罗列式定义,就是想用"文化民主"抵消阿诺德(Matthew Arnold)式的"文化精英论"③。马克思主义的法兰克福学派对俗文化的批判,出自对西方"文化工业"的批判,但是依然认为俗文化比雅文化低一等。而伯明翰学派集中研究所谓"亚文化""俗文化",并且认为俗文化具有改造资本主义的力量,这是对俗文化"低人一等"地位的翻案,但是他们并没有说文化的雅俗分野应当改变,那不是学者改变研究态度就会变的。

文化与文明区分的第三个重大特点,是文化具有意义解释的层控构造。泰勒式定义的另一个重大问题,是罗列的内容没有内在层次:文化是个"复合体"(complex),有人称"总积累"(total accumulation),这些东西似乎是并列的,互相没有制约关系。除了技术科学本身有难度等级之分外,文明没有层控关系:有的机械的确简单,技术上并非最先进,但是只要合用,就没有何者高何者低的问题,例如手扶拖拉机适合农村运输使用。文化不然,正因为文化是一个符号意义的集合,某些意义层次,控制了另一些层次的解释。

这个问题上最广为人知的理论,是荷兰学者霍夫斯泰德提出的文化四层"洋葱式结构"④。他认为"符号"(symbols)⑤为表层,"价值观"为最深层,中间为"英雄"和"礼仪"。文化首先表现为意义的形式,因此文化看得见的部分都是符号载体,这点没有错。格尔茨也说了一句"文化是公众所有的,因为意义是公众所有的",他赞扬胡塞尔与维特根斯坦这二位现代哲学奠基者

---

① 安东尼奥·葛兰西:《论文学》,吕同六译,北京:人民出版社,1983年,第2页。

② Mary Jackman, *The Velvet Glove: Paternalism and Conflict in Gender, Class and Race Relations*, Berkeley: Univ. of California Press, 1994.

③ Thorsten Botz-Bornstein, "What is the Difference between Culture and Civilization? Two Hundred Fifty Years of Confusion", Comparative Civilization Review, No. 66, Spring 2012, p. 13.

④ Geert Hofstede, *Culture's Consequences: Comparing Values, Behaviors, Institutions, and Organizations across Nations*. Thousand Oaks, CA: SAGE Publications, 2001.

⑤ 关于"Symbols"一词的复杂含义,以及在汉语翻译中的淆乱,请参见赵毅衡:《符号学:原理与推演》,南京:南京大学出版社,2011年,第197页。

"对意义私有的抨击,是现代思想的重要部分"①。第二层,霍夫斯泰德称作"英雄",用词有点奇特。笔者认为他是在讨论一个文化的价值褒贬、尊敬鄙视、解释的标准,因此应当称作"符码",即对符号的解释;第三层他称为礼仪,笔者认为可以称作文化"程式",即社会意义方式的相对规定的程序,因为仪礼本身着眼于要求社会尊重程式规范②;而最后的第四层,文化的核心,霍夫斯泰德认为是由价值观构成的,价值观也就是文化的元语言,即意识形态(见本章第4节的详解)。霍夫斯泰德的四层命名可能过于注意史前与古代社会,笔者称之为"符号－符码－程式－元语言",或许更适合所有的文化,尤其是现代文化。

在有一点上,霍夫斯泰德是对的,即人的社会意义实践实际上贯穿这个四层,从符号表象直达价值观－元语言。"实践"当然包括任何实践,有些细微的、日常的、习惯的行为,实践者并未意识到会触及价值观,但实际上不触及价值观的实践不可能实施:文化的行为永远有评价标准的问题。

文化与文明的第四个明显区别,是文化并没有清晰的进步性,它的本质实际上是保守的,文明与之相反,必然是累积的,步步前进的,而文化却完全可能回归原点。文化的取向具有相对的独立性,它与"文明"的发展有时候似乎同步,例如30年代上海作为中国工业现代化的前导,同时催生了以电影与文艺为最显著形式的"摩登文化"。但是这种同步是局部的,不一致却是经常的。文化学家丹尼尔·贝尔对此有清晰的论述。他的结论是:经济和文化"没有相互锁合的必要"③。

文明的累积,尤其是科学技术的累积,必然是"向上进展"的:哥白尼体系确立之后,天文学不会回到托勒密体系;有了U盘和云存储,不会回到存储量小又容易损坏的5吋软盘。但是文化就不然,文化很有这种可能:现代西方画家回到"原始主义""野兽主义";现代中国学子回到孔子礼乐仪式,理由很充分;后代诗人承认唐诗宋词是"千古绝唱",不可能赶上,更不用说超越。经济－技术领域"轴心原则是功能理性","其中含义是进步"④。而文化不同,

---

① 克利福德·格尔茨:《文化的解释》,韩莉译,南京:译林出版社,1999年,第15页。
② 朱林:《仪式的时向问题:一个符号叙述学研究》,《符号与传媒》,2015年第10辑,第139页。
③ 丹尼尔·贝尔:《资本主义文化矛盾》,赵一凡、蒲隆、任晓晋译,北京:生活·读书·新知三联书店,1989年,第60页。
④ 丹尼尔·贝尔:《资本主义文化矛盾》,赵一凡、蒲隆、任晓晋译,北京:生活·读书·新知三联书店,1989年,第59页。

贝尔呼应卡西尔：正因为文化是"符号领域"，它本质上是"反动"的，因为文化"不断回到人类生存痛苦的老问题上去"[①]。

当我们说，文化与文明都是一个社群共享的，因此都需要学习和传达播散开来，也需要通过抚养教育一代代传承下去，而且每一代都会由于内部压力，由于与异文化异文明接触而发生变异。但是这二者的传承有极大不同：文明是后一代肯定比前一代强，文化却说不上"代代前进"。

以上说的文化区别于文明的四个重要特点，即民族性、集团性、层控性、保守性，都来自二者的根本区别：文明倚重物质基础，而文化的本质是符号意义。不了解文化的根本品质"符号意义集合"，就会出现很多误会，很多不必要的混淆，而且这些混乱主要发生在文化研究中。或许符号学式的定义并非文化的唯一的定义，但是不从意义方式问题来研究，如何能将所有这些复杂关系说清楚呢？

[①] 丹尼尔·贝尔：《资本主义文化矛盾》，赵一凡、蒲隆、任晓晋译，北京：生活·读书·新知三联书店，1989年，第41页。

第三节　文化中的错位、畸变与转码

本节概要：

错位—畸变—转码，这三个必须合在一起解读的术语，对文化研究至为重要。它们源自基因技术，尤其是生物学，是当今更是电子时代的技术术语，却也是分析当代文化必不可少的概念。任何一个符号表意系统要维持并延续，就不能容忍错位，错位很可能引发必须淘汰的畸变。但是也有个别错位具有生存力，成为更新的动力，导致系统的转码进化。这个基本原理适用于任何符号体系，更适用于文化体系，而转码往往发生在体系的核心部分与边缘部分之间，更发生在不同体系交汇之处。文化符号体系吸收转码变化，形成演变的活力。

1. 三个术语的由来

"错位"这个词，在中文学界太常用了，但是意义极为广泛。"错位"大致的意思是"进入错误位置"或是"错开位置"：医学上关节错位，地质上断层错位，文化上则有"传统价值错位""学术道德错位""性别角色错位"。例如"屌丝男与白富美的错位婚姻"，任何行业、行为上价值判断错误，意义活动失效等都可以称为"错位"。

错位与否，当然与价值判断有关，效果良好的积极错位不是很普遍。在经济学中有所谓"错位竞争"，在地方发展中则有"错位发展"，在商品经营上有所谓"错位营销"，大致上指的是寻找别人留下的空档求生存发展。但是大部分错位是消极的，有可能引向现有文化规范无法处理的恶性后果，可以称为意义活动中的"畸变"（mutation）。畸变是一个文化，或一个生存系统不想见到的，只能设法避开或消除，不让它延续或蔓延；但是如果错位是积极的，其后果有可能打开新的局面，成为文化演变中意义模式的转折，此种情况称为"转码"（transcoding）。

错位此词西文无对译[①]，而"转码"一词情况几乎翻了过来，英文"transcoding"词义丰富，在电子技术上中文此词意义比较清楚，在这个电子技术更新太快的时代，专门指电子文档从一种编码转到另一种编码，例如从模

---

① 对应的英文词可以是"mismatching""displacement""transplacement""translocation"等等。

拟式录像转为数字式录像。比喻式地使用这个意义，"转码"有时也使用在文艺学中，从一个体裁的文本转入另一个体裁，例如从小说"转码"为电影[①]；有时候也说音乐家读乐谱时，文本在内心"转码"为声音[②]。

而本书目的在于把"错位""畸变""转码"这三个概念应用到文化研究中，与前面说的各种用法相比，抽象得多，意义也宽泛得多。既然是使用了三个其他学科比较随意使用的旧术语，本书就必须加以重新定义，免得与日常的用法混淆。

本书说的"错位"，指的是文本（或文本的某个成分），无法用文化中对该类型的文本已有的符码来做完整解释，此文化所承认的元语言，已经对此文本不（完全）适用。以旧入新如废科举以后的八股文，无人欣赏其好处，在文化中产生错位；过分求新如一位女子行事，处世方式像男人，在承认她生理上是女人的同时，文化不得不承认她有男子（无论是好是坏）的品格，这就是文本与解释符码的错位。

前面说过，错位一般被视为一种错误，如果容忍下来，就可能造成文化的"畸变"。例如八股文很可能被视为过分装腔作势，文本失去传达能力；而"女汉子"，很可能被孤立、被边缘化，顶了"不守妇道"的罪名，或落到"大龄剩女"的境况。

万一此种解释符码冲突在文化中沉积了下来，成为积极传统，文本中具有宰制权的元语言就不得不进行修正。目前在各种景点或饭店出现的"长赋"，陈腔滥调颇为严重，很少有游客有兴趣读到底，但是让人觉得平添了一些"文化底蕴"；我们当今的文化中，也出现了"女强人崇拜"。虽然这些价值转换尚未转成优势主导，一旦有机会发展下去，就会出现元语言的"转码"。这样的例子实在太多，每时每刻都在我们的文化中发生。可以拿同性恋、游戏沉迷、先锋艺术、网络弹幕或墙头涂鸦为例，我们很容易看出"错位"的困惑以及"畸变"或许可能导致的"转码"这三个概念之间的关系。

2. 基因与"模因"

在这个问题上，我们可以明显看出人文学科与科技，许多意义范畴与概念是相通的[③]。与文化理论中的这三个概念最切近的，可能是生命科学中的基因

[①] 赵彦春：《归化异化的学理思辨》，《英语研究》，2012年第2期。
[②] 陈声钢：《音乐活动中的内心听觉》，《中国音乐家》，2006年第1期。
[③] 胡易容：《人文学科的科学化》，《符号与传媒》，2015年11辑，第122页。

理论。遗传基因的稳定性，保证了一个生物物种的有效持续繁殖，让生物体的种族特性一代代稳定地传下去。一旦基因的碱基发生错位（translocation），即细胞分裂复制发生错误，或受化学品、辐射、病毒等影响，造成碱基位移或消失。错位有可能引发畸变，而畸变的生物体一般会夭亡，或无法繁殖而一代而终。但是相当少的情况下，可产生移码（frameshift），错位的基因由于某种机制而传递给后代，这就为新物种的进化或新品种的培育，创造了基础性条件。

以上说的是生物的基因错位现象，其基本理念与本书讨论的文化现象非常相似，为对应的文化理论提供了模式：文化中的意义解释方式（符码）的稳定延续，能保证文化表意方式（编码）与解释方式（解码）得以延续，从一代人传到另一代人。只是文化符号学中，这个关键性的储存并延续文化代代复制的元素，称为"模因"（meme），这是文化符号学模仿"基因"（gene）而创造的词。提出者生物学家道金指出：这是希腊语"mimema"（模仿）的缩语，又让人可以想起英文"记忆"（memory），法文"相同"（meme）[①]。但是其基本意义是携带了各种意义能够在文化的人群中传播的"单元"（思想、行为、风格）。

模因作为符号，与文化中的其他符号有什么不同呢？基因要求有机体严格地复制其碱基链传达的意义；模因要求一个文化尽可能严格地模仿延续其文本格局，从而保持意义的稳定性。例如一个文化中的婚葬习俗、善恶价值。尤其是模因经常形成组合（所谓"memeplexes"），即理论、系统、学说，也即维持传统的文化元语言集合。

社会文化极为复杂，上面描述了生物基因复制错位产生畸变，在文化中更可能发生模因的错位，产生不合文化规矩的"怪人奇事"。有的错位是个人生理或心理天生异形，并非有意地表现出来的（例如性格乖戾）；有的错位是某些人作为意向性主体有意"作怪"创造的（例如《世说新语》中记载的魏晋文人怪癖）；更有一些模因错位并没有真正发生，而是人用某些媒介化的表意形式（例如思想或文字，例如艺术或设计）"奇思异想"出来的。所有这些都是文化生活中的"标出项"，也就是非正常项[②]。

文化中，不管是自然出现的、被动的错位（例如发明一种新的食物吃法），还是想象筹划出来的、主动创造的错位（例如 Levi 公司有意把牛仔裤磨破变成流行风格），开始时都会被该文化的大多数人认为是"畸变"，"此风不可

[①] Richard Dawkin, *The Selfish Gene*, Oxford Univ. Press, 1976, p.192.

[②] 关于"标出性"，请参见赵毅衡：《符号学：原理与推演》，南京：南京大学出版社，2015 年第 3 版，第 278 页。

长"，应当抛弃，也就是不能成为一种延续下去的新的模因。最后可能得到两种不同的结果：一种最后被边缘化，被淘汰，从文化延续中消失，最好的结果不过是成为记载中的无人再会模仿的轶事；另一种比较少的幸运者，被认为是"新生事物"进入文化的延续，被文化所认可，被许多后来者模仿，最后成为一种新的模因，被纳入文化主流。这时候在文化中就出现"转码"，也就是成为新的规范，变成新的评价准则或审美标准。

与生物的基因错位有可能造成生物进化一样，文化演变最重要的初始因也是错位。两个错位都发生在有机体中，它们本质上都是意义的载体（基因链中的碱基、文化构造中的符号）发生变异，造成所在系统已有规则的解释困难，形成影响机体全局的复制异常障碍。这两种结局（被淘汰或被吸纳）都对文化的发展造成影响，但是影响的方式和程度很不一样，文化秩序的延续与维持，靠的是把这些错位擦抹消除掉，扔进历史的"畸变"垃圾箱，以维持模因的延续；而文化的演变革新则是承认错位，继而引发文化"转码"，重要的模因更新，甚至会引发历史性演变。

错位发生的原因，在生物体中被动的居多，在文化中由于人的主体性则主动的居多。发生错位，对于机体当时当刻的健康与稳定延续都是不可取的：任何错位都具有一种潜在破坏性的风险。保守的方式，即作为畸变丢弃处理，总是比较稳妥的，但是也就丧失了改变的机会。最后结果是否为成功的转码，需要经过一段时间之后才能看清，这在生物进化中是自动淘汰，在人的文化中，决策往往掺杂了许多主观价值判断，既有天才的远见，更多是大规模的群体愚行。

文化的错位，比生物的被动基因错位更加复杂，是因为人的意义世界并不局限于实践意义活动。意识中的意义错位，随时可以发生，思想与想象主观采取某种新的想法，本来就非常自由并且任意。但是由于意识对实践的筹划作用，却随时可以转化为意义实践的指导。经常，幻想甚至想象的创新，比精心"筹划"更能介入实践。

人的精神错位可以直接表述为元语言（例如一个新的艺术流派，可以用作品推出，但是更明确有效的方式是加上"宣言"），因而选择和改变的过程很大程度上被主观化。中国历代儒生行为上不遵守孔子伦理的人多矣，只有王阳明和李贽敢于说出"不必以孔子之是非为是非"，可见言论比实践重要得多。哲学中创新的思想（例如符号哲学），文学艺术中新的灵感或新的形式（例如胡适提倡白话文学），对任何文化活动的新的态度（例如五四的传统批判精神），都是从意识有意的错位开始的。思想的错位，或许更有可能造成重大的历史后果，引向影响深远的文化转码，因此比实践影响重大得多，胡适实践自己"白话诗"主张的《实验集》，几乎让新诗运动沦为"畸变"。

心灵的错位创新，虽然比实践错位来得容易，却有可能产生改变历史的重大后果。例如美国南方黑奴的逃亡，"自由列车"偷运到北方几万黑奴，这是违反蓄奴制的实践错位，延续下去，假以时日，肯定会对文化现状的延续造成威胁。但是反蓄奴主义意识的出现，反蓄奴主义思想产品如斯托夫人的《汤姆叔的小屋》，却更直接地挑战意识形态元语言，以至于林肯说："一个妇人写了一个小册子，结果引发了一场战争。"文学艺术不只是比喻地借用经验材料来虚构创作，而是比经验更高一层地反映世界的"内在整体性"。

3. 转码

转码这个关键词使用于许多领域，在当今的人类文化中，可以说是一个非常常用的词，也正如所有的常用词，意义相当模糊甚至混乱。这个词被应用的学科之多，超乎想象，语义也经过了相当多的变化，为文化研究应用此概念造成一定的困惑。

转码（transcoding），原意是"跨越解码"。解码原先的意义是：用既定符码解释某个符号的意义，而这种意义取决于这个符号元素在这个系统中的"区别性特征"，即系统中其他组成元素之间互相依存又互相区别的关系。最简单的例子就是黄灯在交通灯系列中的意义，既区别于红灯和绿灯，却又依赖于红灯和绿灯，单元既区别又依赖于系统。这时候，如果两个系统发生交叉，例如交通灯难以处理复杂局面时，交警出场，以手势辅助指挥，这时就必须有灯光系统与手势系统互相补充互相转换的关系，此时交警（跨系统编码者）与司机（跨系统解码者），都必须统筹两个系统的意义，因为两个系统不一定完全一致：绿灯亮时，交警不一定允许你前行。这是一个"转码"的最简单模型。

在语言体系这个人类最庞大的符号体系中，转码时时刻刻在出现。使用语言很难死守一个系统，转换不得不经常出现，让我们在不同场合可以使用不同语汇。在家对孩子说的语汇，不能用于办公室；朋友闲聊的话语，不能用于作报告；有的孩子对母亲与对父亲说话都会用不同方式；开会或上课说普通话，与闺蜜说悄悄话用方言。这种情况可以称为"换码"（code-switching）。这些都是符号系统的转换，只要系统不发生交叉，就不会出现转码的必要。最简单的翻译，看起来只需要换码。

系统交叉并且互相渗透，发生在广义的"翻译"中，也就是在应用一个语汇系统时受到另一个系统的影响，不得不使用另一个语汇系统的某些要素。例如某人在用普通话作报告时,某个句子突然用了观众熟悉的家乡方言,某个词突然用了网络流行语,外交官某个词突然用了受访国的语言。如果属于口误,发生的只是"错位"。这时听者不得不依靠不同的符码,来解答这个语汇的意义。如果说话者正是为了取得特殊效果,他期盼听者在这两套语汇系统中进行转换,达到了某种目的,取得了某种特殊意义效果,"不忘家乡父老""懂得当代青年""尊重主国人民",这时就出现语言"转码",即跨(语言)系统转码后的符码。

例如看电影,无论是3D、彩色或黑白,一旦沉醉于故事,各自的符号系统都能在框架内完成表意功能,都不会觉得异样。黑白片也能让观众陶醉,而不会一直记得是在看旧技术的电影。但是,一旦两种系统互涉,彩色电影中出现了黑白镜头,就出现了系统的"错位"。而当我们看出,这是用"主观镜头"再现主人公四五十年代童年岁月的回忆时,系统中的另系统风格元素就携带了特殊的意义,而这意义需要跨系统的文化转码方式才能理解。

英国广播公司2015年11月22日报道称,两个美国白人青年冯·拉姆和戴维·罗西,决定在上海开第一家"西式中餐馆"(Fortune Cookie),卡夫菲力奶油芝士、脆玉米片、英式芥末粉、四季宝花生酱、香港酱油等调味品来自全世界,从马德里到墨尔本,但是在中国大陆却没有这种味道的"中餐"。冯·拉姆说:"如果是一个老外,那有99%的可能性你对本店菜肴很满意;如果你是当地的一个年轻中国人,70%的几率你可能会觉得满意。"[1] 这话说得很有意思:如果这个餐馆开在美国,就不出现这样的"西式中餐"系统与"中国正宗中餐"系统的互相干涉,餐馆老板寄希望于上海的年轻人进行这种跨文化系统转码,使它不至于成为"畸变"而夭折。

翻译本来是一种语言学行为[2],在一定情况下,会变成文化行为。很多翻译学者认为翻译时不能满足于"语言学换码",而应当取得"文化转移"(transfer)[3],后者是"转码"的另一种说法。很多文化论者坚持认为:翻译如果被狭义地理解为一个语言学问题,则会译而不得其神[4]。斯皮伐克在讨论

---

[1] http://news.163.com/15/1128/00/B9FG6ODL00014AEE.html,2015年11月28日查阅。

[2] Mary Snell-Hornby, "Linguistic Transcoding and Cultural Transfer: A Critique of Translation Theory in Germany", *Translation*, *History & Culture*, 1999, London: Pinter, p. 87.

[3] Kenneth Au, "Cultural Transfer in Advertisement Translation", *Babel*, Vol. 45, No. 2, 1999, pp. 97-106.

[4] Douglas Kellner, "Cultural Studies and Philosophy: An Intervetion", in (ed) Toby Miller, *A Companion to Cultural Studies*, 2000, p. 140.

翻译时，说"转码"式翻译是对"翻译产业"（"translation business"，意思是平庸的无创造力的翻译）的一种文化暴力行动[1]。这个意义上的转码，也发生在体裁转换上，例如戏剧改编小说时，不得不把某些只有小说的叙述方式（例如时空的自由转换、间接引语、人物视角等）转换成戏剧才能做得好的方式[2]。这就是为什么我们读某些翻译，看某些改编，觉得"太死板"，即拘泥于原作。

近年来，"转码"成了高频词，这是因为一个新媒体——视觉媒体与电子媒体在人类文化中勃兴，而这领域技术的高速发展，使任何符码系统都无法稳定应用，不断被更新。例如录像带上的视像材料是"模拟式"的，不久就必须转码到 CD 光盘的"数字式"。系统的互相重叠交叉变换成了这个领域不得不每天处理的工作，有的网站甚至设置了供大众使用的"转码软件"，例如《暴风影院》提供的视频转码器。

哪怕技术转换，也不全是一个技术问题，它会引发巨大的社会变化。电视的兴起，引发了关于报刊新闻与视觉新闻之间的转码。印刷新闻到电视报道，不只是一个后台支持，电视大量采用"第一人称讲述"，大规模提高了新闻传播的主体间性[3]；大量的历史档案，现在可以电子化保存，引出了电影史资料、人类学资料等的"数字转码"。电影电视成为人类文化生活最主要的部分，直接引出了"电影意识形态与政治话语"这个文化转码问题[4]。而任天堂（2005）和 iPhone（2007）推出的触摸界面，导致手持终端技术全面占上风，结果是"刷屏文化"在全球普及[5]。"文化的电子化"本身可能是人类历史最重大的转码之一。电子化的"五大原则"（"数字再现""模式性""自动化""变异性""转码"）中，转码是最重要的原则[6]。电子时代技术转码的急剧性，不只是当前文化转码迫切性的比喻，而且是其原因。

---

[1] Gayatri Chakravorty Spivak, "Translation as Culture", in (eds) Paul St-Pierre & P C Kar, *In Translation Reflections, Refractions, Transformations*, London: John Benjamin, 2007, p.97.

[2] M de Marinis, *The Semiotics of Performance*, Bloomington, Indiana Univ. Press, 1993, p.34.

[3] Susan Jakobson, "Transcoding the News: An Investigation into Multimedia Journalism published in nytimes.com", *New Media & Society*, 2012, Issue 5, p.98.

[4] Douglas Kellner, *Media Culture: Cultural Studies, Identity and Politics Between the Modern and the Post-Modern*, London & New York: Routledge, 1995, p.57.

[5] Stefan Werning, "Swipe to Unlock: How Materiality of the Touch Screen Frames Use and Corresponding Perception of Media Content", *Digital Culture & Society*, Vol. I, Issue 1, 2015, pp.55—72.

[6] Lev Manovich, *The Language of New Media*, Cambridge, Mass: MIT Press, 2001, p.84.

4. 文化转码

最早提出"文化转码"这个概念的，是著名的符号学家、塔尔图学派领袖洛特曼。1965 他发表著名的论文《论次生模塑体系中的表意问题》，第一次提出转码概念。所谓次生模塑体系，就是非语言符号体系[1]。各种符号体系的并存就会互涉。它们对我们的意义世界起模塑作用的方式不同，就必然出现语言与其他符号体系的转码，或各符号体系之间的转码。

此后讨论"转码"的思想家中，有德勒兹和加塔里，他们在名著《千高原》中讨论到转码的必要性：每种表意形式，构成一种独特的"环境"（milieu），也就是这种表意方式独特的"编码秩序区"；每一个"环境"是一个编了码的时空区，编码用重复保证秩序。因此，当这种"环境"互相叠合，就使表意形式不得不处于"永恒的转码状态"（perpetual transcoding）之中[2]。

推进文化"转码"概念的，还有美国的马克思主义理论家詹姆逊。他指出从现代到后现代，出现了一个社会文化总体性的转码过程[3]。另一位马克思主义者哈尔彭在讨论资本的原始积累时指出，在近代历史上，从封建主义到资本主义，一般称为社会阶段的过渡（transition），实际上是一种意义方式的大转变，应当称为社会形态的转码[4]。这不是简单地改变术语，这些新马克思主义思想家是在指出：社会剧变不完全是生产方式的演化，更重要的是意义方式的更新。

应当说，转码并不是一个方便的概念，在 20 世纪的术语环境中，转码的纯技术特征一直没有消除。除了在个别领域，例如语言学、媒介理论、符号学等，转码所指的符码的转用比较贴切，相当多的论者情愿换用"形态变化"（transformation）、"另文化化"（transculturation）、"另创造"（transcreation）、"跨变"（transversality）等其他术语[5]。某些文化思想家，例如本雅明，例如德

---

[1] Yuri Lotman, "On the problem of signification in secondary modeling systems", *Papers on Sign Systems*, Vol. II Tartu, 1965, pp. 22—37.

[2] Gile Deleuze & Guattari, *A Thousand Plateaus: Capitalism & Schizophrenia*, Minneapolis: Univ of Minnesota Press, 1987, p. 384.

[3] Fredric Jameson, *Postmodernism: The Cultural Logic of Late Capitalism*, Dutham: Duke Univ. Press, 1991, p. 393.

[4] Richard Halpern, *The Politics Of Primitive Accumulation: English Renaissance Culture and the Genesis of Capital*, Ithaca: Cornell Univ Press, 1992.

[5] Eva C. Karpinski et al, *Trans/acting Culture, Writing, & Meaning*, Wanterloo, Ontario: Wilfred Laurier Univ Press, 2013.

曼，坚持用"过渡"一词，而不用技术味太浓的"转码"①。术语的过于散乱，使讨论无法集中，使这个问题在理论上得不到明确的推进。与上述其他类似的概念相比，"转码"是意义理论最合适使用的术语，因为元语言是符码的集合，如果我们同意"文化是一个社会表意活动的总集合"，那么意识形态就应当是"文化的元语言"（这是本书下一节的主题）。"转码"直接点出了核心问题：厘清这个概念，要求我们对符码和元语言做更深入的研究。

错位的发生，有可能是体系内部本来存在的异元素引发的，畸形后代的产生，往往是基因中的隐性缺陷变成显性的结果。但是更可能的原因，是两种体系的互相干涉。最为人所知的例子，是马和驴子的后代产生骡子，狮子和老虎杂交的后代"狮虎兽"。不同物种相互干涉，必须基因非常类似，即使如此，后代也没有生育能力。每一个物种的基因都有保持不被侵犯、不被改变的功能，"基因稳定"是物种生存的基本要求。文化上的配合，却是一种主观可控的过程：文化有保持纯洁的本能，因为一个文化的元语言，拒绝或无能力解释或欣赏某些异文化的元素，不得不给予排斥。但是一个完全排外的文化，又是一个僵化的文化，因为文化之间的异系统碰撞与互渗，是人类进步之必需。

5. 符号域理论

在这个问题上，洛特曼（Juri Lotman）的符号域（semiosphere）理论，比较清晰地说明了系统变异的必要性。洛特曼受到化学家维尔纳茨基"生物圈"（biosphere）概念的启发，将符号域视为人类文化模式得以实现的"连续体"。符号域是有边界的，其中的各个符号系统既具有独立性，又在共时关系上彼此交换；同时，符号系统自身具有记忆功能，并在历史纵向上相互影响。上述三种符号运动在不同组织层面上进行，实现信息的传递、保存、加工和创新。换言之，符号域就是一个模因结群起作用的范围。

符号域的基本特征是不匀质、不对称，因此充满了内部的变异动力。符号域在结构上是多层级的，中心是最有序、最稳固的符号系统，结构上自我满足，自我规范，但灵活性较低。边缘则松散无序，是各种"部分错位"的亚文化存在的区域，充满不确定性，秩序有点混乱，但是具有发展潜力。一个文化各部分的符号性质、可译度、发展速度和循环量值有所差别，在彼此碰撞中驱

---

① Jonathan Crewe, "Transcoding the World: Haraway's Postmodernism", Signs, Vol. 22, No. 4, Summer 1997, p. 893.

动着符号空间结构的动态发展①。

更重要的是符号域之间的互相交流。正如基因容易受到异物（化学品、辐射、异物种入侵、气候或环境变化）的影响而发生错位变异，文化的边界更容易受到外来文化的干涉，生物体排斥异体的反应强烈得多，文化虽然对"非我族类"有排斥，毕竟不同文化都是人类的文化，全面接受异文化，会失去自我，但接受部分异文化的模因，却不得不经常发生。此时发生的"错位"（例如"假洋鬼子"）在文化中本被认为是正常的，因为不容易被当作畸变而淘汰，很容易被接受从而引发转码（例如"胡服骑射"）。注意这里交换的是模因，即对符号的解释和评价，奇装异服如果只是用来炫奇（例如在化妆舞会上），依然是"畸变"，不形成转码。而新的模因是价值观的变化，是对奇装异服的评价和赞赏。符号域的边界是文化内外两个空间的结合部，是不同文化互相干扰的区域。它是符号语言转换的机制，有可能将异文化模因转换为本符号域的内部模因。

由此产生符号域系统的熵（entropy）概念，即从无序到有序两种结构的互相干涉，使符号域永远处于动态平衡之中。这是物理学家普里戈金（Ilya Prigogine）在区分系统的平衡度时提出的物理学概念：系统宏观上的稳定结构，需要不断与外界交换物质和能量才能获得，系统也因此永远处于由无序转为有序的状态中。而一旦过于有序，即"熵"过低，符号域就坠入僵化。熵在符号域各个部分中的不平衡分布体现了无序和有序两种结构的互相侵入，强调了文化的动态发展。

符号域的内部结构，必须依靠与外界的文本交流，才能维持自身发展。在有序部分（熵值较低的符号域中心部分）和无序部分（熵值较高的符号域边缘部分）相互冲突中，整个文化系统的动态平衡得以保持。这意味着文化的渐进发展和爆发性发展是交替进行的。总的来说，文化有自我稳定机制，也必须有允许变动的机制；二者的相互作用使文化不仅可以正常运转，也能使它不断活力更新，这就是为什么，如果一个文化想要延续、更新、发展，转码是不得不随时进行的工作。

6. 后现代转码

对"转码"这术语做了意义最惊人的使用的，是激进女权主义者，美国著

---

① 彭佳：《对话主文本体：皮尔斯和洛特曼符号学视域中的文化标出性理论》，《符号与传媒》，2015年第11辑，第205页。

名文化学者唐娜·哈拉维。哈拉维的《赛博人宣言：20世纪晚期的科学技术和社会主义的女性主义》在1985年发表时，的确惊世骇俗，有些人觉得她故意耸动视听，有的人认为科技味太浓。但是近三十年时代的巨变证明了她的论述有先见之明。所谓"赛博人"（cyborg）是控制论（cybernetic）和有机体（organism）两术语的合词。"赛博人"似乎可以被定义为"电子装置一定程度地控制生理过程的人"，或简单理解为"人机合体"。

哈拉维对"赛博人"的定义是，"一个受控制的有机体，一个机器与生物体的杂合体，一个社会现实的创造物，同时也是一个虚构的创造物……我们已步入了一个'人机合体'的时代"。"赛博人"不止是指体内装有电子设备的人，还具有更深的文化内涵——它是"一个控制有机体，一个机器与生物体的杂合体，一个社会现实的创造物，同时也是一个虚构的创造物"。有些中译者将其译为"机械人""生化人""受控制生物"等等。所谓"控制论"就是利用科技来增强人的身体性能，由于电子技术在这方面的突飞猛进。

进一步说，赛博人叠合了人和动物的界限、人和机器的界限、自然与非自然的界限，甚至迫使人类思考人的本质，人的灵魂，究竟是否能变异。哈拉维举转基因番茄为例，赛博人已脱离了原来的种群，有交叉的元语言方式，身份延续的断裂让人不得不重新思考人类在这世界上的定位。我们还可以加上另一种"人机合体"，就是获得了足够仿生能力的人工智慧（AI）的电脑机器，可能其身体不是"有机体"，但是它们却有人的智力特权（例如学习），它们是从机器方向靠拢"赛博人"的转码体。

人机合体从根本上改变了人们的传统思维方式，对于这种全新的主体，其个体受到群体、社会等传统规范的制约或许会很不相同，或许他们无须带上旧有的精神镣铐。哈拉维借由"赛博人"理论，对西方传统思想的二元格局提出质疑，认为二元总是一方处于优势的非标出"正常"地位，另一方则成为弱势的"标出项"。而在人机合体的赛博人主体中，没有一方处于标出地位，因为有机体在本质上合一，无法割舍或忽视任何组成部分。

因此，哈拉维对人类历史的转码前景，做出了至今听来都非常惊人的预言："这个时代使原本恒定的一切界限被逾越，一切似乎颠扑不破的分类原则被打破。"[①] 甚至我们每个人都不得不转码，成为一种新的物种："在20世纪晚期，我们的时代，一个神话的时代，我们全都是嵌合体（Chimera），是拼

[①] 金惠敏：《消费·赛博客·解域化——自然与文化问题的新语境》，《中国社会科学院研究生院学报》，2007年第9期。

凑而成的机器和有机体的混血儿；简而言之，我们是赛博人。赛博人是我们自己。"① 如此信心十足地宣告一个人变成一个全新物种，人类历史的全新时代来临，的确需要气派。连哈拉维本人都声称，现代人类文明特有的虚构表意形式"现实主义小说"，将要被科幻小说取代。对哈拉维的有的评论文章，标题干脆作《转码世界》("Transcoding the World")。

在19世纪的早期科幻小说中，人机合体（或用化学药物改变身心）命中注定是"畸变怪物"，都遇到夭折的结局。玛丽·雪莱的《弗兰肯斯坦》，路易斯·史蒂文森的《化身博士》(*Dr. Jekyll & Mr Hyde*)，都认为机器或科技最终将毁灭人的灵魂。看来电子时代到来之前，人们一般都认为这样的人机合体或人科合体，是灵魂与技术的错位交叉，双方不安其位，人性丧失，或缺少人类文明的最基本适应力，只能作为畸变被淘汰。

一个多世纪之后，在电子时代的黎明时，哈拉维却认为人机合体造成的人的本质转码，会让整个人类文化发生革命性的变化。这位"社会主义女性主义者"显然嗅到了变革之风，看到了人类本身即将面临的大转码。哈拉维说的这个"新物种"，在80年代中期已经不是科幻小说中的人物，而到今天，人机合体的技术已经越来越普遍，脑控假肢、心脏起搏器等，已经相当常见，而转基因植物与克隆动物则在争议中发展。这样的人机合体，是人类的生理－心理（肉体与精神）体系与电子技术体系的交叉叠合，但是这不是一种简单的组合，而是双方处理符号意义的方式的全面嵌合，两套意义体系的冲撞和融合。因此，现在看来，或许应当被称为"电子转码人。"这局面对人的意义活动影响之大，有可能造成"意识转码"，我们至今无法预测这样的未来。

---

① Donna Haraway, "Manifesto for Cyborgs: Science, Technology and Socialist Feminism in the 1980s", *Socialist Review*, Issue 80, p. 107.

第四节　意识形态：文化的元语言

本节概要：

　　意识形态是社会科学与人文学科最复杂的概念。在两个多世纪关于意识形态的论争中，有不少论辩已经卷入文化、符号意义、元语言等概念。本书试图把这些概念综合起来，给意识形态一个简短而清晰的定义——"意识形态是文化的元语言"，并且用这个定义来解释意识形态研究的几个大难题，即意识形态是整体的还是碎片的？意识形态是真实的还是虚假的？能否超越意识形态来对之进行分析批判？一个哲学符号学式的分析，或许有可能为这些问题提供新的理解。

1. 题目中的三个半术语

　　本节标题中的三个或三个半术语（"意识形态""文化""元语言"，以及它们共同隐含的定语"符号学"），看起来从来没有同时出现在任何国内外文章的标题之中，无论是论文还是专著，无论是西文还是中文，也都没有同时出现在同一篇论文的关键词中。虽然已经有不少论著在围绕着这几个概念的关系进行讨论，但没有一篇文献把这些概念联系在一起。

　　应当说学界很早觉察到这些概念中的联系，关于文化，关于元语言，关于意识形态，以及它们与符号学的关系，都有太多的文献，已经呼之欲出了。本书给的定义，只是把这些已经说出来的意思直截了当地写成定义作为标题。这些概念本身的定义有太多纠缠。如果能把这几个概念的关系理清，关于意识形态，关于它卷入的一系列极其复杂的几个世纪都没有解决的问题，或许可以提出一种比较明白易懂的解释。

　　本书上一节已经详细讨论了文化与符号的关系，文化是社会相关符号意义活动的总集合，本节不再赘述。关于文化与元语言的关系，我们可以见到洛特曼的论文《文化类型描述的元语言》，全文讨论的是文化分类问题，而且指出"文化模式"在处理文化的分类、评价、等级、地位等中的作用。他认为分类的标准是"特定文化的世界观",这就有点接近"意识形态"这个概念了[1]。有一些学者的论文比较清晰地讨论了元语言在语言的社会性"语用活动"中所起的作用,例如亚沃斯基等人集合诸家之说的《元语言:社会与意识形态视角》,但是文集中绝大部分文章讨论的是语言学的元语言;而不是符号学的元语言。也有个别文章指文化活动中的"语言",例如关于电视广告中的语言的讨论[2],有点接近文化研究学理,但讨论的依然是广告语言的用法。

本书前文已经引过笔者在1990年给"文化"下的定义:"一个社会中所有与社会生活相关的符号活动的总集合。"[3] 而在2011年出版的《符号学:原理与推演》一书中也有一个简短的讨论:"意识形态就是把'社会相关表意活动总体'作为对象语的元元语言,它的主要任务是作为文化的评价体系。每个社会性评价活动,也就是元元语言集合支持的一个解释努力。"[4] 也许"元元语言"这个术语过于拗口了,这个结论并没有得到广泛支持,只有个别论文呼应了这个观点,例如孙金燕的武侠小说史研究[5]。

本书的目的,不仅是从一个较新的角度理解意识形态这个无比复杂的问题,更是为了对作为符号哲学的意义理论提供一个重要的维度。为了这个目的,本书不得不耐心地回顾作为社会符号表意集合的文化,作为符号学概念的元语言以及作为文化元语言的意识形态,然后检查如此的论辩,能否有助于理解意识形态研究中几个长期争论的课题。元语言的层次控制,是本书讨论文化与意识形态最基本的出发点,实际上是所有讨论这些题目的论说中,最为简明清晰的。

2. 意识形态的本质

本节开宗明义,用比较简明清晰的语句说清了四个概念的关系:意识形态与符号学紧密相关,因为它是文化作为社会符号意义集合所必须的元语言。检查了一下四方面的关联,就可以看出本节定义顺理成章:"意识形态是文化的

---

[1] J. M. Lotman, "On the Metalanguage of Typological Description of Culture", *Semiotica*, Vol. 14, Issue 2, Jan. 1995, pp. 101-103.

[2] Ulrike Hanna Meinhof, "Metadiscourses of Culture in British TV Commercials", in (eds) Adam Jaworski, Nikolas Coupland, Dariusz Galaskinski, *Metalanguage: Social and Ideological Perspective*, Berlin: Walter de Gruyter, 1998

[3] 赵毅衡:《文学符号学》,北京:中国文联出版公司,1990年,第89页。

[4] 赵毅衡:《符号学:原理与推演》,南京:南京大学出版社,2015年第3版,第242页。

[5] 孙金燕:《武侠"为市民写细心"与20世纪文化元语言的动制分途》,《西南大学学报》,2011年7月号。

元语言。"的确，至今没有论者作出如此定义，但是上面各节列出的一系列重要学者的看法，已经让这样一个定义呼之欲出。现在我们要回答的问题是：这个定义有什么特点？是否有助于解决意识形态研究的几个基本难点？

意识形态问题的讨论已经延续三个世纪，可以说这是社会科学与文化研究中使用最频繁的词，或许使用场合太多了一些，因此含混庞杂。很多人感叹："意识形态在整个社会科学中是最难把握的概念。"① 伊格尔顿的描述更为戏剧化："没有一种意识形态概念获得该领域理论家们的普遍赞同……有多少理论家就有多少意识形态理论。"②

有的理论家认为这是意识形态的本质使然，齐泽克认为意识形态本来就应当难以捉摸："意识形态正巧在我们试图摆脱它的时候冒了出来，而在我们认定它会存在的地方倒不会出现。"③ 什么原因呢？因为"意识形态，依照定义，永远是意识形态的意识形态……不借助任何与另一种纯粹的意识形态划清界限的方法坚持自己权利的意识形态"④。他的话说得很玄，实际上他是说，定义意识形态，本身就是一种意识形态行为。

不过，把意识形态与其他"非意识形态"的意义范畴区别开来，并非不可能：一个社会的某些社会意识，如自然科学、语言学、形式逻辑等，并不与一定社会集团的利益和要求相联系，在阶级社会中也不一定具有阶级性。霍奇指出一系列必须与意识形态相区分的概念：意识形态不同于"世界观"，因为后者太形而上；不同于"讲述"（discourse），因为后者太偏重于语言；不同于福柯说的"知识素"（episteme），因为后者太抽象，不够社会化；也不同于"宣传"，后者太直截了当⑤。而伊格尔顿指出意识形态不同于"上层建筑"中具体的国家机器部分，国家机器包括法律、政治、国体等，而意识形态指的是"特定的社会意识"（政治的、宗教的、伦理的、美学的等等）⑥，在另一处他指出意识形态不同于"文化"，因为意识形态不包括文化的"生活实践与制度"；也不同于"政治冲突"，因为比较具有中性色彩。他认为比较接近意识形态的概念是"世界观"，因为后者涉及生死意义、人的生存等一般问题⑦。而

---

① 大卫·麦克里兰：《意识形态》，孔兆正、蒋龙翔译，长春：吉林人民出版社，2005年，第1页。
② Terry Eagleton: *Indeology: An Introduction*, London: Verso, 1991, p. 1.
③ 斯拉沃热·齐泽克：《图绘意识形态》，方杰译，南京：南京大学出版社，2002年，第4页。
④ 斯拉沃热·齐泽克：《图绘意识形态》，方杰译，南京：南京大学出版社，2002年，第25页。
⑤ Bob Hodge, "Ideology", Semiotics Encyclopedia Online, http://www.semioticon.com/seo/I/ideology.html, 2016年1月17日查询。
⑥ 特里·伊格尔顿：《马克思主义与文学批评》，北京：人民文学出版社，1986年，第9页。
⑦ Terry Eagleton: *Indeology: An Introduction*, London: Verso, 1991, p. 28.

霍奇说"世界观"比意识形态更形而上，意识形态应当处理社会的基本意义方式①。

慕林思进一步指出，不能把意识形态与"乌托邦"相提并论（曼海姆认为意识形态是乌托邦），也并不接近"神话"（这是巴尔特的看法），因为意识形态有以下一些非常实在的特点：1. 能控制人的认知（epistemological）；2. 有能力指导或评论；3. 能引导行为模式（paradigm）；4. 意识形态本身逻辑融贯（coherent）②。伊格尔顿也指出过意识形态的最重要的两个特点：其一，"意识形态最一般的观念，强调思想的社会决定性，即人们的观念、信仰、价值等产生的一般物质过程"；其二，"意识形态比较窄的定义，即一系列的观念或信仰，象征着特定社会团体或阶级的状况与生活体验"③。

他们的意见，实际上是把意识形态分成两个部分，一部分是认识与思想，一部分是实践与行为，与本书导论第一节"意义世界的复数性与复合性"把意义世界分成两大部分的看法类似。这个问题非常重要，因为它决定了意识形态的外延范围。如果说意识形态就是文化的元语言，或我们就必须检查这与文化的外延是否一致，也就是问：文化是思想认识的元语言？也是行为实践的元语言。也就是说，意识形态不仅控制或引导人的思想，也指挥着他们运用这些思想进行的社会实践，因为这些实践也是意义世界的一部分。

3. 作为文化元语言的意识形态

元语言的概念最早来自语言学，自从雅柯布森与巴尔特等人用"元语言"来指符号信息的意义控制方式，这个术语在符号学中已经确立：元语言（metalanguage）是解释符号意义的符码（code）的集合。控制文本形成的意义植入规则，控制文本解释的意义重建规则，都称为符码。

单独的符码只是在个别符号的理解中起作用，而符码的集合，即元语言，是理解符号文本的集群所依据的规则，类似理解语言所需要的（虽然不一定成文的）辞典和语法。各种文化活动，仪礼、宗教、民俗、舞蹈、手势、绘画、体育、男女关系，只要被当作意义文本，就必须有相应的元语言，提供体系化的解释符码。

---

① Bob Hodge, "Social Semiotics", *Semiotic Encyclopedia Online*. http://www.semioticon.com/seo/S/social_semiotics.html, Retrieved September 16, 2011.

② Willard Mullins, "On the concept of ideology in political science", *American Political Science Review*, 1972.

③ Terry Eagleton, *Indeology：An Introduction*, London：Verso, 1991, p. 28.

下编　意义的社会化

　　本书中编讨论"所有的理解都是解释"时，就提出过：意义的解释，就是可以用另一种符号翻译。而元语言是符号完成这种转换的关键，因为元语言保证整个文本系列的"可翻译性"。任何解释，不管是翻译成外语，还是翻译成"图解"或其他形式，都必须靠一个覆盖对象全域的元语言。这并不是说，每一次的解释，元语言必须一开始就是整体性的已存在体系。往往元语言集合是在解释过程中渐渐被试探出来的，实际上解释者的每一次尝试，都提出一个适合本对象的元语言集合。例如一部电影里有各种方言甚至外语，有音乐、歌曲、声音、文字，有历史背景、人情世故、道义判断。要解读这样的文本，解释者心里必须拥有几套哪怕不完整的"词典"和"语法"。显然，每个解释者经验中的知识、感情、经验、教育等，都大不相同，但最后都能组成他理解此电影的元语言集合，从这部电影中解释出一个意义。

　　文化的特点是元语言集合变动不居，这与科学截然不同，科学元语言以同一性为主导，哪怕有变化也是渐进的、累积的。文化符号文本的每次解释，解释者都可以调动不同的元语言因素，组合成当前这次解释需要的元语言集合，这就是为什么同一文本能产生无穷的岐出意义。如果说文化元语言也有一定的稳定性，那是就某个历史时期的一个社会或一个社群而言的。一个社群大部分人，因为某些实在的原因，例如文化熏陶、教育、经验、社会地位、集团性格等，会有大致相似的一套元语言组成，不然解释就会落入完全散乱的相对主义。

　　意识形态是我们讨论的这组关系中最复杂的问题。关于意识形态与符号学的关系，至于意识形态与文化的关联，英国著名马克思主义理论家汤普森在他的名著《意识形态与现代文化》一书中，把意识形态明确描述为"现代文化的调节过程（mediatization）"[1]。伊格尔顿在他的名著《文化的概念》中，一再讨论了这二者的关联。伊格尔顿对文化的讨论，卷入了符号学问题，例如说到美国文化的"自我中心符号学""大型商场符号学"[2]。

　　关于"意识形态"与符号学的关系，学者们已有明确的论述，奇怪的只是至今没有能在学界确立下来。"意识形态"这个术语的发明人，法国思想家特雷西，在1817年的《意识形态诸因素》即第一次提出此术语的书中，已经非常明确地说到意识形态是"符号的语法"："语法不仅是符号的科学，它也是思

---

[1] Edward Palmer Thompson, *Ideology and Modern Culture: Critical Theory in the Era of Mass Communication*, Stanford: Stanford Univ Press, 1990.

[2] Terry Eagleton, *The Idea of Culture*, Oxford: Blackwell, 2000.

想科学的延续……这种语法不是言语的研究，它是符号科学的论说。"①

巴赫金毫不含糊地认为意识形态是个符号学问题："任何意识形态都是符号，没有符号，就没有意识形态……任何意识形态的东西都有符号学价值。"② 威廉斯指出意识形态是"一个特殊集团的信仰体系"，因此是"意义生产的总体过程"，即"符号过程"（semiosis）③。对意识形态问题特别关注的英国马克思主义者伊格尔顿，也明确指出意识形态是"社会生活中意义、符号、价值的生产过程"④。

巴尔特在其名著《符号学原理》中，也再清晰不过地突出了意识形态的符号学性质："我们可以说，意识形态是内涵系统的所指的形式。"⑤ 巴尔特把意识形态看成是"内涵符号学"，接近他所谓的"神话"。他认为"二者的不同点只在于意识形态解决社会矛盾，神话解决人与自然的矛盾"⑥。艾柯并不把意识形态视为符号，而是视为某种符码（code），生成的是某种带有内涵的信息。形成"外壳硬化的信息，即修辞次符码"⑦。艾柯后来把这种累加在文本上的符码称作"附加符码"（overcoding），即在基本信息的符码上附加的意义⑧，例如某个文化中对某种口音的歧视。他延续了巴尔特的看法，即意识形态控制的是符号表意的"内涵"，即符号的附加意义。另一个对意识形态与符号学的关系做出比较卓著贡献的人，是意大利马克思主义符号学家罗西-兰迪⑨，他认为符号学与意识形态研究的关系异常特殊："一方面，如果没有符号学，意识形态研究无法阐释清楚……另一方面，没有意识形态研究的支持，符号学只是一种与实践脱离的特殊学科，哪怕自称是关于符号的一般理论也没有用。"应当说，他的见识非常杰出。

---

① Destutt de Tracy, *Element d'ideologie*, quoted in (ed) Thomas A Sebeok and Marcel Danisi *Encyclopedic Dictionary of Semiotics*, (Third Edition) Berlin: De Gruyter Mouton, 2010, Vol. 1, p. 343

② Mikhail Bakhtin (under the pseudonym of Valentin Nikolaevic Volosinov) *Marxism & Philosophy of Language*, New York: Seminar Press, 1973, pp. 9—10.

③ Raymond Williams, *Marxism and Literature*, London and New York: Oxford Univ. Press, 1977, p. 55.

④ Terry Eagleton, *Ideology*, London & New York: Univ. of Michigan Press, 1992, p. 1.

⑤ 罗兰·巴尔特：《符号学原理》，见赵毅衡编《符号学文学论文集》，天津：百花文艺出版社，2004年，第325页。

⑥ Roland Barthes, *Image-Music-Text*, New York: Hill & Wang, 1977, pp. 320—351.

⑦ Umberto Eco, "Codes and Ideology", *Linguaggi nella societa e nella tecnica*, Milano: Comunta, 1970, p. 173.

⑧ Umberto Eco, *A Theory of Semiotics*, Bloomington: Indiana Univ Press, 1976, p. 135.

⑨ Ferruccio Rossi-Landi, *Semiotica e ideologia*, (ed.) Augusto Ponzio. Milan: Bompiani, 1972, p. 6.

4. 意识形态是整体合一的吗？

这个问题似乎比较简单，事实上却引起最多争议。马克思与恩格斯首先指出：意识形态看上去的整体合一性是一种虚假表象。他们在《德意志意识形态》这本开创意识形态研究里程碑之作中说："（统治阶级）赋予自己的思想以普遍性的形式，把它描绘成唯一合乎理性的、有普遍意义的思想。"[1] 在《共产党宣言》中则更明确地说："任何一个时代的统治思想始终不过是统治阶级的思想。"[2] 这样，他们就把一个时代的意识形态的分合关系说清楚了：一个社会的意识形态是各阶级分裂的，其全社会合一性是假象。意识形态本身包含意义权力，只有统治阶级的意识形态才能取得"全民意识形态"的假相。最重要的是社会大多数人对此并不自觉，因为意识形态以"中立"的姿态呈现自身，社会中的多数人相信这是他们自己的价值标准，因此，意识形态以合一为假相，实质上是碎片状的。

很多论者认为不仅不同的阶级有不同的意识形态，甚至不同的社会集团也有不同的意识形态，例如"绿党"的生态主义意识形态，新自由主义意识形态，历史上则有过社会达尔文主义意识形态，放任经济意识形态，新自由主义意识形态等等。在当今许多论者那里，甚至不同的文化领域，也有各自的意识形态。例如有哲学意识形态，政治意识形态，宗教意识形态，以及审美意识形态等等，甚至作者意识形态[3]。学界似乎都在使用细分式意识形态：齐泽克就详细地讨论过"铭刻意识形态的场所从意识主体转向无意识"[4]。菲斯克等人主编的《传播与文化研究关键概念》提出职业意识形态（Occupational Ideology）[5]。

如果我们把意识形态看成文化的元语言，就比较容易理解这个局面了，因为文化某些时候或某些方面是合一的（例如"民族文化"覆盖整个社会，"后工业文化"覆盖许多国家），但经常是因社群而特别的：各阶级，各社群，各

---

[1] 马克思、恩格斯：《德意志意识形态》，《马克思恩格斯选集》第1卷，北京：人民出版社，1995，第100页。

[2] 马克思、恩格斯：《德意志意识形态》，《马克思恩格斯选集》第1卷，北京：人民出版社，1995，第292页。

[3] Terry Eagleton, *Criticism and Ideology: A Study of Marxist Literary Theory*, London: Verso, 1976, p. 55.

[4] Matthew Sharpe, Slavoj Zizek: A Little Piece of the Real, Aldershot: Ashgate, 2004, p. ix.

[5] Tim O'Sullivan, John Hartley, Danny Saunders Martin, John Fiske, *Key Concepts in Communication & Cultural Studies*, London: Routledge, pp. 209–210.

行业，可以有自己特殊的文化。伊格尔顿的《文化概念》一书的第一章，标题就是"各种各样的文化"（Versions of Culture）。他说同在一个社会中，文化也可以分散成碎片，例如"警察食堂文化""神经错乱者文化""黑手党文化"①。伯明翰学派则重视大众文化和"亚文化"。如果这些文化各自独立的表意和解释都各有一套规则，也就是有一套独特的元语言，那么就应当有不同的意识形态，元语言不得不为这些文化的意义方式辩护，意识形态也就不得不多元化。

既然意识形态可以相对散乱，为什么必须给人"整体性"的印象？这实际上是元语言的一大特点。元语言体系必须"自洽"，即在内部"融贯"，不然无法给符号意义融贯的解释。元语言能为一个社会集群服务，是因为当它把所需要的符码集合起来后，似乎能回答这个社群面对的所有问题，不仅自圆其说，而且振振有词。因为价值道义清晰让我们读得热血贲张的小说，如《水浒传》，杀人交投名状，仇杀"淫妇"等残忍到不可理喻的情节，稳稳地安置在"江湖意识形态"的整体性之中，顺理成章。意识形态的"合理化"即自圆其说的能力，"能对动机不明的态度、观念或感觉做出符合逻辑或伦理的解释"②。

既然没有一个结构本身能自我审视，元语言的各种矛盾，模糊，冲突，悖论，只有靠再上一层的元元语言来解决。如此理解元语言，那么一个元语言本身的各成分之间就不会有冲突。在解释活动中，不同的解释主体坚持各自的立场，不会发生元语言冲突。正是因为元语言"各为其主"，才必须有"全覆盖"幻象，才能有效地起作用。马克思和恩格斯指出，每一种意识形态"都赋予自己的思想以普遍性的形式，把它们描绘成唯一合理的，有普遍意义的思想"③。这种把局部问题提升到永恒的层面，扩大到任何时空，不受历史条件拘束的有效，就是意识形态的普遍化与自然化特征。意识形态本身或许是零散的，但是它起作用的立足点在于其整体性，如果它做不到全覆盖，那它就是个别问题的解释符号，不是一个文化的元语言。

阿尔都塞与马歇雷认为：在意识形态压力下形成的文本，在没有文字的空档中，泄露历史运动的真相。而伊格尔顿则认为：意识形态本身就不可能是完整的，其结构似乎有一定的连贯性、整体性，但是文化具有社群性、集团性，至今人类尚未有一个整体文化，因此为各种文化服务的意识形态元语言，也不

---

① Terry Eagleton, *The Idea of Culture*, Oxford: Blackwell, 2000, p. 5.
② 特里·伊格尔顿：《历史中的政治、哲学、爱欲》，北京：中国社科出版社，1999年，第86页。
③ 马克思、恩格斯：《德意志意识形态》，《马克思恩格斯选集》第1卷，北京：人民出版社，1995年，第236页。

会是整体性的。

5. 意识形态是虚假的吗？

意识形态讨论中最棘手的问题是，它到底是虚假的还是真实的？在18世纪末创用"意识形态"这个词的法国学者特雷西，认为意识形态是真实的"意识的科学"。19世纪初的黑格尔虽然没有用"意识形态"这个词，但他在《精神现象学》中把"体现许多个人意识的共性"称作"意识的诸种形态"（die Gestalen des Bewussweins）。马克思指责诸如黑格尔这些理性主义者颠倒了意识与现实的关系，他们把思想观念看作"实践之外自律的东西，又是社会存在的根本原因"，而实际上意识形态是"虚假的意识"，恩格斯说："意识形态是由所谓的思想家通过意识，但是通过虚假的意识完成的过程。"① 曼海姆把意识形态与乌托邦并列，认为它们都掩饰了社会现实，实际上是在解说意识形态的虚假性。

20世纪后半期，一些马克思主义者开始试探着在意识形态中寻找"真知"因素，他们提出，有以下几种寻找真知的途径。

首先是"功能论"。既然人类的意义活动无法摆脱意识形态，那么意识形态就有一定的社会功能；既然它能完成这功能，那么这种能力就不可能是虚假的。伯明翰学派最著名的理论家威廉斯提出，意识形态并非虚假荒谬的意识，因为它不是对现实的反映，而是"社会物质活动的一部分"②。他说的"物质生产"不仅是指商品的生产，而且包括"社会生活再生产的物质活动"，也就是说包括文化意义的生产。威廉斯（还有当时其他一些马克思主义者）把符号看成物质性的。而阿尔都塞认为马克思认为意识形态虚假的原因，是因为"一切非反思和非自觉思考的东西，都是意识形态……因此意识形态脱离真实世界，是代替真实世界的想象世界"③。也就是说，正因为它虚假，才是意识形态；它起一定社会功能："没有意识形态的种种表象体系，人类社会就不能生存下去。"④ 生存功能本身决定了意识形态的部分真知，这与本书导论第一节讨论"周围世界"时观点一致。

第二种是"实践派"，他们的观点本书在前文的讨论中已经有所涉及。他

---

① 《恩格斯致弗·梅林》，《马克思恩格斯选集》第4卷，北京：人民出版社，1995年，第726页。
② 雷蒙德·威廉斯：《马克思主义与文学》，郑州：河南大学出版社，2008年，第67～68页。
③ 路易·阿尔都塞、艾蒂安·巴里巴尔：《读〈资本论〉》，李其庆、冯文光译，北京：中央编译出版社，2001年，第37页。
④ 路易·阿尔都塞：《保卫马克思》，顾良译，北京：商务印书馆，2006年，第228页。

们认为意识形态与现实的关系是双重的：既有认识关系，又有实践关系。从认识论角度看，意识形态的确有虚假性，"但是从发挥功能角度，则意识形态无论真假，都服务于权利再生产的目的"。这样，在认识关系上，意识形态是虚假的；但是在实践效果的问题上，意识形态可以是真实的①。伊格尔顿提出文学是一种"生产实践"，因此文学具有"革命实践品格"，它一方面接受意识形态的构成，另一方面反抗意识形态（而不仅是不自觉地"涨破"意识形态），因为文学不是反映现实，而是"生产"现实②。

而齐泽克提出一种更复杂的论辩。他认为必须承认意识形态是虚假的，但是假中有真。"它不仅是一个谎言，而且是一个被体验为真理的谎言，一个被假装严肃对待的谎言。"而这种"假作真"是可以起作用的，例如货币，是购买力的替代，但是"在实践上而非理论上"，当主体都把此种幻想当作现实时，幻想就控制了现实。因为这种时候，"意识形态的虚幻性已经运作在社会现实中，运作在个人正在做什么，而不仅仅是他们觉得或指导他们正在做什么的层面上"③。齐泽克的论辩非常有意思，一旦社会对货币这种购买力的符号采取共同的解读方式，那么它作为符号可以进行有效的意义实践：可以买到货真价实的东西。货币本身带着市场经济体制的意识形态，有可能在未来的社会中消亡，但是这并不妨碍它在当前社会意义实践中起作用。

6. 超脱意识形态

意识形态既然控制一切社群所有的意义活动，那么它就是弥漫一切、无远弗届。齐泽克再三说，当我们想从外部描绘甚至定义一种意识形态时，我们已经落入另外一种意识形态。摆脱任何意识形态是不可能的，因为摆脱任何意识形态这种想法本身，就是落入某种意识形态的表现："走出我们作为意识形态所经历史的一切，正好就是我们受控于它的形式。"④

罗素给维根斯坦的《逻辑哲学论》写的序言，说明了任何元语言的最大特点，是对自身无法置评："每种语言，对自身的结构不可言说，但是可以有一

---

① 特里·伊格尔顿：《历史中的政治、哲学、爱欲》，马海良译，北京：中国社会科学出版社，1999年，第86页。
② 特里·伊格尔顿：《马克思主义与文学批评》，北京：人民文学出版社，1996年，第56~57页。
③ 斯拉沃热·齐泽克：《意识形态的崇高客体》，季广茂译，北京：中央编译出版社，2002年，第42~43页。
④ 斯拉沃热·齐泽克：《意识形态的崇高客体》，季广茂译，北京：中央编译出版社，2002年，第8页。

种语言处理前一种语言的结构,且自身又有一种新的结构。"① 元语言的结构无法自我说明,只能变成对象语,靠上一层元语言描述。例如,当破译人员找到了密电的元语言解释方式,它的解释就是真实的。但是信息是否真实,却不是破译本身就能解决的,必须在更大的意义实践背景上才能判断。扩大言之,任何文化之所以为需要元语言来解释的意义系统,就是因为它无法自我解释其合法性,但是在元语言起到解释作用的范围中,元语言的功用就是把表意活动"真实化"。意识形态不可能完全虚假,这与本编第 1 章"真知与探究社群"对"真知"的观点是一致的。但是意识形态作为元语言,不可能作自身评价所需的反思。

然而,如果我们对意识形态没有任何分析的可能,意识形态作为一种文化现象的本质,对人类就永远是一个谜,本书(以及两百年来浩如烟海的意识形态讨论)就都是徒劳。因此,任何意识形态研究都必须说出为何别人在迷津之中,而"我"能"独醒",把意识形态作为分析对象。我们大致上可以看到如下几种"跳出意识形态"的方式,从符号学角度看,有的方式可能更为合理一些。

最早出现的是"科学化"。意识形态是对社会和历史的非科学性理解,与之相对比的就是科学,因为科学是不受意识形态束缚的。在 20 世纪对科学主义(scienticism)的批判中,科学本身被看成了资产阶级意识形态的标识,但是依然有不少学者坚持这种观点,例如普利埃多认为"只有科学的、反思的符号学,才能越出意识形态的自囚局限"。② 应当说,从元语言角度来讨论,"科学性"元语言与"文化性"元语言,的确有根本的不同:在"科学的"符号过程中,符码是强制性的,解释是固定的,错了就是错了,解码必须忠实地还原编码。例如物理教师出题,编码过程把意义变成问题,学生答题则是还原符码,说出教师的原来意义。在这样的问答过程中,表意与解释都是强编码,这里没有意识形态问题。

但是意识形态处理的是文化问题,哪怕在科学上,处理的也只是科学文化问题。例如教师强迫布置大量数学家庭作业,或"奥数"考试加分,就是科学中的文化问题。文化意义活动的符码,并不是那样清晰整齐的工具,甚至无法肯定符码先于文本存在,等着解释者取用。文化符号文本是弱编码,解释者有

---

① Bertrant Russell, "Introduction", in Ludwig Wittgenstein, *Tractatus Logico-Philosophicus*, London: Routledge, 1987, p. 7.

② Luis Prieto, *Pertinence et Pratique*, Paris: Minuit, 1975, p. 165.

很大的机动余地。因此文本成为"开放的",在对文本的理解中,解释者只是提出解释,其标准可能只是自圆其说而已。因此,虽然科学不是意识形态,它是一种意义活动,不是意识的元语言,但是科学主义或科学崇拜,却是意识形态[①],"科学化"无法作为逃脱意识形态之路。

建议中的第二种逃离意识形态之路,是"文本挑战论"。阿尔都塞在《读〈资本论〉》的"序言"中提出,马克思对英国古典经济学采取了一种"症候式阅读法",这种方式强调对象文本是一种意识形态的"封闭体"。文本永远是有缺陷的,因此,作品的真正意义不在作品之内,而在文本不可避免的空白、断裂、忌言之处[②]。根据此论点,马歇雷在20世纪60年代提出的"文学生产理论",强调"文学使用意识形态来向意识形态挑战"[③]。

接近这种看法的是"文学梦幻论",也就是说过艺术的本质就是违反规则,挑战意识形态。伊格尔顿提出,历史存在于文本中的方式是"双重缺席",文本虽然是意识形态的产物,却有冲破并批判意识形态的可能[④]。为什么文学能做到这一点呢?因为文本对意识形态的反抗,是一种虚幻的、"象征性的梦想"。文本对意识形态的反抗不是再现,而是象征。如果梦想让无意识的动机披上象征的伪装,那么文本就能给受压迫者以象征性的满足[⑤]。齐泽克也认为意识形态与梦有相同的机制,它们的功能不在于提出一个出路以逃避现实,而在于以"回答一切问题"的方式构建现实本身[⑥]。这样的话,在一个文本之内,幻想就可以涨破意识形态的束缚,因为意识形态无法回答梦幻中的所有问题。

因此,作品的真正意义在文本的边缘之外,在意识形态意识不到的地方,那里就是意识形态本身的边界。在同一层次上,文本似乎是完整的,边界清晰的;在同一层次上元语言也是自洽并融贯的。因此,理解一个层次的意义操作,必须越出到更高的元层次:批评必须超越文本,而批评的批评必须超越批评。

---

① 丁和根:《大众传播时代的科技神话:建构、表征及反思》,《中外文化与文论》2015 年第 31 辑。
② 路易·阿尔都塞、艾蒂安·巴里巴尔:《读〈资本论〉》,李其庆、冯文光译,北京:中央编译出版社,2001 年,第 3 页。
③ Pierre Macherey, *A Theory of Literary Production*, London: Routledge & Kegan Paul, 1978, p. 34.
④ Terry Eagleton, *Criticism and Ideology*, London: Verso, 1975, p. 56.
⑤ Terry Eagleton, *Ideology: An Introduction*, London: Verso, 1991, p. 134.
⑥ 斯拉沃热·齐泽克:《意识形态的崇高客体》,季广茂译,北京:中央编译出版社,2002 年,第 49 页。

第三种逃离意识形态的路子,如今经常见到,那就是干脆地声明"意识形态终结"。早在20世纪四五十年代,就有加缪、阿隆等人提出意识形态时代已经终结,1960年贝尔为此写出整整一本书的论辩。他自称为一个"经济上的社会主义者、政治上的自由主义者、文化上的保守主义者",因此他提出意识形态正在变得"七拼八凑",今后的发展靠小修小补,而不再会有宏大的政治思想改革①。三十年后,1989年福山提出"历史终结论",他实际上是说世界范围内意识形态的政治对抗已经终结。1993年亨丁顿的《文明冲突论》强调,未来的冲突不再会发生在经济或意识形态之间,而是在不同文化之间发生。

"终结论"自称为"后工业时代"的意识形态观,大部分学者们反对此论,认为意识形态只是改变了方式而已。齐泽克曾详细论证了这个问题,他认为意识形态并没有消亡,只是浸透在"琐碎、微小、不足道的个人体验,日常生活以及你与他人的互动之中"。他的理由来自于他的意识形态潜意识悖论:"当我们以为可以遗忘意识形态之争时,今天恰恰是意识形态最强时,因为当人们认为没有意识形态时,意识形态就化身在它们的日常生活之中。"②

应当说,凡是有文化存在的地方,就必然有对文化意义活动的元语言解释和评价,也就是有意识形态。前面说过,意识形态不一定是整体的,也可以是碎片状的、集团性的。当今文化的碎片状更加明显,出现了一个新的社群分解方式,互联网传媒过于飞速发展造成的文化代沟以及社会的新的集团分野。而他们之间的意义方式与行为方式,历史记忆与生命关怀等,都非常不同,因此元语言要处理的对象就非常不一样,当今我们很可能面对一种意识形态的新格局。

第四种突破意识形态的路径,是把此特权留给个别人:我们的社会中有一些特殊的人,具备特殊的思想品质甚至一种人格,能超脱于意识形态控制之上。在20世纪上半期,曼海姆就提出意识形态可能分成两种,一种是"特殊构成"(special formulation),一种是"普遍构成"(general formulation),每个卷入争论的人都可以说对方的意识形态是特殊构成,自己的意识形态是普遍构成。这种自我感觉只是幻觉。曼海姆认为:"只有当人们不仅有勇气对对手的观点,而且有勇气对所有的观点,包括自己的观点进行意识形态分析,这些人才是在运用'普遍构成'的一般形式。"曼海姆把这种超脱的立场称为"知

---

① Daniel Bell, *The End of Ideology: On the Exhaustion of Political Ideas in the Fifties*, Cambridge, Mass: Harvard Univ. Press, 1960, p.9.
② 《我们仍然需要马克思主义——专访齐泽克》《南方人物周刊》,2007年7月11日。

识社会学"。只有具有"自由漂泊"精神的知识分子，才能成为"意识形态谎言的揭露者，思想的相对主义者和批评者，各种世界的分析者"①，也就是具有知识社会学的立场。

曼海姆说的脱离任何意识形态关系的自由知识分子，听起来是乌托邦幻想的产物，不可能出现。实际上每个意识形态的分析者，必然认为自己的挑战摆脱了任何意识形态偏见，不然他们的意识形态理论就是在为另一种意识形态辩护。伊格尔顿指出："意识形态的对立面不是科学、真理或总体性，而是解放思想"；德勒兹试图用"精神分裂"这样的反整体性思想对抗资本主义社会，也是沿袭了这样一条思想线路②。既然追求完全的解放，当然可以以精神分裂为正常。而意识形态必须有对整体性的追求，这是意识形态的题中应有之义，尽管没有意识形态能取得这种整体性。

虽然没有人可以逃脱意识形态，但是至少懂得什么是文化元语言的人，知道他们的意识形态-元语言本身也是一种对象语。只要进入元语言层次，就能把文化批判变成意识形态批判。现代化进程中的一个重要问题，就是如何处理意识形态冲突。

因此，哲学符号学的文化研究，是真正可以"看穿"意识形态作为文化元语言各种缺陷的路径，因为元语言本身，用巴尔特的妙语来说，就是"研究符号学的符号学"③。只有建立一种"元语言符号学"，才能找出在乎其内，又出乎其外的研究意识形态的途径。

---

① 卡尔·曼海姆：《文化社会学论集》，艾彦、郑也夫、冯克利译，沈阳：辽宁教育出版社，2003年，第178页。
② 吉尔·德勒兹：《资本主义与精神分裂》第2卷，姜宇辉译，上海：上海书店出版社，2010年。
③ 罗兰·巴尔特：《符号学原理》，见赵毅衡编：《符号学文学论文集》，天津：百花文艺出版社，2004年，第324页。

第五节 "超接触性"：文本主导更替与文化变迁

本节概要：

考察人类近现代文化史，文本的主导因素论能解释当代文化的一系列重大演变。符号文本六因素，可以分成此消彼长的三组对立项，从而决定文本的倾向。这三组因素主导的社会性冲突，会造成文化的解释倾向发生根本性的变化。这些主导倾斜的变化，可以在近年文化历史的大趋势中观察到。一个世纪以来的文化构筑方式产生了明显分段剧变，当代文化呈现出三种主导引发的倾斜变异：诗性压倒指称性，引出"泛艺术化"；意动性超过表现性，引发传播的"符用转向"；接触性胜过元语言性，造成当代文化的影响深远的"超接触性"。

1. 六因素论

很多人认为，对于如何解释一个文本，接收者有充分的自由。其实不然，符号文本并不是一个"任人打扮的小姑娘"，并不完全听凭接收者解释。决定文本意义解释的，除了解释者所处的文化语境，社会条件等外部因素，还有该文本内部的因素。影响解释的因素太多，接收者的能力元语言、文化语境元语言、都会参与解释。但是文本面对解释并不是完全被动的，文本形式的符号构成，会引导解释，会推动接收者趋向某种解释。笔者在 20 世纪 80 年代提出，文化的定义应当是"社会相关表意活动的总集合"[1]，不奇怪，文化的演化也不得不跟随符号六因素的主导性消长而变化。当我们把文化看成文本的集合，全盘考虑一个文化内的主导倾向性时，我们能看出意义方式变化的某些历史规律。

1958 年，雅柯布森在印第安纳大学一次重要的符号学会议上做"总结发言"，提出了著名的文本符号过程六因素分析法[2]。他的分析鞭辟入里，击中要害，而且论述一目了然，因此广为人知。应当指出的是：现代符号学多线平

---

[1] 赵毅衡：《文学符号学》北京：中国文联出版公司，1990 年，第 89 页。
[2] 罗曼·雅柯布森：《语言学与诗学》，见赵毅衡编：《符号学文学论文集》，天津：百花文艺出版社，2004 年，第 169~184 页。原文见 Roman Jakobson, "Closing Statement: Linguistics and Poetics", in Thomas A Sebeok (ed), *Style and Language*, Cambridge Mass: MIT Press, 1968, pp. 350-377.

行发展，所用术语往往不统一，雅柯布森用的术语，某些已经与后来符号学运动通用的不同，容易引起误会，因引本节将其改成目前比较通用的术语。为了给读者方便，也对雅柯布森本人公平，笔者在括弧里保留雅柯布森原先用的英文词：

对象（context）
文本（message）
发送者（addresser）⟶ 接收者（addressee）
媒介（contact）
符码（code）

雅柯布森指出，一个符号文本同时包含这六因素，但它们并非均匀存在于文本中；每个文本很可能侧重于某个因素，形成所谓"主导"（the dominant）。"主导"这个概念来自他于1935年在布拉格发表的一篇演讲，指的是决定一个体裁演变的特征因素[①]。六因素论继续发展了这个观点：当某个因素主导此文本（或文本的某一段）时，文本就会显示对某种相应解释的引导。六种因素之一获得文本的主导地位，推动接收者对某种意义的识别和理解。

由此，当发送者因素取得主导，文本就出现了较强烈的"表现性"（expressive）："以表现性姿态展示其愤怒或讥讽态度"；而当符号文本侧重于接收者时，出现了比较清晰的意动性（conative）。文本用命令、呼唤、祈使，催促接收者采取某种行动。听起来，表现性容易理解，文本总带着发出者的情绪痕迹；意动性似乎很特殊，实际上劝导某种解释，是符号文本都带有的性质，而符号文本体裁，例如广告、判决、发誓等，都着眼于敦促行动，因此是意动性主导的体裁。

当符号文本侧重于符码时，出现了较强烈的"元语言倾向"（metalingual），即符号文本提示应当如何解释自身。文本的各种元素，都影响解释，但明确的"元语言因素"往往用"我的意思是""你听明白了？"这样的指示来提醒接收者注意。在传统的元语言理论中，元语言必然是外在于文本的，而且相对于文本

[①] 罗曼·雅柯布森：《主导》，见赵毅衡编：《符号学文学论文集》，天津：百花文艺出版社，2004年，第7～14页；英文 Roman Jakobson, "The Dominant", in Ladislav Matejka & Krystyna Pomorska (eds), *Readings in Russian Poetics*, Ann Arbor: University of Michigan Press, 1978, pp. 85－97.

的语言高一个层次①。雅柯布森对符号学的一个重要贡献,是指出了符号文本有"内在元语言",即各种如何解释文本自身的指示;而当符号文本侧重于媒介时,出现了较强的"交际性"(phatic)。这种文本因素的目的,是保持交流畅通,或者说保持接触。最短的例子是打电话时说的"喂喂,你听得见吗?"最极端的例子或许是情人絮语,恋爱中人往往不断地说重复的话。此时说的内容无关紧要,符号文本的用途是占领渠道。重复,是保持接触的重要方式,母亲在电话里重复闲言碎语,目的是享受交流畅通本身的快乐,信息内容其次。

当符号文本侧重于对象,就会出现较强的"指称性"(referential),或外延性(denotative)。此时符号文本目的是传达某种明确的意义。实用的或理性的符号表意,大多是这一类。这种文本最常见,也最容易理解;而当符号侧重于信息本身,就出现了"诗性"(poetical),这是对艺术根本性质的一个非常简洁而有说服力的说明。诗性把解释者引向符号文本本身,形式感成为文本的主导因素。雅柯布森指出诗性非常普遍地存在,并非只出现于诗歌或文学艺术中。他举的例子有竞选口号、儿童起绰号、诗体的中世纪律法等等。"诗性"是符号文本的一种风格特征,让一个符号文本带上某种"艺术性",虽然不一定使这文本变成艺术。例如写校训、提口号、发唁电,世界各国人都讲究用词,但是中国人特别喜欢四字校训,或排比口号。诗性的重要标记是重复符号的某种形式要素,让文本出现令人回味的形式感。

总结以上介绍,同一个符号文本由于传送时的主导因素不同,可以展现出以下完全不同的品质:

      指称性(对象为主导)
      诗性(文本为主导)
   表现性(发送者为主导) ⟶ 意动性(接收者为主导)
      接触性(媒介为主导)
      元语言性(符码为主导)

雅柯布森的理论并不是横空出世的,而是有好几位先行者。雅柯布森本人说他的理论是从卡尔·毕勒(Karl Buehler)的"工具论模式"(Organon-

---

① Bertrant Russell, "Introduction" to Ludwig Wittgenstein, *Tractatus Logico-Philosophicus*, London: Routledge, 1987, p. 7.

Model）发展出来的①。实际上符号学的奠基者皮尔斯早就指出过，符号的"解释项"可以有三种：情绪（emotional）解释项，例如听到音乐而感动；能量（energetic）解释项，例如听到命令而行动；逻辑（logical）解释项，例如听到一个问题而思索其答案②。他已经指出了符号文本的某些品质与特殊解释有一定的关联方式：充满感情的文本推动情绪解释项；劝导或指令行动的文本推动能量解释项；论证严密的文本导致逻辑解释项。只是雅柯布森的这篇演讲，最为清晰而详备。

2. 六因素的文化史演变

上文所列品质的括弧里说的是"以某某为主导"时，文本倾向会如何变化，这点非常重要，因为所有这六种因素，在几乎所有的符号文本里都有迹可循。也就是说，任何符号文本中六种因素都是普遍的，无所不在的，一旦某种因素占了主导地位，该文本就变成了相应品质的一种文本。

笔者发现，此六因素可以组成三对互为消长的对立关系：某一因素上升为主导，不可避免地以与其对立的另一因素的重要性下降为代价。雅柯布森敏悟到这一点，不过他在这篇著名演讲中只指出了其中可能的一对，他说："'诗性'与'元语言性'恰好相反，元语言性是运用组合建立一种相当关系，而在诗中，则使用相当关系来建立一种组合。"③ 他这个说法颇费猜详，笔者的理解是：元语言性帮助文本指向解释，而解释就是用另一套符号来翻译这个意义，因此是一种"相当关系"；而诗性让文本指向性回向文本自身，重点停留在文本的形式品质上，因此是让文本中因素的"相当"组合成某种形式，使解释变得困难。雅柯布森发现的这两项对立虽然有理，但是指称性使文本指向外延更为明确，而诗性指向内涵式散发解释，并没有取消解释，只是丰富了解释，为解释的确定制造了困难。用布鲁克斯的话来说，"任何一首优秀的诗歌都会反抗对它进行释义的一切企图"④，董仲舒说"诗无达诂"，并没有说"诗无诂"。因此，诗性导向复杂解释，它最直接的对立面，应当是指向明确对象

---

① 毕勒的模式讨论，见 Karl Buehler, *Semiotic Foundations of Language Theory*, trans. R. E. Innis, New York & London: Plenum Press, 1982.
② C. S. 皮尔斯：《皮尔斯论符号》，赵星植译，成都：四川大学出版社，2014年，第184页。
③ C. S. 皮尔斯：《皮尔斯论符号》，赵星植译，成都：四川大学出版社，2014年，第183页。
④ 克林思·布鲁克斯：《释义误说》，杜定宇译，见赵毅衡编：《新批评文集》，北京：中国社会科学出版社，1988年，第191页。

的指称性[1]。雅柯布森关于"诗性与元语言性对立"的这种看法，可能是因为他没有全面考虑六个因素中存在更明确的对立关系。

我们可以用一个最简单的文本，来看诗性如何与指称性（而不是元语言性）对立。李白名诗《客中行》："兰陵美酒郁金香，玉碗盛来琥珀光。但使主人能醉客，不知何处是他乡。"当初很可能是旅途中酬答兰陵酒坊主人热情招待的美意，代写的"广告诗"，挂在店堂炫耀其酒。后世这个指称性消失，留下一首文词畅美的诗，意义丰富但是所指不明。但现在又冒出一种当代"兰陵酒"，把李白诗又变成广告。李白的诗，是否指称特定的酒，就成了两种不同的文本，意义方向的确相反：一个诗性主导，解释模糊；一个指称性主导，明确指向某种酒的品牌。

沿着"诗性"与"指称性"对立这个轴线做进一步观察，我们可以看到另外两对对立因素：强调接收者反应的"意动性"，与强调发出者表现意图的"表现性"正好相反；强调占领传播渠道与媒介的"接触性"，与强调符号与解释连接的"元语言性"也正好相反，彼此呈你强我弱之势。这样就出现了下面这三对因素。上文已说过，雅柯布森只是指出有对立的可能，他举出的一对与笔者的看法稍有不同。

指称性（重所指对象）vs 诗性（重文本形式）
元语言性（重解释引导）vs 接触性（重占领媒介）
表现性（重发送者意图）vs 意动性（重在接受者身上的效果）

在一个文本中，这些对立如果出现偏向，会造成文本的意义导向朝特殊的方面倾斜，而且，这种复杂的动态平衡，决定了整个表意活动的倾向。小至一个文本，大至一种文化（一个民族的文化，一个时代的文化），就会出现某种特点。例如，可以说南欧民族的文化比较"浪漫"，文化中的表现性比较强；而北欧民族比较"守纪律"，文化的意动性比较强。而且，在同一个文化的历史演变，动力很可能来自其主导因素的此消彼长。

本节主旨，是讨论符号主导因素变异，引发现代文化的重大演变。如果我们看人类文化的大历史，从现代性肇始的17世纪起，到20世纪70年代的"后现代"开始，一直到21世纪，可以看出大致的趋势，几条符号因素重要性呈现相对清晰的变异：

---

[1] 陆正兰：《论体裁的指称距离》，《文学评论》，2012第年2期，第65页。

指称性在下降（理性时代最高，理性解体使指称性降低）；

表现性在下降（浪漫主义时代最高，科技转向使表现性降低）；

元语言性在下降（神权国家的时代最高，多元文化使固定解答的需要降低）。

与之相对，现代文化中以下因素的影响力在提高，尤其是20世纪下半期以来，这些变迁更加高速、更加强烈：

诗性在增加（"泛艺术化"，使娱乐成为余暇社会生活的重要内容）；

意动性在增加（供大于求，经济生活完全以刺激购买力为中心运转）；

接触性在增加（电子媒介，"超接触性"成为当今文化最显眼的特征）。

当现代性迫使符号的主导因素出现了三低三高的翻转倾斜，我们就会看到社会文化演化的大趋势。符号主导性的转换，既是文化演变的原因，又是其征兆。以上说明只是一个粗线条勾勒，下文试分项说明之。

3. "诗性"成为文化的主导

从跨媒介文化的角度考虑，"诗性"与"艺术性"同义。20世纪末文化出现一个重大变化，即社会生活的"全面艺术化"（pan-aestheticization）。我们在理解当前文化局面，预测当代文化的发展时，不得不慎重考虑这种变化。

这个术语中文又译作"泛审美化"，实际上文化中出现的这个意义问题与"美"没有太大关系，美学的目标实际上是寻找艺术的规律。黑格尔《美学》一开始就说："说得更精确一点，它的范围就是艺术，或则毋宁说，就是美的艺术。"[1] 1978年，美国美学学会主席门罗·比厄兹利（Monroe Beardsley）指出："艺术哲学在今日史无前例地繁荣，'美学'这个术语也被广泛接受为这个学科的称呼，但是美学越发达，这个词就越成问题。"他反对"与艺术没有关系的用法"，这种用法"会使我们的整个事业失去根基，因为本来就是艺术作品的存在才让我们进入（美学）这门学问"[2]。

---

[1] 黑格尔：《美学》，朱光潜译，北京：商务印书馆，1996年，第1页。

[2] 在美国哲学学会第75届东部年会上做的主席发言，Monroe Beardsley, "In Defense of Aesthetic Value", in *Proceedings and Addresses of the American Philosophical Association*, August 1979, p. 723.

如果当前文化的巨变是"日常生活泛审美化",人人都开始以"审美态度"看四周,在日常生活中处处欣赏美,全民提高审美修养,这绝对是人类进步的大好事。但是日常生活"泛艺术化"就不同了:一切意义文本都成为艺术,文化处处突出艺术功能,这个文化就性质大变了。称之为"泛艺术性"就比较清楚。

艺术品必定是人工制品,而且是艺术家带着艺术创造意图制造的,或策展者带着艺术意图"展示"的。这样的制造品最后能否成为艺术品,实际上并不取决于一个或一批观众/读者的解读方式,而是取决于文化的体裁的接受程式。虽然观众/读者可以对艺术之优劣提出判断,劣等艺术却也是艺术,是否是艺术品却不是观众/读者说了算,而是由一定的文化范畴所决定的。

有"诗性"的非诗文本并不一定是诗。雅柯布森认为这些文本只是"利用了诗的功能,但没有使这种功能像它们在真正的诗中那样,起一种强制性的或决定性的作用"[①]。这个说法可能需要修正:任何符号文本内部的"强制性或决定性作用",无法使某个广告变成艺术。体裁的本质是文化体制内的符用学问题:广告写得再有诗意,也不可能变成诗,哪怕诗人来写也一样。

当"诗性"成为主导,文本变成艺术性文本,指称功能就弱化了。我们可以在当今的大多数商品中看到这几层关系:一件家具,有其特定功能,这取决于一些物质条件、材料和加工;二是符号表意功能,如品牌、格调、等级;三是形式功能,美观,线条、色彩的配合。这三者功能结合在一件家具之中,但是并非不可分。如果第三中各因素成了主导,就成了艺术。某些实物一旦被剥夺指称意义,而依然摆设在美术品应当放的位置,就成为"艺术"。徐冰的雕塑《凤凰》,材料来自建筑工地垃圾;英国装置艺术家特雷茜·艾敏(Tracy Emin)得到特纳奖提名的装置艺术《我的床》,是一张摊满各种见不得人的女子私密垃圾的床。在当代,实用物也经常做得很艺术,实物也可以变成艺术。

丹尼尔·贝尔在分析现代社会文化矛盾时,指出经济与文化遵循的伦理原则是相反的。韦伯说的"清教天职观"早就分裂了,用他形象化的说法,现代社会是"白天正人君子,晚上花花公子"[②]。但是到了现代后期,社会文化情况大变,泛艺术化使一切均娱乐,事事皆"艺术"。套用贝尔的话,如今的大部分人,白天晚上都是花花公子,没有时间留给指称性。环顾四周,我们看到

[①] 罗曼·雅柯布森:《语言学与诗学》,见赵毅衡编:《符号学文学论文集》,天津:百花文艺出版社,2004年,第182页。

[②] 丹尼尔·贝尔:《资本主义文化矛盾》,赵一凡、蒲隆、任晓晋译,北京:生活·读书·新知三联书店,1989年,第6页。

办公楼越建越像宫殿，室内装修越来越像宾馆，而最大的生意是影视业、时装业。娱乐是全社会接收信息的方式。美国竞选公职的人，不谈政策，竞相用各种出格方式博取眼球；甚至自然风光，也需要"策划"加工，加上五彩射灯，风土歌舞表演，才能成为"旅游胜地"。

当今文化"诗性"变成主导的另一个明显例子，是非视觉符号文本的"图像转向"（Picture Turn），例如音乐配上五彩炫目的烟火舞蹈，变成花哨的MTV；甚至古典音乐的坚持者，也有越来越多"表演性"的指挥；诗歌配上大量照片出版，变成图文集。全面的感官化，目的是使意义感觉迟钝。一旦艺术化了，努力去解释此文本究竟指称什么，就显得不合时宜。

4. 意动性主导的文化

与文本的各种因素一样，任何符号文本都有劝导解释者采取行为的功能，可以称之为普遍意动性。意动性是任何文本都有的品格，例如说"这里很热"，听者很容易明白这是让他去开窗，哪怕这句话本身并没有用祈使句形式[①]。因此，言语行为学派的理论家，提出"以言成事"是"（任何）传达行为的副产品"[②]。胡塞尔也用对听者的影响解释文本的"交互主体性"解释说："我们可以研究意识用什么方式借助交往关系而对他人意识发挥'影响'，精神是以什么方式进行纯粹意识的相互'作用'。"[③]

"意动文本"是意动性占主导的符号文本；"意动体裁"是有意动性主导的体裁；"意动文化"，则是符号意动性占主导地位的文化，那就是今日以诱导购买行动为主导的品牌广告文化。关注意动问题，是 20 世纪意义理论的一个大趋势。雅柯布森提出六因素论，是在 20 世纪 50 年代，时间上很接近邦维尼斯特提出"祈使式"（imperative）模态理论，接近奥斯汀与塞尔的"语言行为"（Speech Act）理论，也接近后期维特根斯坦的"意义即使用论"。这是整个分析哲学的"符用转向"（Pragmatic Turn），这也是当代意义理论的重大特征。

而在当今文化中，意动文本数量越来越大，其中数量呈爆炸势态的体裁的是品牌广告，品牌广告以"将会发生的好事"诱劝购买者，以允诺提高社会身

[①] Richard J. Watts, *The Pragmalinguistic Analysis of Narrative Texts*, Tuebingen: Narr, 1981, p. 34.

[②] Jerrold Sadock, *Toward a Linguistic Theory of Speech Act*, New York: Academic Press, 1974, pp. 8—9.

[③] 埃德蒙德·胡塞尔：《胡塞尔文集》，倪梁康选编，上海：上海三联书店，1997 年，第 858~859 页。

份讨好购买者。广告研究者告诉我们：商品的意义不是广告灌输的，而是观众的欲望构筑的，他们急需用被允诺的未来实现自我的价值①。

所谓意动，所说的情境尚没有发生，只是允诺发生，所以仅从文本内容分析，意动文本接近虚构。但是就言说本质上看，它是纪实的：意动以令人不满意的现实（例如缺少某种商品的遗憾）为出发语境，提出只要做什么，这种情况就会改变，因此是预支的纪实。这种符号文本的意义指向是"透明"的，它要求用"即将来到"作为解释。只是接收者要按此做了某事后，才有权进行事实检验，因此可称为"拟纪实"②。

意动型文本的未来向度是实指的，当指明的时刻到来（例如商品已经购到），对接收者而言，预言就不再是预言。这就与表现性文本正好相反，这种文本可以是发送者非常主观的愿望，不必受到事实检验。浪漫主义主流是表现性的，这种传统延续到20世纪初，克罗齐的美学可能是它的最后一次辩护。不久，艾略特提出："（现代）诗不是放纵感情，而是逃避感情，不是表现个性，而是逃避个性。"③ 这种"反个性诗学"贯穿了整个20世纪，现代诗与浪漫主义的表现论针锋相对。

意大利马克思主义学者阿甘本（Giorgio Agamben）甚至提出意动祈使语式的"本体意义"④。意动可能是人类交流的根本样式，是符号文本更本质的特征。当今文化要求对意动的本质做更进一步的了解，我们的社会的符号交流方式，已经进入以在接收者身上产生的效果为主导的时代。

5."超接触性"时代

现代文化，是"元语言性"主导的文化，社会文化集焦于解释规则。现代之前，是僧侣与神学控制社会性解释；现代时期，由理性主义主导文明进程。这种情况，在20世纪最后20年，发生了一个巨大变化，文化的元语言性主导，

---

① Judith Williamson, *Decoding Advertisements*, London: Marion Boyars, 1978, p.56.
② 关于意动文本的"拟纪实性"，参见赵毅衡：《广义叙述学》，成都：四川大学出版社，2014年，57页。
③ T. S. 艾略特：《传统与个人才能》，卞之琳译，见赵毅衡编：《新批评文集》，北京：中国社会科学出版社，1988年，第27页。
④ Giorgio Agamben, "What Is a Commandment?", Lecture at the Kingston Univ., 2011, Notes of Audio Lectures, http://www.google.com.hk/url?sa=t&rct=j&q=Giorgio+Agamben, 2013年3月5日查询。

快速让位给接触性主导。至今学界对这个时代到来认识不足,讨论远远不够充分[①],我们可以把这个时代称为"超接触性"(建议英译为"Super-Phaticity")时代。

20世纪50年代,在电子技术尚在萌芽之时,麦克卢汉提出了著名的"媒介与信息"理论。麦克卢汉心里想到的媒介大变革,是印刷术与摄影术。16世纪古腾堡将印刷术应用于书籍印刷,此媒介剧变形成了"古腾堡银河"现象,推动了早期现代化的进程。到了20世纪上半期,摄影术演变成电影,本雅明认为这是"机械复制时代"的开始,就此人类文明才真正进入了现代。这两个被欢呼为革命性的重大变革,都是新媒介带来的接触性代替元语言性造成的文化急速演变。麦克卢汉那本书的标题"媒介即信息"不是说文本的媒介可以代替文本的内容,而是说就一个文化的所有文本而言,推动现代社会发展的,不是文本的内容如何解释的规则,而是文本传播用的接触方式。

麦克卢汉与本雅明的先见之明极为惊人,自他那本书出版之后,近半个世纪,我们这辈人有幸目睹了世界范围内接触性的突然兴起,传播媒介出现了一次远远更加剧烈的沧海桑田巨变,这就是以电脑互联网为主要形式的"数字化",电子技术翻天覆地改变了世界。由于媒介在微观与宏观规模上的延伸,近30年来人类意识所及的意义世界,已经变得不可辨认。

数字化是"人类传媒第三次突变",其震撼力远远超过被麦克卢汉称赞不已的印刷术,以及让本雅明感叹的摄影术。我们正在经历的传媒突变,意义远比它重大得多。或许重要性可以与数字化相比的传媒突变,是大约4万到3万年前人类发明系统化的符号和言语。虽然没有考古记录能找出言语的印迹,但是在多地发现人类最早的有意做下的手印。音节言语的出现,应当不晚于这个"媒介符号爆发期"。有了言语符号,人类经验知识才能传承并且代代积累。在这之前,取火之法可能发现过有千万次,搬用重物用圆树干做轮子,也可能发明了千万次,但是自从有了言语符号,个别的经验才能在部落里传送给邻居,传承给后代,变成社群的智慧,"文明"这才开始起动。

---

① 当然不能说国际学界毫无讨论,不过讨论大部分见于技术哲学的研究论著。有人称之为"接触性传播",见 Stine Lomborg, "Negotiating Privacy Through Phatic Communication: A Case Study of the Blogging Self", *Philosophy & Technology*, 2012, p. 415;有人称之为"认知资本主义",见 Warren Neidich, "The Architectonics of the Mind's Eye in the Age of Cognitive Capitalism", *Brain Theory*, Springer, 2014, pp. 264—286;有人认为"接触技术"是新的现代性,见 Victoria Wang, John Tucker & Kevin Haines, "Phatic Technology & Modernity", http://journal.webscience.org/169/3/websci09_attachment_175.pdf

发明文字，是第二次传媒突变。《易·系辞下》"上古结绳而治，后世圣人易以书契，百官以治，万民以察"，文字体系的最重大成果，是人类社会的有效治理。结绳符号，是文字雏形，一旦文字体系到位，整个文化就归入了符号体系。正由于大约 5000 至 3000 年前的这场符号突变，人类开始有了社会、政府、国家，真正的人类历史随着历史的记载而开始。

与言语和文字发明可以相比的第三次传媒突变，是 30 年前互联网的产生。1985 年，出现了第一个互联网；由于 TCP/IP 协议，1986 年出现了因特网，并迅速发展成任何电脑都可以加入的"万维网"。这场突变正在加速进行，用不了多少年，媒介将不再是麦克卢汉说的"人的器官延伸"，而成为人的智慧和意识延伸。我们根本无法预料电子传媒的变革速度，会在我们的有生之年把人类文化推进到何种状态。再过 30 年，会出现什么，我们尚无足够的能力去想象这种远景。

人类传媒节节变化，形成一个符号接触性增长的陡升曲线，而且陡升的加速度越来越快。人类用新突变形成的无远弗届的接触性，使传播有了全新的范畴、全新的规则：电脑从孤立的工具，变成互联网的节点，设备基本没有变化。但是网络互联接触性这样一个奇妙的发明，引发了人类文化无可挽回的变化。人类原是"使用符号的动物"，现在正变成"靠符号互相接触的动物"。就拿简单的人际联络来说，从书信，到电报、电话、移动电话、手机、QQ、微信、视频通话，我们保持接触的手段，每隔几年就有大革新。以至于一旦出事，原先称"失踪"，现在称"失联"。20 世纪武器升级神速，但是依然要靠地面步兵冲锋解决。而现在，战争成了远距控制的信息战，通过可视化模拟技术，靠无人武器远距传送命令，靠合一网络系统控制来作必要的"接触"。

而所有这眼花缭乱的变化，实际上围绕着一个核心：接触性居有所有意义活动的主导地位，文本本身的其他因素被次要化了。在机械复制时代，印刷品可以是《圣经》，也可以是拉伯雷亵渎神圣的小说；在今日，远距探测所传送过来的，可以是敌军指挥官的位置，也可以是在山林中迷路的地质学家的踪迹，文本元语言性（对解释的引导）在接触性的压力下退缩。而传统媒体，报刊书籍等，由于接触性不如电子媒体，哪怕它们在内容上深刻得多，也不得不日益萎缩。

上文说到的主导性正在升高的诗性和意动性，在具体文本操作上，都从属于高接触性，出现了三主导因素互相促进而渐渐合一的趋势。在艺术界，演员抢机会出镜，明星不惜手段追求上头条、上广告，而不管这些是什么广告。他们的目的是博取注意力，不在健忘的观众前保持高曝光率，就很容易被看作

"过气"。这就是为什么哪怕成名的演员,接的片子经常是三流的剧本。元语言性的重要性降低后,剧本的意义成了当今演员考虑的次要问题。反过来,对一部电影来说,最大的投资不得不花在明星演员上,最大的力气不得不花在特效上,它们保证该影片的高接触品质,电影才能取得票房成功。

类似的情况,出现在广告这种最典型的意动文本的播放上。同一个广告经常反复播出,不管说的是某种贷款的便利,或是某种化妆品的神奇,我们已经看过数百遍,早知道其内容。哪怕只隔了一分钟,又重新播放,是因为解释不再重要,只有反复接触才能让我们记住这牌子。不厌重复地重复,起初让人厌烦,甚至愤怒反感;渐渐让人熟视无睹,无可奈何听之任之;最后则是接触性潜移默化地起了作用。我们到了超市里,货架上琳琅满目眼花缭乱难以挑选,手却自然而然地伸向那个耳朵听熟了的牌子,接触性成为解决"选择自由悖论"难题的钥匙。所以,当代文化的确可以称为"超接触性文化"。

哈贝马斯认为:"现代的艺术作品,其特征在于本质性和暂时性的统一。当下特性在艺术、时尚、新颖与游手好闲者、天才、儿童的外表之间建立起了亲密的关系。"[①] 接触引向成功,在中国,在许多国家,一些弄乖卖傻的人,由于媒体半嘲弄的持续报道,忽然成名为全国"网红",做到了常人想做而不可能做到的事。有人解释说这是人们喜欢"围观别人出洋相"的恶习,到头来,是这些人在笑话我们自愿累加接触操作,为他们的成功添柴加薪。

本节讨论的问题,即诗性、意动性、接触性在文化中的主导地位上升,在现代社会的历史上是渐次产生的,时间上有先后,程度不一;但是可以明显看到,接触性的猛烈升高,成为当代文化这个文本集合中统摄其他主导的最突出因素,成为文化变迁的主导中的主导,由此,我们惊愕地面对一个貌似横空出世突然来临的"超接触性"时代。

符号学以及整个形式论运动,经常被指责为"只注意形式,不注意内容""只研究文本,不研究社会""只关注共时,忽视历史演变"。对于这些望文生义的想当然批评,本书的讨论至少可以证明:形式中包含了内容的本质特征,文本中隐藏着社会文化的深层控制方式,耐心的追索能够探测出历史车轮的深刻前行轮迹。

[①] 哈贝马斯:《现代性的哲学话语》,曹卫东译,南京:译林出版社,2004年,第46页。

后 记

本书是笔者"形式论三书"的第三本,前两本是《符号学:原理与推演》(南京大学出版社2011年、2012年、2015年三版),《广义叙述学》(四川大学出版社2014年)。三本书是在最近十多年内写成的,却是我一生工作的总结。

人生苦短,吾辈短上加短。60年代初进大学,就发现大学绝非读书地:一旦看见学生拿起书,层层有领导责任的人士就焦虑万分,觉得自己在走近犯错误的悬崖边了,于是用一个一个"运动"把学生赶下农村。这样还不够,索性停课闹革命,全部到"大课堂"军垦农场、工厂煤矿。人生最好的十五年,没有读书机会,我只有连续几小时手捧红宝书时,心里偷偷练习翻译。现在颇有人说"文化大革命"如何好,看来这些人本来就不想领导一个读书的地方,也害怕让人读书。如此历史今日有人怀念,也是一奇。

1978年我终于能从煤窑钻出来,到社科院读研究生,师从卞之琳先生读莎士比亚。老童生走入层层书架,如入天堂般兴奋。当时北京图书馆尚在沙滩,街对面树荫下可能是北京唯一的商业小面馆。想起当年的读书生活,总带着担担面的芳香。不过卞先生不久就发现我读书太喜欢钻牛角尖,指示我改攻理论,重新拾起30年代中国文学界已经掀起,却被第二次世界大战打断的形式论学术运动。先生给我看了他年轻时翻译的,在叶公超办的《学文》创刊号上刊登的艾略特名文《传统与个人才能》,希望我在中国学界把形式论重新研究出一个名堂,从英美新批评、俄国形式论开始,一个一个流派弄通。四十年来,我大致上没有离开形式论研究。虽然做过一些兴趣溃堤的分心事,但基本上谨守师训,不敢越矩。今天写完此书,不由得感慨万千:如果能像今日课堂里的学生那样幸运,也不至于只有如此少的一点芹献,慰先师之灵。

人生有涯,能做好一件事就不容易。从20世纪70年代的《新批评》,到80年代的《文学符号学》《苦恼的叙述者》,到90年代的《比较叙述学》《礼教下延之后》,一直到千禧年后的《建立一种现代禅剧》,以及最后写这"形式论三书",应当说,这不是一条阳关大道。中国从古至今的读书人,不喜欢严密的分析解剖,乐于"整体掌握",耽作疏阔之论;或是过于强调经世济用,知行合一。中国本是符号学大国,《易经》是人类史上第一个解释世界规律的符号体系。但是先秦名墨之学,当时就被荀子攻击"察而不惠、辩而无用,多事而寡功,不可以为治纲纪";佛学中逻辑最严密的唯识宗,哪怕玄奘大师主持、皇帝支持,也只有一代之传。今日学者说起形式论,往往一言打发"早就被解构了",意思是不懂无所谓,没读可以跳过。比起大开大合的理论,形式论的确是饾饤小道,蜗角境界,甚至在符号学界内部,索绪尔的挥洒包揽,吸引力依然大于锱铢必较的皮尔斯。

我们直观地感到,任何文本中都有形式因素与内容因素。表面上看,形式是外部的包装,内容是内部被包裹的东西(这是汉语"内容"与西文"content"的由来);形式是技巧,内容是质料。但是深入看可以发现,形式是抽象的,内容是具体的;形式是共相,内容是殊相;形式是普遍规律,内容是个别具体。黑格尔在《美学》中说:"艺术的内容就是理念,艺术的形式是诉诸感官的形象。"笔者斗胆觉得黑格尔正好说反了:内容是具体的,接近感性;形式才是普遍的,接近理念。

皮尔斯解释道:形式就是一般项的普遍品质,它具有广度(覆盖许多文本),而特殊项具有深度(单个事物有无穷细节),在形式研究中,特殊项被暂时"悬搁"了。因此,皮尔斯给了形式一个最彻底的定义:形式"就是任何事物如其所是的状态"(that by virtue of which anything is such as it is)。所谓"如其所是"(such as it is),就是事物面对意识呈现的本质。

不过,在《后记》中为形式论研究做辩护的确太晚了:已经读过这三本书,如果没有觉得形式论的好处,也就不会再听这几句啰嗦。形式论并没有解释天下万事万物的野心,它至多是我们理解世界的辅助。虽然这本《哲学符号学》意图回答一系列根本性的哲学问题,设法让符号学跳出仅仅是方法论的地位,但符号学必须谦逊谨慎,拒绝包打天下,这一点是我一直提醒自己,也提醒每位读者的。

用这样的低调总结一生事业,未免煞风景。不过,给自己打气可能是最愚蠢的事。能够有机会写下这几句话,我已经感到很荣幸,也对许多友人至为感激,包括几位青远胜于蓝的青年学者唐小林、谭光辉、胡易容、饶广祥、彭佳、方小莉、赵星植等等,以及时刻挑战我的想法的内人陆正兰。没有他们的注视,我就是一个学术上的喁喁自语者,孤独者行而不远,有同好是人生至福。本书第五章已经论证了:真知依靠社群。

赵毅衡

2016 年 10 月,于锦江秋色中